高等学校"十三五"应用型经管规划教材

国际贸易

理论与实务（第2版）

张家成◎主　编

李陶然　李慧男　范思琦　王　琦◎副主编

電子工業出版社·

Publishing House of Electronics Industry

北京·BEIJING

内 容 简 介

本书对国际贸易理论、国际贸易政策和国际贸易实务进行了介绍。从理论联系实际的角度,通过开篇引导案例,介绍了古典和现代的国际贸易理论、贸易政策和贸易措施,国际资本与跨国公司的基本知识,区域经济一体化和世界贸易组织的基础知识,使初学者能较为充分地理解基本理论,把握理论发展方向,掌握运用贸易理论分析问题的能力。在国际贸易实务部分,本书以国际货物买卖合同条款为中心,对国际贸易实务的内容进行了全面、系统的介绍,使读者在学习的同时提升实践应用能力。

全书知识体系完整,章节结构合理,内容丰富,形式生动,可作为高等学校经济管理类专业的教材,也可作为广大国际贸易工作者的自学参考书。

图书在版编目(CIP)数据

国际贸易理论与实务 / 张家成主编. —2 版. —北京:电子工业出版社,2019.6
高等学校"十三五"应用型经管规划教材
ISBN 978-7-121-36871-4

Ⅰ. ①国… Ⅱ. ①张… Ⅲ. ①国际贸易理论-高等学校-教材②国际贸易-贸易实务-高等学校-教材
Ⅳ.①F740

中国版本图书馆 CIP 数据核字(2019)第 120890 号

策划编辑:姜淑晶
责任编辑:刘元婷
印　　刷:北京盛通商印快线网络科技有限公司
装　　订:北京盛通商印快线网络科技有限公司
出版发行:电子工业出版社
　　　　　北京市海淀区万寿路 173 信箱　邮编　100036
开　　本:787×1 092　1/16　印张:18.75　字数:480 千字
版　　次:2012 年 3 月第 1 版
　　　　　2019 年 6 月第 2 版
印　　次:2022 年 11 月第 5 次印刷
定　　价:49.00 元

凡所购买电子工业出版社图书有缺损问题,请向购买书店调换。若书店售缺,请与本社发行部联系,联系及邮购电话:(010)88254888,88258888。

质量投诉请发邮件至 zlts@phei.com.cn,盗版侵权举报请发邮件至 dbqq@phei.com.cn。

本书咨询联系方式:(010)88254199,sjb@phei.com.cn。

前　言

随着经济全球化进程的加速，国际贸易活动大量增加，中国对外贸易取得了可喜的成绩，经济总量和进出口贸易额均跃居世界前列，已成为影响国际贸易的大国。与此同时，我国的国际贸易也遭遇美国新一轮的关税壁垒的冲击，各种形式的贸易摩擦成为我国对外贸易面临的最大挑战。

伴随着国家"一带一路"倡议的发展，我国已开始由贸易大国向贸易强国转变，对新型国际贸易人才的需求将进一步增加，为了满足我国高校国际经济与贸易专业教学的需要，我们重新修订了此书。本书在总结多年教学经验的基础上，追踪国际贸易理论前沿动态，掌握国际贸易领域最新发展变化，根据近几年我国重新修订、公布的有关法律法规和国际贸易规则的新变化，广泛吸纳实践活动的最新成果，旨在提高学生的综合素质和能力。本书适合作为我国高等学校国际经济与贸易专业和经管类其他专业的教材。

本书第1版被20余所高校采纳使用，在此感谢李慧男（第1、10～14章），王琦（第6章），吕彦云、王秀繁（第15章），刘丽琴（第7章），何悦桐（第5章），高鹤（第2章），李陶然、马学文（第3、4、8章），范思琦、战欧、常颖（第9、16、17章）。

本书第2版在秉承第1版系统性、新颖性、时效性及与国际惯例接轨原则的基础上，紧密联系了国际贸易最新发展的实际，补充和调整了相关内容，充实和更新了引导案例，并对第1版中的部分内容和结构进行了修订。

再版由张家成设计总体框架，并对全书进行统稿和审校。李陶然（第1～5章），王琦（第6章），李慧男（第7～12章），范思琦（第13～17章）对相关章节进行重新修订。

在本书的编写与修订过程中参阅了大量的书籍和资料，吸取了很多具有参考价值的内容，借鉴了许多专家、学者的研究成果，在此一并表示感谢。

本书在编写的过程中难免有错误和疏漏，敬请读者批评指正。

编　者

目　录

第1章
导　言

▣ 本章提要

　　国际贸易是一项非常重要的经济活动，随着科技进步和全球经济一体化的发展，国际贸易的作用呈现不断增长的趋势。按照不同的划分标准，国际贸易可以分成不同的种类，要研究和分析国际贸易活动，就必须掌握一些常用的分析指标和概念。

▣ 学习目标

（1）了解国际贸易的产生与发展；
（2）掌握国际贸易的含义与分类；
（3）掌握国际贸易常用的分析指标。

引导案例

商务部外贸司负责人谈 2017 年 1—12 月我国对外贸易情况

　　根据海关统计，2017 年我国进出口总额 27.79 万亿元人民币，同比（下同）增长 14.2%；其中出口 15.33 万亿元，增长 10.8%；进口 12.46 万亿元，增长 18.7%；顺差 2.87 万亿元，收窄 14.2%。

　　商务部外贸司负责人指出，2017 年我国对外贸易主要呈现以下亮点。

　　一是增长超出预期，增速创 6 年来新高。2017 年我国进出口增速分别比 2015 年和 2016 年高出 21.2 和 15.1 个百分点，扭转了连续两年负增长的局面。

　　二是增速好于世界主要经济体。世界贸易组织（The World Trade Organization，WTO）最新数据显示，1—10 月（按美元计），我国出口增速比美国和德国分别高出 1.3 和 0.5 个百分点，2017 年有望连续 9 年保持全球货物贸易出口第一大国地位。进口增速比美国、德国、日本和全球分别高出 10.4、8.1、7.6 和 6.5 个百分点，为促进世界经济和贸易增长发挥了重要作用。

　　三是贸易结构不断优化。国际市场更加多元，在巩固美国、欧盟、日本等传统市场的同时，对巴西、印度、俄罗斯、南非等"金砖国家"和"一带一路"沿线国家出口实现快速增长，增幅分别达 35.2%、19.8%、17.7% 和 18.5%。商品结构进一步升级，技术含量和附加值高的机电产品出口增长 12.1%，占比提高 0.7 个百分点至 58.4%，快于总体增速 1.3 个百分点，其中汽车、计算机和手机出口分别增长 27.2%、16.6% 和 11.3%。

四是外贸创新发展的新旧动能转换加快。跨境电子商务、市场采购贸易等新业态快速增长，成为外贸增长的新亮点，新动力，培育成效显著。

五是对国民经济社会发展贡献增强。2017年1—11月，我国进口环节实现税收1.73万亿元，增长25.8%，增加了财政收入。进出口较快增长也为改善国际收支、增加外汇储备、保持人民币汇率稳定做出了积极贡献。全年我国进口原油、铁矿砂、天然气等十类大宗商品数量增长0.6%～26.9%，保障了国内市场需求，也缓解了国民经济发展的资源瓶颈制约。

六是对全球经济贸易复苏发挥重要作用。2017年以来，中国经济稳中向好带动进口持续快速增长，为世界各国提供了更广阔市场和更宝贵的合作契机。根据WTO统计数据，2017年前三季度，中国进口增加对全球进口增长贡献率达17%，进口占全球份额的10.2%。

过去5年，我国货物贸易大国的地位不断巩固。自2009年以来，我国连续保持全球货物贸易第一大出口国和第二大进口国地位。我国出口国际市场份额从2013年的11.7%升至2016年的13.2%。外贸发展成为促进国民经济和社会发展的重要支撑力量，成绩来之不易。

文章来源：中华人民共和国商务部。

为什么会产生国际贸易？国际贸易的格局是怎样的？国际贸易中交换的主要是哪些商品？主要参与者是哪些国家和地区？通过国际贸易可以提高本国或本地区的福利水平吗？

1.1　国际贸易概述

1.1.1　国际贸易的含义与分类

1. 国际贸易的含义

国际贸易是指国际间的商品和劳务的交换活动。国际贸易是世界各国相互之间劳动分工的表现形式，它反映了各国在经济上的相互依赖关系。国际贸易的产生与发展必须以国家的存在为前提。因为这种交换活动发生在世界范围内，又称世界贸易（World Trade），它是世界各国（地区）对外出口贸易的总和。对外贸易（Foreign Trade）是指一个国家（地区）与别国（地区）间的商品和劳务交换活动。

国际贸易和对外贸易是总体与局部的关系。当我们从全世界范围来看这种交换活动，可称为国际贸易或世界贸易；当我们从一个国家出发来看它与其他国家（地区）之间的商品或劳务交换活动就是该国的对外贸易。一些海岛国家（如英国和日本）常把对外贸易称为海外贸易（Oversea Trade）。

2. 国际贸易的分类

（1）出口贸易、进口贸易和过境贸易。

根据货物的流向不同，国际贸易可分为出口贸易、进口贸易和过境贸易。出口贸易（Export Trade）是指将本国生产和加工的商品销往他国市场的贸易活动。进口贸易（Import Trade）是指将外国的商品输入本国市场销售的贸易活动。

在国际贸易中，一国对从外国进口的商品不经任何实质性加工改制，再向外出口时，称为复出口。反之，一国的产品销往别国后未经加工改制又被该国重新购回时，称为复进口。造成复进口的原因主要是销路不畅或货物破损等质量方面的问题。此外，在国际贸易中，由于一国对于某种商品的各品种的生产和需求不一定一致，因此在同类商品上往往既有出口也有进口。若在一定时期内，一国（地区）在某种商品大类的对外贸易中，出口量大于进口量，其超出部分称为净出口；如进口量大于出口量，其超出部分称为净进口。净出口和净进口一般以实物数量来表示。

过境贸易（Transit Trade）是指贸易货物通过一国国境，不经任何加工运往另一国的贸易活动。例如，由 A 国向 B 国运送贸易商品经过 C 国，对 C 国而言，便是过境贸易。其中，过境贸易货物不经过海关保税仓库存放，完全为了转运的过境，为直接过境贸易；而由于种种原因，如商品需要分类包装，暂时的转运困难，购销当事人的意愿中途变更等，把货物先存放在过境国的海关仓库，然后再进行分类、包装转运出境的贸易，是间接过境贸易。

（2）总贸易和专门贸易。

根据划分进出口的标准不同，国际贸易可分为总贸易和专门贸易。总贸易（General Trade）是以国境为标准划分进出口而统计的国际贸易。凡进入国境的商品一律列为进口即总进口。凡离开国境的商品一律列入出口，即总出口。总出口额与总进口额之和即总贸易额。过境贸易列入总贸易。采用这种划分方法的国家主要有日本、英国、加拿大、澳大利亚等国。

专门贸易（Special Trade）是以关境为标准划分进出口而统计的国际贸易。只有从国外进入关境或从保税仓库提出进入关境的商品才列为进口，称专门进口（Special Import）。从国内运出关境的本国产品及进口后未经加工又运出关境的商品列为出口，称专门出口（Special Export）。专门进口额与专门出口额之和即为专门贸易额。过境贸易不列入专门贸易，采用这种划分方法的国家主要有美国、德国、意大利、瑞士等国。

（3）有形商品贸易和无形商品贸易。

根据交易内容划分，国际贸易可分为有形商品贸易和无形商品贸易。有形商品贸易（Tangible Goods Trade）是指进出口贸易中进行的有形商品的贸易。因为货物或商品具有看得见、摸得着的物质属性，故称有形商品贸易。无形商品贸易（Intangible Goods Trade）是指国家（地区）间进行的以无形商品为交易对象的商品贸易活动。

（4）直接贸易、间接贸易和转口贸易。

根据有无第三方参加，国际贸易可分为直接贸易、间接贸易和转口贸易。直接贸易（Direct Trade）是指贸易商品由生产国直接运销到消费国，没有第三方参与的贸易活动。

间接贸易（Indirect Trade）是指通过第三国或其他中间环节，把商品从生产国运销到消费国的贸易活动。

转口贸易（Entrepot Trade）是指一国（地区）进口某种商品不是以消费为目的，而是将它作为商品再向别国出口的贸易活动。商品生产国与消费国通过第三国进行的贸易对生产国和消费国而言是间接贸易，对第三国而言，则是转口贸易。转口贸易属于复出口，是过境贸易的一部分。

（5）陆路贸易、海路贸易、空运贸易、邮购贸易和国际多式联运。

根据货物运送方式不同，国际贸易可分为陆路贸易、海路贸易、空运贸易、邮购贸易和国际多式联运。陆路贸易（Trade by Roadway）是指采用陆路运送贸易货物的贸易。陆地相邻国家通常采用陆路运送货物开展贸易，运输工具主要是火车、卡车等。

海路贸易（Trade by Seaway）是指通过海上运输贸易货物的贸易。国际贸易大部分属于此类，运输工具主要是各种船舶。

空运贸易（Trade by Airway）是指采用航空运货的贸易。这种贸易适用于贵重或数量小或时间急的商品贸易。

邮购贸易（Trade by Mail Order）是指采用邮政包裹方式寄送货物的贸易。对数量不多的商品贸易，可采用邮购贸易。

国际多式联运（International Multimodal Transport）是海、陆、空各种运输方式相结合运送货物的一种方式。

（6）自由结汇贸易和易货贸易。

根据清偿工具划分，国际贸易分为自由结汇贸易和易货贸易。自由结汇贸易（Cash Settlement Trade）是以货币作为清偿工具的贸易。易货贸易（Barter Trade）是以货物经过计价作为清偿工具的贸易。

1.1.2 国际贸易与国内贸易的比较

国际贸易和国内贸易同属于一国国民经济的流通领域，但两者却有较大的区别。

（1）两者所处的环境条件不同。

贸易环境条件包括自然环境和经济环境。自然环境包括地理、气候、资源等。国内贸易是同一国家内各地区厂商及消费者之间的交换，地理气候的差异不会太大，资源分布的差异也可以在国内统一协调。而在国际贸易的情况下，自然环境条件的差异就相当大了。例如，所处的地理位置往往会决定一个国家的交通运输条件，气候则决定农业产品的种类，资源禀赋也往往决定或影响一国贸易的比较优势。经济环境包括语言、货币、政策、法律和风俗习惯等。语言是沟通国际贸易的桥梁，国内贸易不存在语言障碍，而国际贸易则因各国语言的不同而存在障碍。货币是商品交换的媒介和支付手段，国内贸易因使用同一种货币，不存在不同货币的兑换和汇率问题，而国际贸易则相反。风俗、宗教信仰的差异形成不同的需求偏好和禁忌，国内各地这些差异较小，而在国际上，这些差异较大。因此，如果不了解外国的风俗习惯和宗教信仰，国际贸易就很难成功，甚至因触犯某种禁忌而造成损失或引起外交纠纷。政策法规是规范和协调市场行为的规则或维护本国利益的工具，因而各国对外贸易法规政策是千差万别的，即使是比较统一的国际公约、国际法规和国际惯例，也存在与各国国内法律的差异。另外，不同的国际公约、法规和国际惯例也各不相同，因此，如果不了解这些差异，也会出现很多麻烦和风险。

（2）风险不同。

国际贸易风险包括资信风险、汇率风险、商业风险和政治风险等。资信风险是指贸易伙伴因资本实力不强或信誉状况不佳可能导致不能履约的风险，甚至还可能发生欺诈。国际贸易与国内贸易相比其资信风险更大，一是资信调查更困难，二是事故发生后，索赔和纠纷裁决也比国内贸易困难。汇率风险指国际贸易涉及不同货币的兑换和汇率变动的风险。例如，合同规定进口方支付为日元，进口额为 1.5 亿日元，签约时汇率为 1 美元=150 日元，进口方用 100 万美元就可兑换 1.5 亿日元支付。但到结算时，假设汇率变为 1 美元=100 日元，进口方需要多支付 50 万美元，损失率达到 50%。商业风险也称价格风险，如货到进口方后，市场价格变动了，假设市场价格低于合同价格，将使进口方遭受损失；如果市场价格高于合同价格，则出口方将蒙受损失。政治风险指因贸易双方所在国政局动荡，发生罢工、战争、政变或突然颁布某种禁令及其他限制性措施等事故，从而导致合同不能履行的风险。

从以上分析可以看到，国际贸易比国内贸易更复杂，风险也更大，不能把国内贸易和国际贸易混为一谈，更不能把国内贸易的做法照搬到国际贸易上去。

1.1.3　国际贸易的作用

1. 国际贸易对经济发展的促进作用

（1）国际贸易的媒介功能。

通过商品进出口贸易把国内多余的产品转换成国内短缺的产品，实现社会总供给与总需求的平衡，推动社会生产的发展。社会产品的转换从两个方面促进社会生产发展。一是从物质形态上考察，把国内的非使用价值转化为使用价值，实现社会总产品的物质补偿；二是从价值形态考察，加速了社会总产品的价值实现过程，有利于实现社会总产品的价值补偿。在国际分工日益发展的情况下，社会总产品在一国内实现物质补偿和价值补偿是困难的，因此必须通过国际贸易，利用国际市场。

（2）国际贸易的激励功能。

通过技术贸易、加工贸易、补偿贸易的形式，推动企业的技术改造和技术进步。科技是第一生产力，国际贸易中的竞争是实力的较量，归根结底是比拼科技的差距。通过产品结构、质量的比较，国民价值的差异分析，就会发现本国科技水平的差距。国际贸易中的竞争要求迅速缩短这种差别，同时又为缩短差距开辟了途径。通过技术贸易可以直接购买本国急需的先进技术，通过加工贸易、补偿贸易可以直接引进国外的先进技术和设备，通过合作经营可以直接利用国外的先进技术、设备和管理经验。这样，可以大量节省技术开发资金，赢得宝贵的时间，缩短技术发展的进程，甚至可以后来居上。

（3）国际贸易的实现功能。

伴随国际贸易的进行，必然发生资金的国际流动，通过国际贸易利用外资能拓展利用外资的领域，同时各种形式的利用外资都会发生国际贸易。因此，发展国际贸易和利用外资不仅可以实现国民价值，而且还能增加国民价值总量，这对缓解国内资金的紧张状态有重要意义。

（4）国际贸易的调剂功能。

在经济发展过程中，产业结构和产品结构的调整比产量的增加更具有意义。参与国际贸易，在国际比较中能够准确地看到本国的优势产业和优势产品，发现本国的弱点和不足。认清在国际竞争中的地位，从国际市场的需要和变化出发，调整产业资源，才能充分利用国内和国际两个市场，把国民经济的发展纳入国际分工的轨道，取得更大的经济效益和社会效益。

国际贸易对经济发展的促进作用是多方面的，集中起来就是充分利用国际市场对资源配置的调节作用，充分利用人类创造的文明成果来发展生产力，增强综合国力。

2. 国际贸易对国民消费的调节作用

国民消费指的是生活消费，国际贸易对国民消费的影响主要包括增加消费总量，改变消费结构和消费方式等。

（1）国际贸易能增加国民消费总量。

利用国民价值和国际价值的"比较差异"，出口在国际市场上具有优势的产品，进口国内稀缺的产品，从而增加使用价值总量。比如，在国内市场上 1 吨小麦可换 1 吨大米，国际市场交换比例为 2:1。很明显，出口大米换回小麦是有利的。假如出口 10 吨大米就可换回 20 吨小麦，比国内交换生产率高，在相同的时间内能生产更多的使用价值，使消费总量增加。

（2）国际贸易能改变国民消费结构。

生产决定消费，消费结构是由生产结构决定的。国际贸易促进产业结构和产品结构的调整，最终会引起国民消费结构的变化，消费结构的变化又会促进产业结构和产品结构的合理调整。

（3）国际贸易能转换国民消费的方式。

国际贸易不仅是商品、劳务、技术的交换，同时也是各种文化的交流。各种文化的交流必然逐渐改变国民的消费心理和消费偏好。例如，分餐是西方的消费方式，随着中外经济关系的发展和文化交流，在我国日益受到重视，很有发展前途，消费方式归根结底是由生产方式决定的，既然商品已经进口，就必须按照生产过程规定的方式进行消费。因此，国际间的商品交换也包含着消费方式的交换，当然，每个民族都有自己独具风格的消费方式，随着国际贸易的发展，各民族的消费方式必然相互影响并有所改变。

1.1.4　研究、学习国际贸易的重要性

当今商品、劳务的竞争已超越国界，各国经济生活日益国际化，世界各国的经济贸易联系日益密切，世界经济的增长越来越依赖于国际贸易的增长，各国经济的发展也越来越依赖于其国际贸易的发展。我国的对外贸易依存度较高，这一比例已超过不少发达国家。而且，我国有些产品对国际市场的依赖程度已到了非常高的地步，我国生产的丝绸 70% 以上用于出口，其中丝类产品占世界贸易量的 85% 以上。这都说明了我国经济与国际经济的关系已十分密切。中国经济发展离不开对外贸易的发展。中国要成为经济大国，首先必须成为世界贸易强国。这就要求我们认真研究和学习国际贸易，了解和掌握国际贸易的基础理论、基本政策和操作技巧，以便更好地为我国对外贸易和国民经济的发展服务。

1.1.5　国际贸易的研究对象及研究内容

1. 国际贸易的研究对象

国际贸易是研究国际间商品和劳务交换活动规律，即商品资本在国际间循环运动规律的一门学科。然而，国际贸易又是国际经济关系的一部分，商品资本是产业资本的一种形式，产业资本还包括货币资本和生产资本，因此，研究商品资本的国际循环还应放在产业资本国际循环中加以研究。

2. 国际贸易的研究内容

（1）国际贸易的历史与现状。

国际贸易是个历史范畴，它实际上是在一定的历史条件下产生和发展起来的，是社会生产力和社会分工发展的必然结果，具有历史的必然性。国际贸易产生于奴隶社会末期，但在奴隶社会和封建社会，国际贸易的范围和规模都很有限。只有到了资本主义社会，国际贸易才获得了广泛的发展。国际贸易成为资本主义生产方式的前提和结果，在资本主义产生和发展过程中具有重要意义。在第二次世界大战以后，国际贸易发展迅速，对各国经济乃至世界经济的发展具有重大现实意义。

（2）国际贸易理论。

国际贸易理论主要是西方国家的国际贸易理论，是西方经济学家用于研究国际贸易产生的原因、国际交换比价的决定、国际贸易利益的分配、国际贸易与经济增长的关系等各种问题的。这些理论主要分为自由贸易理论和保护贸易理论。自由贸易理论包括古典学派亚当•斯密的绝对成本理论和大卫•李嘉图的比较成本理论，现代学派赫克歇尔和俄林的生产要素禀赋论，以及当代自由贸易理论。保护贸易理论包括资本主义原始积累时期的重商主义学派，资本主义自由竞争时期的李斯特的保护幼稚工业理论，资本主义垄断时期的凯恩斯的外贸乘数理论，以及当代保护贸易理论。

（3）国际贸易的政策与措施。

国际贸易涉及各交易国的贸易利益，各国政府都制定有利于本国对外贸易发展的政策和措施。但国际贸易又是相互的，贸易政策与措施应符合双边或多边的贸易发展和平衡。国际贸易政策分为自由贸易政策和保护贸易政策，资本主义垄断时期又出现了超保护贸易政策。实行保护贸易政策，称为奖出限入，包括关税、非关税壁垒、出口鼓励、国际贸易条约和协定等。世界贸易组织为促进贸易自由化的发展，对各成员国贸易措施的约束和规范做出了许多规定，努力使国际贸易政策与措施更加公平合理和富有成效。

（4）国际金融的有关理论。

由于产业资本国际循环的迅速扩大，商品资本、货币资本、生产资本国际循环运动相互影响，国际贸易不仅要研究有关货币收付、汇兑、信贷、结算等问题，同时还必须研究因此而引起的资金流动、国际金融市场、国际货币体系、国际金融机构等一系列问题，以及国际贸易与国际金融的相互关系。因此，国际金融的有关理论也是国际贸易研究的内容之一。

（5）国际贸易的重大现实问题。

世界贸易组织、区域经济一体化、跨国公司等重大现实问题对国际贸易的发展和变化，对各国的对外贸易具有重大影响。特别是2008年金融危机以来，国际贸易大幅萎缩，贸易保护主义重新抬头，为恢复经济，各国纷纷采取积极的财政政策，但新的问题又产生了，全球通货膨胀使各国对外贸易的地位与作用也随之发生了变化。这些重大现实问题也是国际贸易的研究内容之一。

国际贸易研究的范围和内容比传统的领域要广阔得多，丰富得多。它不仅研究有形商品贸易、无形商品贸易与生产要素的国际转移，也研究国际投资、国际信贷、跨国公司与国际经济合作。它不仅研究国际贸易理论、政策和措施，同时还研究国际贸易的组织机构、法规体系，以及贸易经济一体化。总之，国际贸易涵盖了国际经济贸易关系的全部活动内容。

1.2 国际贸易的产生与发展

国际贸易是在一定历史条件下产生和发展起来的。国际贸易的产生必须具备两个条件：一是国家的形成，二是有可供交换的剩余产品。因此，从根本上说，社会生产力的发展和社会分工的扩大，是国际贸易产生和发展的基础。

1.2.1 前资本主义时期的国际贸易

1. 国际贸易的产生

在原始社会初期，人类处于自然分工状态，生产力极其低下，人们依靠集体劳动，平均分配所获得的有限生活资料维持生存，没有剩余产品，不存在交换。人类社会第一次大分工——畜牧业和农业的分工，使原始社会的生产力有了发展，开始有了少量剩余产品，于是，在氏族公社、部落之间出现了原始、偶然的物物交换。随着生产力的继续发展，手工业从农业中分离出来，形成人类社会第二次大分工，产生了直接以交换为目的的商品生产，但那时还没有货币，没有专门从事贸易的商人，没有阶级和国家，也就不存在国际贸易。直到原始社会末期、奴隶社会初期，随着商品生产和商品交换的不断扩大，产生了货币，商品交换便由物物交换过渡到以货币为媒介的商品流通。随着私有财产和阶级的产生，商品流通的扩大，出现了商业和商人，形成第三次社会大分工。这时，国家产生了，商品流通超越国界，产生了国际贸易。

2. 奴隶社会的国际贸易

在奴隶制度下，社会生产力较原始社会有了较大的发展，海运事业渐渐发展起来，货币制度也先后建立，使奴隶社会的国际贸易有了一定程度的发展。但由于在奴隶社会中，自然经济占据统治地位，商品生产微不足道，因而进入流通领域的商品极为有限，加之当时生产技术落后，交通运输工具简陋，使国际贸易的规模和范围受到很大限制。

3. 封建社会的国际贸易

封建社会早期，进入流通领域的商品还不多，但随着商品生产的发展，封建地租由劳役和实物形式转变为货币地租，封建社会中期的商品经济得到了进一步发展。到封建社会后期，随着城市手工业较为迅速的发展，商品经济和国际贸易均有了较大的发展。

封建社会的国际贸易虽然有了很大发展，但在整个封建社会时期，社会生产力水平还很低，商品经济仍处于从属地位，交通运输也还不发达，国际贸易仅局限在部分区域内进行。

1.2.2 资本主义生产方式准备时期的国际贸易

16世纪至18世纪是欧洲封建生产方式向资本主义生产方式过渡的时期，即资本主义生产方式准备时期。在这一时期，城市手工业的发展为国际贸易的发展提供了物质基础，地理大发现和世界市场的初步形成又促进了国际贸易的发展。而国际贸易较为显著的发展则促进了资本主义生产方式的诞生。

1. 国际贸易的显著发展

16 世纪至 18 世纪，由于欧洲城市的不断兴起，城市手工业逐渐发展起来，商品经济得到了一定的发展，客观上需要扩大市场。15 世纪末开始的地理大发现正是这一客观需要的结果，对非洲西海岸的探险，通往东方香料岛屿的新航路的开辟及美洲的发现，开始了一个海洋商业（海外贸易）和欧洲人对其他大陆殖民征服的新时期。各大洲连接在一起初步形成了世界市场，这又极大地扩大了国际贸易的疆域，印度洋、东南亚的群岛和半岛及大西洋等都被绘制进来，国际贸易的规模也随之急剧增加。随着商业国的兴衰，国际贸易中心几度转移。14 世纪、15 世纪意大利北部的威尼斯、热那亚、佛罗伦萨等城市，以及波罗的海和北海沿岸的汉萨同盟诸城市是欧洲的贸易中心，而 15 世纪末 16 世纪初，葡萄牙的里斯本、西班牙的塞维尔、尼德兰的安特卫普、荷兰的阿姆斯特丹、英国的伦敦，先后成为繁荣的国际贸易港口，其贸易范围远及亚洲、非洲和美洲。这一时期国际贸易的商品除奢侈品外，工业原料和食品的比重开始增加，贩卖非洲黑奴的奴隶贸易也是当时贸易的重要内容。

2. 国际贸易促进了资本主义生产方式的产生

资本主义生产方式的产生需要两个条件，即货币资本的积累和劳动力与生产工具的分离。这两个条件在资本主义生产方式准备时期是由原始积累过程创造出来的，而国际贸易在这两个条件的产生过程中，特别是在资本积累过程中发挥了巨大的作用。国际贸易加快了资本原始积累的过程，为资本主义生产提供了货币资本，开辟了市场，也提供了劳动力。

1.2.3 资本主义自由竞争时期的国际贸易

18 世纪 60 年代到 1873 年是资本主义上升、发展并确立其统治地位的时期，即资本主义自由竞争时期。大机器工业的建立使国际贸易得到了巨大的发展，并使这一时期的国际贸易具有显著的特征。

1. 国际贸易的空前发展

在这一时期，以蒸汽机为代表的科学技术获得了惊人的发展。英国及欧洲其他先进国家和美国相继完成了产业革命，资本主义生产从工场手工业过渡到机器大工业，使社会生产力得到空前的大发展，从而大大促进了国际贸易的发展。机器大工业时期，英国的纺织工业、法国的丝织工业、德国的化学工业、美国的汽车工业、瑞士的钟表工业，以及瑞典、丹麦、比利时、荷兰和卢森堡的许多制造业都在很大程度上依赖于国际市场。而且，机器大工业需要扩大原料来源，大城市人口所需要的食品也依赖于国际市场的供应。在机器大工业迅速发展的情况下，交通运输工具发生了变革，运载量大、速度快、运费低的运输工具如火车、轮船、电缆网络应运而生了，这又为国际贸易的发展和海外市场的开辟创造了有利条件，使国际贸易在这一时期得到了空前的发展。

2. 资本主义自由竞争时期国际贸易的显著特征

在此时期的国际贸易中，英国占据了垄断地位，其次是法国、德国和美国。英国是工业革命的先驱国，依仗工业革命造就的雄厚技术基础，取得了世界工业的霸主地位，成为"世界工厂"。1870 年，英国在国际贸易中的比重达 25%，几乎相当于法国、德国和美国的总和。19 世纪，法国、德国、美国等国也相继完成了工业革命，并开始在国际市场上展开激烈的竞争，这些国家在国际贸易中也居于重要地位。

随着贸易规模的扩大，国际贸易的组织形式也发生了很大变化，商品交易所、大贸易公司取代了对外贸易特权公司，运输业、保险业、银行业等在国际贸易中也得到极大的发展。

● 1.2.4 帝国主义时期的国际贸易

19 世纪 70 年代以后，资本主义由自由竞争逐渐向垄断阶段过渡，到 19 世纪末 20 世纪初，资本主义变成了帝国主义，直至第二次世界大战爆发，垄断资本在政治经济生活中占据了垄断地位，许多帝国主义国家实行了超保护贸易政策。帝国主义时期的国际贸易大体上可分为两个阶段，即由帝国主义过渡到第一次世界大战前时期和两次世界大战之间时期。在这两个不同的阶段，国际贸易表现出了不同的特点。

1. 第一次世界大战前时期（1870—1914 年）

在此时期，欧洲和美国发生了第二次工业革命。"钢和电的革命"为工业提供了新材料，补充了新能源。内燃机的发明与应用大大加快了机械工业和交通运输工业的发展。在第二次工业革命的推动下，世界工业生产飞跃发展，统计资料表明，世界工业产量在 1870—1900 年的 30 年中增长了 2.2 倍。在这个时期，大量的铁路基础设施建设又为进一步扩大资本输出提供了条件，也为帝国主义国家开拓销售市场、掠夺原料建立起了运输网。资本输出的急剧增加，扩大了商品输出。这一切使该时期的国际贸易有明显的增长。但与自由竞争时期相比，增长速度下降了。1840—1870 年，国际贸易量增长了 3.4 倍，而 1870—1900 年的国际贸易量只增长了 1.7 倍。而且，国际贸易量的增长速度已落后于世界生产，这表明世界市场的扩大速度已赶不上世界生产的扩大速度，生产与市场之间的矛盾已趋于尖锐化，主要资本主义国家争夺市场的斗争加剧了。

2. 两次世界大战之间时期（1914—1938 年）

两次世界大战之间时期，资本主义世界爆发了三次经济危机，战争的破坏和空前的经济危机使世界工业生产极为缓慢，1914—1938 年的 25 年，世界工业生产量只增长了 8.3%。同时，这一时期贸易保护主义显著加强，奖出限入措施交互推进、螺旋上升，给国际贸易的发展设置了层层的人为障碍。此时国际贸易的扩大过程几乎处于停滞状态。1914—1938 年，世界贸易量只增长了 3%，年增长率仅为 0.7%，世界贸易值反而减少了 32%，而且这一时期国际贸易的增长更明显地落后于世界工业生产的增长，许多国家的对外贸易依存度下降了。

1.2.5　当代国际贸易的新趋势

1. 知识密集型产品成为重要的交易对象

随着知识经济的发展，产业结构中技术、服务的比重将大大提高，经济重心将由工业经济时代的制造业向高新技术、服务业转型。现在，主要工业化国家高技术产品出口增长均高于全部出口的增长速度，成为国际贸易新的增长点。在此背景下，国际贸易的商品结构也随之发生变化。

国际技术贸易发展之所以迅速，主要有四方面的原因。第一，随着知识经济时代的到来，各国都重视科技的开发研究，实行科技发展战略，进行科技竞争，把高科技产业作为制高点。谁在知识创新方面占领了制高点，谁就拥有了竞争的主动权。第二，世界技术发明创造与更新的周期大大缩短。第三，与技术贸易有关的社会条件日益完善，尤其是各国在知识产权方面的努力，为国际技术贸易的发展提供了良好的经济、法律环境。第四，经济全球化和自由化浪潮使各国的经济合作与依赖加深，国际技术交流更加频繁，技术对经济的贡献率越来越大，发达国家经济增长主要是通过技术进步获得的。

在国际贸易中增长最快的是信息产品与服务贸易，信息产品将成为未来贸易的主角。目前，发达工业化国家的信息技术产品出口占总出口的比重越来越大，这也是知识经济发展的一个重要标志。信息技术产品贸易目前在国际贸易中主要有两种类型：一是许可证贸易，即技术专利、技术知识和商标使用权的交易；二是产品贸易。在发达国家之间的贸易形式主要是前者，在发达国家和发展中国家之间主要是后者。因此，知识经济是可持续发展的前提和基础，而可持续发展则是知识经济的发展过程和社会目的。

2. 网络贸易、电子商务成为新的贸易方式

国际互联网的发展创造了一个全新的网上贸易市场。网络贸易得到迅猛发展，成为21世纪国际贸易的主要方式。网络贸易使整个交易过程，包括交易磋商、签约、货物交付、货款收付等大都在全球电信网络上进行。其交易的产品主要是数字化产品，如金融服务、网上娱乐、售票服务、音像书刊、软件设计、咨询服务、信息传递等，当然也有实物产品交易。它的交易磋商、签约、货款支付在网上进行，实物交付在具体地点进行。正是由于网络贸易具有如此强大的生命力，它才引起世界各国和国际经济组织的关注，纷纷制定各种政策、采取各种措施来维护和促进网络贸易的发展。

电子商务是信息技术进步在商业领域发动的一场革命。电子商务促进了国际贸易的发展，给服务业带来了巨变。越来越多的企业正在通过鼠标操作在电子商务市场上推销产品和提高利润。

3. 跨国公司飞跃发展，国际市场高度一体化

跨国公司是新技术的主要开发者，也是技术贸易的主要交易者，它们成为当今拉动世界经济的火车头。信息化加快了经济全球化的进程，企业的跨国经营变得更加容易和有效，跨国公司的发展出现新的飞跃。当前，跨国公司纷纷调整其发展战略，进行经济结构的升级和技术更新。跨国公司在实现全球经济扩张战略的同时，也将给发展中国家带来最大的益处——技术转让。跨国公司以高新技术与各国开展合作或合资，这无疑促

进了国际技术贸易的发展。

随着各国产业结构调整和发展战略的变化，一方面，发达国家将加快自身过剩技术、设备和资本的向外转移，以求产业结构的进一步升级；另一方面，由于技术寿命周期的不断缩短，发展中国家单纯引进技术的后发优势将减弱，这就要求发展中国家在不断提高自身技术开发、创新能力的前提下，加快有效吸收国际技术贸易的步伐，积极参与科技领域的国际分工和高技术领域的国际合作。

1.3　国际贸易常用的分析指标

1.3.1　对外贸易值与对外贸易量

1．对外贸易值（Value of Foreign Trade）

（1）对外贸易值的含义。

对外贸易值是指一个国家（地区）在一定时期（如一年）出口贸易额和进口贸易额之和，是反映一国对外贸易规模的重要指标之一。贸易值又称贸易额，是用货币表示的反映贸易规模的指标。各国一般都用本国货币表示。同时，为了便于国际比较，许多国家又通行用美元计算。

（2）对外贸易值的计算。

由于从世界范围来看，一国的出口就是另一国的进口，为了避免重复计算，一般是把各国的出口额相加，来表示国际贸易规模大小。所以，国际贸易额专指世界各国出口贸易额的总和。那么，一国的对外贸易额能否真正代表一国的实际贸易发展规模？比如，一个国家某年的贸易额为100亿美元，而次年为200亿美元，是否可以说，该国的贸易额增长了一倍？在这种情况下，如果价格不变，那么该国的贸易额的确增长一倍，如果价格变动了，一年内世界市场价格也上涨了一倍，也就是说，原来一件商品价格为1美元，现在变为2美元了，价格上涨一倍，才造成了贸易额增长一倍，该国的实际贸易规模和前一年一样，实际贸易量没有增加。

（3）影响世界贸易额增长的因素。

世界贸易额增长是世界贸易额实际增长或世界性通货膨胀等因素的综合结果。据估计，1978年名义世界贸易额增长15%，其中1/3的增长是由于贸易量的增长；另外1/3是由于价格上涨；最后的1/3是由于美元对其他货币贬值造成的。实际上，以当时联邦德国马克和日元标价的贸易的美元值按美元衡量是增加了，其原因是，一定数量的马克和日元在1978年比以往值更多的美元。在此情况下，要真正表示一个国家或世界贸易的发展状况，就不应使用"贸易额（值）"，而应该使用"贸易量"。

2．对外贸易量（Quantum of International Trade）

对外贸易量是剔除了价格变动因素以后，用不变的价格来表示的贸易发展规模。在实际应用过程中，就是选定某一时点上的不变价格作为标准计算各个时期的对外贸易量，以反映对外贸易实际规模的变动。具体来说，就是以基期的价格为基数计算比较期的价格指数，用比较期的价格指数除比较期的贸易额，计算出以基期的不变价格为基础的比较期贸易额，以此作为比较期的贸易量。最后，把比较期与基期的贸易量进行比较就能真实反映比较期贸易规模的变化。联合国及欧美等发达国家都是用这种方法来计算贸易量变动情况的。

1.3.2　对外贸易差额

对外贸易差额是指一定时期内一国出口总额与进口总额之间的差额。对外贸易差额包括 3 种情况：贸易出超、贸易入超和贸易平衡。

贸易出超是出口总额大于进口总额，也称贸易顺差；贸易入超是出口总额小于进口总额，也称贸易逆差；贸易平衡是出口总额等于进口总额。

贸易差额是衡量一个国家对外贸易状况的重要指标之一，在一般情况下，贸易顺差表明这一国家贸易收入大于支出，反映一个国家的商品在世界市场的竞争中处于优势，在对外贸易收支中处于有利地位；贸易逆差表明一国从事贸易收入少于支出，反映一个国家的商品在世界市场竞争中处于劣势，在对外贸易收支中处于不利地位。

1.3.3　对外贸易的商品结构

对外贸易商品结构（构成）（International Trade by Commodity）是表明各类商品在国际贸易中占的比例及地位的指标。对一个国家来说，就是指一国的进口和出口是由哪些商品构成的，它表明各类商品在对外贸易中所处的地位和所占的比重。在国际贸易中，通常把进出口商品分为两大类：一类为初级产品，另一类为工业制成品。对外贸易商品结构主要考察初级产品或工业制成品在国际贸易中所占的比重，反映了一国或世界各国的经济发展水平、产业结构状况和科技发展水平。例如，一个国家的年出口额为 100 亿美元，其中初级品占 40 亿美元，工业制成品占 60 亿美元。我们则可说，该国出口商品构成是初级品占40%，工业制成品占 60%。

1.3.4　对外贸易地理方向

1. 对外贸易地理方向（Geographical Orientation of Foreign Trade）含义

对外贸易地理方向说明的是一个国家的进口贸易和出口贸易的主要对象及其所占比重。也就是说，一个国家、贸易中心或贸易集团，商品的出口主要到什么地方去，进口商品主要从何而来。

2. 研究地理方向的意义

从横向看，可以看出哪些国家（或贸易中心、贸易集团）是本国的主要贸易对象和主要贸易伙伴；从纵向看，即从历史发展的角度看，可以看出一个国家同其主要贸易伙伴间贸易关系消长的变化（或自身的变化）。

3．决定地理方向的因素

（1）经济原因。

经济原因取决于两个国家经济的互补性，两个国家经济上的互补性越强，贸易关系就越密切（如美、加、中、日），反之亦然。而经济的互补性是由下列因素所决定的：①自然条件；②科技发展水平；③参加国际分工的形式（垂直型——进口原料、出口制成品；水平型——搞生产专业化协作；混合型——把垂直与水平型分工二者结合起来）；④投资的方向，资本流动性强的国家，贸易量就大，反之则小。两国之间经济互补性相等，就容易出现贸易平衡，否则就会出现顺差或逆差。

（2）政治原因。

决定地理方向的政治原因包括社会制度、国家政治、民族问题与种族问题。

1.3.5　对外贸易依存度

对外贸易依存度（Ratio of Dependence on Foreign Trade）又称对外贸易比率，是指一国进出口总额与其国内生产总值之比，即它是指一国国民经济对进出口贸易的依赖程度，是以本国对外贸易（进出口总额）占 GDP（国内生产总值）多少比重为标志的。换句话说，是指一个国家的全部国内生产总值中有多少是由对外贸易创造的。它既表明了一国经济依赖于外贸的程度，又在一定程度上反映了一国的经济发展水平及参与国际经济的程度。随着国际分工的扩大与深化，各国的对外贸易依存度均有不同程度的提高。如果要了解一国的对外贸易同本国经济发展的关系，就要研究"对外贸易依存度"。总体而言，通常发达国家的对外贸易依存度高于发展中国家，小国高于大国。对外贸易依存度过高，国内经济发展易受国外经济影响或冲击，世界经济不景气对本国经济冲击较大。对外贸易依存度过低，就说明没有很好地利用国际分工的长处。各国应根据本国国情，探讨不同阶段选择最佳的对外贸易依存度。

本章小结

本章首先介绍了国际贸易的含义、分类、与国内贸易的比较、作用、研究对象及研究内容；其次，回顾了国际贸易产生与发展的历史；最后，介绍了国际贸易常用的分析指标，这些基本概念和指标是建立本学科知识体系的基本元素。

思考练习

（1）国际贸易产生的条件是什么？

（2）国际贸易量与国际贸易额有何异同？

（3）如何看待我国对外贸易地理方向的集中问题？

第2章
国际贸易理论

📖 本章提要

国际分工是国际贸易的基础，它对国际贸易有非常重大的影响。西方国际贸易理论可以根据历史时期的不同划分为古典国际贸易理论、现代国际贸易理论和当代国际贸易理论，这些贸易理论从不同角度解释了国际贸易产生的原因和对世界经济的影响。

📖 学习目标

（1）了解国际分工的含义，国际分工的形成和发展；
（2）掌握绝对成本理论和比较成本理论的内容；
（3）掌握要素禀赋理论和里昂惕夫反论的内容；
（4）了解当代国际贸易理论的代表性学说。

引导案例

发展中国家深陷国际分工陷阱

在新一轮全球并购高潮中，发达国家实际上是在强化其在原有贸易格局的既得利益，而发展中国家则被更加牢固地锁定在国际分工链条的末端，进而陷入"国际分工陷阱"。在美国市场，中国出口玩具"芭比娃娃"的零售价为 9.99 美元，它在美国海关的进口价仅为 2 美元，两者相差将近 8 美元作为"智力附加值"被美方拿走。在剩下的 2 美元中，1 美元是运输和管理费，65 美分支付原材料进口的成本，中方只得到 35 美分的加工费。由此可见，包括中国在内的发展中国家在国际分工链条中处于明显的劣势和低端，而发达国家则成为最大的赢家。这样的例子在发展中国家与发达国家的贸易中并不少见。

2.1 国际贸易理论基础

◉ 2.1.1 国际分工

1. 国际分工的含义

国际分工是指世界上各国之间的劳动分工。劳动分工是各种社会劳动的划分与独立化，是一切社会生产的一种基本形式，是不同形态的社会所共有的现象。在人类历史发展的过程中，劳动分工经历了自然分工、社会分工和国际分工等几个不同的发展阶段。

2．国际分工的类型

（1）垂直型国际分工。

垂直型国际分工是指经济发展水平相差悬殊的国家之间的分工。这种分工主要表现在原材料的生产和提供国与工业制成品的生产和供应国之间的分工合作，如宗主国与殖民地国家之间的分工就属于这种类型。

（2）水平型国际分工。

水平型国际分工是指经济发展水平大体相同的国家之间的分工，表现为发展水平相近、生产技术水平相似的国家之间，对某些产品生产的不同环节或工艺过程进行专业化协作。在发展中国家之间、发达国家和部分发展中国家之间及发达国家之间存在着广泛的水平型国际分工。

（3）混合型国际分工。

混合型国际分工是指由垂直型和水平型国际分工两者结合的分工形式。目前，世界上绝大多数国家同时参与垂直型与水平型国际分工。造成这种混合分工形式有历史上的原因，也有新的生产组织方式的影响。特别是第二次世界大战后跨国公司的迅猛发展，使国际分工形式愈加复杂，世界各国的依赖与联系进一步加深。

● 2.1.2　国际分工的形成和发展

1．国际分工的形成

生产力和生产关系方面的因素决定国际分工及其格局的形成，从历史的和逻辑的过程来看，国际分工首先产生于各国在社会生产力和生产关系的发展过程中形成的比较优势和经济制度，这是国际交换的基础和产生的原因，是国际分工的起点。

国际分工的发展过程始终是在生产力、生产关系的作用之下进行的，因而也必然具有双重的影响。一方面，它成为世界生产力发展的一个重要促进因素，也是各国生产力发展和财富积累的一个重要因素；另一方面，除了第二次世界大战后一个时期内局部范围存在的社会主义国际分工之外，几百年来的国际分工都是在资本主义统治下的国际分工，因而也就是发达市场经济再生产过程的国际化，是一个在等价交换下的不均等的利益分配体系。

2．国际分工的发展

（1）国际分工的史前阶段。

国际分工的史前阶段，作为联系国际分工的纽带——世界市场还未形成，因此，这时的国际分工不是真正意义上的国际分工。首先，这一阶段的国际分工体现了一种殖民关系，具有明显的掠夺性。其次，这一时期的国际贸易的产生具有偶然性。各国生产产品的主要目的是满足本国人民的需要，而不是为了国际交换。因此，处于这一阶段的国际交换是偶然的现象。再次，参与国际交换的产品是建立在各国不同的自然条件基础上的。此外，在这一阶段，整个世界的分工还未形成体系。

（2）国际分工的形成阶段。

国际分工的形成阶段是以 18 世纪 60 年代爆发的产业革命为起点的。以蒸汽机的发明为标志的第一次科技革命使人类从手工工具时期迈入了大机器时代，从而使生产力与生产规模的发展形成了质的飞跃，为国际分工的形成奠定了物质基础。产业革命形成了西欧国家（尤其是英国）的分工基础，他们利用自己的军事力量，形成了工业生产与世界原料生产的分工。另外，由于产业革命首先是在英国完成的，这一时期的国际分工基本上是以英国为中心形成的，在世界范围内形成了以英国为中心的农业与工业的国际分工。

（3）国际分工的扩展阶段。

国际分工的扩展阶段开始于 19 世纪 70 年代的第二次科技革命。第二次科技革命以发电机与电动机的发明为标志，加深了第一次科技革命（或称产业革命）的内容。这一阶段的特征之一是工业国家的资本输出扩展了国际分工。工业国的资本输出取代了前一阶段的工业产品输出，它们在全世界范围内争夺原料供应产地，投资场所和产品销售市场，从而扩展了国际分工。但是，工业国资本过剩不是绝对的过剩，而是相对产业的过剩，并把在其他国家的投资当作本国产业的延伸，为国内的产业服务。这一阶段的特征之二是在这种国际投资的基础上，国际分工得到了深化。不仅是农业与工业的分工，而且也有产业内部的分工。

（4）国际分工的深化阶段。

第二次世界大战以后，由于第三次科技革命的兴起和推动，国际分工进入深化阶段。以原子能、电子计算机和空间技术的发展为标志的第三次科技革命具有广泛性、全面性及将技术运用到生产上的同步性，成为推动第二次世界大战后经济发展和国际分工深化的主要因素。在此阶段主要有以下几个特征：①以自然资源为基础的分工，其地位正在不断下降，而制造业的分工则在不断地深化；②国际投资是制造业分工的基础，是国际分工形成的渠道；③在制造业中开始出现资本密集型产业与劳动密集型产业之间的分工，随着制造业内部分工的深化，这种形式的分工在条件上越来越便利；④科技的高度发达使产品在生产过程中出现分工，各国在产品零部件的生产及生产工艺方面更具专业化；⑤出现了第三产业与第一、第二产业的分工。第三产业的形成由来已久，电子计算机引起的革命为金融业和信息服务业的发展奠定了物质基础。

3．影响国际分工形成和发展的主要因素

（1）生产力是国际分工产生和发展的决定性因素。

国际分工是生产力发展的结果，生产力的发展制约着国际分工类型的演变，决定了国际分工的内容和范围。

（2）各国的自然资源禀赋是影响国际分工形成和发展的基础因素。

一国的资源禀赋主要是指该国的劳动力、资本和自然资源等方面的拥有状况。各国的资源禀赋由于各种原因往往差别很大，这在很大程度上决定了国际分工的格局。一般而言，劳动力充裕的国家适合专门生产劳动密集型产品，资本充裕的国家适合专门生产资本密集型产品，而自然资源充裕的国家则适合生产各种农矿产品。

（3）人口多寡、劳动规模和市场规模制约着国际分工的发展。

人口的多寡直接影响劳动力的供给，因而影响国际分工。劳动规模或生产规模制约国际分工，无论何种劳动，一旦大规模地进行，就有必要分工，而且，劳动规模或生产规模越扩大，分工就越细致。

（4）国际生产关系决定国际分工的性质。

国际分工总是和一定的国际生产关系联系在一起的，有什么样的国际生产关系，就有什么样的国际分工。

● 2.1.3　国际分工对国际贸易的影响

1．国际分工与国际生产力

国际分工是社会分工在国际上的延伸和深化，它的产生和发展推动了生产日益国际化，分工日益专业化，节约了社会劳动，提高了劳动生产率，从而大大增加了产品的数量。同时，国际分工的发展还促使世界各国之间的商品交换活动空前发展，国际贸易规模和范围的扩大导致激烈的国际竞争。社会劳动的节约带来了国际劳动生产力的极大提高，这是国际分工最基本的经济利益。

2．国际分工与国际贸易地理分布

国际分工形式影响国际贸易的地理分布。在国际分工中处于中心地位的国家，也是国际贸易的主要对象，在国际贸易中居于主导地位。例如，从 18 世纪至 19 世纪末，工业革命的完成和专业化分工的高度发展使英国成为国际贸易的中心。但随着第二次产业革命的发展，国际分工格局发生新的变化，欧美其他一些国家开始崛起，英国在国际分工中的地位逐步下降。同样，战后新科技革命的开展带来了新兴工业国（地区）的崛起，它们充分利用自身的优势，采取适当的发展战略，积极参与国际分工，逐步摆脱旧的国际经济秩序的束缚，成为区域内乃至国际贸易的中心，这同样也改变着国际贸易的地理分布。

3．国际分工与国际贸易商品结构

国际分工的发展影响着国际贸易商品结构的变化。首先，第二次世界大战前，国际分工以宗主国和殖民地落后国家间的垂直型分工为主，所以国际贸易总量中以初级产品的比重为最大。而在第二次世界大战后，由于水平型分工的发展，工业制成品在国际贸易中所占比重逐渐超过了初级产品。其次，第二次世界大战前发展中国家处于垂直型分工的下游，主要以出口农矿产品、原材料等初级产品为主。第二次世界大战后，随着发展中国家经济发展水平的不断提高，它们的出口贸易中工业制成品的比重不断增长，初级产品的比重不断下降。再次，随着跨国公司的发展和部门内分工进一步加强，工业内部、公司内部贸易额大幅度增加，中间性机械产品在整个工业制成品贸易中的比重也不断提高。最后，国际分工在第二次世界大战后的进一步深化，带来了服务贸易、技术贸易的迅速发展，这是国际贸易商品结构中的又一重大变化。

4．国际分工与国际贸易利益

国际分工带来了社会劳动的节约，提高了国际劳动生产力，增加了社会物质财富，推动了世界经济的发展。它使贸易参加国可以充分发挥自身优势，取长补短，使世界资源得到合理配置，这是人类社会的进步体现。但同时我们也不可忽视，国际分工源于资本主义机器大工业的诞生，其产生和发展也是在资本主义生产方式内进行的。一方面它代表生产力发展的进步过程，另一方面也体现了资本主义社会的生产关系。在资本主义国际分工体系中，国际分工成了发达资本主义国家剥削和掠夺别国的工具。宗主国与殖民地、半殖民地落后国家的中心和外围的分工关系决定了它们之间不平等的贸易关系。随着发展中国家的崛起，它们在国际分工中的地位有所改善，贸易利益也随之增加。但是经济发展程度差距的客观存在，使发达资本主义国家常常有机会对发展中国家进行不平等交换。因此要增加发展中国家的贸易利益，还必须进一步增强自身经济实力，从根本上改变国际分工的格局。

5. 国际分工与自然资源的合理利用

国际分工可以充分利用各国的自然资源，使各国发挥其资源优势，提高总体的资源产出。由于矿产资源、土地资源等现代化工业赖以发展的基础在全世界各国的分布极不均衡，这种地域差异的永久存在必将影响世界工业的发展。因此，国际分工和国际贸易一方面使资源贫乏的国家的工业获得发展的机会，另一方面也可以使资源较为丰富的国家充分发挥其资源优势，从而达到世界自然资源的合理配置。

2.2 古典国际贸易理论

2.2.1 重商主义对外贸易学说

西方国际贸易理论分为两大派别：一派是在理论上居主导地位的西方传统国际贸易理论，即自由贸易理论；另一派是西方传统国际贸易理论的反对派，即保护贸易理论。西方国际贸易理论的两大学派是从重商主义分离出来的，它们的理论观点是对立的。

重商主义对外贸易学说是一种距今已有 400 多年历史的古典贸易理论，代表着经济学家对国际贸易问题的最早看法，是贸易理论的最初研究成果，而且成为亚当·斯密构想自由贸易学说的思想资源。在《国民财富的性质和原因的研究》（以下简称《国富论》）中，亚当·斯密用近一半的篇幅来反驳重商主义理论学说。

1. 重商主义对外贸易学说产生的背景

重商主义是资本主义生产方式准备时期建立起来的代表商业资产阶级利益的一种经济学说和政策体系，它盛行于 16 世纪和 17 世纪上半叶，从 17 世纪下半叶开始盛极而衰。重商主义是西方资本原始积累时期反映商人资本思想见解与主张的贸易学说。重商主义最初出现在意大利，后来流行到西班牙、葡萄牙、荷兰、英国和法国等。16 世纪末以后，在英国和法国得到了重大的发展。

重商主义的产生有深刻的历史背景。15 世纪以后，西欧封建自然经济逐渐瓦解，商品货币经济关系急剧发展，封建主阶级力量不断削弱，商业资产阶级的力量不断增强，社会经济生活对商业资本的依赖日益加深。与此同时，社会财富的重心由土地转向了金银货币，货币成为全社会上至国王下至农民所追求的东西，并被认为是财富的代表形态和国家富强的象征。为了减轻贸易的风险，商人阶级需要开辟殖民地和国外市场，以此控制同海外各地的贸易，这一理想的实现，需要借助于国家强大的政治与军事力量的保护，"这样，贸易界和国家之间的联系就更进一步紧密了，国家政策的考虑日益集中于贸易问题上"。而当时金银货币主要来自商业资产阶级所经营的内外贸易，尤其是对外贸易。因此，对外贸易被认为是财富的源泉，重商主义便应运而生。

2. 重商主义对外贸易学说的基本观点

重商主义所重的"商"是对外经商，重商主义学说实质上是重商主义对外贸易学说，是巨商大贾、学者、政府官员中的所谓重商主义者关于对外贸易的理论观点和政策主张。重商主义对外贸易学说以重商主义的财富观为理论基础，认为货币是一国财富的根本、富强的象征，一切经济活动的目的是积累财富，获取财富的途径则是对外贸易顺差，因而主张国家干预经济活动，鼓励本国商品输出，限制外国商品输入，使货币流入国内，以增加国家财富和增强国力。

重商主义经历了 15 世纪至 16 世纪中叶早期和 16 世纪下半叶至 17 世纪晚期两个发展阶段，其对外贸易学说也相应地分为早期和晚期，早期叫货币差额论，主要代表人物有英国的海尔斯和威廉·斯坦福德；晚期称作贸易差额论，最重要的代表人物是英国的托马斯·孟。

3. 重商主义对外贸易学说的贸易政策

（1）货币政策。

重商主义的货币政策可追溯到中世纪，但在 16 世纪时才相当普遍。当时奉行重商主义的国家都颁布过各种法令，规定严厉的刑罚，禁止货币输出。例如，西班牙曾规定输出金银者处死，检举者有赏，并禁止外国人购买金条。英国也曾规定输出金银为大罪。在禁止货币输出的同时，各国都想方设法吸收国外货币，政府通过法令，规定外国人来本国进行贸易时，必须将出售货物所得到的全部款项用于购买本国的货物，以免货币外流。到了重商主义的晚期发展阶段，货币政策有所放宽，准许输出适量货币，以期获得更多的货币。

（2）奖出限入政策。

重商主义者极力主张国家管制对外贸易，通过奖出限入政策促进出口、减少进口，实现贸易顺差，积累货币财富。在进口方面，实行重商主义的国家不仅禁止奢侈品输入，而且对一般制成品的进口也严加限制。因为奢侈品、工业制成品价格昂贵，进口这些商品要输出大批金银，影响货币积累。英、法等国就曾制定过禁止奢侈品进口的法令。在出口方面，由于原料价格低廉，加工后产品增值、价格变贵，所以重商主义者主张出口制成品代替出口原料。并且认为输出廉价原料，再用高价购买其制成品是一种愚蠢的行为。另外，国家还用现金奖励在外国市场上出售本国商品的商人。例如，当时英国曾禁止输出羊毛、皮革和锡等原料品，奖励那些不输出原料及在英国制造并出口工业品的生产者。

（3）保护关税政策。

保护关税政策在重商主义的早期发展阶段便开始实行，晚期阶段已成为扩大出口、限制进口的重要手段之一。这一政策对进口的制成品设置关税壁垒，课以重税，使进口的商品价格提高，售价昂贵，从而达到限制进口的目的；对进口的原料和出口的制成品，则减免关税或出口制成品时退还进口原料所征的关税，以支持和鼓励本国制成品的生产和出口。例如，法国 1667 年实行保护关税政策，把从英国、荷兰进口的呢绒税率提高一倍，花边等装饰品的进口税率也提高一倍，阻止了这些产品的进口，而对法国急需的工业品原料如羊毛、铁、锡、铅等的进口及工业制成品出口加以鼓励。

（4）海上运输管制政策。

当时海上贸易为主要国际贸易通道。殖民地的航运事业均由本国运输工具经营，极力争取运输费用，并为本国商品进出口及转运创造有利条件。英国在 17 世纪制定的《航海法》最为典型。航运事业需要强大的海军作为后盾，海上武装力量是国家实力的标志。

（5）发展本国工业政策。

重商主义者认为，保持贸易顺差的关键在于本国能够多出口竞争力强的工业制成品，因此他们主张实施鼓励国内工业发展的政策。当时实行重商主义的各国都围绕着发展本国工业制定并执行了种种政策和措施。为发展制造业和加工工业，有的国家高薪聘请外国工匠，禁止熟练技工外流和机器设备输出，鼓励原料和半成品输入，还向工场手工业者发放贷款和提供各种优惠条件；为工业发展提供充足的劳动力，鼓励增加人口；为降低工业生产成本，实行低工资政策；为提高产品质量，制定工业管理条例，加强质量管理。

例如，英国政府通过《职工法》鼓励外国技工移入，通过行会法奖励国内工场手工业者。法国则采取免税、补贴、给予特权，乃至皇家基金自由投资等措施，促进制造业发展，并依靠国有企业，大力发展"皇家制造业"，为扩大商品输出创造雄厚的经济基础。

2.2.2　绝对成本理论

1. 绝对成本理论的提出

亚当·斯密是资产阶级经济学古典学派的主要奠基人之一，也是国际分工—国际贸易理论的创始者，是倡导自由贸易的带头人。在斯密所处的时代，英国的产业革命逐渐展开，经济实力不断增强，新兴的产业资产阶级迫切要求在国民经济各个领域中迅速发展资本主义，却受到重商主义政策体系的重重束缚。仍存在于乡间的行会制度严重限制了生产者和商人的正常活动，重商主义的极端保护主义则从根本上阻碍了对外贸易的扩大，使新兴资产阶级从海外获得生产所需的廉价原料，并为其产品寻找更大的海外市场的愿望难以实现。亚当·斯密站在产业资产阶级的立场上，在 1776 年发表的《国富论》一书中批判了重商主义，创立了自由放任的自由主义经济理论。在国际分工—国际贸易方面，提出了主张自由贸易的绝对成本理论。

2. 对重商主义的批判

亚当·斯密指出，金银并非财富的唯一形态，真正的社会财富是由货币购买的货物所构成的，而并不是金银本身。衡量一国是否富裕的标准不是该国拥有的金银数量，而是其劳动生产率的高低。因此，国民财富的增长有两条途径：一是提高劳动生产率，二是增加劳动的数量。其中，劳动生产率的提高又是以劳动分工为前提的。他认为重商主义者用奖出限入的种种办法，人为地保持贸易顺差来增进本国金银的拥有量是十分荒谬的。因为，如果一国能够长时期保持贸易顺差，则会由于金银大量流入而增加国内货币流通量，导致商品价格上涨，使本国出口商品的竞争能力下降，出口减少，进口增加，从而使贸易顺差减少甚至出现逆差，金银又不得不输往国外。斯密反对政府实行贸易保护政策，而主张以自由贸易形式来扩大对外贸易。为论证实行自由贸易的重要性，斯密把国内劳动分工和专业化原则推广到国际经济领域，提出了国际分工理论。他认为国际贸易应该遵循国际分工的原则。

3．绝对成本理论的主要内容

亚当·斯密在《国富论》中指出，由于自然与社会因素的差异，各国在生产同种商品时会有不同的劳动生产率，因而形成各自绝对生产成本的差异，也就是各自绝对优势的不同。所谓的绝对优势或者是指一个国家较之另一个国家在生产同种商品时所拥有的最高的劳动生产率——表现为单位劳动投入带来的产出率最大，或者是指一个国家较之另一个国家在生产同种商品时所具备的最低的生产成本——表现为单位产出的劳动投入量最小。

斯密非常重视分工，强调分工的利益。他认为分工可以提高劳动生产率，因而能增加国家财富，原因有 3 点：①分工使劳动专门化，提高了工人的熟练程度；②分工可以省却工人从一种工作转换到另一种工作的时间，免除因转换工序或工作而造成的损失；③分工可以使工人因专门从事某项操作而容易改进工具和发明机器，从而使一个人能够完成许多人才能做的工作。他以制针业为例来说明其观点。根据斯密所举的例子，在没有分工的情况下，一个粗工每天至多只能制造 20 枚针，有的甚至连一枚针也制造不出来。而在分工之后，平均每人每天可制针 4 800 枚，每个工人的劳动生产率提高了数百倍，这显然是分工的结果。

综上所述，亚当·斯密主张：为了更多地增加国民财富，一国应该只生产、出口那些生产效率高的商品，进口那些国外生产效率高的商品。这些生产效率高的商品也就是一国具有绝对优势，能获得绝对利益的商品。因此，人们把亚当·斯密的这一理论称为绝对优势理论或绝对成本理论。

4．绝对成本理论实证分析

现以英国和葡萄牙两国生产葡萄酒和小麦两种产品为例，对亚当·斯密的国际分工—国际贸易理论做进一步的分析，如表 2.1 所示。

表2.1　绝对成本理论实证分析

	国　　　家	酒产量（单位）	所需劳动人数（人/年）	毛呢产量（单位）	所需劳动人数（人/年）
分工前	英国	1	120	1	70
	葡萄牙	1	80	1	110
分工后	英国			2.7	190
	葡萄牙	2.375	190		
国际交换后	英国	1		1.7	
	葡萄牙	1.375		1	

表 2.1 是英葡两国两种商品的生产情况，其中英国在毛呢的生产上具有优势，葡萄牙在酒的生产上具有优势。斯密认为在这种情况下可以发挥优势，进行国际分工和国际交换，对两国都有利。假设英葡两国 1 单位毛呢可以与 1 单位酒进行交换，现英国以 1 单位毛呢交换葡萄牙 1 单位酒，则两国拥有产品状况如表 2.1 所示，英葡两国在未增加投入的情况下，通过国际分工，产量比分工前都提高了。通过国际交换（国际贸易），两国都可获得贸易利益。

亚当·斯密通过这个实证分析得出结论：自由贸易会引起国际分工，国际分工的基础是有利的自然禀赋，或者后天的有利生产条件。它们都可以使一国在生产上和对外贸易方面处于比其他国家有利的地位。如果各国都按照各自有利的生产条件进行分工和交换，将会使各国的资源、劳动力和资本得到最有效的利用，大大提高劳动生产率和增加物质财富。

2.2.3 比较成本理论

亚当·斯密的绝对成本理论认为，当一国在某种产品的生产上所花费的劳动成本绝对地少于他国时，就有了与他国进行贸易的基础，而且贸易将为双方带来收益。但是，如果一国没有任何具有绝对优势的产品，是否也可以进行对外贸易，是否可以获得贸易利益？大卫·李嘉图的比较成本理论解释了这一问题。

1．比较成本理论的产生背景

大卫·李嘉图所处的时代是英国工业革命迅速发展，资本主义不断上升的时代。当时英国社会的主要矛盾是工业资产阶级同地主贵族阶级的矛盾，这一矛盾由于工业革命的进展而达到异常尖锐的程度。1815 年英国政府颁布了《谷物法》，英国产业革命后，谷物自给困难，价格上涨，输入逐渐增加。但执政的地主贵族阶级为维护本阶级的利益，主张限制输入，《谷物法》正是维护地主贵族阶级利益的法令。该法令规定，必须在国内谷物价格上涨到限额以上时，才准进口，而这个价格限额却不断提高。《谷物法》实行后，谷物价格昂贵，限制了英国对谷物的进口，使国内粮价和地租长期保持在很高的水平上，对英国工业资产阶级非常不利。一方面，国内居民对工业品的消费因粮食开支增加而相应减少；另一方面，工业品成本因粮价上涨而提高，削弱了工业品的国际竞争力。因限制谷物进口而招致的国外报复，也不利于英国工业品出口。于是，英国工业资产阶级和地主贵族阶级围绕《谷物法》的存废展开了激烈的斗争，工人要求增加工资，罢工不断。大卫·李嘉图在这场斗争中站在工业资产阶级一边，他继承和发展了亚当·斯密的理论，在《政治经济学及赋税原理》一书中提出了以自由贸易为前提的比较成本理论，为工业资产阶级的斗争提供了有力的理论武器。

2．比较成本理论的主要内容

大卫·李嘉图的比较成本理论也称比较利益理论，是在亚当·斯密的绝对成本理论的基础上建立起来的，并发展了亚当·斯密的理论观点，它从生产成本的相对差别出发，论证了国际贸易分工产生的原因。大卫·李嘉图认为比较成本就是比较两种产品在两个国家的劳动成本的高低，以决定一国应该生产和交换哪种产品；各国不一定要专门生产劳动成本绝对低（绝对有利）的产品，在两国都能生产两种产品的条件下，其中一国在这两种产品的生产上都处于优势地位，而另一国在这两种产品的生产上均处于劣势地位，则处于优势地位的国家专门生产优势较大的那种产品，处于劣势地位的国家专门生产劣势较小的那种产品，提高专业化分工和国际贸易，双方仍然可以从中获得利益和实现社会劳动的节约。

3．比较成本理论实证分析

现仍以英国和葡萄牙生产毛呢和酒为例，对大卫·李嘉图的比较成本理论进行分析，如表 2.2 所示。

表 2.2　比较成本理论实证分析

	国　　家	酒产量（单位）	所需劳动人数（人/年）	毛呢产量（单位）	所需劳动人数（人/年）
分工前	英国	1	120	1	100
	葡萄牙	1	80	1	90
分工后	英国			2.2	220
	葡萄牙	2.125	170		
国际交换后	英国	1		1.2	
	葡萄牙	1.125		1	

　　假设英葡两国劳动生产率不同，每单位产品所花费的劳动量也不同，交换比率为 1 单位毛呢与 1 单位酒相交换（见表 2.2）。英国在两种产品的生产上绝对成本都高于葡萄牙，即两种产品的生产都处于劣势，但在酒的生产上劣势更大。在这种情况下，英国应专门生产毛呢，葡萄牙专门生产酒，两国一年的劳动总量将比分工前更多（英国的毛呢产量比分工前多出 0.2 个单位，葡萄牙的酒产量比分工前多出 0.125 个单位）。显然，按照相对优势进行国际分工，一定的劳动总量就能创造出更多的财富或使用价值。

　　李嘉图通过上例证明：在生产上没有任何绝对优势的国家，仍可通过专门生产其比较成本较低的产品以换取它自己生产中比较成本较高的产品，从而得到利益。只要存在比较成本差异，就存在国际分工和国际贸易的基础。无论各国经济发展水平如何，劳动生产率存在多大差异，都可以生产出那些生产成本相对较低的产品，参加国际交换，从而获得提高劳动生产率，提高消费水平和节约社会劳动的利益。

2.3　现代国际贸易理论

● 2.3.1　要素禀赋理论

1．要素禀赋理论的基本假设

　　要素禀赋理论基于一系列假设条件：①2×2×2 模型假设；②假设两种贸易商品，X 产品是劳动密集型产品，Y 产品是资本密集型产品；③假设两国在两种产品的生产上规模经济利益不变；④假设需求偏好相同；⑤假设在两国的两种商品和生产要素市场上，竞争是完全的；⑥假设在各国内部生产要素能够自由转移，但在各国间生产要素是不能自由流动的；⑦假设没有运输费用，没有关税或其他贸易限制。

2．与要素禀赋理论有关的几个概念

　　（1）要素密集度和要素密集型产品。

　　要素密集度（Factor Intensity）是指生产某种产品所投入的各种要素的比例关系，是一定技术水平的反映。如果某种要素投入比例大，称为该要素密集程度高。由于要素禀赋理论的假设，参与贸易的国家生产技术是一致的，即要素密集度是相对固定的。但在技术水平既定条件下，不同产业间的要素密集度是有区别的。

根据产品生产所投入的生产要素中所占比例最大的生产要素种类不同，可把产品划分为不同种类的要素密集型产品（Factor Intensive Commodity），如资源密集型产品、资本密集型产品和劳动密集型产品。

（2）要素禀赋和要素丰裕程度。

要素禀赋（Factor Endowment）是指一国所拥有的各种生产要素的数量。

要素丰裕程度（Factor Abundance）是指一国所拥有经济资源的相对丰富性，或者说一个国家的相对资源供应量。衡量一个国家要素丰裕程度有两种方法，一是以生产要素供给总量衡量，若一国某要素的供给比例大于别国的同种要素供给比例，则该国相对于别国而言，该要素丰裕。

（3）生产要素和要素价格。

生产要素（Factors of Production）是指生产活动必须具备的主要因素或在生产中必须投入或使用的主要手段，通常指土地、劳动、资本和企业家的管理才能四种要素。也有人把技术知识、经济信息当作生产要素。

要素的价格（Factor Price）是指生产要素的使用费用或生产要素的报酬，如土地的地租、劳动的工资、资本的利息、管理的利润等。

3. 要素禀赋理论的基本内容

要素禀赋理论有狭义和广义之分。狭义的要素禀赋理论是指要素供给比例论或要素比例论，主要通过对相互依存的价格体系的分析，用生产要素的丰缺来解释国际贸易产生的原因和一国进出口贸易的类型。广义的要素禀赋理论除指要素供给比例论的内容以外，还包括要素价格均衡化理论，主要研究国际贸易对要素价格的影响，说明国际贸易不仅会使国际商品价格趋于一致，而且会使各国生产要素的价格趋于均等化。

要素禀赋理论的分析不仅解释了国家间分工与贸易产生的原因，而且还说明了国际贸易的商品流向。

● 2.3.2 里昂惕夫反论

1. 里昂惕夫反论的提出

赫克歇尔—俄林模型创立以来，逐渐被西方经济学界普遍接受，并奠定了其在自由贸易理论中的地位，这个模型揭示的道理同人们的常识是一致的。只要知道一个国家的要素禀赋情况，就可以推断出它的贸易走向。按照这个理论，一个国家出口的应该是密集地使用了本国丰裕的生产要素生产的产品，进口的应该是密集地使用了本国短缺的生产要素生产的产品。按照要素禀赋理论，美国理应出口资本密集型产品，而进口劳动密集型产品。为了检验该模型，1953 年里昂惕夫运用投入—产出分析法对 1947 年美国 200 个行业进行分析，把生产要素分为劳动和资本两种，然后选出具有代表性的一揽子出口品和一揽子进口替代品，计算出每百万美元的出口商品与进口替代商品对国内资本和劳动力的需求额，如表 2.3 所示。

表 2.3　每百万美元出口商品与进口替代商品对国内资本和劳动力的需求额（1947 年）

	出 口 商 品	进口替代商品	进口/出口
资本 K（美元）	2 550 780	3 091 339	
劳动力 L（人/年）	182.313	170.004	
资本/劳动 [K/L，美元（人·年）]	13 991	18 184	1.30/1.0

根据赫克歇尔—俄林模型理论的结论及人们对美国是一个资本丰裕的国家的基本判断，美国应该出口资本密集型产品，进口劳动密集型产品。但由表 2.3 看出，1947 年美国每出口 100 万美元的商品，在国内耗用资本 2 550 780 美元和投入 182.313 人/年的劳动，平均每人耗用资本 13 991 美元。同年，美国每进口 100 万美元的商品，若在国内生产将耗用 3 091 339 美元的资本和投入 170.004 人/年的劳动，平均每人耗用资本 18 184 美元，这样美国进口替代品的资本密集程度反而高于出口商品的资本密集程度（约 30%），由此说明，美国出口的是劳动密集型产品，进口的是资本密集型产品。这得出了与要素禀赋理论相反的结论：美国参加国际分工是建立在劳动密集生产专业化的基础之上，而不是建立在资本密集型生产专业化基础上的。换言之，这个国家是利用对外贸易来节约资本和安排剩余劳动力的，而不是相反的。

2．里昂惕夫反论的验证

里昂惕夫的惊人发现，引起了西方经济学界的极大兴趣，使西方经济学界大为震惊和困惑，因而把这一理论称为"里昂惕夫之谜"或"里昂惕夫反论"。随后有人提出指责，认为 1947 年正值第二次世界大战结束不久，很可能由于战争的影响没有消除而使贸易模式遭到扭曲。1956 年里昂惕夫又利用投入—产出法对美国 1951 年的贸易结构进行第二次检验，检验的结果和第一次是一致的，"谜"仍然存在。

里昂惕夫之谜激发了其他经济学家对其他国家的贸易格局进行类似研究，以验证要素禀赋理论。例如，日本经济学家建元正弘和市村真一，于 1959 年使用与里昂惕夫相类似的研究方法对日本的贸易结构进行分析发现：从整体上，日本这个劳动力丰裕的国家，输出的主要是资本密集型产品，输入的是劳动密集型产品。但从双边贸易来看，日本向美国出口的是劳动密集型产品，从美国进口的是资本密集型产品；日本出口到不发达国家的则是资本密集型产品。建元正弘和市村真一两位经济学家认为，之所以如此是因为日本的资本和劳动的供给比例介于发达国家和不发达国家之间，日本和前者的贸易在劳动密集型产品上占有相对优势，而与后者的贸易则在资本密集型产品上占有相对优势。因此，仅就日本的整体对外贸易而言，建元正弘和市村真一的结论支持了里昂惕夫之谜，但就双边贸易而言，二者的结论则支持了要素禀赋理论。

许多检验结果既未肯定地证实要素禀赋理论，也未否定要素禀赋理论。

3．对里昂惕夫反论的几种解释

（1）要素密集型逆转说。

要素密集型逆转是指同一种产品在劳动力丰富的国家是劳动密集型产品，而在资本丰裕的国家则又是资本密集型产品的情形。按照生产要素禀赋理论，无论生产要素的价格比例实际如何，某种商品总是以某种要素密集型的方式生产出来的，如小麦总是以劳动密集型的生产方式生产的。可这种结论不一定正确,某种商品在某个国家既定的生产要素价格条件下是劳动密集型的,但在另一个国家既定的生产要素价格条件下却可能是资本密集型的。例如,小麦在不少发展中国家都是劳动密集型产品,而在美国却是资本密集型产品。因此,同一种产品的产出可以存在要素密集型逆转。根据这种解释,美国进口的产品在国内可能用资本密集型生产,但在国外却是以劳动密集型生产,从美国的角度来看,就会造成进口以资本密集型产品为主的错觉;同时,美国的出口产品在国内可能是劳动密集型产品,在国外却是资本密集型的,用美国的标准衡量也会造成出口是劳动密集型产品的假象。只要贸易双方有一方存在要素密集型逆转的情况,其中一国就必然存在里昂惕夫反论。

要素密集型逆转的发生可作为解释"谜"产生的原因之一,但是要素密集型逆转情况的发生概率是极小的。经济学家们在 1962 年对 19 个国家的 24 个行业进行统计分析发现,仅有 5 个行业有要素密集型逆转。里昂惕夫对他所研究的资料进行定量分析,要素密集型逆转的发生率只有 1%,因此对要素禀赋理论并无实质性的影响。

(2)劳动效率说。

劳动效率说也称熟练劳动说或要素非同质说,最先是由里昂惕夫提出来的,后来美国经济学家基辛加以发展。这个观点认为,生产要素禀赋理论假设各国的每种生产要素本身都是同一的,没有任何差异。然而,每种生产要素实际上都不是同一的,各国的生产要素禀赋既有数量上的差异,也有质量上的差异。忽略这点,就难以合理解释贸易格局。里昂惕夫对"谜"的解释是:因为美国工人具有比其他国家工人更熟练的技术和更高的劳动效率,如果将美国生产的与进口竞争产品的资本—劳动比例,折合成国外的同类产品生产的资本—劳动比例,那么美国从国外进口的产品中所包括的劳动就多于资本,因而仍然是劳动密集型产品。里昂惕夫认为各国的劳动生产率是不同的,1947 年美国工人的劳动生产率大约是其他国家的 3 倍,运用同样数量的资本,美国工人可以多产出 3 倍。因此,在计算美国工人的人数时应将美国实际工人数乘以 3。如果劳动以效率单位衡量,那么美国将是劳动力相对丰裕、资本相对稀缺的国家,所以它出口劳动密集型产品,进口资本密集型产品。这样,就不存在里昂惕夫之谜了。为什么美国工人的劳动效率要比别国工人的劳动效率高?里昂惕夫认为美国具有比较良好的企业组织管理技术及生产环境,工人受到良好的教育和培训,具有较强的进取精神。但是,这种解释并非可行,既然这些因素能够使美国的劳动具有更高的效率,同样也该可以使美国的资本具有比别国高的效率。

(3)人力资本差异说。

在里昂惕夫之后,美国许多经济学家如克拉维斯、基辛、凯能、鲍德温、舒尔茨等用人力资本的差异来解释里昂惕夫之谜的产生。该学说认为,在里昂惕夫的统计检验中,存在明显的缺陷,里昂惕夫计量的资本要素实际上只是物质资本如机器、厂房、设备等,而忽视了人力资本。人力资本是指所有能够提高劳动生产率的教育投资、工作培训、保健费用等项开支。人力资本的作用是能够使劳动力的技能得到提高,从而提高劳动生产率,人力资本的投入,可以在既定的资源水平上增加产出。美国的生产投入了较多的"人力资本",因而拥有了更多的技术劳动力。当人力资本追加到物质资本时,产品的要素密集度就会发生改变,原来以为是劳动密集型的产品可能成为资本密集型产品。因此,对于美国的生产投入一个单位的劳动力,实际上还投入了一定数量的人力资本。从广义资本的含义来说,美国出口的仍然是资本密集型产品,进口的是劳动密集型产品。凯能认为,在计算资本密集度时需把美国熟练技术工人的收入高出非熟练工人的收入部分予以资本化，将其视为一种物质资本，与有形的物质资本相加，作为资本—劳动比例的分子，这样里昂惕夫之谜就会消失。

（4）自然资源说。

一些经济学家认为，里昂惕夫的计算局限于资本和劳动两种生产要素，而未考虑其他生产要素如自然资源的作用。自然条件是国际分工和国际贸易的客观基础，如果考虑到自然因素，实际上一些产品既不属于劳动密集型产品，也不属于资本密集型产品，而是自然资源密集型产品。

各国自然资源的种类和数量有很大不同。阿拉伯半岛富有石油，但几乎没有什么其他资源；日本只有很少的耕地，并且实际上没有矿产或森林。由于各国拥有的自然资源的不同，直接影响到产品中资本—劳动的比率。美国的进口商品中初级产品占 60%～70%，而且这些初级产品大部分是木材和矿产，这些产品不仅使用大量自然资源，而且还使用了大量资本。把这类产品划归资本密集型产品，无形中加大了美国进口商品的资本—劳动的比率，使里昂惕夫之谜产生。如果考虑自然资源这个因素在美国进出口贸易结构中的作用，就可以对"谜"进行解释。要计量美国的出口工业和进口竞争工业中的生产要素含量，自然资源的作用也是不可忽视的。里昂惕夫后来在对美国的贸易结构进行检验时，在投入—产出表中减去 19 种自然资源密集型产品，结果成功地解开了"谜"，取得了与要素禀赋理论一致的结果。这个原因也可以用来解释加拿大、日本、印度等国的贸易结构中存在的"谜"。

（5）贸易壁垒说。

经济学家鲍德温认为，要素禀赋论是自由贸易理论，而里昂惕夫统计的是一个贸易保护条件下的实际的进口商品的要素密集程度，"谜"产生的原因是由于市场竞争不完全引起的。国际间商品流通会因受贸易壁垒的限制而使要素禀赋提示的规律不能实现。以美国为例，美国政府为解决国内就业，对雇用大量不熟练工人的劳动密集型产品采取保护政策，这样势必造成国外的劳动密集型产品难以进入美国市场，而资本密集型产品进入相对容易。如果实行自由贸易或美国政府不实行这种限制，美国进口商品结构中的劳动密集型产品的比重比 1947 年里昂惕夫统计的实际数字要高。鲍德温的研究表明，如果美国的进口商品不受任何限制，其进口商品中的资本—劳动比例将比实际高出 5%。即使排除贸易壁垒也只能减轻而无法完全消除里昂惕夫之谜。

（6）需求偏好说。

这种学说试图以国内的需求结构来解释里昂惕夫之谜。它认为，赫-俄理论成立的一个假设前提是贸易双方的需求偏好是一致的，消费结构也是相同的，因而赫-俄理论忽略了需求偏好的不同对贸易方式的影响。事实上，贸易各国消费者需求偏好是有差异的，影响着国际贸易的方式。各国由于国内需求的不同，可能出口在成本上并不完全占优势的产品，而进口在成本上处于劣势的产品。一个资本相对丰富的国家，如果国内需求偏向资本密集型产品，其贸易结构就有可能是出口劳动密集型产品，进口资本密集型产品。例如，美国对资本密集型产品的需求大于对劳动密集型产品的需求，就造成了美国违背其在生产成本上的比较优势，进口资本密集型产品超过出口此类产品的状况。

2.4 当代国际贸易理论

2.4.1 规模经济理论

1．规模经济概述

（1）规模经济的含义。

规模经济中的"规模"是指生产能力扩大而导致的较大生产批量；"经济"是指成本的节约、效益的提高或报酬的递增。用经济学术语来说，规模经济是指随着产量的扩大，某种产品的生产成本递减，或者规模报酬递增的情况。

（2）规模经济的两种形式。

规模经济有两种形式，一种是外在规模经济，另一种是内在规模经济。

① 外在规模经济是指同行业企业个数的增加，引起产业规模扩大，使单个厂商从同行业内其他厂商的扩大中获得生产率的提高和成本下降。同行业内企业个数的增加和相对集中，会使单个企业的报酬随着企业的增加而呈增加的趋势。外在规模经济一般存在于竞争性很强的同质产品行业中，企业的个数多，但企业的规模较小。

② 内在规模经济是指厂商通过自身生产规模的扩大，提高生产率并降低平均成本，使企业边际报酬递增。一般来说，垄断竞争企业、寡头企业或垄断企业可以通过自身扩大企业规模获得内在规模经济。一些资本密集或者知识密集的行业，厂商为了生存必须把生产规模控制在某一规模上。

2．规模经济理论的两个基本假设

规模经济理论认为，国际市场上的商品多是异质性产品，国际市场是不完全竞争市场，这两个假设比传统国际贸易理论的两个假设（各国的产品都是同质同样的，国际市场是完全竞争市场）更符合实际。

完全竞争市场在国际市场上所占比重很小，多数商品市场，特别是工业制成品市场基本上属于垄断竞争市场。因为工业制成品多是不同质产品，很容易形成垄断。即使是同一行业并能相互替代的产品，只要能在性能、型号、式样等方面各有自己的特色，都会形成各自独特的垄断竞争市场；有些高科技、高投入产品，世界上只有为数不多的几个国家能够生产，这样的市场便属于寡头垄断市场；如果一种产品，全世界只有一个国家能够生产，该产品市场则为完全垄断市场。就当前国际市场的结构而言，以垄断竞争市场为主体。这是因为市场上的产品多为异质工业制成品：一方面，各种产品相类似并有一定的代替性，从而相互竞争；另一方面，产品又不完全一样，各有一定的特征，因而又有一定的垄断性。

3．规模经济理论的主要内容

规模经济理论也称规模收益递增理论。其主要观点为：规模报酬递增也是国际贸易的基础，当某一产品的生产发生规模报酬递增时，随着生产规模的扩大，分工和专业化会更细，可以采用大型化、专业化程度更高的生产设备，使劳动生产率提高，单位产品成本递减而取得成本优势，因此导致专业化生产并出口这一产品。

规模经济理论的创始人是美国经济学家保罗 • 克鲁格曼和以色列经济学家埃尔赫南 • 赫尔普曼。他们将规模经济原理引入国际贸易理论分析，建立了一个新的分析框架，于 1985 年合作出版了《市场结构和对外贸易：报酬递增、不完全竞争和国际贸易》，受到经济学界的普遍关注，被誉为国际贸易理论方面的重大突破。规模经济理论的提出，旨在解释水平分工发生的原因，即经济发展水平大体相同的国家之间的分工。传统的比较成本理论和要素禀赋理论都是建立在边际成本不变或边际成本递增基础上的。而事实上，许多制造业的生产成本是随着生产规模的扩大而递减的，换言之，规模经济在一些行业（如机械、电子工业）中非常突出。这是因为生产规模的扩大，生产期延长，机器设备闲置减少及利用率提高，劳动者的技术及熟练程度提高，从而导致单位产品的成本降低。

可见，在存在规模报酬递增条件下，以规模报酬递增为基础的分工和贸易会通过提高生产率、降低成本，使产业达到更大的国际规模，而参加分工和贸易的双方均获其利。但是，并不是说传统的国际贸易理论已经失去生命力。在完全竞争和规模经济不变的情况下，传统的国际贸易理论完全适用。即使在某些产业具有递增性规模报酬以及市场结构是不完全竞争的情况下，只要做出一些必要的假设就可以看到，贸易商品所体现的要素净含量流动仍反映了国家间的相对要素禀赋的差异。只是在这种情况下，规模经济可能取代要素禀赋的差异成为国际贸易的主要动因。

● 2.4.2 偏好相似理论

1. 偏好相似理论的前提

传统国际贸易理论强调供给对贸易的作用，却忽视需求对贸易的反作用。事实上，贸易是供给与需求双方共同作用的结果。1961 年，瑞典著名经济学家林德尔推出《贸易与变化》一书，针对工业国之间的贸易格局另辟蹊径，改变了传统的分析方法，从需求方面探讨了国际贸易产生的原因，提出了偏好相似理论。林德尔将需求导入国际贸易理论，分析需求在国际贸易中的极其重要的地位，可谓独树一帜。同时，林德尔还认为，俄林的要素禀赋理论只适用于初级产品的贸易，而不适用于工业品贸易。正是在这种情况下，林德尔提出了解释工业品贸易的偏好相似理论。

该理论认为，国内需求是产品出口的前提条件，对出口贸易起基础性作用。在国际市场上，最有竞争能力的产品是新产品。厂商开发新产品的动因，一是需求，二是利润。由于时间、条件等限制，厂商不可能在掌握世界各国的生产信息之后才决定开发何种新产品。同时还由于具有开发新产品能力的国家，其国内需求领导着世界需求新潮流。更重要的是，它的国内需求具有极强的传递力。

2. 偏好相似理论的基本内容

（1）产品出口是建立在国内需求基础之上的。

① 国内需求是企业家决定生产的动因。企业家首先根据他所熟悉的国内需求进行生产，而不会生产他认为没有国内市场的产品。因此，出口只是市场的延伸，而不是市场的开端。

② 国内需求是刺激新产品发明的主要因素。开发出来的新产品都是在国内市场有需求

的产品，其生产首先是满足国内需求，然后才逐渐向国外市场扩张。

③ 国内需求更有利于新产品的研制和改良。国内市场有利于产品的研制和改进，产品的发明和生产才具有更大的比较优势。

（2）产品流向、贸易量取决于两国需求偏好的程度。

林德尔指出，两个国家需求偏好越相似（对工业品的需求），则它们之间此类工业品的贸易可能性越大。一旦产生贸易，则需求偏好相似的两国的贸易量要大于需求偏好有较大差别的两国的贸易量。如果两个国家需求结构完全一样，一个国家所有可能进口的货物也是另一个国家可能进口的货物。

（3）一国需求偏好取决于该的平均收入水平。

林德尔认为，两个国家的平均收入水平越接近，其需求结构越相似。就消费品来说，不同收入水平国家的需求结构存在明显的差异。收入水平低的国家需要的主要是基本生活必需品，而收入水平高的国家不仅需要生活必需品，还需要耐用消费品。因此，两国需求偏好的重叠使两国间的贸易成为可能，而收入水平的差异所形成的需求结构的差别是国际贸易的潜在障碍。

2.4.3　产业内贸易理论

过去的国际贸易理论主要是研究产业间或国家间贸易如何产生、国际贸易如何使贸易双方获益等问题，认为国际贸易产生的原因在于劳动成本的差异或要素禀赋的差异，两国价格的绝对差异是国际贸易的直接基础。产业内贸易理论又称差异化产品理论，着重于产业内贸易的探讨，即一国同时出口和进口同一产业的产品，国际间进行同产业的产品异样化竞争，并认为这是更符合现实情况的国际贸易形态。

1. 产业内贸易理论产生的历史背景

早在 1945 年，弗兰克尔就已发现，在那些人均对外贸易额较高的国家中，显然存在着对同一种商品的同时进口和出口。20 世纪 60 年代以来，国际贸易表现出较明显的两个方面：第一，发达工业化国家之间的贸易量大大增加。在 20 世纪 50 年代，发达国家之间的贸易在世界贸易总额中只占 40%左右，进入 20 世纪 60 年代，发达国家之间的贸易占到世界贸易总额的 50%以上，成为国际贸易的主要部分；第二，同类产品之间的贸易量大大增加。许多国家不仅出口工业产品，也大量进口同类工业产品，工业化国家传统的"进口初级产品—出口工业制成品"的贸易模式逐渐改变，出现了许多同一产业既进口又出口的"双向贸易"或"产业内贸易"。20 世纪 70 年代中期，美国经济学家格鲁贝尔和劳尔德对产业内贸易现象做了开创性、系统性的研究，使产业内贸易理论发展步入第二阶段——理论性研究阶段。两人合著了《产业内贸易》一书，书中认为，技术差距、研究与开发、产品的异质性和产品生命周期的结合及人力资本密集度的差异与收入分配差异（或嗜好的差异）相结合均可能导致产业内贸易。20 世纪 70 年代中期以后，在对产业内贸易的理论性研究不断深化的同时，对产业内贸易的经验性研究也步步深入，出现了大量有关产业内贸易现象的理论解释。这一阶段的经验性研究已从 20 世纪 70 年代中期以前主要研究地区经济集团形成而导致专业化格局变化转向主要致力于研究产业内贸易的程度和趋势，以及在不同类型国家、不同产业中的发展状况及原因。至此，产业内贸易理论已经形成了较系统的理论体系，成为国际贸易理论新的分支。

2. 产业内贸易理论的主要观点

产业内贸易是指在具有相同或相似生产要素禀赋的国家间开展的贸易。产业内贸易的产品一般具有消费上的可替代性及生产中要素投入的类似性。产业内贸易尤指两国以上在某些相当具体的工业部门内进行相互贸易，即两国相互出口和进口属于同一部门或类别的制成品的贸易。例如，日本向美国出口汽车，同时从美国进口汽车；美国也向日本出口汽车，同时从日本进口汽车，即在同一产业部门内进行贸易，它是相对于产业间贸易而言的。国际贸易中的产业内贸易现象显然不能用传统的贸易理论来解释，因为传统贸易理论有两个重要的假设：一是假设生产各种产品需要不同密度的要素，而各国所拥有的生产要素禀赋是不同的，因此贸易结构、流向和比较优势是由各国不同的要素禀赋来决定的；二是假设市场竞争是完全的，在一个特定产业内的公司，生产同样的产品，拥有相似的生产条件。而这些假设与现实相差甚远。纵观西方经济学界对产业内贸易的种种理论说明可知，产品差异论、规模经济或规模报酬递增论及偏好相似论可以解释产业内贸易现象。

简言之，技术或要素禀赋差异确定了产业间贸易的模式，而差异产品的规模经济将引起产业内贸易量的上升。国家间的差异越大，产业间贸易的量越大；国际间的差异越小，产业内贸易的量越小。

用规模经济理论可以较好地解释产业内贸易产生的原因。假设美国与日本都是资本和技术充裕的国家，是当今世界轿车生产的强国。在两国发生轿车贸易之前，各国同时生产两种型号的轿车：大型轿车（6门）和小型轿车（4门）。由于各自的市场狭小，产品的成本价格很高。现美、日两国开展轿车贸易，市场不再限于本国，产品的产量得以增加，规模经济效应使成本下降。假设日本抢先放弃大轿车的生产，专门生产小轿车，并利用规模经济降低价格向美国出口，日本可抢占美国小轿车市场。在这种情况下，美国有两种选择，一是继续生产小型轿车与日本竞争；一是将资源转移到大型轿车的生产上，扩大大型轿车的生产规模，成本下降，以较低的价格向日本出口。美国企业肯定会选择后者。美国和日本按照规模经济调整产业和产品结构，调整分工和贸易，结果两国生产成本下降，福利水平提高，消费量增加。

● 2.4.4 产品生命周期理论

产品生命周期理论（Product Life Cycle Theory）是战后解释制成品贸易的著名理论，是由美国销售学家弗农于1966年在《经济学季刊》上发表的《产品周期中的国际投资与国际贸易》一文中首先提出，经美国经济学家威尔斯、赫希哲等人不断完善发展的理论。

1. 产品生命周期理论的主要观点

产品生命周期理论认为，由于技术的创新和扩散，制成品和生物一样具有生命周期，先后经历5个不同的阶段，即新生期、成长期、成熟期、销售下降期和让与期。在产品生命周期的不同阶段，各国在国际贸易中的地位是不同的。

（1）新生期。

新生期是指新产品的研究和开发阶段。在新生期，需要投入大量的研究开发费用和大

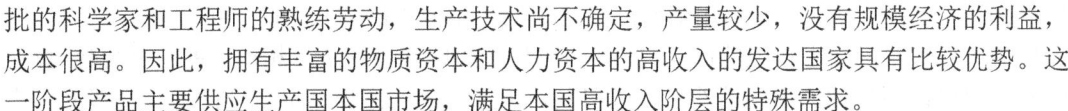

批的科学家和工程师的熟练劳动,生产技术尚不确定,产量较少,没有规模经济的利益,成本很高。因此,拥有丰富的物质资本和人力资本的高收入的发达国家具有比较优势。这一阶段产品主要供应生产国本国市场,满足本国高收入阶层的特殊需求。

（2）成长期。

成长期是在产品投入市场经过一段时间以后,生产技术确定并趋于成熟,国内消费者普遍接受创新产品,加之收入水平相近的国家开始模仿消费新产品,生产规模随之扩大,新产品进入成长期。在成长期,由于新技术尚未扩散到国外,创新国仍保持其比较优势,不但拥有国内市场,而且打开了国际市场。

（3）成熟期。

成熟期是在国际市场打开之后,经过一段时间的发展,生产技术已成熟,技术已扩散到国外,外国生产厂商模仿生产新产品,且生产者不断增加,竞争加剧。由于生产技术已趋成熟,研究与开发要素已不重要,产品由智能型变成资本密集型,经营管理水平和销售技巧成为比较优势的重要条件。这一阶段,一般的发达工业国都有比较优势。

（4）销售下降期。

销售下降期是当国外的生产能力增强到能满足本国的需求（从创新国进口新产品为零）,新产品进入销售下降期。在这一时期,产品已高度标准化,国外生产者利用规模经济大批量生产,使其产品的生产成本降低,从而使创新国渐渐失去竞争优势,出口量不断下降。

（5）让与期。

让与期是当创新国完全丧失该商品生产的比较优势而变为净进口时,新产品进入让与期。此时甚至资本要素也不重要,低工资的非熟练劳动成为比较优势的重要条件。具备这个条件的是有一定工业化基础的发展中国家。

2. 产品生命周期理论对国际贸易理论的发展

产品生命周期理论对国际贸易理论的发展集中地表现在它是工业制成品贸易的动态理论,其动态含义体现在以下 3 个方面。

（1）生产要素密集程度随其生命周期的发展而呈现动态变化。

在新生期,科研人员、工程技术人员和熟练工人在生产要素中占很大比重,产品的知识技术密集度高;在成长期,资本和管理已经跃居首位,熟练劳动退居第二位,产品一般表现为资本密集特征;在成熟期,资本在生产要素中,仍处首位,但同资本一起同居首位的还有非熟练劳动,特别是进入完全标准化生产时,非熟练劳动要素的作用逐渐上升。

（2）贸易国比较利益的动态转移。

产品生命周期各阶段的特点将导致国与国之间贸易比较利益的转移。在新生期,最发达国家的实力雄厚,人力资源丰富,加之新技术的垄断,出口新产品所获得的比较利益显著;其他工业国家的贸易优势具有两重性,这些国家一方面可以把处于生命早期阶段的产品出口到低度发达国家,另一方面又可以把后阶段产品出口到比他们发达的国家。这些国家得力于与高收入相联系的规模经济和技术;产品在成熟期,贸易优势移至发展中国家。发展中国家则得力于其充裕的劳动力资源和低廉的工资成本。

（3）进口需求的动态变化。

经济学家威尔斯曾比较美国、德国和日本的不同品种的耐用消费品价格,发现美国奢侈型商品市场最大（耐用消费品价格最高）;德国中档产品市场最大（耐用消费品价格次高）;

日本初级型商品市场最大（耐用消费品价格较低）。国内需求是出口的始因，出口的比较利益恰恰体现在各国需求较强的产品上，并构成与产品周期各个阶段相适应的动态变化过程，即向美国出口新生期的耐用消费品，出口利益最大；向德国出口成长期的耐用消费品，出口比较利益最大；向日本出口成熟期耐用消费品，出口比较利益最大。这时，美、德、日的耐用消费品价格弹性呈逐渐增大的走势。

本章小结

国际分工是指世界上各国（地区）之间的劳动分工。它是社会分工发展到一定阶段的产物，是国民经济内部的分工超越国界广泛发展的结果。古典国际贸易理论、现代国际贸易理论和当代国际贸易理论从不同角度论述了国际贸易产生的原因、对国际贸易参与国的影响和对世界经济的影响。

思考练习

（1）国际分工是如何影响国际贸易的发展的？
（2）简述亚当·斯密的绝对成本理论的基本内容。
（3）简述要素禀赋论的基本内容。
（4）西方经济学家是如何解释里昂惕夫反论的？
（5）何为偏好相似理论？
（6）简述产品生命周期理论的基本内容。
（7）如何解释产业内贸易理论？

第3章 国际贸易政策

📖 **本章提要**

国际贸易是各国实现其贸易利益的重要手段，也是各国国际竞争力的重要表现。因此，世界各国通过制定和实施符合本国国情的对外贸易政策以保护和促进对外贸易的发展，维护本国的利益。分析和研究世界各国对外贸易政策的演变、发展、现状和趋势，对各国经济贸易的发展有着十分重要的理论与现实意义。

📑 **学习目标**

（1）了解国际贸易政策的概念和类型；
（2）掌握自由贸易理论和保护贸易理论；
（3）了解当代国际贸易政策的新变化。

引 导 案 例

中国与格鲁吉亚自贸协定今日生效

《中华人民共和国政府和格鲁吉亚政府自由贸易协定》于 2018 年 1 月 1 日生效并实施。

"中格自贸协定"是我国与欧亚地区国家签署的第一个自贸协定，也是"一带一路"倡议提出后我国启动并达成的第一个自贸协定。协定的实施是落实党的十九大关于"促进自由贸易区建设，推动建设开放型世界经济"的具体举措，对推进自贸区战略和实施"一带一路"倡议具有重要意义。

"中格自贸协定"于 2015 年 12 月启动谈判，2017 年 5 月签署。两国领导人高度关注，对启动谈判和加快谈判进程均多次表达了强烈意愿，对协定生效起到重要推动作用。

协定生效后，在货物贸易方面，格方对我国 96.5%的产品立即实施零关税，覆盖格自中国进口总额的 99.6%；我国对格 93.9%的产品实施零关税，覆盖我国自格进口总额的 93.8%，其中 90.9%的产品（42.7%的进口额）立即实施零关税，其余 3%的产品（51.1%进口额）5 年内逐步降为零关税。在服务贸易方面，双方在各自世贸组织承诺基础上，进一步相互开放市场。此外，双方还在环境与贸易、竞争、知识产权、投资、电子商务等众多领域达成广泛共识。

"中格自贸协定"将进一步提升双边贸易自由化、便利化水平，为企业营造更加开放、透明和稳定的贸易环境，为两国人民带来更多质优价廉的产品和服务。中格双方将以协定实施为契机，全面提升两国务实合作水平，进而扎实推进"一带一路"建设，实现共同繁荣。

协定文本、关税减让情况、服务部门开放情况可在中国自由贸易区服务网（http://fta.mofcom.gov.cn）上查询。

文章来源：商务部新闻办公室

3.1 国际贸易政策概述

3.1.1 国际贸易政策的概念、目的与构成

1. 国际贸易政策的概念与目的

国际贸易政策是指世界各国（地区）在一定时期内对进出口贸易所实行的政策的总称，由各国对外贸易政策组成。

国际贸易政策的目的包括：①保护本国的市场；②扩大本国的出口市场；③促进本国产业结构的优化和升级；④积累资金；⑤维护和发展本国的对外经济政治关系。

2. 国际贸易政策的构成

（1）对外贸易总政策。

对外贸易总政策包括对外贸易战略、出口总政策和进口总政策。它是一国从整个国民经济和长远目标出发，在一个较长的时期内实行的政策，如20世纪60年代末期日本实行的"贸易立国"政策。

（2）进出口商品和服务政策。

进出口商品和服务政策是根据对外贸易总政策和进出口商品的生产及国内市场状况等分别制定的限制和鼓励商品、服务进出口的具体措施。例如，美国对高技术出口的限制政策等。

（3）国别或地区贸易政策。

国别或地区贸易政策是根据世界经济政治形势及本国（本地区）对外政治经济关系，分别制定对不同国家（地区）的政策。例如，一些发达国家因为政策或军事等方面的原因对某些国家采取的禁运等歧视性贸易政策。

3.1.2 国际贸易政策的类型

从历史上看，自对外贸易产生与发展以来，出现了不同类型的对外贸易政策，但从其本身的性质和作用来看，各国的对外贸易政策可以分为两大基本类型：自由贸易政策和保护贸易政策。

自由贸易政策的主要内容是国家对进出口贸易不加干涉和限制，也不给予补贴和优惠，允许商品和服务自由转出和转入，使其在国内外市场上自由竞争。

保护贸易政策的主要内容是为保护本国产业和市场，国家采取各种措施限制商品和服务的进口，同时对本国出口商品和服务贸易给予各种补贴和优惠以鼓励出口。

一国实行哪种对外贸易政策，是由其经济发展水平和在国际经济贸易中所处的地位，

以及其经济实力和产品竞争能力决定的。一国在经济实力比较薄弱时，一般采取的是保护贸易政策。随着本国产品竞争实力的增加，自由贸易政策会逐渐取代保护贸易政策。但是当该国的产品竞争地位受到威胁时，保护贸易政策又会抬头。

3.1.3　国际贸易政策的制定与执行

1. 国际贸易政策的制定

对外贸易政策属于上层建筑，是为经济基础服务的。它反映了经济发展与当权阶级的利益与要求。而追求本国、本民族经济利益和政策利益的最大化，是一国（地区）制定对外贸易政策的基本出发点。因此，一个国家（地区）在制定对外贸易政策时，主要考虑下列因素：①本国的经济发展水平、经济结构和产业结构；②本国产品和服务在国际市场上的竞争能力及本国与别国在经济、投资方面的合作情况；③本国的经济状况，尤其是物价、就业状况；④本国与他国的政治外交关系；⑤本国在世界经济、贸易制度中享受的权利与应尽的义务；⑥各国领导人的经济贸易思想。

各国对外贸易政策的制定与修改一般是由各国立法机构进行的。在制定与修改对外贸易政策及有关规章制度前，最高立法机关会征询各个经济利益集团的意见。由于实行不同的对外贸易政策对不同的利益集团会产生不同的利益影响，这就不可避免地造成各种利益集团在对外贸易政策上的冲突。一些发达资本主义国家均要征询大垄断集团的意见，这些大垄断集团的各种建议和意见是立法机关重点考虑的内容。而各大垄断集团也会通过各种渠道向政府提出各种建议，甚至派人参与制定或修改有关对外贸易政策的法律。

2. 国际贸易政策的执行

（1）通过海关对进出口贸易进行管理。海关是设在关境上的国家行政管理机构，是贯彻执行本国有关进出口政策、法令和规章的重要工具。海关的主要职能是对进出关境的货物和物品、运输工具进行实际的监督管理、征收关税、查禁走私货物等。一切进出国境的货物和物品、运输工具，除国家法律有特别规定的以外，都要在进出关境时向海关申报，接受海关检查。

（2）国家设立各种机构，负责促进出口和管理进口。例如，美国设有商务部、美国贸易代表办公室、美国国际贸易委员会等。

（3）国家政府出面与各种国际贸易、关税等国际机构与组织进行有关方面的协调与谈判。

3. 国际贸易政策的历史演变

（1）资本原始积累时期。

15 世纪初到 18 世纪初是资本原始积累时期，在这一时期，欧洲各国开始由封建社会向资本主义社会过渡。为了促进资本原始积累，西欧国家普遍实行重商主义的对外贸易政策，通过限制金银货币外流和实现贸易顺差的办法来加速资本的积累，这是一种早期的保护贸易政策。

（2）资本主义自由竞争时期。

18 世纪中叶到 19 世纪末是资本主义自由竞争时期，在这一时期，由于各国工业发展水平不同和在世界市场上竞争地位不同，因而采取了不同的对外贸易政策。当时，英国工业水平最高，它的商品不怕与其他国家竞争，它需要以工业制成品的出口换取原料和粮食的进口，所以采取以英国古典经济学派亚当·斯密和大卫·李嘉图的理论为代表的自由贸易政策。而这一时期的美国和德国由于工业起步较晚，无法与英国工业产品竞争，为扶植和保护本国工业的发展，不得不实行保护贸易政策。

（3）垄断资本主义时期。

19 世纪末 20 世纪初，进入垄断资本主义阶段。在这一时期，垄断代替了自由竞争，垄断资本在政治经济生活中占据统治地位。1929—1933 年爆发的世界性经济危机表明了市场问题的尖锐化。因此，资本输出成为垄断资本主义国家进行对外扩张的重要手段，各国垄断资本为了在激烈的世界市场争夺战中取胜，总是力图夺取或独占商品销售市场、原料产地和投资场所，与此相适应，便产生了维护垄断资本利益的超保护贸易政策。

（4）第二次世界大战以后。

第二次世界大战以后，即从 20 世纪 50 年代开始，随着生产国际化和资本国际化，以及国际分工向深度、广度的发展，在世界范围内出现了贸易自由化倾向。1947 年签署的《关税与贸易总协定》旨在消除贸易中的歧视待遇，促进世界贸易的增长。各国纷纷降低关税、减少非关税壁垒，为迅速恢复战后经济，促进国际贸易的发展起到了积极作用。但是，第二次世界大战后的贸易自由是有保留的，有选择的自由化并不完全排除保护贸易政策。

从 20 世纪 70 年代中期起，世界又掀起一股新贸易保护主义浪潮。在 1974—1975 年和 1980—1982 年两次世界经济危机的打击下，经济严重停滞，国际市场竞争日趋激烈，导致了贸易保护主义的爆发。美国成为新贸易保护主义的重要发源地。在各国贸易政策的相互影响下，新贸易保护主义不断蔓延与扩大，对国际贸易的正常发展带来不利的影响。在这种背景下，从 20 世纪 80 年代中期开始，又出现了自由贸易与保护贸易相融合的管理贸易政策。

3.2　自由贸易政策及其理论依据

3.2.1　自由贸易政策

1. 资本主义自由竞争时期的自由贸易政策

（1）自由贸易政策产生的背景。

自由贸易政策在历史上多为经济强盛国家所采用。英国是最早实行自由贸易政策的国家，在 18 世纪中叶，英国最先通过产业革命，确定了资本主义在国内的统治地位，大机器工业代替了手工业，工业生产迅速发展。到 19 世纪初，英国已成为世界上最强的工业国家。它生产的产品因成本低、质量好，销往世界各地，而英国的工业迫切需要从其他国家进口大量廉价的原料和粮食。在这种英国"世界工厂"地位已经确定获得巩固，它的商品已经不怕外国竞争的情况下，英国新兴工业资产阶级就要求废除以往的保护贸易政策，主张在世界市场上实行无限制的自由竞争和自由贸易政策。

（2）自由贸易政策的发展。

自由贸易政策并不是顺利地取代保护贸易政策的，而是经过了长时间的激烈斗争。从 19 世纪 20 年代开始，英国工业资产阶级以伦敦和曼彻斯特为中心开展了一场大规模的自由贸易运动，运动的中心内容是废除代表地主、贵族阶级利益，限制粮食进口、维持国内粮食高价的《谷物法》。经过长达 30 年的斗争，最后工业资产阶级战胜了地主、贵族阶级，使自由贸易政策得到广泛推行，它主要表现在以下几个方面。

① 废除《谷物法》。《谷物法》是英国在谷物充足和低价时期，为了本国农业生产者的利益而控制谷物贸易的议会法规。该法于 1663 年开始实施，它是英国推行重商主义保护贸易政策的重要立法，其主要内容是运用关税措施限制或禁止谷物的进口。《谷物法》的实施引起了其他粮食输出国对英国工业品的关税报复，英国工业资产阶级的利益受到了损害。所以，1838 年英国棉纺织业资产阶级组成"反《谷物法》同盟"，对农产品贸易保护进行无情地抨击。1844—1846 年爱尔兰发生大面积饥荒，使得英国限制谷物自由输入变得不可容忍，于是国会于 1846 年通过废除《谷物法》的议案，并于 1849 年生效。马克思称"英国《谷物法》的废止是 19 世纪自由贸易所取得的最伟大的胜利"。

② 废除《航海法》。《航海法》是英国限制外国航运业竞争和垄断殖民地航运事业的政策。该法规定：凡亚洲、非洲、美洲产品必须由英国船舶装运进口。从 1824 年该法开始逐步废除，到 1854 年，英国的沿海贸易和对殖民地贸易全部开放给其他国家，重商主义时代制定的《航海法》全部废除。

③ 取消特权公司。1831 年和 1834 年，英国先后取消了东印度公司对印度和中国贸易的垄断权，从此对印度和中国的贸易开放给所有的英国人。

④ 逐渐降低关税税率，减少纳税商品数目，简化税法。在 19 世纪初，经过几百年的重商主义实践，英国有关关税的法令多达 1 000 个以上。1825 年英国开始简化税法，废止旧税率，建立新税率。进口纳税的商品数目从 1841 年的 1 163 种逐渐减少到 1882 年的 20 种。所征收的关税全部是财政关税。税率大幅度降低，禁止出口的法令完全被废除。

⑤ 改变对殖民地的贸易政策。在 18 世纪，英国对殖民地的航运享有特权。殖民地的商品输入英国享受特惠关税待遇。大机器工业建立以后，英国对殖民地的贸易逐步采取自由放任的态度。1854 年《航海法》废除后，殖民地可以向任何国家输出商品，也可以从任何国家输入商品，通过关税法的改革，废止了对殖民地商品的特惠税率，并准许殖民地与外国签订贸易协定，建立直接的贸易关系，英国不再干涉殖民地与他国的贸易。

⑥ 与外国签订体现自由贸易精神的贸易条约。19 世纪 60 年代，英国与法国签订了第一个体现自由贸易精神的贸易条约，即《科伯登条约》。该条约规定，英国对法国的葡萄酒和烧酒的进口税予以减低，并承诺不禁止煤炭的出口；法国也保证从英国进口的制成品征收不超过 30%的从价税。该条约还列有最惠国待遇条款，英国在当时与外国缔结了 8 个类似的条约。

英国实行自由贸易政策达 60 年之久，这对当时英国经济和对外贸易的发展起到了巨大的促进作用，使英国经济跃居当时世界之首。在英国的帮助下，19 世纪中叶，欧美的一些资本主义国家也相继降低了关税，开展了自由贸易运动。

2．自由贸易政策的理论依据和作用

（1）自由贸易政策的理论依据。

自由贸易政策是以自由贸易理论为基础的。自由贸易理论源于法国的重农主义，完成于古典派政治经济学，之后又得到不断丰富。

最早提出自由经济和自由贸易主张的是法国的重农学派与英国学者休谟，他们认为农业是唯一创造财富的生产部门，工商业都是不生产的。因而，重农学派主张以农产品为中心开展自由贸易，反对重商主义的贸易差额论，并反对课征高额关税。休谟发展了重农学派的自由贸易思想，提出"物价与现金流出流入机能"的理论，驳斥重商主义的贸易差额论。

生活在由工场手工业向机器大工业过渡时期的英国经济学家亚当·斯密在其代表作《国富论》中首先提出了国际分工和自由贸易的理论。英国产业革命深入发展时期的经济学家大卫·李嘉图对其继承并加以发展。后来，英国经济学家穆勒·马歇尔和瑞典经济学家俄林等人进一步阐述、论证，从而使自由贸易政策建立在更为坚实的理论基础之上。

（2）自由贸易政策的作用。

① 自由贸易可以形成互相有利的国际分工。在自由贸易下，各国可以按照自然条件，比较利益和资源配置状况，专门生产其最有利或比较利益较大的产品，促成各国形成专业化分工。这样，就有利于加强各国的专业生产技能，并使生产要素实现最佳配置，从而提高世界范围的劳动生产率。所以，分工范围越广、市场越大，生产要素配置越合理、获取的利益越多。

② 自由贸易可以增加国民财富。由于实行自由贸易，各国可根据自己的比较优势参与国际分工，使劳动、资本、技术等生产要素得到最佳的运用，再通过贸易以较少的成本换回较多的物品，就能增加国民财富。

③ 自由贸易可以促进竞争，提高经济效益。在自由贸易情况下，各国企业为了能在国际市场的激烈竞争中占据优势地位，必然要不断改进技术、降低成本、提高经济效益。

④ 自由贸易有利于提高利润率，促进资本积累。随着社会的发展，工人的名义工资会不断上涨，就会引起利润率的降低，李嘉图认为，要避免这种情况，还要维持资本积累和工业扩张的可能性，唯一的办法就是自由贸易。

3.3 保护贸易政策及其理论依据

保护贸易政策是以保护贸易理论作为支撑的，保护贸易理论最早开始于重商主义，以后经过汉密尔顿、李斯特、凯恩斯等人的发展，形成了一个和自由贸易理论相对立的保护贸易理论。

3.3.1 重商主义

重商主义是 15 世纪到 17 世纪欧洲资本原始积累时期，代表商业资本利益的经济思想和政策体系。这一时期封建主义经济基础在逐渐瓦解，资本主义经济因素在不断发展，与此相适应的就产生了重商主义的对外贸易政策。

重商主义的对外贸易政策产生于 15 世纪，全盛于 16 世纪和 17 世纪，衰落于 18 世纪。重商主义对外贸易政策的基本观点是，对外贸易就是为了获取金银货币，一国的金银货币拥有量的大小反映了该国的富裕程度和国力的强弱。那么，怎样才能尽可能多地获取金银货币呢？重商主义者认为，除了开采金银矿藏外，只有发展对外贸易，才是增加一国货币财富的真正源泉。很明显，要通过对外贸易来积累金银货币财富，就必须保持贸易顺差，这样，才能使外国的金银财富流入国内，才算获得了贸易利益。

　　根据对待金银的态度和获取金银的手段不同，重商主义经历了早期和晚期两个阶段。

　　早期的重商主义也称为货币差额论，其主要代表人物是英国的斯塔福德（1554—1612年）和法国的孟克列钦（1575—1622 年）。他们认为，积累财富的主要途径就是对外贸易顺差，因此，在对外贸易活动中必须使每笔交易和对每个国家都保持顺差，以使金银流入本国，并将其储藏起来，不再投入对外贸易。同时，为了增强国力，应阻止本国金银货币外流，禁止金银输出。

　　晚期的重商主义也称贸易差额论，其主要代表人物是英国的托马斯·孟（1571—1641年）。他批评了早期的重商主义禁止货币流出，将货币储藏起来的不明智做法，主张将货币投入有利可图的流通中去。货币产生贸易，贸易增加货币，只有保持贸易顺差，才可能增加货币并使国家富足，但一国追求贸易顺差的办法应是保持本国对外贸易总额的顺差，而不必使对每个国家的每笔交易都保持顺差。为了实现对外贸易顺差，他提出发展英国工场手工业、航运业、殖民扩张及保护贸易等政策主张。

◑ 3.3.2　汉密尔顿的保护贸易学说

1. 保护贸易学说产生的背景

　　在 19 世纪资本主义自由竞争时期，国际贸易政策的基调是自由贸易。但由于各国工业发展水平的不同，一些经济发展起步较晚的国家，如美国与德国先后实行了保护贸易政策。

　　汉密尔顿（1757—1804 年）是美国保护主义的鼻祖，是美国独立后首任财政部部长。当时美国在政治上刚从英国殖民地统治下获得独立，但在经济上仍属殖民地经济形态。国内产业结构以农业为主，工业方面仅限于农产品加工和手工业的制造，经济发展水平较低。在这种情况下，美国北方工业资产阶级要求实行保护关税政策，以独立发展本国的经济，而南部种植园主则仍主张实行自由贸易政策，继续向英国、法国、荷兰等国出售小麦、棉花、烟草等初级产品，用以交换这些国家的工业制成品。

　　在 1791 年 12 月，汉密尔顿代表工业资产阶级的利益和要求，向国会提交了《关于制造业的报告》。在这个报告中，他极力主张实行保护关税政策，阐述了保护和发展制造业的必要性及其对维护美国的经济和政治地位独立具有重要意义，提出了以加强国家干预为主要内容的一系列措施。汉密尔顿认为，一个国家如果没有工业的发展，就不可能实现经济上的真正独立。他认为亚当·斯密的自由贸易理论不适合美国。因为美国工业起步晚，技术落后，根本无法同英国、法国等国的廉价商品进行自由竞争，不可能与先进的国家在平等的条件下进行贸易。如果在美国工业尚未建立起来时实行自由贸易政策，其结果只能使美国的产业被限制在农业范畴，而不能发展制造业。所以，他认为一个国内市场远胜于一个国外市场，为了防止外来竞争，加速制造业的发展，美国必须对新建的幼稚工业给予特别保护和奖励，以扶助幼稚工业的成长。保护和发展制造业有利于提高整个国家的机械化水平，促进社会分工的发展；可以扩大就业，吸引移民流入，加速美国国土开发，有利于提供更多的创业机会，使个人才能得到充分发挥，有利于保证农产品销路和价格稳定，从而刺激农业发展等。

2．保护贸易的措施

同时，汉密尔顿还认为政府应加强干预，采取以下措施来保护和发展制造业：①提高进口商品关税，1816 年美国提高了工业品进口关税，1824 年平均税率提高到 40%，1828 年再提高到 45%，高关税使美国工业得以避免同外国竞争而顺利发展；②发放政府贷款，为各私营工业提供发展资金；③限制重要原料出口，对国内必需的原料进口实行免税；④限制机器设备出口；⑤建立联邦检查制度，保证和提高制造品质量。

汉密尔顿的主张虽然只有一部分被美国国会采纳，但对美国政府的内外经济政策产生了重大而深远的影响，促进了美国资本主义的发展，具有历史意义。他的保护贸易思想和政策主张反映的是落后国家进行经济自卫并通过经济发展与先进国家相抗衡的保护贸易学说。汉密尔顿保护贸易学说的提出，标志着保护贸易政策的基本形成。

3.3.3　李斯特的保护贸易学说

李斯特（1789—1846 年）是 19 世纪德国著名的经济学家，保护贸易政策的倡导人。他将汉密尔顿的保护幼稚工业理论加以发扬，综合成为一个更为系统和完整的理论体系。其主要著作是 1841 年出版的《政治经济学的国民体系》。该书系统地提出了以生产力理论为基础，保护幼稚工业学说。

1．生产力理论

斯密、李嘉图从他们的劳动价值理论出发，提出绝对成本理论和比较成本理论，作为自由贸易理论的基础，强调通过自由贸易使一国增加财富。李斯特认为，一国在对外贸易中实行什么样的政策，首先考虑的是国内生产力的发展，而不是从交换中获得的财富增加了多少，他认为自由贸易理论不适合经济落后的国家，因而提出了生产力理论，并以之作为其保护贸易学说的理论基础。在他看来，财富本身和财富的生产力是有重大区别的。财富本身固然重要，但发展生产力更为重要。他主张德国和一些经济落后国家实行保护贸易政策，认为这是抵御外国竞争，促进国内生产力发展的必要手段。同时他也承认，在保护贸易政策实行之初，会使工业品的价格提高，消费者的利益受到损害，但经过一段时期，国内工业会得到发展，生产力水平将提高，生产成本将下降，商品价格下降甚至会低于外国进口商品的价格。

2．经济发展阶段理论

李斯特按照不同的生产力发展水平，把各国的经济发展分为 5 个阶段：原始未开化时期、畜牧业时期、农业时期、农工业时期、农工商业时期。各国所处的经济发展阶段不同，采取的贸易也应不同。由原始未开化时期转入畜牧业或农业初期发展阶段的国家，同先进的城市或国家进行自由贸易是大有好处的；处在农工业时期的国家，由于本国现有的幼稚工业已有一定的基础，但尚未发展到能与外国产品相竞争的地步，故须实施保护关税制度来保护本国的幼稚工业，使它不受外国产品的打击，但这种保护贸易政策是暂时的、有条件的；进入农工商业时期的国家，由于已经具备了对外自由竞争的能力，就可逐渐实行自由贸易政策。

李斯特认为，葡萄牙与西班牙处在第 3 阶段；德国与美国处在第 4 阶段；法国处在第

4 阶段与第 5 阶段；只有英国处在第 5 阶段。所以，处在农工业时期的德国要实行保护贸易政策，促使德国工业化，以便提高其产品的竞争能力。

3．主张国家干预对外贸易

古典经济学派认为，私人利益与国家利益是一致的。国家不应对经济，包括外贸活动进行干预。李斯特不同意这种看法。他指出，国家利益独立于私人利益，私人利益应当服从于国家利益。每个人所追求和促进的只是他自己的利益，追求私人利益不一定必然促进整个社会的利益。"国家为了民族的最高利益，不但有理由而且有责任对商业也加以某种约束和限制"。[①]（这里说的对商业的某种约束和限制不是指对国内商业的限制，而是对进口的限制，即实行保护关税制度。保护贸易制度是为了国家工业的独立和强盛，是落后国家发展经济的一种非常必要的手段，李斯特认为，古典经济学派把私人利益同国家利益混为一谈，借以提倡自由贸易，反对任何国家干预，这只是从经济比较发达的国家的利益出发来考虑的，假若经济落后的国家也这样做，就会总是处于工业落后和依附外国的地位。）

4．实行保护关税制度

李斯特认为，经济落后的国家只有依靠保护关税制度，才能发展生产力，从而进入先进国家的行列。

（1）保护关税制度的保护对象。

农业不需要保护，只有那些刚从农业阶段跃进的国家，距离工业成熟时期尚远，才适宜保护。一国工业虽然幼稚，但在没有强有力的竞争者时，也不需要保护。只有刚刚开始且有强有力的外国竞争者的幼稚工业才需要保护。

关于保护时间，李斯特认为以 30 年为最高期限。在此期限内，如果被保护的工业还扶植不起来，那么政府就不应当继续保护下去了。

（2）保护关税制度的手段。

保护幼稚工业的主要手段是禁止输入和征收高关税。李斯特认为应根据不同类型的产品征收不同的关税，如果是普遍消费的产品，可以征收较高的关税；对在国内生产比较困难、价值昂贵又容易走私的产品，税率应按程度逐渐降低。同时，为了促进本国工业的发展，在本国的专门技术和机器制造业还未获得高度发展时，就应对国外输入的一切复杂机器设备免税或征收较低的税率。

李斯特的保护贸易学说对德国资本主义的发展起到了积极的作用。他的理论对经济不发达国家制定对外贸易政策有积极的参考价值。他的关于保护对象有条件的保护是有时间限制的，保护本身不是目的，而以自由贸易为最终目的的新主张具有积极意义。

3.3.4　超保护贸易政策及其理论依据

1．超保护贸易政策产生的背景

19 世纪末到 20 世纪初，资产阶级发展进入垄断阶段。在这个阶段，资本主义经济发生了巨大变化：垄断代替了自由竞争，成为一切社会经济生活的基础；西方各国普遍完成

---

① 李斯特. 政治经济学的国民体系 ［M］. 北京：商务印书馆，1961.

了产业革命，工业得到迅速发展，各国争夺市场的斗争加剧，尤其是 1929—1933 年的世界性经济危机，使市场问题进一步尖锐化。资本主义各国的垄断资产阶级为了垄断国内市场和争夺国际市场，纷纷实行超保护贸易政策。

与资本主义自由竞争时期的保护贸易政策相比，超保护贸易政策具有以下特点。

（1）保护的对象扩大了，超保护贸易政策不仅保护幼稚工业，而且更多地保护高度发展或出现衰落的垄断工业。

（2）保护的目的变了，超保护贸易政策不再是为了扶植国内工业自由竞争的能力，而是为了巩固和加强对国内外市场的垄断。

（3）保护的措施多样化。保护的措施不仅有关税，还采取各种非关税壁垒和其他奖出限入的措施。

（4）保护从防御性转入进攻性。超保护贸易政策不再是防御性地限制进口，而是在垄断国内市场的基础上对国外市场进行扩张。

（5）保护的阶级利益从一般的工业资产阶级利益转向大垄断资产阶级的利益。

综上所述，超保护贸易政策是指国家采用关税和非关税等一系列措施，阻止外国商品进口，鼓励本国商品出口，以保护国内已高度发展或已出现衰落的垄断工业，巩固和加强其在国内外市场的垄断，保护大垄断资产阶级利益的一种进攻性的对外贸易政策。

2．超保护贸易政策的理论依据

超保护贸易政策的理论依据是凯恩斯主义的超保护贸易学说。

凯恩斯（1883—1946 年）是英国资产阶级经济学家，是凯恩斯主义的创始人，也是现代宏观经济学的奠基人，1936 年出版的《就业、利息和货币通论》是他的代表作。凯恩斯虽然没有一本全面、系统地论述国际贸易的专著，但是，他和他的追随者马克卢普、哈罗德等的有关国际贸易方面的观点与论述对各国对外贸易政策提供了重要的理论根据，被人们称为"新重商主义——超保护贸易学说"。该学说推崇重商主义保护贸易的传统，对古典学派的国际贸易理论进行了严厉的批评，主张国家干预，强调进攻性的保护贸易政策——超保护贸易政策。

（1）凯恩斯的新重商主义。

在资本主义经济大危机（1929—1933 年）以前，凯恩斯是一个自由贸易的拥护者，当时的英国奉行的也是自由贸易的原则。但是，在经济大危机之后，资本主义国家陷入了长期萧条之中，工厂开工不久，失业严重，市场问题进一步尖锐化。这使凯恩斯改变了立场。他认为，西方资本主义经济所面临的困难是有效需求不足。要扩大有效需求，就必须放弃古典派的自由放任、自由贸易的理论。

凯恩斯及其追随者认为古典派的自由贸易理论已经过时。首先，在 20 世纪 30 年代，尤其是资本主义经济大危机后，大量失业存在，"充分就业"这个自由贸易理论的前提条件已经不存在；其次，古典派自由贸易论者虽然是以"国际收支自动调节机制"来证明贸易顺差、逆差的最终均衡过程，但忽视了国际收支在调节过程中对一国国民收入和就业的影响。因此，应当仔细分析贸易顺差与逆差对国民收入和就业的影响。

在论述进出口贸易差额对国内经济（国民收入及就业）的影响时，凯恩斯认为，总投资由国内投资和国外投资构成。国内投资额的大小取决于"资本边际效率"和"利息率"。国外投资额的大小取决于贸易顺差的多少。贸易顺差可以为一国带来黄金，扩大货币的供应量，降低利息率，使投资成本下降，从而使资本边际效率提高。在国内投资不变的情况下，可以扩大就业，刺激有效需求的扩大，增加国民收入，缓和国内经济危机的影响；相反，一国贸易的逆差会造成黄金外流，货币供应量减少，利率上升，导致国内经济萧条，失业增加，国民收入下降，危机加重。因此，凯恩斯主义者极力主张国家干预对外贸易活动，运用各种措施来扩大出口，限制进口，实行奖出限入以实现贸易顺差，从而可以缓和经济危机，增加就业。由于凯恩斯的保护贸易学说的政策主张和重商主义的政策主张十分相似，因此，也被称为新重商主义。

（2）对外贸易乘数理论。

凯恩斯从理论上论证了贸易顺差和逆差对一国就业和国民收入的影响。但是，这个影响究竟有多大，凯恩斯的追随者在仿效凯恩斯的投资乘数原理的基础上，得出对外贸易乘数理论。

凯恩斯认为在一定条件下，投资的增加能使国民收入比投资额有若干倍的增加。因为新增加的投资会引起对生产资料的需求增加，从而引起从事生产资料生产的人们的收入增加；他们收入的增加又会引起对消费品需求的增加，从而又导致从事消费品生产的人们的收入增加……如此推论下去，结果由此增加的国民收入总量会等于原增加投资量的若干倍，而增加倍数的多少取决于边际消费倾向。

在凯恩斯国内投资乘数理论的基础上，凯恩斯的追随者马克卢普和哈罗德等人引申出了对外贸易乘数理论。他们认为，如果一国的出口和国内投资一样，有增加国民收入的作用；而一国的进口则与国内储蓄一样，有减少国民收入的作用。那么，当商品或劳务出口时，从国外得到的货币收入会使出口产业部门收入增加，消费也随之增加，从而引起其他产业部门生产增加，就业增多，收入增加……如此反复下去，收入增加量将等于出口增加量的若干倍。反之，当商品或劳务进口时，向国外支付货币，就会使收入减少，消费也随之下降，国内生产缩减，收入减少……他们从中得出的结论是：只有当对外贸易为顺差或国际收支为顺差时，对外贸易才能增加一国的就业量，提高一国的国民收入量。此时，国民收入的增加量将为贸易顺差的若干倍。这就是对外贸易乘数理论的含义。

此外，一些经济学家还从改善贸易条件、维持高水平工资、增加就业、改善贸易收支或国际收支、保护国家安全、反倾销及对别国进行报复等方面再度论述了超保护贸易政策的理论。

● 3.3.5　战略性贸易政策理论

1. 战略性贸易政策理论的内容

战略性贸易政策理论是通过保护和扶植某些具有发展潜力的战略产业，创造和强化贸易优势，从而提高本国经济的国际竞争力的理论。

战略性贸易政策理论是克鲁格曼等人提出来的。该理论认为，在不完全竞争的现实社会中，在规模收益递增的情况下，要提高产业或企业在国际市场上的竞争力，必须首先扩大生产规模，取得规模经济效益。而扩大规模经济效益的最快捷、最有效的方法就是政府选择有发展前途且外部效应大的产业加以保护和扶植，使之迅速扩大生产规模、降低生产成本、凸显贸易优势、提高竞争力。

（1）以获取规模经济收益为目的的补贴。

布兰德和斯潘塞认为，在不完全竞争市场和规模经济普遍存在的情况下，政府补贴政策将对一国产业和贸易的发展具有战略意义。在寡头垄断的市场结构下，产品的初始价格往往会低于边际成本，如果政府能对本国厂商生产和出口产品给予补贴，就可使本国厂商实现规模经济，降低产品的边际成本，从而使本国产品在国内外竞争中获得较大的市场份额和垄断利润份额。

（2）以转移利润为目的的补贴。

这项战略性政策涉及运用补贴，加强在有外国竞争对手的国际市场上的战略地位，其基本思想是要把利润从国外厂商转移给国内厂商。政府补贴可能使本国厂商降低生产成本，从而在有利可图的市场上占有更大份额。由于成本补贴迫使外国竞争对手削减产量，使本国厂商得到额外利润，这些利润超过政府的补贴数额，即厂商的收益超过纳税人的损失。这说明出口补贴（或生产补贴）增加了国内经济福利。

（3）以限制进口、保护本国市场来促进本国出口。

克鲁格曼认为，在寡头垄断市场和规模利益递增的条件下，对国内市场的保护和限制进口可以促进本国的出口。

进口保护措施可以为本国厂商提供国内市场份额，使其获得超过国外竞争对手的规模经济优势，这种规模经济优势可以转化为更低的边际成本，从而增强本国厂商在国内外市场中的竞争力，最终达到促进出口的目的。在国际贸易实践中，对国内进口竞争产业的保护政策历来基于出口鼓励政策。克鲁格曼在 1984 年提出了一些与保护幼稚产业论相似的观点。有一种观点认为，在规模经济情况下，随着总产量上升、边际成本递减，阻止外国厂商进入国内市场，不仅可以帮助本国厂商占领被保护的国内市场，也会使本国厂商在出口市场上获利；另一种观点基于"干中学"的思想，"干中学"在结构上与边际成本递减的情形是类似的，在一个受保护的国内市场上，本国厂商生产得更多，比外国竞争者学习得更快，它的"学习曲线"就会向下移动。

克鲁格曼还认为，对具有很强的正的外部性的产业提供战略性支持，不仅能促进产业的发展，使其在国内市场的扩张成功，而且该国还能获取该产业作为战略性支持产业得到迅速发展而产生的外部效应。由于包括知识和技术在内的外溢效应往往是无偿的，容易使具有很强的正的外部性的产业失去竞争优势而削弱其创新热情，所以，政府的战略支持显得尤为重要。

另外，战略性贸易政策理论认为，国际分工在一定程度上具有历史的偶发性，是一国特定的历史、某个偶发事件和经济政策的产物，并不是完全由各国资源禀赋差异所决定的。

2. 对战略性贸易政策理论的评价

引入了产业组织学理论的战略性贸易政策理论，最有意义的创新在于引入了不完全竞争和规模经济理论，从而使国际贸易理论从完全竞争这一假设条件的束缚下摆脱出来，市场中不完全竞争是普遍现象，完全竞争才是特例。在不完全竞争市场下，产业领域存在着规模报酬递增的现象，这个理论有力地挑战了古典国际贸易理论所认为的规模报酬不变的传统观点。由于市场竞争是不完全的，在一些产业，资本和劳动有时会获得比其他产业高得多的回报率，因而经济中存在着战略性部门。但是，克鲁格曼提出的识别战略性产业的标准有一定的难度。

战略性贸易理论认为的国际分工的偶发性，是对古典、新古典国际贸易理论的又一超越。战略性贸易政策理论对比较优势分工原则也形成了挑战，因为这一理论蕴含着这样一个理论逻辑和政策导向，即某国某一产业即使处于比较劣势或没有比较优势，通过政府干预仍可实现国际分工并取得贸易利益。

3.4　当代国际贸易政策的发展与变化

第二次世界大战后，随着世界各国经济的恢复与发展，国际贸易政策发生了重大变化，第二次世界大战后至 20 世纪 70 年代初主要表现为贸易自由化，而从 20 世纪 70 年代中期以后，贸易保护主义重新抬头，20 世纪 90 年代以来，随着世界经济一体化和区域集体化的发展，世界贸易组织的成立，又出现了管理贸易政策。

3.4.1　第二次世界大战后的贸易自由化

第二次世界大战以后，世界政治经济力量重新分化组合。美国由于第二次世界大战后的经济实力居西方国家之首，其商品对外具有极强的竞争力，为对外经济扩张，美国积极主张削减关税、减少非关税壁垒，成为贸易自由化的积极推行者。而日本和西欧为恢复和发展经济，也愿意彼此放松贸易壁垒，扩大出口。此外，国际分工进一步深化，推动了生产国际化、资本国际化，再加之跨国公司的兴起与迅猛发展，迫切需要一个自由贸易环境以推动商品和资本的流动。于是，这一时期的主要资本主义国家都在不同程度上放宽了进口限制，在它们的对外贸易政策中出现了贸易自由化的趋向。

1. 贸易自由化的主要表现

（1）大幅度降低关税：①通过 8 次多边贸易谈判，《关税与贸易总协定》成员国的平均进口最惠国待遇的税率从 50%左右下降到 5%以下；②欧洲经济共同体（现为欧盟）实行关税同盟，对内取消关税，对外通过谈判，达成关税减让协议，导致关税大幅度下降，不仅使欧洲经济共同体内部的贸易自由化扩大了，而且通过对外签订优惠贸易协定，在不同程度上也扩大了对外贸易的自由化；③在发展中国家的努力下，发达国家通过普遍优惠制的实施，对来自发展中国家和地区制成品和半制成品的进口给予普遍、非歧视和非互惠的优惠待遇，这也使发达国家与发展中国家的贸易进一步自由化。

（2）减少或取消非关税壁垒。第二次世界大战后初期，西方国家对许多商品进口实行严格的进口数量限制、进口许可证和外汇管制等措施，以达到限制商品进口的目的。随着经济的恢复和发展，这些国家开始在不同程度上放宽了进口数量限制，扩大了进口自由化，放松了外汇管制，实行货币自由兑换，促进了贸易自由化的发展。

2. 贸易自由化的特点

值得注意的是，第二次世界大战后出现的这种贸易自由化的倾向和资本主义竞争时期由英国等少数国家倡导的自由贸易是不同的，资本主义自由竞争时期的自由贸易反映了英国工业资产阶级资本自由扩张的利益与要求，代表了资本主义上升阶段工业资产阶级的利益和要求。而第二次世界大战后的贸易自由化倾向是在国家垄断资本主义日益加强的条件下发展起来的，它主要反映了垄断资本的利益，是生产力发展的内在要求。它在一定程度上和保护贸易政策相结合，是一种有选择的贸易自由化。它与第二次世界大战前的贸易自由化相比，有以下特点。

（1）发达国家之间的贸易自由化超过发达国家对发展中国家和社会主义国家的贸易自由化。发达国家根据《关税与贸易总协定》等国际多边协议的规定，较大幅度地降低了彼此之间的关税并放宽了相互之间的数量限制。但对发展中国家的一些商品特别是劳动密集型产品仍征收较高的关税，并实行其他的进口限制；对社会主义国家征收更高的关税和实行更严格的非关税壁垒进口限制。不仅如此，发达国家还对社会主义国家实行出口管制。

（2）区域性经济集团内部的贸易自由化程度超过集团对外的贸易自由化程度。例如，欧盟内部取消关税和数量限制，实行商品完全自由流通，对外则有选择、有限度地实行部分的贸易自由化。

（3）不同商品的贸易自由化程度不同。工业制成品的贸易自由化程度超过农产品的贸易自由化程度；工业制成品中，机器设备的贸易自由化程度超过工业消费品的贸易自由化程度，特别是所谓"敏感性"的劳动密集型产品，如纺织品、服装、鞋类、皮革制品和罐头食品受到较多的进口限制。

3.4.2　新贸易保护主义

1. 新贸易保护主义的形成

新贸易保护主义是相对于自由竞争时期的贸易保护主义而言的，它形成于20世70年代中期。这一时期资本主义国家经历了1973—1975年和1980—1982年两次经济危机，经济出现衰退，陷入滞胀的困境，就业压力增大，国内市场规模相对萎缩，国际市场竞争空前激烈，终于引发了压抑已久的贸易保护主义的爆发。而美国是这次贸易保护主义浪潮的掀起者。由于发达国家经济发展的不平衡，美国的霸主地位受到了日本、西欧的威胁。在愈发激烈的国际竞争中，美国在许多方面的优势开始削弱甚至消失，贸易逆差迅速扩大，其主要工业产品如钢铁、汽车等不仅受到日本、西欧的激烈竞争，甚至面临一些新兴工业化国家和地区的竞争威胁，在农产品市场上，美国则遇到西欧、加拿大和澳大利亚的竞争。为维持世界经济的霸主地位，美国在20世纪70年代中期率先采取保护贸易措施，因而激起了全球性的保护贸易浪潮。但这次贸易保护主义浪潮不同于以前的贸易保护主义，它的特征是以各种名目繁多的非关税壁垒的设置为主，所以被称为新贸易保护主义，以区别于以关税壁垒为主的传统的贸易保护主义。

2. 新贸易保护主义的特点

（1）贸易保护措施的重点从关税壁垒转向非关税壁垒。

第二次世界大战后，随着贸易自由化的进展，特别是经过《关税与贸易总协定》主持下的多次谈判，各国的关税水平已降到历史最低点。在这种情形下，以提高关税水平来实行贸易保护要受到《关税与贸易总协定》的制约。各国除了在关税上主要是按照有效保护率设置阶梯关税和加强征收反补贴税和反倾销税来实行进口限制外，更多的是采用非关税措施，这主要表现为：①非关税措施日益多样化、复杂化，各种非关税壁垒措施已从20世纪70年代末的800多项增加到20世纪80年代的2000多项；②非关税措施的利用范围不断扩大，被保护的商品从传统产品、农产品转向新技术产品和服务产品；③非关税措施的歧视性增强，发达国家往往根据与不同国家的政治经济关系，采取不同的非关税措施。

（2）奖出限入的重点从限制进口转向鼓励出口。

随着国际分工的加深和对国外市场依赖性的加强，各国争夺国外市场的斗争日益加剧。采取限制进口措施往往会加剧国与国之间的贸易摩擦，也容易受到其他国家的谴责和报复。在这种情况下，许多国家就把重点从限制进口转向鼓励出口，如采取出口信贷、出口补贴、加强优惠贷款等措施。

（3）保护主义由非定型化转为制度化。

非定型化是指发达国家在某一时期，针对某项进口商品采取的限制性措施，这些措施彼此之间是互不关联的，其形式和内容也有不确定性的特点，而且往往也是一些临时性的保护措施。而贸易保护主义措施的制度化则是指一些保护贸易措施已形成一套对外贸易管制体制，这些措施相互关联、彼此配套，具有综合性、系列化的特点，并付诸各种法律加以固定化。

3. 新贸易保护主义的影响

新贸易保护主义从 20 世纪 70 年代中期兴起，虽然在缓和国内经济危机、减少财政赤字、抑制通货膨胀等方面起到了一些作用，但它也对国际贸易的发展带来了不利的影响。

（1）新贸易保护主义推动了物价上涨。

进口数量限制和征收反倾销税等一系列保护措施的实行，促使国际贸易商品价格的上涨。进口数量限制使本国同类产品因缺乏进口商品的竞争，价格也往往高居不下。例如，一种商品被加征 10% 的进口附加税，那么消费者就必然要支付相应多的货币。总之，各种进口限制最终要反映到物价水平的提高上，由消费者来承担。

（2）新贸易保护主义使发达国家付出了巨大代价。

以农产品为例，发达国家对农业生产的支持和保护贸易政策的实行，不仅限制了外国供应商，加剧了农产品贸易摩擦，而且也扭转了贸易流向，造成了谷物、奶制品、肉类、糖等产品的大量剩余。为了削减日益增加的储存成本，发达国家采取了价格补贴政策，为此，发达国家付出了巨大的经济代价。例如，美国、欧共体和日本每年要在农产品生产和出口上支付巨额贷款，这笔来源于税收的巨额补贴，其负担最终转到广大消费者身上。

（3）新贸易保护主义损害了发展中国家的利益。

发展中国家由于生产力发展水平较低，出口商品结构单一，主要以劳动密集型的商品为主，而这些商品正是发达国家实施贸易保护的重点对象。这就使发展中国家的商品出口受到一定的限制，不仅造成这些国家出口收入减少，同时由于出口减少造成了外汇短缺和国际收支危机，这就加重了发展中国家的债务负担。

新贸易保护主义对世界经济及国际贸易造成的伤害已被越来越多的国家所认识，随着世界贸易组织的成立，新贸易保护主义在一定条件下受到了相关的限制。

3.4.3　管理贸易政策

1. 管理贸易政策产生的背景

自 20 世纪 80 年代中期以来，随着贸易保护主义日益加强，为了适应发达国家既要遵循其所倡导的自由贸易原则，又必须实行一定的贸易保护的现实需要，在发达国家的对外贸易政策中出现了一种介于自由贸易与保护贸易之间，兼有两者特点的一种新的政策倾向——管理贸易政策。

美国于 1974 年就开始制定贸易法案，开始了其从自由贸易政策向管理贸易政策的转变，进入 20 世纪 90 年代后，对外贸易政策已成为美国新经济政策的主要组成部分，这表明美国已进入一个政府全面干预外贸活动的新时期。在美国的示范和推动下，管理贸易政策已逐渐成为西方发达国家基本的对外贸易政策。

2. 管理贸易政策的含义和主要内容

管理贸易政策就是以协调为中心，以政府干预为主导，以磋商谈判为手段，对本国进出口贸易和全球贸易关系进行干预，也有人称其为"不完全的自由贸易"。

管理贸易政策的主要内容是，一国政府为通过对内制定各种对外经济贸易法规和条件，加强对本国进出口贸易有秩序地发展的管理；对外通过协商，签订各种对外经济贸易协定，以协调和发展缔约国之间的经济贸易关系。

3. 管理贸易政策的特点

（1）通过立法，使管理贸易法律化、制度化，即通过各种巧妙的进口管理办法和合法的协定来实现贸易保护。美国曾根据《1974 年贸易法》，取消了它对 17 个发展中国家和地区的普惠制待遇。通过制定《1988 年综合贸易法案》，针对外国"不公平贸易"做法强化了美国单方面报复的能力，迫使外国对美国开放市场。只要认定外国对美实行了"不公平贸易"，美国即可自行单方面地依据"301 条款"采取报复措施，限制进口或迫使对方放弃其贸易做法。后来的"特别 301 条款""超级 301 条款"相继把保护范围由商品扩展到劳务、投资和知识产权领域。

（2）采用单边、双边和多边协调管理等方式解决有关国际贸易问题。单边协调管理主要是针对有关国家的某些贸易政策和贸易行为，在单方面基础上做出的反应。双边协调管理则主要通过双边贸易协定、贸易议定书等约束国家间的贸易关系。在国际贸易领域中，商品综合方案、国际商品协定、国际纺织品协定、多种纤维协定、"自动"出口限制协定、有秩序的销售安排等都是这种管理贸易措施的具体反映。

（3）管理贸易措施以非关税壁垒为主。非关税壁垒是各国政府实施的除关税以外的贸易措施，用以限制商品出口。据统计，世界贸易受非关税壁垒限制的比重已由 20 世纪 70 年代的 40%上升到 20 世纪 90 年代的 50%以上。

（4）管理贸易政策不仅盛行于发达国家，也为发展中国家所采用，并运用于区域性贸易集团。区域性贸易集团对内实行自由贸易，各种生产要素可以自由流通；对外则实行保护贸易政策，以差别待遇限制国外产品的进入。例如，欧盟不仅通过关税同盟与共同的农业政策对外筑起贸易壁垒，而且将这种区域保护范围扩大到联系国。

本章小结

　　国际贸易理论源于重商主义贸易学说，后来从重商主义学说中分离出两大国际贸易理论派别：一派是西方传统国际贸易理论，也称为自由贸易理论，另一派是西方传统国际贸易理论的反对派，也称为保护贸易理论。本章重点阐述保护贸易理论，重点介绍了重商主义、汉密尔顿的保护贸易学说、李斯特幼稚工业保护论、凯恩斯的新重商主义（超保护贸易理论）和战略性贸易政策理论和其他保护贸易的观点。这些理论分别在不同的历史背景下，从不同角度出发，以不同的理由作为论据，主张政府对一国的贸易进行干预，实施保护贸易措施。

思考练习

　　（1）什么是重商主义？

　　（2）超保护贸易政策的科学性在哪里？局限性是什么？

　　（3）简述战略性贸易政策理论的基本观点。

　　（4）第二次世界大战后国际贸易有哪些新发展？

第4章
国际贸易措施

📖 本章提要

贸易政策是需要一定的措施和工具来加以实施的。关税是实施贸易政策的重要工具，除此之外，非关税措施也是当代各国使用越来越多的保护国内市场的手段。配额、各类许可证与许可证制度及自动出口限制等，是近年来使用较多的非关税措施。在各国普遍重视出口的当今世界，鼓励出口和出口管制的措施也是贸易政策实施的重要内容之一。

📖 学习目标

（1）了解关税壁垒的含义和种类；
（2）理解名义保护关税税率和有效保护关税税率；
（3）了解非关税壁垒的种类及特点；
（4）掌握鼓励出口的主要措施。

引导案例

美国开征钢铝高关税或点燃全球贸易战

在一片反对声中，美国总统特朗普确认将对进口钢铝产品征收高关税。分析人士普遍认为，此举可能引发其他经济体采取报复措施，或将点燃全球贸易战，损害仍处于复苏中的全球经济。

从2018年3月23日起，美国将对进口钢铁产品征收25%的关税，对进口铝产品征收10%的关税。欧盟、巴西、韩国、日本、法国、英国、澳大利亚等经济体均表示将采取应对措施。

日本钢铁联盟会长进藤孝生对此表示"非常遗憾"，他认为这不仅对日本出口，也将对世界钢铁贸易产生巨大影响。日本外务大臣河野太郎当天也发表讲话说，美国这一措施难免会影响日美两国经济合作关系，日本将在充分调查其对日本企业影响的基础上采取适当政策。

巴西钢铁协会认为，美国政府无视双方对等原则和世界贸易组织的规定提出加税措施，这将会对巴西钢铁和铝行业的出口分别造成约30亿美元和1.44亿美元的损失。巴西外交部表示，巴西将在现有双边和多边机制内寻求保障自身权益。

正在和美国重谈《北美自由贸易协定》的加拿大和墨西哥将暂时被豁免，特朗普同时表示其他经济体也可申请豁免。墨西哥经济部长伊尔德方索·瓜哈尔多表示，反对美国将钢铝关税和正在进行的贸易谈判捆绑。他强调，谈判必须独立进行。

韩国产业通商资源部长官白云揆称韩国如果不能获得豁免，则考虑向世界贸易组织提出申诉。据统计，韩国去年向美国出口钢铁产品 360 万吨，是继加拿大、巴西之后的对美第三大钢铁出口国。白云揆称，如果这一政策开始实施，将不可避免地重创韩国对美钢铁出口。

欧盟委员会主管贸易的委员塞西莉亚·马尔姆斯特伦在社交媒体推特上说，欧盟是美国的亲密盟友，应该被排除在高关税措施之外。

俄罗斯钢铁协会人士呼吁国际社会采取联合行动，运用一切合法可行的手段，严厉谴责美贸易保护措施。

美国此举在国内也遭到强烈反对。美国世界贸易咨询公司的研究显示，新关税虽将保护美国钢铝业岗位，但将冲击下游行业就业，相当于"每增加 1 个工作岗位就要损失至少 5 个其他工作岗位"。美国汽车和汽车配件制造商协会会长施特韦·汉德舒认为，新关税将损害汽车零部件产业以及 87.1 万个该行业直接创造的工作岗位。

世贸组织总干事阿泽维多警告说，各成员国应规避可能触发全球贸易壁垒增加的风险。"一旦我们走上（贸易保护）这条路，要想折返十分困难。"

华盛顿智库布鲁金斯学会的研究显示，如果全球爆发小型贸易战，即关税增加 10%，则大多数经济体国内生产总值（GDP）将减少 1%～4.5%，其中美国 GDP 将损失 1.3%；如果全球爆发严重贸易战，即关税增加 40%，则全球经济将重现 20 世纪 30 年代的大萧条。

文章来源：新华网

4.1　关税措施

● 4.1.1　关税的含义及作用

1. 关税的含义

关税（Customs Duties，Tariff）是进出口商品经过一国关境时，由政府设置的海关向本国进出口商征收的一种赋税。关境又称税境，是国家征收关税和执行海关各项法令和规章的区域。海关是国家设在关境上的行政管理机构，是贯彻执行本国有关进出口政策、法令和规章的重要工具。海关一般设在沿海有关港口、内陆边境进出通道附近地区、开辟国际航线的飞机场、收寄国际邮包的邮局，以及靠近豁免关税的经济特区边境等关境内。其任务是根据国家有关法律和法规对进出关境的货物、金银、货币、行李、邮件、运输工具等进行监督查验，征收关税、查禁走私、临时保管通关货物和统计进出口商品等，对应税商品依照本国税法、税则征收关税，对不符合本国进出口规定的商品不予放行。

关税属于间接税。税收的主体，即关税的纳税人，是本国进出口商；税收客体，即课税对象，是进出口商品。因为关税主要是对进出口商征税，其税负可以由进出口商垫付，然后把它作为成本的一部分加入商品价格，商品出售后可以收回这笔垫款，因此关税负担最后转嫁给买方或消费者承担。

2．关税的作用

（1）关税的积极作用。

① 增加国家的财政收入。关税是一个国家财政收入的重要组成部分，与其他税收一样具有强制性、无偿性和预定性。强制性是指关税是由海关凭借国家法律的规定强制征收的，纳税人必须按照法律规定无条件地履行其义务，否则就要受到国家法律的制裁；无偿性是指海关代表国家单方面从纳税人方面征收，作为国库的收入，而国家无须给予任何补偿；预定性是指国家预先规定一个征税的比例或数额，征纳双方必须共同遵守执行，不得随意变动和减免。

随着资本主义工商业的迅速发展和国民收入的提高，在生产领域征收个人所得税和公司所得税成为比较充足的税源，关税收入在国家财政收入中的比重下降。在发达国家中，关税在国家财政收入中所占的比重较低，一般为3%；而对经济落后的发展中国家来说，关税仍然是一个主要税源，发展中国家一般为13%左右。

② 保护本国的生产和市场。通过对进口商品征收关税，提高进口商品的价格，削弱进口商品与本国同类商品的竞争力，以保护本国的生产和市场免受外国竞争者的损害。进口商品价格提高以后，国内同类产品的市场价格同样会提高，从而可以鼓励国内企业生产同类商品的积极性。对出口商品征收关税，可以抑制其出口，使国内市场得到充分供应，防止国内紧缺物资外流，保护国内资源。在现代国际贸易中，各国设置的关税主要是保护性关税。发展中国家往往通过关税来保护本国的幼稚工业，以促进民族工业的发展；而发达国家设置关税则更多地是为了保护本国的成熟工业和衰退工业，以维护其自得利益。

③ 调节国内生产、物价、市场供求和财政、外汇收支。利用关税的高低或减免，影响企业的利润，国家有意识地引导各类商品的生产，改善产业结构；利用税率的高低和减免，调节某些商品的进出口数量，调节国内物价，保证国内市场的供求平衡；通过提高进口关税税率和征收进口附加税，减少进口数量和外汇支出；保持国际收支平衡。

④ 维护国家的对外关系。关税一直与国际关系有着密切的联系。由于关税的高低会影响对方国家对外贸易的规律和生产的发展，涉及对方国家的经济利益，因此，一方面，可以把关税作为对外经济斗争的有力武器；另一方面，可以把关税作为争取友好贸易往来，改善或密切关系的手段。例如，在对外贸易谈判中，关税可以作为迫使对方做出某些让步的手段；在经济贸易集团中，互免关税是各成员国经济联盟的纽带之一。

（2）关税的消极作用。

① 加重消费者负担。由于征收的进口或出口税最后都要在商品的售价中体现出来，这就必然增加消费者的开支，加重消费者的负担。

② 保护过度，缺乏竞争，会造成保护落后。关税虽然具有保护本国生产的作用，但是，如果税率过高，保护过度，就会使受到保护的企业养成依赖性，不参与竞争，不思进取，长期处于落后的地位，影响国民经济的发展。

③ 容易恶化贸易伙伴间的友好合作关系。如果关税保护不当很容易引起贸易伙伴间的矛盾，导致双方采取相应的报复措施，不利于改善双方的贸易关系。

④ 影响本国出口贸易的发展。如果关税保护过分还会影响本国出口贸易的发展。各国都要讲究贸易平衡，有进有出、进出结合，任何一方都不能企求只出不进，否则它方也会采取高关税来限制外国商品的进口，这样一来，都想多出不进或少进，结果谁也出不去，

反而阻碍了各自的商品出口。

　　⑤ 有些商品由于征税过高，使国内外商品的差价过大，则使该商品成为走私的对象。

4.1.2　关税的种类

1. 按照征收的对象或商品的流向分类

（1）进口税。

进口税是进口国家的海关在外国商品输入时，对本国进口商所征收的关税。进口税是关税当中最主要的一种税，一般是在外国商品直接进入关境或国境时征收，或者在外国商品从自由港、自由贸易区或海关保税仓库等提出运往国内市场销售，在办理海关手续时征收。进口税可以是常规性的，按照海关税则征收的关税；也可以是临时加征的，在正税以外额外征收的附加税。进口税税率根据征税国与贸易伙伴的贸易关系性质的差异而不同。进口税在限制外国商品进口，保护国内生产和市场方面具有很明显的作用，一般来说，税率越高，其保护程度越强。

进口税主要可分为最惠国税和普通税两种。最惠国税适用于与该国签订有最惠国待遇条款的贸易协定的国家或地区进口的商品；普通税则适用于与该国没有签订这类贸易协定的国家或地区所进口的商品。最惠国税率比普通税率低，两者的差幅往往很大。第二次世界大战后，大多数国家都加入了世界贸易组织或签订了双边的贸易条约或协定，相互提供最惠国待遇，享受最惠国待遇，而普通税实际上只适用于极少数国家，因此，通常所讲的正常关税一般是指最惠国税。

世界各国对不同的进口商品制定不同的税率。一般来说，大多数国家对工业制成品的进口征收较高的关税，对半制成品征收的税率较低，而对原材料的进口税率是最低的甚至免税。

（2）出口税。

出口税是出口国家海关在本国商品输出时，对本国出口商所征收的关税。它通常是在本国出口商品离开关境时征收。目前国际贸易中很少征收出口税，因为征收出口税势必会提高本国商品在国外市场上的价格，削弱其在国外市场上的竞争力，不力于扩大出口。第二次世界大战以后，许多西方发达国家为了鼓励出口，已经不再征收出口税，只有少数国家主要是发展中国家征收出口税。其主要目的，一是增加本国的财政收入，缓解政府资金短缺，但财政性出口税的税率都不高，一般为 1%～5%；二是保护国内生产和保障本国市场供应。一种情况是对某些出口原料征收，以保障国内相关产业的供给。另一种情况是为保障本国人民所需要的粮食和食品供应，尤其是在农产品减产或受灾之年，通过征收出口税的办法，限制其出口。第三种情况是为了防止无法再生资源的枯竭而对其征收出口税。第四种情况是保证其贸易利益，某些单一型经济国家为维护其为数不多的几种初级产品的国际市场价格而征收出口税。

出口税的作用是通过增加出口商品负担实现的。一般为保护资源而设的出口税税率较高，才能起到限制出口的目的。具体税率水平视这类商品的重要程度和稀缺状况而定。而以财政收入为目的的出口税税率相对较低。

（3）过境税。

过境税是一国对通过其领土运往另外一国的外国货物所征收的关税。过境货物只在该国国境内通过，而不进入该国的国内市场。过境税最早产生于中世纪并流行于欧洲各国，但是作为一种制度，则是在重商主义时期确定起来的。征收过境税的目的主要是增加财政收入。到 19 世纪后半期，由于交通运输的发展，各国在货运方面发生了激烈的竞争。货物通过本国领土，可以增加本国运输业的收入，而对本国市场和生产并不产生影响，所以征税的税率也比较低，对财政的意义并不大，各国也相继废止了过境税。代之以签证费、准许费、登记费、统计费、印花税等形式，以鼓励货物过境，增加运费收入、保税仓库内加工费和仓储收入等。

2. 按照征税的目的分类

（1）财政关税。

财政关税是以增加国家的财政收入为主要目的而征收的关税。为了达到增加财政收入的目的，对进口商品征收财政关税时，必须具备 3 个条件：①征税的进口商品必须是国内不能生产或无代用品而从国外输入的商品；②征税的进口商品在国内必须有大量的消费；③关税税率要适中或较低，如果税率过高，就将阻碍进口，达不到增加财政收入的目的。

（2）保护关税。

保护关税是指以保护本国生产和市场为主要目的而征收的关税。保护关税的税率一般都比较高，因为越高越能达到保护的目的。有时保护关税的税率高达百分之百甚至百分之几百，等于禁止进口，成了"禁止关税"。

随着贸易自由化的扩大，各国进口税的税率均大幅降低，因此，关税对本国生产和市场的保护作用已经大大减弱。但关税仍然是各国实行贸易保护主义的重要措施之一。

3. 按照差别待遇和特定的实施情况分类

（1）进口附加税。

进口附加税是指对进口商品除了征收正常的进口关税外，根据某种目的再增加的额外进口关税。进口附加税不同于进口税。由于这类关税在海关税则中不载明，也不像进口税那样受到关贸总协定的严格约束而只能降不能升，它只是为了特殊的目的而设置的，因而进口附加税也称"特别关税"。

进口附加税通常是一种为特定目的而设置的临时措施，只在一段时间内或特定的情况下才征收。其主要目的有：应付国际收支危机，维持进出口平衡；防止国外商品低价倾销；对国外某个国家实行歧视或报复等。有些进口附加税对所有进口商品征收，有些只针对某项商品征收，以限制这种特定的商品进口。例如，1971 年美国出现了第二次世界大战以来首次贸易逆差，国际收支恶化，于是 1971 年 8 月 15 日，美国总统尼克松宣布了"新经济政策"，其中包括对进口商品一律征收 10% 的进口附加税的措施，以限制进口，调节贸易平衡。

进口国家对所有进口商品征收进口附加税的情况较少，大多数情况是针对个别商品征收进口附加税，根据不同的目的进口附加税主要有反补贴税、反倾销税、报复关税、紧急关税、科技关税等。

① 反补贴税。反补贴税又称抵消税，是对于直接或间接接受任何补贴的外国进口商品所征收的一种附加税。进口商品无论在生产、制造、加工、买卖或运输中哪个环节接受直

接或间接的补贴，都构成征收反补贴税的条件。反补贴税税额一般是按补贴数额征收的，即补贴多少征收多少，以不超过补贴数额为原则。征收反补贴税的目的在于提高进口商品的价格，抵消其所享受的补贴作用，削弱其竞争能力，使其不能在进口国的市场上与进口国同类商品进行低价竞争，以保护国内产业和市场。

② 反倾销税。反倾销税是对于实行商品倾销的进口货物所征收的一种进口附加税。其目的在于抵消外国商品倾销，保护本国的市场和产业。倾销是指低于本国国内市场价格或低于正常价格，在其他国家进行商品销售的行为。它会造成国际市场价格的不合理，使进口国企业处于不平等的竞争地位。进口国政府为了保护本国产业免受外国商品倾销的冲击，就有可能考虑对实施倾销的产品征收反倾销税。

知识窗

《关税与贸易总协定》第 6 条对倾销与反倾销做出规定：用倾销手段将一国产品以低于"正常价格"的办法挤入另一国家贸易时，若因此对某一缔约国领土内工业的新建产生严重阻碍，这种倾销应该受到谴责；缔约国为了抵消或防止倾销，可以对倾销的商品征收数量不超过这一产品的倾销差价额的反倾销税。"正常价格"是指相同产品在出口国用于国内消费时在正常情况下的可比价格；如果没有这种国内价格，则是相同产品在正常贸易情况下向第三国出口的最高可比价格或是产品的构成价格，即该产品在原产国的生产成本加上合理的推销费用和利润。

自从我国实行改革开放政策以来，对外贸易发展迅速。但是由于我国对外贸易中存在"低价竞销"的现象和各种补贴的存在，同时我国外贸进出口公司和进出口企业缺乏应诉能力，致使我国的出口商品已经有不少受到其他国家的反倾销调查，其中只有少数通过双方协商得到比较圆满的解决，大多数则被征收反倾销税，而且这种情况有日益增长的趋势。中国已经成为许多发达国家和一部分发展中国家反倾销的目标。

③ 报复关税。报复关税是指对特定国家的不公平贸易行为采取行动，而临时加征的进口附加税。加征报复关税有以下几种情况：对本国输出的物品课以不合理的高关税或差别税率，对本国输出物品设置障碍，对贸易伙伴违反某种协定等所采取的措施。一般来说，当对方取消歧视待遇时，这种关税也将随之取消。20 世纪 80 年代中期，美国曾因日本将高级电子计算机输出苏联，而对日本输美的电子产品加征 100%的关税。美国是 20 世纪 90年代以来运用"报复关税"最频繁的国家。1999 年 3 月因"香蕉贸易战"，美国对欧盟的部分产品加征报复关税。

知识窗

过去，我国在合理、适应运用进口附加税的手段方面显得十分不足。例如，因长期没有自己的反倾销和反补贴法规，不能利用反倾销税和反补贴税来抵制外国商品对我国的低价倾销。1997 年 3 月 25 日，我国颁布了《中华人民共和国反倾销和反补贴条例》，才使我国的反倾销和反补贴制度法制化、规范化。

④ 紧急关税。紧急关税是为了消除外国商品在短期内大量进口对国内同类产品生产造成重大损害或产生重大威胁而征收的一种进口附加税。当短期内外国商品大量涌入时，正常关税已经难以起到有效保护作用，因此需要借助税率较高的特别关税来限制进口，保护

国内市场和生产。例如，1972 年 5 月，澳大利亚受到外国涤纶和棉涤纶进口的冲击，为保护国内生产，决定征收紧急关税，在征收每磅 20 澳分的正常税外另加征每磅 48 澳分的进口附加税。

⑤ 科技关税。科技关税是对技术先进、竞争力特别强的产品所征收的进口附加费。科技关税是一种进出口价格控制。由于各国经济发展不平衡，技术发展相对迅速的国家出口技术密集型产品，对技术发展相对落后的国家市场形成巨大的冲击。进口国为保护本国高新技术发展，就通过征收这种附加费用，来提高这类产品的销售价格，削弱其竞争力。

（2）差价税。

差价税又称差额税，是按照进口商品价格低于国内市场同种商品价格的差额征收的关税。由于差价税随着国内外价格差额的变动而变动，因此，它是一种滑动关税（滑动关税是根据市场行情相应调整关税税率的一种方法）。差价税的目的是通过按差价征税，削弱进口商品的竞争力，保护国内同类产业的生产。对于征收差价税的商品，有的规定按价格差额征收，有的规定在征收正常关税以外另行征收，这种差价税实际上属于进口附加税。例如，欧盟对冻牛肉的进口首先征收 20% 的正常进口税，然后再根据每周价格的变动情况征收不同的差价税。

（3）特惠税。

特惠税是指对特定国家或地区进口的全部或部分商品，给予特别优惠的低关税或免税待遇。特惠税有的是互惠的，有的是非互惠的。《关税与贸易总协定》一方面推行无条件的最惠国待遇原则，另一方面又把特惠税制定为最惠国待遇原则的一种例外予以承认。这种优惠只适用于特定的国家和地区，非受惠国不能援引最惠国待遇条款来要求享受这种优惠关税待遇。

① "洛美协定"国家之间的特惠税。现在实行特惠制的主要是欧盟向非洲、加勒比海和太平洋地区发展中国家单方提供特惠的"洛美协定"，它的全称是《非洲、加勒比海、太平洋国家和欧洲经济共同体之间的洛美协定》。该协定规定，欧洲经济共同体向参加该协定的非、加、太发展中国家单方面提供关税优惠待遇。"洛美协定"先后签订了 4 个：第 1 个"洛美协定"于 1975 年 2 月签订，为期 5 年；1979 年和 1985 年再次续订；第 4 个"洛美协定"于 1989 年 12 月 15 日签订，其有效期首次达到 10 年（1990—2000 年）。"洛美协定"受惠的国家或地区已经从最初的 46 个增加到 69 个。

"洛美协定"在关税方面的优惠主要有 3 点：a. 欧盟对来自上述国家或地区的工业品全部给予免税优惠；b. 农产品的 96% 免税；c. 不要这些发展中国家给予反向优惠。"洛美协定"的特惠关税是目前世界上商品享受范围最广、免税程度最大的一种特别优惠关税。"洛美协定"还包括放宽部分非关税壁垒。然而，它也有严格限制受惠出口国"免检进入"欧盟国家市场的条款。包括允许欧盟单方面中止任何一项特许权的条款。第 4 个"洛美协定"增加了一些新内容，将环境和资源保护、人口政策等广泛地纳入欧洲与其他国家使用之中。

② 普遍优惠制。普遍优惠制简称"普惠制"，是发展中国家在联合国贸易与发展会议上进行了长期的斗争，于 1968 年 3 月联合国第 2 届贸发会议通过了建立普惠制的决议之后取得的。在该决议中发达国家承诺对发展中国家或地区进口的商品，特别是制成品和半制成品，给予普遍的、非歧视的和非互惠的优惠关税待遇。所谓普遍的，是指发达国家应对

发展中国家或地区出口的制成品或半制成品给予普遍的优惠待遇；所谓非歧视的，是指发达国家应对所有发展中国家或地区都不歧视，一律给予普惠制待遇；所谓非互惠的，是指发达国家应该单方面给予发展中国家或地区关税优惠，而不要求发展中国家或地区提供反向优惠。

普惠制的目的是增加发展中国家的外汇收入；促进发展中国家的工业化；提高发展中国家的经济增长率。

普惠制实施以来，对发展中国家和地区扩大出口起了一定的促进作用。但由于各给惠国在各自普惠方案中，对受惠国及受惠商品范围均有许多限制性规定，故普惠制并不"普遍"。而且，各国普惠制方案也都以国内市场不受干扰为前提，包括了许多保护性措施，以及复杂的原产地标准和证明书等规定，这些规定都不同程度地约束和减低了普惠制的作用。另外，普惠制只适用于制成品和半制成品，它尚未确实反映发展中国家的根本利益。大多数发展中国家的出口均以农产品、初级产品为主，辅以为数不多的劳动密集型制成品和半制成品。制成品和半制成品的关税降低，可能在一定程度上解决了发展中国家的困难，但是，除非将普惠制同样适用于包括农产品在内的所有来自发展中国家的出口，否则根本不可能解决发展中国家所面临的特殊问题。

4.1.3　关税的征收及海关税则

1. 关税的征收

（1）从量计征。

从量计征是指以商品的计量单位如商品的重量、数量、容量、长度、面积等计量单位为标准计征关税的方法。按照这种方法计征的关税称为从量税。从量税税额的计算公式为

$$税额=商品数量×每单位从量税$$

各国征收从量税，大部分以商品的重量为单位来计征，但是各国对应税商品的重量的计算方法各有不同。有的国家按商品净重计征，有的国家按商品的法定重量计征，有的国家按商品的毛重计征。

从量计征方法简便易行，无须审查货物的规格、价格、品质，可以节约征收成本费用。但是也有两个缺点：一是从量计征的税额是固定的，不随商品的价格变动而变动，当商品价格下跌时，关税的保护作用加强；当商品价格上涨时，关税的保护作用减弱；二是从量计征对同一种商品，不分质量好坏、档次和价格高低，都按同样税率征收，造成优质高档商品的税负较轻，而劣质低档低价的商品税负较重，使纳税人税收负担不公平。第二次世界大战以前，世界各国普遍采用从量计征关税的方法。第二次世界大战以后，由于通货膨胀，大多数国家采用从价计征关税的方法或只对一部分商品采用从量税征收。目前只有少数国家如瑞士，仍然采用从量方法计征关税。

（2）从价计征。

从价计征是按照商品的价格的一定百分比计征关税的方法。按照这种方法征收的关税称为从价税。从价税税额的计算公式为

$$税额=商品总额×从价税税率$$

从价税税额随着商品价格的变动而变动。所以从价计征方法表现为如下几个优点：一

是税率明确，便于各国比较；二是纳税人的税收负担较为公平；三是关税的保护作用不受商品价格变动的影响。同时从价计征也有其缺点：一是商品价格下跌，税额相应减少，国家的财政收入也相对减少；二是按从价计征关税时，需要先确定进口商品的完税价格，其确定比较复杂。完税价格是指经海关审定的作为计征关税依据的商品价格，也称海关价格，它和税率一样都是决定税额的重要因素。

（3）其他征收方法。

国际贸易中的货物价格多种多样，究竟以何种价格为标准，这种价格应该包括哪些费用，都要由海关做出规定。特别是为了防止进出口商用假合同、假发票伪报价格、偷漏关税，进出口商申报的价格应由海关根据本国关税法令进行审查、调整和估定，确定海关完税价格。

过去世界各国对海关完税价格的审定或估定原则，都有各自的规定。有的以 CIF（Cost, Insurance and Freight，成本、保险加运费）价格为依据，有的以 FOB（Free on Board，船上交货价）价格为依据，有的以进口国国内市场价格或进口国法定价格为依据。由于各国海关对完税价格的规定的原则不一致，有些国家就可以利用海关对完税价格的审定或估定，高估完税价格，提高实际税率，阻止外国商品进口，垄断国内市场。

长期以来为了统一各国海关估价方法，《关税与贸易总协定》第 7 条规定："海关对进口商品的估价，应以进口商品或相同商品的实际成交价格为准，而不得以国内产品的价格或以武断的虚构的价格作为计收关税的依据。"实际成交价格是指"在进口国立法确定的某一时间和地点，在正常贸易过程中和充分竞争的条件下，某一商品或相同的商品出售或兜售的价格"。当无法按上述规定确定时，"海关估价应以可确定的最接近于实际价格的相当价格为依据"。

由于从量计征和从价计征方法都存在一定的缺点，因此关税的征收方法在从量计征和从价计征的基础上，又产生了复合计征和选择计征，以弥补二者的不足。目前单一使用从价方法计征关税的国家不多，主要有阿尔及利亚、埃及、巴西、墨西哥等发展中国家，我国也是其中之一。

① 复合计征。复合计征是指对同一种进口商品同时采用从量和从价两种税率计征关税的方法。按这种方法征收的关税称为复合税或混合税。在具体采用时有两种情况：一种是以从量税为主加征从价税，例如，美国对羊毛手套的进口征收复合税，普通税税率每磅 50 美分，加征 50% 的从价税；另一种是以从价税为主，加征从量税。例如，日本对每只价格在 6 000 日元以下的手表进口征收复合税，协定税税率每只从价税 15%，加征 150 日元的从量税。其计算公式为

复合税税额=从量税税额+从价税税额

这种方法综合了从量计征和从价计征方法的优、缺点，使不同档次、不同价格的同一类商品的税幅比较合理，当物价高涨时，所征收税额比单一从量税多；当物价下降时其所征税额又比单一从价税多，增强了关税的保护程度。但从价税与从量税之间的比例难以确定，成本费用高，且计算税额时比较麻烦。

② 选择计征。选择计征是指对同一种进口商品同时规定有从量和从价两种税率，一般选择其中税额较高的一种征收，或在物价上涨时采用从价计征，物价下跌时采用从量计征。按这种方法计征的关税称为选择税。例如，日本对坯布的进口征收选择税，每平方米 2.6

日元或协定税税率 7.5%，选择高者征收。当为了鼓励某种商品进口时，也可以选择其中税额低者征收。选择计征关税也有其缺点，就是征税标准经常变化，令出口国难以预知，容易引起争议。

2. 海关税则

海关税则是一国对进出口商品计征关税的规章和对进出口的应税和免税商品加以系统分类的一览表，又称关税税则。海关税则是海关征税的依据，是一国关税政策的体现。

海关税则的内容一般包括两个部分：一部分是海关征收关税的规章、条例和说明；另一部分是关税税率表。关税税率表主要包括税则号列、商品名称、关税税率等栏目。

（1）海关税则的分类。

① 根据关税税率栏目的多少，海关税则可分为单式税则和复式税则。

a. 单式税则。单式税则又称一栏税则，是指对每一种应税商品不论产于何地，每个税则项下都只规定一个税率。在这种税则中，由于每个税目只有一个税率，适用于来自任何国家的商品，所以没有差别待遇。

在垄断前资本主义时期，各国都实行单式税则，到垄断资本主义时期，资本主义国家为了实行关税上的差别与歧视待遇，或争取关税上的互惠，纷纷放弃单式税则而改行复式税则。现在，只有少数发展中国家如委内瑞拉、巴拿马、冈比亚、加纳等仍实行单式税则。

b. 复式税则。复式税则又称多栏税则，是指一个税目设有两个或两个以上的税率，以便对来自不同国家或地区的进口商品采用不同的税率。在这种税则中，由于每个税目定有两个或两个以上的税率，对来自不同国家或地区的同类商品适用不同的税率，所以复式税则具有歧视性。现在绝大多数国家都实行这种税则，但两栏、三栏、四栏、五栏不等。我国目前实行两栏税则，美国、加拿大等国实行三栏税则，日本等国家实行四栏税则，欧盟实行五栏税则。

② 根据各国制定税则的方式不同，海关税则可分为自主税则、协定税则和混合税则3 种类型。

a. 自主税则。自主税则又称国家税则，是指一国立法机构根据关税自主原则单独制定并有权加以变更的海关税则。自主税则又可分为自主单一税则和自主多重税则。自主单一税则是国家自主地以法律形式规定的单一税则，依据国内财政需要和对产业保护的要求，制定有利于本国的单一税率。无论是从价或从量，只有一种税率规定，适用于所有的外国进口商品。自主多重税则是一国政府自主地对每一税目的商品制定两种或两种以上税率的复式税则制度。自主多重税则制度相对于单一税则制度具有灵活性，不同的税率可分别适用于来自不同国家或地区的同一种商品，更能够适应当代国际贸易的特点。这种制度偏重于保护关税，使关税可以自由上下调整。

b. 协定税则。协定税则是指一国政府与其他国家或地区通过贸易与关税谈判制定，受贸易条约或协定约束的海关税则。协定税则的税率要比自主税则的税率低。协定税则不仅适用于该条约或协定的签字国的商品，而且某些协定税则也适用于享有最惠国待遇的国家的商品。协定税则一般适用于协定的商品，对非协定的商品或不能享受最惠国待遇的国家的商品仍采用自主税则。协定税则的制定不是完全自主的，还要取决于协定国的态度；税则的变动，特别是税率的调整要受条约或协定的约束；协定税则并不适用于所有的进口商品，而是局限在一定范围；税率是复式税率或多栏税率。

c. 混合税则。混合税则是由一国关税制定，同时采用自主税则和协定税则方式的制度。混合税则能适应本国对外经济政策及其变化的需要，有利于贯彻区别对待的原则；能适应复杂多变的国际经济环境；体现了本国充分的自主权，但又不排斥贸易伙伴的意向。混合税则兼容了自主税则和协定税则的长处，被越来越多的国家所采用。

（2）海关税则中的商品分类。

对海关税则中的商品进行系统分类，目的在于方便征税、纳税、统计和查找。第二次世界大战前，各国对商品的分类方法差别很大，有的是按商品的自然属性分类如水产品、农产品、纺织品、机械制品等；有的是按商品的加工程度分类如原料、半制成品、制成品等；还有一些其他分类方法。商品分类方法上的差异不利于贸易业务的开展，不利于各国间进行比较，不利于关税减让谈判。

第二次世界大战后初期，国际社会为统一各国的商品分类，减少税则分类的矛盾，联合国统计委员会编制了《国际贸易标准分类》，欧洲海关合作理事会制定了《海关合作理事会税则目录》。前者主要用于进出口贸易的统计分析，后者主要用于海关和国际贸易谈判。虽然两者目的不同，但在贸易统计方面，两者关系密切，而且都被世界上绝大多数国家所采用，具有广泛的影响。

如何使这两套商品分类标准协调起来，成为国际贸易领域中的一大课题。海关合作理事会从1970年开始先后成立了研究组和专门的委员会，着手研究协调两套标准的可能性，并进行了具体的编制工作。经过多年的努力，海关合作理事会于1983年通过《商品名称及编码协调制度》（以下简称"协调制度"），并于1988年1月1日起生效实施，以逐步取代《国际贸易标准分类》和《海关合作理事会税则目录》。

① 《国际贸易标准分类》。《国际贸易标准分类》主要用于贸易统计，它的商品分类主要是为适应经济分析的需要，同时也适当地考虑商品的自然属性。在国际贸易中，商品种类繁多，为便于统计，1950年联合国统计委员会编制了《国际贸易标准分类》，并于1960年和1974年进行了修订。

《国际贸易标准分类》编制的原则是按加工程度将所有商品分为初级品和工业制成品两大类，然后再逐步细分。在1974年的修订本里，它把所有的贸易商品划分为从0～9的10大类、63章、233组、786分组和1 924个基本项目。0～4类为初级产品，5～9类为工业制成品。目录编号采用5位数，第1位数表示类，第2位数表示章，第3位数表示组，第4位数表示分组，第5位数表示项目。例如，活山羊的目录编号为001.22，其含义是：0类、00章、001组、001.2分组、001.22项目。有的国家统计目录编号采用6位数，第6位为子目。

② 《海关合作理事会税则目录》。为减少资本主义各国在海关税则中商品分类上的矛盾，欧洲关税同盟研究小组于1952年12月拟出《关税税则商品分类公约》，并设立了海关合作理事会。合作理事会在布鲁塞尔制定出《海关合作理事会税则目录》，又称《布鲁塞尔税则目录》。

《布鲁塞尔税则目录》的分类原则是以商品的自然属性为主，结合加工程度来划分。它把全部商品共分为21类、99章、1015项税目号。1～24章（前4类）为农产品，25～99章为制成品。税目号采用4位数，前2位表示章、后2位表示该章项下的税目号。例如，男用外衣的税目号为61.01，其含义是第61章第1项。根据《分类目录解释规则》的规定，税则目录中的类、章、项这 3 级税目号的排列及编制，各会员国不得随意变动；项下的细目以 A、B、C...排列，各会员国对这些细目的编制有一定的机动权。

《布鲁塞尔税则目录》由 4 部分组成。第 1 部分是税则目录，正文部分分为 3 栏，第 1 栏为税目号，第 2 栏为国际贸易标准分类号，第 3 栏为商品名称。第 2 部分是税目分类注释说明，还包括对税目号和子目录下的各种商品的属性、规格和用途等的详尽描述。第 3 部分是税目及注释说明字母排列索引。第 4 部分是分类意见提纲，汇集关税合作理事会历次会议上，关于税目分类问题的意见的文件。

这个税则目录制定后，被世界上绝大多数国家所采用。在向我国提供普惠制的国家中，除加拿大外均采用这个税则目录。

③　"协调制度"。"协调制度"的商品分类目录是以《海关合作理事会税则目录》为基础，以协调《国际贸易标准分类》为目标，并参照美国、加拿大、日本等国的海关税则编制而成的，是一种新型的、系统的、多用途的商品分类制度。

"协调制度"的商品的分类方法和编码制度基本上与《海关合作理事会税则目录》类似，按商品的生产部类、自然属性、成分、用途、加工程度、制造阶段等进行编制，共有 21 类、97 章，项目增至 1241 个，项目下设子目，总共 5019 个税目。1～24 章为农副产品，25～97 章为加工制成品，第 77 章金属材料为空缺，是为新型材料的出现而留空。税号采用 6 位数，前 4 位数为统计目的而编排，便于在执行新制度或根据"协调制度"编制自己的方案时，很方便地查到税率，又可便于商品的分类统计。

"协调制度"自 1988 年 1 月 1 日起实施至今，已经有 80 多个国家和地区采用。我国在 1992 年 1 月 1 日起正式实施了以"协调制度"为基础编制的新的《海关进出口税则》和《海关统计商品目录》。

● 4.1.4　关税的保护程度

一般来说，关税水平的高低可以大体反映关税的保护程度。但是两者又不能简单地画等号，影响保护程度的还有其他因素。"二战"后，西方经济学家对保护关税税率进行研究，提出了名义保护关税税率和有效保护关税税率的概念。

1. 名义保护关税税率

名义保护关税税率是指由于实行对某一商品的保护，而引起的国内市场价格超过国际市场价格的部分与国际市场价格的百分比，其公式为

$$名义保护关税税率 = \frac{进口商品的国内市场价格 - 国际市场价格}{国际市场价格} \times 100\%$$

该公式是一个国家制定保护关税税率的根据，因为关税的保护作用就是通过征税增加进口商品的到岸成本，提高其销售价格，抵消其价格竞争优势。制定某种商品保护关税税率的依据，应该是该种商品的国内市场价格和国际市场价格的差额与国际市场价格的百分比，通过对进口商品按税率征收关税后，消除商品的进口价格与国内价格之间的差额，使进口商品的价格不低于或高于国内同类商品的价格。所以，一般就把一个国家的法定税率视做名义保护关税税率。在其他条件相同或不变的情况下，名义保护关税税率越高，对本国同类产品的保护程度就越高；反之，其保护程度也越低。但是直接用关税税率的高低所

反映的保护程度的高低只是名义上的，并不能反映实际的或有效的保护程度。

2. 有效保护关税税率

有效保护关税税率是指整个关税制度（有效保护措施）对某类产品在国内生产过程中价值增值部分的保护程度，在最终产品的价值由投入品价值与新增价值（价值增值）两部分组成的情况下，有效保护关税税率衡量的不是关税等保护措施对整个最终产品价值的保护程度，而是对价值增值部分的实际保护程度。因此，有效保护关税税率也被称为实际保护关税税率。

有效保护关税税率计算的是某项加工工业中，受全部关税制度影响而产生的增值比。它是对某种产品的国内、外增加值差额与其国外增加值的百分比，其公式为

$$有效保护关税税率 = \frac{国内加工增加值 - 国外加工增加值}{国外加工增加值} \times 100\%$$

【例】假设在自由贸易条件下，从国外进口 1 千克棉纱的到岸价格为 20 元，其投入的原棉价格为 15 元，占成品棉纱价格的 75%，国外加工增值为 5 元。如果我国进口原棉在国内加工棉纱，原料投入系数同样是 75%，依据对原棉和棉纱进口征收关税情况，计算有效保护关税税率。

解： ① 假如我国对棉纱进口征收 10% 的关税，对原棉进口免税，则国内棉纱的市价为 20+20×10%=22（元）。其中原棉价为 15 元，则国内加工增加值为 22-15=7（元）。按公式计算，有效保护关税税率为：（7-5）÷5×100%=40%。

② 假如我国对棉纱进口征收 10% 的关税，对原棉进口也征收 10% 的关税，国内棉纱的市价为 22 元，而其原料成本因对原棉征收了 10% 的关税则增为 15+15×10%=16.5（元），这时国内加工增加值变为 22-16.5=5.5（元）。按公式计算，有效保护关税税率为：（5.5-5）÷5×100%=10%。

③ 假如在上例中，我国对原棉进口征税由 10% 提高到 20%，其他条件不变，则原料成本为 15+15×20%=18（元），国内加工增加值为 22-18=4（元）。按公式计算，有效保护关税税率为：（4-5）÷5×100%=-20%。

通过上述计算可以看出：当制成品进口名义关税税率高于原材料进口名义关税税率时，有效保护关税税率高于名义关税税率；当制成品进口名义关税税率等于原材料进口名义关税税率时，有效保护关税税率等于名义关税税率；当制成品进口名义关税税率低于原材料进口名义关税税率时，有效保护关税税率低于名义关税税率，甚至出现了负有效保护关税税率，即不仅没有起到保护作用，反而起了负向作用。从中可以得出结论，对于原材料进口征收的名义关税税率相对于制成品进口的名义关税税率越低，对国内生产的制成品的有效保护程度越强；反之，有效保护程度越弱；超过一定界限，还会出现负保护作用。因此，以出口工业制成品为主的工业发达国家对原材料初级产品的进口征收低关税甚至免税，对半成品的进口征收较适中的关税，对制成品的进口征收较高的关税。

3. 关税结构

考察一国对某种商品的保护程度，不仅要考察该商品的关税税率，还要考察对其投入品的关税税率，即要考察整个关税结构。关税结构又称关税税率结构，是指一国关税税则中各类商品关税税率之间的关系。世界各国因其国内经济和进出口商品的差异，关税结构也各不相同。但一般表现为：资本品税率较低，消费品税率较高；生活必需品税

率较低，奢侈品税率较高；本国不能生产的商品税率较低，本国能生产的商品税率较高。其中一个突出的特征是关税税率随着产品加工程度的逐步加深而不断提高。制成品的关税税率高于中间产品的关税税率，中间产品的关税税率高于初级产品的关税税率，这种关税结构现象称为关税升级。

4.2　非关税措施

4.2.1　非关税措施的含义与作用

1. 非关税措施的含义

非关税措施是指除传统的关税措施以外的政府干预进出口的其他措施，主要用于限制进口和鼓励出口两个方面，在特殊情况下也可以限制出口和鼓励进口。利用非关税措施限制进口，称为非关税壁垒。

2. 非关税措施的作用

（1）从发达国家的角度看，非关税措施作为防御性武器限制外国商品进口，用以保护国内陷入结构性危机的生产部门及农业部门，或者保障国内垄断厂商能获得高额利润。在国际贸易谈判中用做砝码，逼迫对方妥协让步，以争夺国际市场。用途为对其他国家实行歧视的手段，甚至作为实现政治利益的手段。

（2）从发展中国家的角度看，非关税措施可以限制非必需品进口，节省外汇；削弱外国进口商品的强大竞争力，以保护民族工业和幼稚工业；发展民族经济，以摆脱发达国家对本国经济的控制和剥削。

4.2.2　非关税措施的特点

1. 灵活性

非关税措施比关税措施更加灵活。关税措施只是一种经济手段，它通过调节进出口关税税率的高低来调节进出口商品价格，影响商品的进出口数量，所以关税措施要通过市场价格机制发挥作用。非关税措施不仅包括一些经济手段，而且包括一些行政手段和技术手段，有些手段完全排斥价格机制直接发挥作用。非关税措施种类繁多，灵活方便，可以较充分地发挥贸易保护作用，较快地达到限制进出口的目的。

2. 有效性

与关税措施相比，非关税措施的针对性强。关税的各种税率一旦确定下来，在一段时间内不容易改变，比较稳定，针对性不强，可以普遍起作用。而非关税措施由于制定程序简单，可随时用发布行政命令的办法，针对某国、某种商品的进口数量进行限制。有些有竞争力的进口商品，一般高关税并不完全限制其进口数量，而非关税措施可以直接完全限制这些商品的进口，达到关税措施不可能达到的目的，非关税措施的有效性更强。

3. 隐蔽性

关税手段比较简单，竞争国易于用相应的方法抵消其作用。如果通过相互间关税协定只许降低不许提高关税，一方不遵守协定，对方很容易发现并进行报复。非关税措施比较复杂，受约束的可能性小，而且有些非关税措施比较隐蔽，对手国一时难以发现，不便采用报复手段来抵消其作用。

4. 稳定性

关税手段各方面作用往往自相矛盾，例如，提高进口关税容易直接引起国内价格上涨，加剧通货膨胀，最终削弱了关税的保护作用；降低进口关税对消费者有利，但对生产者不利等。而非关税手段，采用单项措施，除达到预期目的外，对国内经济其他方面的普遍影响很小。

4.2.3　非关税措施的种类

非关税措施有限制性和鼓励性两大类，下面介绍的主要是限制性非关税措施。限制性非关税措施的种类很多，总体来说，限制性非关税措施以限制出口为主，以达到保护贸易的目的。

1. 进口配额制

进口配额又称进口限额，是一国政府对一定时期内（通常为一年）进口的某些商品的数量或金额加以直接限制。在规定的期限内，配额以内的货物可以进口，超过配额的不许进口，或征收较高的关税后才能进口。因此，进口配额制是限制进口数量的重要手段之一。进口配额制主要有绝对配额和关税配额两种形式。

（1）绝对配额。

绝对配额是指在一定时期内，对某些商品的进口数量或金额规定一个最高限额，达到这个限额后，便不准进口。绝对配额在其具体的实施过程中有 3 种形式。

① 全球配额。全球配额是一种世界范围内的绝对配额，对于来自任何国家或地区的商品一律适用。全球配额不限制进口商品的来源国或地区，在实施贸易限制过程中，仍贯彻非歧视原则。例如，加拿大规定，从 1981 年 12 月 1 日起，对除皮鞋以外的各种鞋类实行为期 3 年的全球配额。第一年的配额为 3 560 万双，以后每年进口量递增 3%。加拿大外贸主管部门根据有关进口商 1980 年 4 月 1 日至 1981 年 3 月 31 日期间所进口的实际数量来分配额度，但对进口国家和地区不加限制。

② 国别配额。国别配额是将总配额按国家或地区分给一定的额度。为区分来自不同国家和地区的商品，在进口时必须提交原产地证明书。国别配额的最初分配通常是以各主要出口国在本国市场的份额为基础进行分配，一些国家往往会根据国家关系不同而给予差别待遇，给予不同的额度。国别配额的分配方式有自主配额和协议配额两种。

a. 自主配额又称单方面配额，是指由进口国单方自主规定从某国进口某种商品的数量，不必征求出口国的同意。自主配额的确定一般参照某国过去一定时期内的出口实绩，按一定比例确定新的进口数量或金额。例如，美国就是采用自主配额来决定每年的纺织品配额。此外，据统计，1991 年欧共体各国对华单边限额多达 130 多种，给我国的出口造成了严重的干扰和阻碍。可见，自主配额由国家自行制定，往往带有不公正性和歧视性。

b. 协议配额又称双边配额，是指由进口与出口两国政府或民间团体之间通过协议来确定的配额。由于协议配额是双方协商决定的，因而较易执行。目前，双边配额的运用十分广泛。例如，欧共体为了保护其日益失去竞争力的纺织服装业，对 80%以上的进口贸易实行双边配额管理。我国的纺织品和服装受双边协议限制的对欧出口额，约占到我国对欧出口总额的 1/4。

③ 进口商配额。进口商配额是将某些商品的配额直接分配给本国的进口商，进口商按政府行政机构分配的额度组织进口。例如，日本曾将某些商品如食糖、食用肉、化工甲醛等配额分配给进口商。实施进口商配额的国家往往把配额给予本国的垄断进口的商人，而中小商人则难以得到额度。

（2）关税配额。

关税配额是一种进口配额与关税相结合的形式，是指在配额额度内进口，可以享受优惠关税或免税，超过额度却要按一般正常的税率计征关税。有的国家对超额进口加征附加税甚至罚款。关税配额与绝对配额的主要区别在于：绝对配额规定一个最高进口数额，不能超过；关税配额则表现为，超过额度仍可进口，只是成本将增加。

关税配额按征收关税的优惠性质分为优惠性关税配额和非优惠性关税配额。优惠性关税配额是对关税配额内进口的商品给予较大幅度的关税减让，甚至免税，对超过配额的进口商品征收原来的最惠国税率。非优惠性关税配额是对关税配额内进口的商品征收原来正常的进口税，一般按最惠国税率征收，对超过关税配额的部分征收较高的进口附加税或罚款。

2. 自动出口限制

（1）自动出口限制的含义。

自动出口限制又称自动出口配额制，也是一种限制进口的手段。自动出口限制是指出口国家或地区在进口国的要求或压力下，自动规定某一时期内（一般为 3～5 年）、某些商品对该国出口的数量或金额的限制，在限定的配额内自行控制出口，超过配额即禁止出口。其目的在于，避免因这些商品出口过多而严重损害进口国生产者的利益，招致进口国采取严厉措施限制从该国进口。

自动出口限制最早出现于 20 世纪 30 年代的美日纺织品贸易中。到了 20 世纪六七十年代，自动出口限制被广泛采用，范围已经从纺织、钢铁、小汽车扩大到彩电、电子元件、船舶等，甚至涉及一些农产品，如奶酪、苹果、肉类等。发展中国家的自动限制则主要是对发达国家出口的纺织、钢铁、鞋类等。

（2）自动出口限制的种类。

① 单方自动出口限制即由出口国单方面自行规定出口到某国的限额，以限制商品的出口。单方自动出口限制包括：政府规定配额并予以公布，出口商必须向有关机构申请配额，领取出口授权或出口许可证才能输出；出口国的出口厂商和同业公会根据政府的意图规定额度控制出口。单方自动形式上是出口国单方的自愿行为，但事实上总是受到进口国的警告或受到进口国的压力，才由出口国做出的。

② 协议自动出口限制即由出口国与进口国通过谈判的方式签订"自限协定"。在协定的有效期内规定某些商品的出口配额，出口国则根据此配额实行出口许可证制或出口配额签

证制，自行限制出口；进口国则根据海关统计进行监督检查。协议自动限制是自动出口限制的主要形式。

（3）自动出口限制协定的内容。

① 配额水平。配额水平规定有效期内各年度自动出口的限额。通常是以签约前一年的实际出口量为基础，商定新协定第一年的限额，然后确定其他各年度的增长率。配额水平的规定有的只规定总限额，有的按不同的类别规定个别限额。当出口超过限额时，双方可按一定程序磋商解决。

② 自动限制出口的商品分类和细目。早期自动限制商品的品种较少，分类较笼统。20世纪70年代以来，品种增多，分类也日趋复杂。例如，1974—1977年的日美纺织品协定中，将日输美的棉、化纤、毛三大类纺织品共分成6组243项，按组分别规定各自限额，对组内"特别项目"又规定个别限额。

③ 限额的融通。对各种受限商品的限额相互之间适用的权限与数额问题，主要有两种融通方法。一是水平融通，它是指同一年度内，组与组、项与项之间在一定百分率内的融通使用。二是垂直融通，它是指同组同项商品在上下年度间的融通，即协定中规定留用额。

④ 保护条款。保护条款是指协定规定进口国方面有权通过一定的程序，限制或停止进口某些造成"市场混乱"，或者使进口国市场厂商受损害的商品。这实际上扩大了进口国限制进口的权限，发达国家在对外签订"自动"限制协定时，都力求订入这项条款。

3. 进口许可证制

（1）进口许可证制的含义。

进口许可证制是一种凭证进口的制度。为限制商品进口，国家规定某些商品进口必须领取许可证，没有许可证一律不准进口。许可证制与进口配额制一样，也是一种进口数量限制，是运用行政管理措施直接干预贸易行为的手段。大多数国家将配额制和进口许可证制结合起来使用。这时对受配额限制进口的商品，进口商必须向有关部门申请进口许可证，政府发放进口配额许可证，进口商凭证进口。许可证规定有效期，一般规定一年、半年或3个月，超过有效期则不得进口。有的国家许可证规定展期，可延长一月或数月不等，但必须缴纳一定的展期手续费。

实行进口许可证制，不仅可以在数量和金额以及商品性质上进行限制，而且可以控制来源国国别和地区，也可以对国内企业实施区别对待。有些国家在发放许可证时，往往对垄断大公司予以照顾；有的国家将进口许可证的发放与出口联系起来，以达到促进出口的目的。

（2）进口许可证的分类。

① 进口许可证根据其是否有配额，可以分为有定额的进口许可证和无定额的进口许可证。

有定额的进口许可证即与配额相结合的许可证。管理当局预先规定有关商品的进口配额，然后在配额的限度内，根据进口商申请，逐笔发放具有一定数量或金额的许可证，配额用完即停止发放。进口许可证一般由进口国当局颁发给本国提出申请的进口商，也有将此权限交给出口国自行分配使用，又转化为出口国依据配额发放的出口许可证。有的国家则要求进口商用出口国签发的出口许可证来换取进口许可证，即所谓的"双重管理"。

无定额的进口许可证是指政府管理当局发放有关商品的进口许可证只是在个别考虑的

基础上进行，而没有公开的配额数量依据。由于此种许可证没有公开的标准，具有隐蔽性，在执行上还具有很大的灵活性，因此其起到的限制作用更大。

② 根据对来源国有无限制，进口许可证也可分为公开一般进口许可证和特种许可证两类。

公开一般进口许可证又称公开进口许可证或自动进口许可证，是指对国别或地区没有限制的许可证。凡属公开一般许可证项下所列商品，进口商只要填写此许可证，即可获准进口。此类商品实际上是"自由进口的商品"，填写许可证的目的不在于限制商品进口，而只是履行报关手续，供海关统计和监督需要。

特种许可证又称非自动进口许可证，是指进口商必须向有关部门提出申请，获准后才能进口。这种许可证适用于特殊商品以及特定目的的申请，如烟、酒、麻醉物品、军火或某些禁止进口的物品。进口许可证直接受管理当局控制，并用以贯彻国别地区政策。进口国定期公布须领取不同性质进口许可证的商品项目，并根据需要加以调整。特种许可证往往都指定商品的进口国别或地区。

进口许可证制已经成为各国管理进口贸易的一种重要手段。它便于进口国政府直接控制进口，或者方便地实行贸易歧视，因而在国际贸易中越来越被广泛地使用。

4．外汇管制

（1）外汇管制的含义。

外汇管制是指各国政府通过法令对国际结算和外汇买卖加以管制以平衡国际收支，控制外汇的供给和需求，防止套汇、逃汇，维持本国货币币值稳定的一种管理措施。

在实行外汇管制的国家，出口商必须把他们出口所得到的外汇按官定汇率卖给外汇管制机关；进口商也必须在外汇管制机关按官定汇价申请购买外汇；本国货币的携出入国境也受到严格的限制。有些国家往往将外汇管制与进口许可证制、进口配额制结合使用。对准予进口的商品，发给进口许可证，批给进口配额，同时供给所需外汇；反之，则相反。这样，国家的有关政府机构就可通过确定官定汇价、集中外汇收入和控制外汇供应数量的办法来达到限制进口商品品种、数量和国别或地区的目的。

（2）外汇管制的形式。

① 数量性外汇管制。数量性外汇管制是指国家外汇管理机构对外汇买卖的数量直接进行限制和分配。其办法是集中外汇收入、控制外汇支出、实行外汇分配。一些国家实行数量性外汇管制时，往往规定进口商必须获得进口许可证后，方可得到所需的外汇。

② 成本性外汇管制。成本性外汇管制是指国家外汇管理机构对外汇买卖实行复汇率制度，利用外汇买卖的成本差异，间接影响不同商品的进出口。复汇率制度是指一国货币对外汇率有两个或两个以上，分别适用于不同的进出口商品。

③ 混合性外汇管制。混合性外汇管制是指同时采用数量性外汇管制和成本性外汇管制，对外汇实行更为严格的管制，以影响商品的进出口。

5．进口押金制

进口押金制又称进口存款制，是指进口商在进口商品时，必须预先按进口总金额的一定比率和规定的时间，在指定的银行无息存放一笔现金的制度。这是一种通过支付制度限制进口的措施。其作用是政府可以从进口商获得一笔无息贷款，进口商则因周转资金减少并损失利息收入而减少进口，从而起到限制进口的作用。

进口押金制对进口的限制有很大的局限性。如果进口商以押款收据作为担保，在货币市场上获得优惠利率贷款，或者国外出口商为了保证销路而愿意为进口商分担押金金额时，这种制度对进口的限制作用就更小了。

6. 歧视性的国内税

国内税是指一国政府对在本国境内生产、销售、使用或消费的商品所征收的各种捐税，如周转税、零售税、营业税等。歧视性的国内税是指用征收高于国内产品的各种国内税的办法来限制外国商品的进口。国内税与关税不同，它的制定与执行是属于本国政府机构，有的甚至属于地方政府机构的权限，通常不受贸易条约与协定的限制和约束。因此，国内税是比关税更灵活、更隐蔽的一种贸易限制措施。例如，美国、日本和瑞士对进口酒精饮料的消费税都大于本国制品。许多国家都利用征收国内税的办法来提高进口商品的成本，降低其与国内产品的竞争能力，从而达到限制进口的目的。

7. 最低限价和禁止进口

最低限价和禁止进口是指一国政府规定某种商品进口的最低价格，当进口商品的价格低于规定的最低价格时，则征收进口附加税或禁止进口。例如，1975年4月英国为限制欧共体以外的鱼类进口，采用最低限价的做法，规定一吨鳕鱼的最低限价为575英镑，进口时若低于这一价格，就征收进口附加税或禁止进口。又如，美国为抵制欧洲和日本等国的低价钢材和钢制品的进口，从1977年对这些产品的进口实行所谓的"启动价格制"。这一价格制也是一种最低限价制。

禁止进口是进口限制的极端措施。当一些国家感到实行进口数量和价格限制已经不足以解决经济与贸易困难时，往往颁布法令规定在一定时期内禁止某些商品的进口。例如，1975年3月，欧共体决定自1975年3月15日起，禁止千克以上的牛肉罐头及牛肉下水罐头从欧共体以外的市场进口。

一般来说，在正常的贸易活动中，禁止进口的极端措施不宜贸然采用，因为这极有可能引发对方国家的相应报复，造成贸易双方两败俱伤。

8. 进出口国家垄断经营制

进出口国家垄断是指在对外贸易中，对某些或全部商品的进口规定由国家机构直接经营，或把商品进出口权交给某些垄断组织。

原来实行计划经济的国家的对外贸易一般都是由国家垄断，现在情况已经发生了根本的变化。许多国家至今仍然对部分商品实行国家专营。主要资本主义国家对进出口的国家垄断主要集中在烟酒、农产品、石油、尖端科技产品、武器军火这5类商品上。

9. 歧视性的政府采购政策

歧视性的政府采购政策是指一些国家通过法令、政策，明文规定政府机构在采购货物时必须优先购买本国商品的做法。有的国家虽然未明文规定，但优先采购本国产品已经成为惯例。这种政策实际上是歧视外国商品，起到限制进口的作用。

美国政府施行此项政策最为典型。自1938年起，美国曾多次制定和修订《购买美国货法》，以法律形式确保政府行政机关优先购买美国货，以限制别国商品的进口，并具体规定美国给予本国厂商6%的价格优惠。

10．制定特殊商品质量标准

制定特殊商品质量标准是指一国以维护生产、消费者安全健康为由，制定一些复杂苛刻且经常变化的技术标准、卫生检疫规定、安全标准、商品包装和标签规定等以限制进口的一系列措施。

商品的技术标准、卫生检疫标准及商品的包装和标签标准一般没有国际的统一规定，由各国自行制定，别国无权干涉。在国内外商品有关标准一视同仁的名义下，可以把不符合本国特殊标准的进口商品拒之门外，达到保护本国同类商品生产的目的，尽管这些商品可以进入其他发达国家。有些国家在没有事先通知的情况下，改变商品包装的有关标准，这样迫使出口商来不及适应新情况，或者为了改变包装等增加成本，拖延交货时间，错过较好的销售机会，进口国达到控制进口时机的目的。

11．环境贸易限制进口

环境贸易限制进口是近年来在国际贸易中新出现的一种限制进口措施，是指在国际贸易中一些发达国家借口保护环境，对外国商品规定大大高于国际公认或绝大多数国家所不能接受的环境保护标准，或者比本国商品的环境保护标准更高的双重标准，从而限制外国商品的进口。

4.3　鼓励出口和出口管制方面的措施

世界各国为达到扩大对外贸易的目的，采取一些鼓励出口的措施和管制方面的措施。这种措施也是保护贸易的一种表现，只是在干预形式上比进口限制具有更强的隐蔽性。各国鼓励出口的措施很多，涉及经济、政治、法律许多方面，而运用财政、金融、汇率等经济手段和政策工具较为普遍。

4.3.1　鼓励出口的措施

1．出口补贴

（1）补贴及补贴的形式。

补贴是当今国际贸易中运用最广泛的干预形式。鼓励出口的补贴有两种基本形式：生产补贴和出口补贴。生产补贴可以起到与关税同样的作用和影响，可以使本国厂商的产品价格低于进口商品，从而抵御外来竞争。出口补贴又称出口津贴，是一国政府在商品出口时，给予厂商的现金补贴或财政上的优惠，其目的在于降低出口商品的价格，加强其在国外市场上的竞争力。实施出口补贴，就使产品具有"双重价格"，即国内市场的销售价格（内销价）和销往国外市场价格（外销价），外销价低于内销价。

（2）出口补贴的种类和形式。

① 出口补贴的种类。出口补贴包括直接补贴和间接补贴两种。直接补贴是直接付给出口商的现金补贴。第二次世界大战以后，美国和欧洲一些发达工业国家对某些农产品的出口，就采用这种形式。这些国家农产品的国内价格一般要比国际市场价格高，向国外销售

的价格损失由政府补贴来补偿，有时补贴的金额甚至超过差价。对出口商而言，这时经营出口的利润就高，出口刺激作用大。间接补贴也称隐蔽性补贴，是政府对某些出口商品以种种财政上的优惠。在发达的工业国家，出口补贴常用于农产品或正在衰落的工业。发展中国家的补贴则主要用于幼稚工业。

② 出口补贴的形式。

a. 亏损补贴。政府对出口商的亏损实行全额补贴，甚至再加上适应的利润，以鼓励出口，这是一种效果很大的出口补贴。

b. 优惠收购。政府以对生产者有利的固定价格收购产品，然后以低于国内市价或低于收购价格的水平向国际市场销售。美国政府为了保护其国内农产品出口，常采取此项政策。

c. 减免税收。通过税收政策达到鼓励出口的目的，即政府选择一些具有外销潜力的产业，予以租税方面的减免优惠，鼓励其投资，培养未来的国际竞争力；或者对外销产品准许退税，甚至免税；也可以在所得税或利润税等方面给予优惠等。

d. 提供廉价资源。政府可以优惠费用提供国内公营的运输交通工具，以低廉价格由国有公司承运外销，甚至包括提供廉价的原料投入物等。

e. 优惠贷款或出口担保。由政府支持的银行给予出口商或外国买主提供条件优惠的贷款。例如，美国在 20 世纪 30 年代创办的进出口银行还提供出口担保服务。政府以出口保险制度或出口担保制度减少国内厂商外销的风险，以确保出口利润。政府对外销国家中可能的政变、进口商拒付或天灾等风险，提供低费率保险或免费保险。

f. 信息服务。政府收集外销市场商情，帮助开展国际营销和商展，或者协助出口企业获得低利率融资服务等，有的政府还承担为出口商推销商品的直接开支，如为出口商在海外做广告。

g. 优惠汇率。当政府实行外汇管制时，政府可以给予出口创汇以较优的汇率兑换，增加出口商从国内货币结算上获得的收益，或者增加其外汇留成。

③ 出口补贴的制约因素。出口补贴能否取得扩大出口的预期效果，还将受到一系列因素的制约：一是出口产品的国际需求和供给弹性的大小。如果这两种弹性都小则难以起到明显的扩大出口作用，甚至还可能由于出口补贴引起国内价格紊乱，影响其他非出口产品的生产和供给。二是国际市场和国内市场的利润差别。如果国内市场利润率明显高于国际市场利润率，则出口补贴会导致利润率下降，即使这种补贴能在一定程度上改善国际收支，但国民利益却存在净损失。三是接受补贴的出口产品在国际市场竞争能力的削弱，如果竞争能力差，只有补贴的数额大到一定程度时，这种产品的出口规模才会明显扩大。但巨额出口补贴又容易遭到对方国家的反补贴制裁。

（3）出口补贴与抵消性。

出口补贴虽然从总体上看数额不大，一般一个国家的出口补贴不能超过出口总额的1%，但是对于特定的产品或某些公司，出口补贴可能是一个相当大的量。它在鼓励了本国厂商的同时，却也可能对进口国的同类产品生产者形成威胁，根据《关税与贸易总协定》的规则，把出口补贴视作"不公平的竞争"，允许进口国在本国生产同类产业遭到受补贴产品进口冲击造成重大损害时，征收抵消性的反补贴税，使市场恢复到自由贸易条件下的均衡量。

2. 出口退税

出口退税是指政府对国内产品所征收的货物税或加工出口前所缴纳的原料进口税，在制成品出口时予以退还。这是间接补贴的一种形式。出口退税的主要目的是增强出口产品的国际竞争力、降低外销成本、鼓励出口以带动国内工业。发展中国家在采取高关税保护国内产业时，以此为配套措施，因为高关税使出口产业的投入物进口成本上升，而不利于出口业的发展。

《关税与贸易总协定》一般禁止出口补贴，但对于"边境税"调整，即出口退税则予以认可，并明文规定进口国不得因出口国的退税行为而课征"反倾销税"或"反补贴税"。这是因为《关税与贸易总协定》不希望因为各国原料进口税税率不同而扭曲了产品的比较利益。因此，战后各国的保护政策中退税很普遍，发达国家如德国、日本、英国、法国等国都有退税规定。

退税虽然对一国的出口业发展有积极作用，但是这些退税同样也会对国内经济产生负面影响。主要表现在 3 个方面：一是税收的征收退还工作繁重，且造成出口商资金积压负担。随着一国出口产业的发展，退税条例逐渐扩大，退税额增加，由于征收退还手续极为复杂，海关不能及时办理退税手续导致出口商资金积压。二是骗税现象。不良厂商利用假出口真退税，冒领进口退税款，或者以自己的次级原料加工出口，冒领进口原料退税。三是不利于产业结构的平衡发展。加工工业的出口退税使得工业发展中上、下游之间出现不协调，厂商急功近利，偏向于加工工业，而不愿意投资于基础工业。另外，相关产业之间的退税率很难正确地协调，难以做到利益合理分配。

3. 出口信贷和出口信贷国家担保制

建立资助性的出口信贷体系，运用优惠信贷支持和扶植出口业发展，是当今世界贸易中常用的方式。各国政府建立专门的归政府所有的出口和对外贸易的商业银行。商业银行以国家信用担保，办理出口信贷和保险业务。

（1）出口信贷。

① 出口信贷的含义。出口信贷是指一国的银行为了鼓励商品出口，对本国出口商或外国进口商或进口方银行所提供的一种低息贷款，以解决本国出口厂商资金周转的困难或进口方付款的需要。它是一国的出口厂商利用本国银行的贷款扩大商品出口的一种重要手段。

② 出口信贷的分类。出口信贷可按时间长短和借贷关系两种方法分类。

出口信贷按时间长短分为短期信贷、中期信贷和长期信贷。短期信贷一般指 180 天以内，主要适用于原材料、消费品及小型机器设备的出口；中期信贷为期 1～5 年，常用于中型机器设备出口；长期信贷通常是 5～10 年，甚至更长时间，用于重型机器、成套设备、大型船舶、飞机等运输工具的出口等。

按借贷关系划分，出口信贷可分为卖方信贷和买方信贷。卖方信贷是指出口国银行向本国出口厂商即卖方提供的信贷。由出口厂商与银行签订贷款合同，对于一些成交金额大、交货期长的成套设备和船舶等运输工具的出口，进口方以延期付款的方式，一般要 4～5 年甚至 7～8 年时间才能收回全部货款。卖方信贷就是银行直接资助出口厂商向外国进口商提供延期付款，一般做法是在一项延期付款的商品买卖合同签订后，进口厂商先支付合同金额的 15%～20%作为定金，其余的 80%～85%贷款本息按合同规定，待交货后一定时期内分期偿还。

买方信贷是指出口国银行直接向进口国银行或进口厂商提供贷款。帮助解决进口厂商资金不足、不能立即付款的困难，以刺激国外消费者购买本国出口的大型机器设备。买方信贷是一种约束性贷款，即所贷款项必须用于购买债权国的商品。

（2）出口信贷国家担保制。

出口信贷国家担保制是指政府设置专门机构或专业银行，对本国出口厂商或商业银行提供的信贷进行担保，当外国债务人不能付款或拒绝付款时，该机构即按承保的数额给予补偿。具体包括以下内容。

① 担保的风险与金额。国家担保机构所承保的风险通常是商业保险公司不承保的出口风险。一般指政治风险和经济风险。政治风险指如果进口国发生政变、暴乱、战争以及政府实行禁运、冻结资金或限制对外支付等政治原因所造成的损失，可给予补偿。这类风险的承保金额一般为合同金额的 85%～95%。

经济风险是指如果进口厂商或借款银行破产倒闭无力偿付、货币贬值及通货膨胀等造成的经济损失，可给予补偿。此类风险的承保金额一般为合同金额的 70%～85%。

② 担保的对象。国家担保机构担保的对象主要有出口厂商和出口国银行。

③ 担保的期限与费用。根据出口信贷的期限，担保的期限通常可分为短期、中期和长期。短期一般为 6 个月左右。为简化手续，有些国家对短期出口信贷采用综合担保方式，即出口厂商 1 年只需要办理 1 次投保，就可承保在这一年当中对国外的一切短期出口信贷交易。中、长期通常为 2～15 年，由于金额大、时间长，因而采用逐笔审批的特殊担保方式。国家担保机构的主要目的是用担保出口厂商与贷款银行在国外的风险的办法来扩大出口，所以所需要的费用都比较低。

4．商品倾销和外汇倾销

（1）商品倾销。

① 商品倾销的含义。商品倾销是指出口厂商以远低于国际市场价格、国内批发价格，甚至低于生产成本的价格，向国外抛售商品，从而打击竞争者、占领市场的一种手段。

② 商品倾销的形式。商品倾销主要有偶然性倾销、掠夺性倾销和持续性倾销。偶然性倾销通常是因为销售旺季已过，或者因厂商改营其他业务，在国内市场上一时难以售出剩余的商品，而以倾销的方式向国外市场抛售商品。掠夺性倾销旨在削弱或挤垮竞争对手，阻碍当地同类商品的生产和发展而暂时实行的倾销。持续性倾销是长期以低于国内市场的价格向国外市场抛售商品的倾销。

从表面上看，倾销会使出口厂商蒙受经济损失。但实际上，倾销的这种损失不仅可以通过各种途径得到补偿，甚至可以获得更高的利润。例如，以国内垄断高价补偿国外低价销售损失的"空间倾销"；倾销击败竞争对手，占领市场后，以垄断高价补偿倾销时期损失的"时间倾销"；接受国家组织的出口补贴来补偿倾销亏损。倾销必须以高筑关税为前提，否则难以获得国内垄断高价的超额利润。同时，倾销往往会受到贸易伙伴的报复。

（2）外汇倾销。

外汇倾销是指一国利用本国货币对外贬值的机会，争夺国外市场的一种手段。由于货币贬值后，出口商品以外国货币表示的价格降低，从而提高了竞争力，达到扩大出口的目的。实施货币贬值以扩大出口并不是任何时候都奏效的。一方面，由于国内货币贬值引发国内通货膨胀，货币贬值幅度可能被国内通货膨胀赶上，这时，外汇倾销的目的可能只是在一段时间内达到，甚至不能起作用；另一方面，外汇倾销对实行同样幅度货币贬值的贸易伙伴也是无效的；此外，外汇倾销也是以贸易伙伴不实施报复为条件的。

5. 成立专门的官方促进出口的组织机构

政府设立为出口提供公共服务的机构，辅助本国企业走向国际市场，成为当今各国鼓励出口的重要手段之一。美国在 1960 年成立了"扩大出口全国委员会"，其任务是向总统和商务部长提供有关改进出口鼓励措施的各项建议与资料。1973 年美国又成立"出口委员会"及跨部门的"扩大出口委员会"，直接附属于总统国际政策委员会。1979 年成立"总统贸易委员会"，1992 年成立国会的"贸易促进协调委员会"，1994 年成立第一批"美国出口援助中心"，定期讨论和制定对各国的贸易政策。有的国家则成立半官方的机构或政府支持的民间机构，为企业出口提供多项服务。例如，联结进出口商的中介服务，包括组织贸易中心和贸易展览会，组织贸易代表团互访，帮助建立进入国际市场的渠道，提供信息和咨询服务，承担市场调查和有关工作；也可以通过出口商品检验局和质量标准局，对出口商品的质量加以控制，维护出口产品在国际市场上的声誉。

6. 外汇留成和进出口挂钩制度

实行外汇管制的国家，政府为鼓励扩大出口的积极性，允许出口厂商从其出口所得的外汇收入中，提取一定比例的外汇用于进口。有的国家采取出口凭证制，即对本国出口厂商出口某种商品后，发给一种奖励证书，持有该证书可以进口一定数量的外国商品，或者将该证书在市场上转让出售从中获利。较为普遍的是将进口许可证的分配与出口联系起来，用进口配额的额外收入促进出口业的发展；有的国家将进口原材料或设备的许可证与出口产品的价值联系起来；有的则根据出口实绩，对贸易保护政策进行调整，实行隐含的交叉补助，使某些出口品、资本货物和中间产品的亏损，在某种程度上可以从国内市场消费品的利润中得到交叉补偿。

4.3.2　出口管制措施

出口管制是指出口国政府通过各种经济的和行政的办法和措施，对本国出口贸易实行管制行为的总称。世界经济发展的一般趋势和各国对贸易实行干预政策的基本点是鼓励出口和限制进口，并且政策的倾向越来越偏重于鼓励出口。但是，许多国家为达到一定的政治、军事、经济目的，往往对某些产品，特别是战略物资和高技术产品的出口实行管制，以限制或禁止这类商品的出口。出口管制是一国对外贸易政策的组成部分，尤其是发达的资本主义国家往往将出口管制作为其实行贸易歧视的重要手段。

1. 出口管制的目的

（1）出口管制的政治目的。

出口国为干涉和控制进口国的政治经济局势，在外交活动中保持主动地位，遏制敌对国或臆想中敌对国的经济发展，维护本国的政治利益和安全，通过出口控制手段或禁止某些可能增加其他国家军事实力的物资，特别是战略物资和可用于军事的高技术产品的出口，或是通过出口控制手段对进口国施加经济制裁压力，迫使其在政治上妥协就范。例如，西方发达国家，特别是美国及北约盟国的出口管制，主要就是针对社会主义国家的。

（2）出口管制的经济目的。

出口国为保护国内稀缺资源或再生资源，维护国内市场的正常供应，促进国内有关产业部门或加工工业的发展，防止国内出现严重的通货膨胀，保持国际收支平衡，以及稳定国际市场的商品价格，避免本国贸易条件恶化等，需要对相关产品的出口进行适当的控制。

2．出口管制的对象

（1）战略物资和先进技术。美国、英国等国家规定，武器军事设备、飞机、军舰、先进的电子计算机及有关资料等，必须得到政府机构的特别许可方可出口。美国曾对每秒至少可以运算 15 亿次的巨型计算机实施出口管制，直至 1995 年美国才声称将放松对超大型计算机的出口管制。

（2）国内生产所需要的各种原材料、半成品及国内市场供不应求的某些商品。大多数发达国家对化学品、石油、天然气、药品、活的牲畜等实行出口许可管制，甚至禁止出口。

（3）实行自动出口限制的商品。政府必须对属于"自动出口限制"的商品实行控制，以符合"自动出口限制"协议的规定，如国际纺织品协定项下的商品及双边自动限制的商品，日本对出口到美国的汽车、钢铁等实行控制。有的国家则对某些出口竞争品实行管制，以协调同行业的竞争，避免内部竞争的损失。

（4）历史文物、艺术珍品、贵金属等特殊商品。大多数国家都规定这类珍稀物品要特许出口。英国规定，古董或艺术品的生产或制作年代比出口日期早 100 年以上者，必须申请出口许可证方能出口。一般来说，这类物品出口许可证的申请特别困难，基本上等于禁止出口。

（5）被列入对进口国或地区进行经济制裁范围的商品。例如，美国曾对苏联实行过粮食出口控制。各种在经济制裁范围内的贸易禁运，实际就是禁止出口。

（6）出口国垄断的部分商品。目的在于通过国家管制，保持垄断商品的垄断高价。例如，石油输出国对石油的联合控制，有效地提高了国际市场的石油价格。

3．出口管制的形式

（1）单边出口管制。

单边出口管制即一国根据本国的需要和外交关系的考虑，制定本国的出口管制方案，设立专门的执行机构实行出口管制。单边出口管制完全由一国自主决定，不对其他国家承担义务。例如，美国政府根据国会通过的有关管制法，在美国商务部设立贸易管制局，专门办理出口管制事务，使其成为当代世界为达到其政治目的实行单边出口管制最多的国家。一国出口管制有时是针对商品的，有时是针对国家或地区的。因此，它常常也是实施歧视性出口政策的手段。

（2）多边出口管制。

多边出口管制即两个以上国家的政府，通过一定的方式建立国际性的多边出口管制机构，商量和编制多边出口管制清单，规定管制办法，以协调彼此的出口管制政策和措施，达到共同的经济和政治目的。例如，1949 年 11 月，在美国胁迫下成立的输出管制统筹委员会——"巴黎统筹委员会"就是一个国际性的多边出口管制机构。该机构当时的目标就是实施对社会主义国家的禁运。随着国际形势的变化，"巴黎统筹委员会"逐渐放宽对社会主义国家的出口管制，其作用日渐减少，由于苏联解体和冷战结束，这种多边管制已经不适用，1994 年 4 月 1 日"巴黎统筹委员会"正式解散。但是所谓的"新机制"，继续对其规定的所谓危险地区、敏感地区、核不扩散地区、遭受国际贸易制裁的国家和地区实行高、精、尖技术及设备的出口管制。

4. 出口管制的措施

（1）国家专营。对一些敏感性商品的出口，由政府的专门机构和组织直接控制和管理。例如，澳大利亚、加拿大对小麦出口实行国家专营。

（2）征收出口税。政府对管制范围内的产品出口征收出口税，并使关税税率保持在一个合理的水平，以达到控制出口的目的。

（3）实行出口许可证制，通过许可证管理使政府能够有效地控制出口商品的国别和地区、数量和价格。

（4）实行出口配额制。结合出口许可证有效地控制出口规模。例如，美国对糖、日本对稻谷和小麦都实施这种数量控制措施。

（5）出口禁运。出口禁运是一种最低效的控制措施，一般是将国内紧缺的原料或初级产品列入禁运之列。

本章小结

本章主要介绍关税和非关税措施的概念、作用和分类，以及鼓励出口和出口管制方面的措施。各国除采取关税措施和非关税措施限制进口外，还采取各种鼓励出口措施以达到扩大商品出口的目的。鼓励出口与限制进口共同构成了当今流行的奖出限入的新重商主义的两大核心内容。

思考练习

（1）什么是关税？关税的特点有哪些？

（2）征收关税的方法主要有哪几种？

（3）简要说明名义保护关税税率和有效保护关税税率，它们是如何计算的？

（4）什么是非关税壁垒？试比较关税与非关税壁垒对进口的限制作用。

（5）进口许可证分为哪几种？

（6）出口补贴的形式有哪些？为什么 WTO 要禁止出口补贴？

（7）外汇倾销的实施条件是什么？人民币升值会对我国对外贸易产生怎样的影响？

第 5 章
国际资本与跨国公司

📖 本章提要

国际资本移动产生于 19 世纪，是资本从一个国家或地区向别的国家或地区转移进行投资的活动。第二次世界大战以后，国际经济相互依存度提高，科技进步的迅速发展和新技术革命的兴起加速了国际资本的移动。国际市场竞争加剧，国际资本移动发生了很大变化，国际直接投资迅速发展并占据主导地位，跨国公司在国际资本移动中起到了重要作用。

📖 学习目标

（1）了解国家资本移动的产生与发展；
（2）掌握跨国公司对外直接投资的方式与特点。

引导案例

中国的跨国公司什么样

说起跨国公司，您最先想到哪家企业？是美国苹果、德国大众，还是韩国三星、日本东芝？这些企业一个个名头如雷贯耳、享誉全球！现如今，曾经专属于国外企业的"跨国公司"名头也能用在中国企业身上了——华为、海尔、吉利、五矿、中石油、中石化、三一重工、阿里巴巴……越来越强的中国企业走出国门、走向海外，把生意做到了全世界。

进入新世纪之后，中国的跨国公司从小到大、从少到多、从弱到强，逐步成长为全球跨国公司大家庭中的重要一员。

"我们的产品覆盖 160 多个国家和地区；108 个工厂，一半在国内，一半在海外；全球十大研发中心有 8 个在海外；2016 年全球营业额 292 亿美元，海外占 34%。"在我国最早扬帆出海的企业之一——海尔集团，总裁周云杰向记者抛出一组很有说服力的数据。

跨国公司是企业发展到一定程度必然出现的一种模式。20 世纪 90 年代以来，随着经济实力的逐步增强，我国一批大型企业集团相继进入世界 500 强。资金、管理、技术、品牌等方面的优势，使他们得以融入全球价值链、整合国际优质资源，企业的国际化程度大幅提升。

——看规模，中国跨国公司的体量不断扩大。

中国已经涌现一批跨国公司，业务遍布全球，其境外营业收入、贡献利润占到企业的相当比例，有的甚至超过一半，具有明显的跨国公司性质。中国企业联合会的调研表明，

2016 年，中国跨国公司中前 100 名的海外资产总额达到 7.1 万亿元，比 5 年前提高了 1.18 倍；海外营业收入达到 4.7 万亿元，比 5 年前提高了 52.6%；海外员工总数达到 101 万人，比 5 年前提高了 1.4 倍。

——看态势，中国跨国公司的发展势头迅猛。

中粮集团收购荷兰尼德拉、海尔并购美国通用电气家电业务、美的收购库卡……这两年，中国跨国公司的海外投资动作连连。"十几年前，中国企业'走出去'还处于尝试阶段，也付出过一些学费。进入新世纪后，在中国加入 WTO 以及'走出去'政策的背景下，特别是在'一带一路'倡议的推动下，企业海外投资变得平常，大中小企业齐头并进。"最近几年，我国大型企业加快进行全球化布局，海外投资领域日渐多元化，投资更具战略性，投资方向从产业链整合转向全球资产配置，在全球价值链中不断上移。

肯定成绩的同时，也应看到差距。根据中企联的统计，2016 年世界 100 大跨国公司海外营业收入、海外资产、海外员工的平均比例分别为 64.21%、61.96%、56.87%，而中国 100 大跨国公司的对应指标则分别仅为 19.71%、15.55%、7.64%。除了国际化程度，中国跨国公司在人均资产总额、销售总额等效益指标上也与发达国家差距明显，未来之路依然任重而道远。

5.1　国际资本

5.1.1　国际资本移动的产生与发展

1. 国际资本移动的产生

国际资本移动（International Capital Movement）是指资本从一个国家或地区向别的国家或地区转移进行投资的活动。国际资本移动分直接投资和间接投资两类。

跨国银行的出现是国际货币资本（国际间接投资）移动产生的重要标志。现代银行起源于欧洲，最初的银行主要从事货币兑换业务，后来，逐渐发展到在国外设立分支机构，从事国际间贷款业务，这进一步推动了国际商品、资本的运动。早在 14 世纪后期，意大利的梅迪西银行就已是在国外有分支机构的大银行。16 世纪以后，随着金融中心的转移，英国伦敦、法国巴黎相继成为国际银行业务活动中心。19 世纪，英国、德国、荷兰、比利时相继在一些殖民地国家建立银行体系，此后，一些银行几经兼并、改组，成为著名的跨国银行。跨国银行的出现使货币资本在国际间的转移成为可能。

跨国公司的出现是国际生产资本（国际直接投资）产生的重要标志。国际商品资本、国际货币资本的发展，促使了国际分工和社会生产力的发展，资本在国际间的移动要求采取更高的形式，于是国际直接投资便应运而生。早在中世纪，特别是 17 世纪、18 世纪在意大利、丹麦、法国等就已经有了类似跨国公司的贸易公司，但因其业务范围不具备跨国公司的基本特征，故西方一些经济学家认为国际直接投资确切地应该产生于 19 世纪末 20 世纪初。

2．国际资本移动的发展

（1）第一阶段为起步阶段（1870—1914 年）。

在这一时期，资本主义由自由竞争发展到垄断阶段，资本主义国家的资本迅速集中，巨大的垄断资本积累和国内投资场所不足的矛盾，以及生产无限扩大趋势和国内销售市场相对狭小的矛盾相互交织在一起，使主要资本主义国家资本相对过剩，从而使它们的资本输出不仅成为可能，而且也变得十分必要。此阶段的投资国是英国、法国和德国，东道国主要有北美洲、拉丁美洲、大洋洲等资源丰富的国家和亚洲、非洲一些殖民地与半殖民地国家。此阶段的国际资本移动呈如下特点。

① 大部分投资来源于私人资本，官方资本所占比例甚小。

② 投资的形式主要是对外提供贷款、购买债券和股票等对外间接投资，对外直接投资所占的比例较小。

③ 投资国仅限于英国、法国、德国、美国、日本等少数国家，其中又以英国占主导地位，其他国家对外投资规模较小。

④ 对外投资主要流向当时收入较高的国家，拉丁美洲、北美洲和澳大利亚获得的外资总额占同期国际投资总额的 1/2 以上，贫困国家获得的外资额微乎其微。

⑤ 对外投资主要用于东道国的资源开发业、铁路业等。

⑥ 投资期限较长，长达 99 年的贷款期限并不罕见。

⑦ 对外投资使投资国获益匪浅。据统计，同期对外投资的收益比国内收益平均高1.6%～3.9%，利润最高的是对美国铁路的投资。对外投资创造了有利于外国投资者的大气候，对外贷款的很大一部分用于购买投资国的出口商品。

（2）第二阶段为缓慢发展阶段（1914—1945 年）。

在这一阶段中，世界上爆发了两次世界大战和资本主义历史上最为严重的经济危机，国际资本移动发展缓慢，其特点主要包括以下几个方面。

① 主要投资国的地位发生了重要变化。在第一次世界大战之前的很长一段时间内，英国凭借其政治经济优势，在国际投资领域处于绝对主导地位。在这一阶段，美国的对外投资得到了迅速发展，并超过了英国，成为世界上最大的投资国，作为战败的德国，经济实力受到严重挫伤，对外投资额逐渐下降。

② 官方对外投资规模迅速扩大，但私人对外投资规模仍在国际投资中占主导地位。

③ 对外直接投资规模扩大。特别是美国的对外直接投资规模扩大。

④ 国际投资违约事件频繁。

（3）第三阶段为高速发展阶段（1946 年至今）。

第二次世界大战以后，国际政局相对稳定，国际资本移动发展较快，在世界经济中的地位逐步提高。该阶段国际资本移动迅速发展的主要原因包括以下几个方面。

① 发达资本主义国家"过剩资本"日益增大，这种"过剩资本"在国内狭小的投资场所已无法得到安置，因此寻求国外大市场已成为必然趋势。

② 科学技术和生产力水平空前提高，国际分工格局发生变化，跨国公司已不满足于通过国际贸易获取利润。

③ 战后许多国家为了保护民族工业纷纷推行贸易保护主义政策，为避免摩擦，在东道国设厂生产和就地销售成了绕过贸易壁垒，维护和拓展出口贸易的有效途径。

④ 交通运输和通信设备的现代化为跨国公司和跨国银行的经营管理提供了方便。

5.1.2　国际资本移动的特点

早在资本主义自由竞争时期，国际资本移动就已出现，但是普遍的大规模的国际资本移动是从 19 世纪末 20 世纪初开始的。第一次世界大战前夕，英国、法国和德国是 3 个主要的资本输出国；到了第二次世界大战前，主要资本输出国是英国和美国。它们主要的输出对象是殖民国家的海外领地和亚非拉经济落后国家，主要投资部门是采掘业、运输业和公用事业及与商品进出口有关的部门。第二次世界大战后，国际经济相互依存度提高，科技进步的迅速发展和新技术革命的兴起加速了国际资本的移动，国际市场竞争加剧，国际资本移动发生了很大变化，主要具有以下几个特点。

1. 跨国公司在国际资本移动中起到了重要作用

1914 年，国际资本移动中 90%是以国际间接投资的形式出现的，但第二次世界大战后发达国家的资本移动的 75%左右是对外直接投资。对外直接投资增长速度惊人，年平均增长速度超过国际贸易增长速度和工业生产的增长速度。

2. 发达国家是国际资本移动的主体

19 世纪开始的国际资本移动，是宗主国掠夺殖民地的工具，带有强烈的殖民色彩。资本移动的主体主要是宗主国。第二次世界大战前，以英、美为首的资本主义国家，垄断了几乎全部的资本移动。第二次世界大战以后，直到目前，资本主义国家仍是对外投资的主要实施者，5 个最大的对外投资母国的对外直接投资约占世界对外投资的 70%。但是 20 世纪 80 年代后期，特别是 20 世纪 90 年代以来，发展中国家对外投资发展很快，发展中国家已经成为国际资本移动主体中的一员。

3. 国际资本移动的国别地区流向发生了较大变化

第二次世界大战后到 20 世纪 60 年代，国际资本移动的方向是呈单向型发展的，主要是发达国家流向发展中国家和一些前属领地。20 世纪 60 年代末 70 年代初以来，国际资本移动逐步发展成为发达国家间的对流型移动，并且发达国家间的双向投资比重仍在继续提高。据估计，在西欧、日本的对外投资中，对北美国家的投资就占其对外投资总额的 50%以上。20 世纪 60 年代后期，西欧国家间的对外直接投资迅速增长，并逐步转向其他发达国家和地区，如美国和日本。到 20 世纪 90 年代末期，由于对美国、加拿大及一些新兴工业化国家与地区的投资有所增长，西欧国家之间的相互投资占其全部对外投资的比重有所下降，但仍继续保持在 40%以上。

值得指出的是，20 世纪 90 年代以来，流入发展中国家或地区的资本有所回升，并且越来越集中在少数新兴工业化国家与地区，特别是流向国际投资环境较好，如国际金融较好、经济增长较快、国内政治环境又相对稳定的国家和地区，如新加坡、韩国等。亚太地区中的新兴工业化国家与地区吸收发达国家的对外直接投资，占发达国家对发展中国家和地区对外直接投资的 70%左右。其中，日本对亚洲的新加坡、韩国、中国台湾和香港、泰国、印度尼西亚、马来西亚等的对外直接投资增长速度较为迅速。

4. 国际资本移动的部门结构向服务业、高新技术产业转移

第二次世界大战以前及战后初期，发达国家的对外直接投资大部分投向资源开发和公

用事业。20 世纪 60 年代中期以来，随着第三次科技革命的深入发展，越来越多的发达国家重视向新兴工业部门和服务部门投资。银行和其他金融服务业是外资增长最快的行业。例如，2000 年，美国对外投资为 1 390 亿美元，其中投在金融保险和房地产业的共 583 亿美元，而石油行业为 104 亿美元，制造业为 441 亿美元。从全世界范围分析，目前，流向服务业的对外直接投资已占全球资本移动总额的 50%以上。虽然投向制造业的比重上升速度较慢，但它有个明显的趋势：投资由资源和劳动密集型产业向资本和技术密集型产业倾斜。

5．新兴工业化国家和地区对外资本移动持续稳定地发展

20 世纪 60 年代后期以来，一些发展中国家和地区通过积极有效地引进外资和先进技术，大力发展经济贸易，使本国或本地区经济实力大大增强，也从资本的输入国转为资本输出国。20 世纪 70 年代中期以来，新兴工业化国家和地区的对外投资便显示出强大的增长势头。但新兴工业化国家和地区的对外直接投资仍主要流向发展中国家和地区，流向发达国家的比重则很小；而且对外直接投资的 70%以上集中在制造业，而服务业的投资是其投资的另一主要领域。

6．国际资本在区域集团成员国之间的投资速度加快

第二次世界大战以后，区域经济一体化在世界范围内蓬勃兴起。对外直接投资出现了明显的"区域偏好"。在北美地区，加拿大引进的外资中，美国的直接投资约占 70%，加拿大对外直接投资总额的 2/3 则被美国吸收。

7．国家垄断资本在国际资本移动中发挥着重要作用

第二次世界大战前，国际资本移动主要是发达资本主义国家的私人资本。第二次世界大战后，发达国家通过援助，大量向发展中国家输出资本，资本输出成为国家垄断资本主义的重要组成部分。值得指出的是，20 世纪 70 年代中期后，石油输出国组织曾一度成为提供官方援助的主要经济组织。

5.1.3　国际资本移动的形式

1．按资本输出的主体不同划分为政府资本移动和私人资本移动

政府资本移动是指政府作为资本输出主体而引起的国际间资本移动，最常见的有政府援助优惠贷款。私人资本移动是指私人作为资本输出主体而引起的国际间资本移动，如直接投资、购买国外股票等。

2．按投资期限的长短不同划分为长期资本移动和短期资本移动

长期资本移动是指资本移动的期限在一年以上的国际资本移动。短期资本移动是指资本移动的期限在一年以下的国际资本移动。

3．按投资方式的不同划分为直接投资和间接投资

（1）直接投资。

直接投资是指投资者输出资本，将资本投入到另一个国家的工商企业，并参与该企业的经营管理的行为。直接投资对投资国和东道国都有利：对投资国来说，可以取得较高的资金收入；对东道国来说，可以弥补国内建设资金的短缺，引进国外的先进技术和管理经验，提高就业水平且不构成外债负担。因此，东道国政府与投资国政府一般都采取一些鼓励性措施，如二者之间签订《避免双重征税协定》《投资保证协定》，东道国对外资给予优惠等。直接投资的方式有 4 种。

① 合资经营。合资经营是指两个或两个以上不同国籍的公司、企业、其他经济组织或个人，根据平等互利的原则，合资入股，共同兴建的以赢利为目的的一种具有法人地位的生产组织形式。合资经营必须做到共同出资、共同经营、共同管理、共担风险、共负盈亏。

② 合作经营。合作经营是指按契约规定的内容对企业进行联合生产或经营，合作双方不以投入资本比例作为分配收益的依据，而是通过协议，具体规定双方的权益与义务，根据不同情况采取产品分成、收入或利润分成等办法来分享收益。合作经营企业既可采用法人式，也可采用非法人式的组织形式。制约合作各方权利与义务的主要因素是契约。

③ 外资企业。外资企业是指全部资本由外国投资者（企业、经济组织或个人）投资，依照投资接受国的法律，在东道国境内设立经东道国政府批准的经济实体。外资企业属东道国企业，必须遵守东道国的法令、法规。

④ BOT 方式。BOT 是英文 Build-Operate-Transfer 的缩写，是指政府通过契约方式，把通常由国有单位或政府部门承担的为某一重大项目进行设计、施工、融资、经营和维修的责任让给私营或外国企业。该公司负责建成此项目，并在合同期间对该项目拥有所有权、经营权和收益权，并负责偿还项目贷款，向用户收取费用，获得投资回报。合同结束后，将项目无偿转让给当地政府。BOT 方式所涉及的一般都是能源、交通、通信、环保等投资巨大、回收期较长的公共基础设施建设。

（2）间接投资。

间接投资是指投资者通过证券投资和国际信贷等方式，将资本输往国外。在这种投资方式中，投资者并不参与企业的经营管理。间接投资对投资者来说较为安全，特别是除股票之外的间接投资方式，可使投资者避免商业风险，获取稳定的收入。此外，这种投资方式对投资者来说也十分灵活，特别是债券投资，可随时买卖，资本具有很强的流动性。对筹资者来说，间接投资方式下，筹资者在资金使用、管理上有较大的自主性，但它形成了筹资者所在国的外债。间接投资的主要方式有两种。

① 证券投资。证券投资是指投资者在国际证券市场上购买外国企业或政府的中长期债券，或者在股票市场上购买上市的外国企业股票的一种投资活动。

证券投资可分为债券投资和股票投资两大类。债券投资是指投资者因购买国际债券而引起的国际资本移动。国际债券分为外国债券和欧洲债券两种：外国债券是一国政府、公司或银行到外国金融市场上发行的以东道国货币为面额的债券，它须经市场所在国有关管理部门批准，债券面值是市场所在国的货币，并由所在国的金融机构牵头组成银团负责承销；欧洲债券是一国政府、公司或银行以自由兑换货币为债券面值，并在面值货币国家境外发行的债券，欧洲债券按其发行者的不同，还可分为政府债券和公司债券。政府债券是指以政府为债务人向公众投资者发行的债券凭证，通常由财政部委托中央银行发行，其重要形式是国库券和国家公债。公司债券是以公司企业为筹资人向公众投资者出具承诺在一定时期支付利息和到期还本的有价证券。

股票投资是指投资者因购买国外股票而引起的国际资本流动。股票是股份公司发给股东的投资入股凭证，并借以分配股息和红利的所有权证书，是一种可转让的有价证券。

② 国际信贷。国际信贷是指国际金融机构、国际银行、外国政府和金融机构，对一国（地区）的一年以上的贷款。其具体形式又可分为以下几种。

政府援助贷款。政府援助贷款是各国政府或政府机构之间的借贷活动。这种贷款往往带有援助性质，贷款利率较低，一般在3%左右，有时甚至是无息贷款。这种贷款的还款期限也较长，可长达二三十年，是一种条件最为优惠的国际信贷。但这种贷款一般有指定的用途，如从贷款国进口某种货物，或者将贷款用于农业、公用事业等开发援助项目。

国际金融机构贷款。国际上有一些国际性或地区性金融机构，例如，国际货币基金组织、世界银行、国际开发协会、国际金融公司、各大洲的银行及联合国援助机构等。由它们发放的贷款，称为国际金融机构贷款。这种贷款条件一般比较优惠，利率较低、期限较长，但贷款审批手续比较复杂，信贷管理也非常严格。例如，世界银行只给会员国政府或由政府担保的项目贷款，贷款主要用于发展公共事业。世界银行通过其完整、严格的项目审查、贷款发放制度，保证贷款专款专用。

国际金融市场贷款。国际金融市场贷款是指国际金融市场上的商业银行提供的自由外汇贷款。这种贷款的特点是借款人可以自由借入、自主使用贷款，贷款较容易取得，贷款也不限定用途，贷款期限可达10年，但是贷款利率较高，费用也较多。

出口信贷。出口信贷是指出口国政府为支持和扩大本国出口而委托本国商业银行向本国出口商、外国进口商或进口方银行提供的中长期贷款。这种信贷方式的贷款的特点是信贷与出口相联系，贷款必须用于购买出口国所出口的特定商品（一般是大型设备），贷款条件较为优惠，利率低于相同期限的国际金融市场贷款。出口信贷的具体形式又可分为买方信贷、卖方信贷、混合贷款和福费廷业务。

● 5.1.4 国际资本移动对国际贸易的影响

1. 国际资本移动加速国际贸易的发展

第二次世界大战后初期，美国政府便开始向西欧和日本进行国家资本输出。美国进出口银行的贷款规定，所得贷款必须全部用于购买美国商品，而且货物须由美国船只装运，由美国保险公司保险。美国1954年制定的《480号公法》规定，据此法案进行的对外援助，全部是出售美国剩余的农产品。西欧和日本在经济恢复以后对其他发展中国家进行的援助和贷款也属于这类性质。此举扩大了商品在国家间的流动，促进了国际贸易的发展。

企业海外直接投资的发展。海外直接投资特别是跨国公司的发展通过在其他国家和地区设立生产基地，将国际分工从部门间、部门内部发展至公司内部，直接表现为国家间的分工在深度和广度上的扩展，国家间贸易往来的发展。

发达国家给予其他国家出口信贷。发展中国家的巨额官方或私人出口信贷，成为扩大发达国家大型成套设备出口的重要手段。

资本输出成为确保原料进口的手段。第二次世界大战后，发达国家的跨国公司通过建立独资、合资企业及各种非股权安排来保证原料长期稳定的供应，促进了初级产品的生产与贸易。

2. 国际资本移动影响国际贸易地理方向

第二次世界大战后，国际贸易的70%以上是在发达国家间进行的。之所以如此，一方面是发达国家经济发展水平相似，生产、消费结构呈同步化；另一方面则与企业的直接投资行为密切相关。第二次世界大战后发达国家集中了企业海外直接投资的 75% 以上，这种直接投资的地区格局致使发达国家间的分工与协作不断加强，促进了它们间贸易的发展。跨国公司对发展中国家的投资逐步增加，亚太地区，特别是中国成为国际投资的重点地区，中国及这一地区的对外贸易也在逐年提高。

3. 国际资本移动影响国际贸易商品结构

第二次世界大战后，国际贸易商品结构发生了很大的变化，工业制成品的比重超过初级产品的比重，在工业制成品中，中间产品比重增长很快，这些都与国际资本移动，特别是大量的直接投资资本集中于制造业有着密切的联系。科技革命促进发达国家产业结构的调整，一系列新兴工业部门建立，企业在大举对新兴工业部门投资的同时，大量迁出夕阳产业，这些行业的企业通过对外直接投资，利用其他国家和地区的有利资源条件和政策在当地开展生产和经营活动。产品除供应东道国市场外，出口到其他国家，包括返销本国市场。此外，西方企业还借助各种合同安排实现专业化生产，把生产的不同阶段和环节根据各自的条件进行安排，产品在世界范围销售，这些都促进了国家间工业品移动。20 世纪 60 年代后，发展中国家的工业化战略的实施及外资的引入加速了国内工业的发展，使发展中国家和地区的商品结构呈现出多样化，改变了出口商品结构中严重依赖初级产品的状况，提高了工业制成品的出口比重。

4. 国际资本移动丰富了国际贸易方式

一般的贸易方式是生产者与消费者通过进出口商品进行买卖，在交易过程中专业性外贸公司扮演了重要的角色。第二次世界大战后，随着国际资本移动的发展，特别是跨国公司的大量涌现，跨国公司与子公司、子公司与子公司之间的内部贸易不断增加，从而降低了一些贸易中间商、代理商的地位，使传统的代理贸易方式减少。同时，伴随着直接投资、来料加工、来件装配、补偿贸易、国际工程承包等贸易方式的不断增加，国际资本移动的规模也不断扩大。

5. 国际资本移动增强了投资者在世界市场上的垄断地位

国际资本移动的增加使投资者能在更大范围内实现资本利润最大化。对外直接投资作为企业争夺国外市场的手段具有以下几个有利因素。

（1）便于收集商业信息情报。

投资企业可以利用自身的优势及时、准确地收集当地市场的商业信息，并与其他地区建成信息网络，这对企业根据市场状况适时地调整生产、生产适销对路的产品、改进产品的销售方式是极其有利的。

（2）增强产品的竞争能力。

通过对外直接投资，就地生产、就地或邻近地区销售都减少了产品的运输成本和保险、保管等其他费用，并且由于在当地生产，可利用当地的各种廉价的投入降低产品成本，提高产品的价格竞争能力。

（3）争夺市场份额。

发达国家企业通常利用技术上的优势，通过对外直接投资的方式在国外设立企业，使用自己的专利和专有技术生产产品，避免其他企业仿造类似产品以抢占当地市场，从而获得生产和销售该产品的垄断权。目前，发达国家双向投资的一个共同目标就是为占领当地高技术产业市场，获得东道国的高新技术，提高企业自身的国际竞争能力。

（4）避免保护主义的贸易壁垒。

随着发达国家间贸易摩擦的加剧，直接投资日益成为绕开贸易壁垒、占领对方市场的主要手段。通过在东道国投资设厂，投资企业就可与东道国企业在同样的条件下竞争，在当地生产、当地销售。此外，由于地区经济一体化的发展，贸易集团内部具有许多域外非成员国不能享受的优惠，通过对外直接投资在当地设厂，企业就可以享受这些优惠。

6. 国际资本移动促进了技术的国际转移

通过跨国公司进行的国际资本移动对技术的国际转移有直接影响。世界上绝大多数的先进技术掌握在跨国公司手中，在国际直接投资中，跨国公司会不断地向其海外分支机构转让其技术。同时，跨国公司较为先进的技术进入东道国后，即使不进行转让，也容易被东道国模仿、吸收。据统计，世界上 80%的技术转让是与跨国公司有关的。因此，国际资本移动促进了技术的国际转移。

7. 国际资本移动使各国贸易政策发生了变化

在国际资本移动的发展过程中，跨国公司作为国际资本移动的载体起着重要作用。跨国公司经营活动的顺利开展与其所处的贸易环境密切相关，因而跨国公司通过对本国政府施加压力影响本国政府的贸易政策，要求政府为其创造良好的贸易环境。

8. 发达国家资本移动加剧了发达国家贸易发展的不平衡

发达国家贸易发展不平衡的原因是多方面的，其中对外直接投资起着重要作用，它不仅影响各国生产结构的变革，而且还会影响各国产品在国际市场上的竞争能力，从而导致发展的不平衡。

5.2 跨国公司

5.2.1 跨国公司的含义与特征

1. 跨国公司的含义

关于跨国公司的含义，最早是在 1960 年 4 月由里恩索尔在卡奈基工业大学经济学院创立 10 周年纪念会上第一次提出的。1974 年，由联合国经济与社会理事会做出决议，统一使用"跨国公司"（Transnational Corporations，TNCS）这一名称。在经过多次讨论的基础上，1983 年联合国跨国公司中心发表了题为《世界发展中的跨国公司第三次调查》的报告，对跨国公司的特点做出概括，认为跨国公司应是这样一种企业：第一，在两个或两个以上的国家建立有经营实体，不管这些实体采取何种法律形式和在哪个领域从事经营；第二，这种企业在一个中央决策体系下进行经营决策，并制定共同的政策，这些政策可能反映出跨国企业的共同战略目标；第三，这种实体通过股权或其他方式形成联系，使其中的一个或几个实体可能对别的实体施加重大影响，并同其他实体分享资源、信息，同时负担责任。

从历史角度看,跨国公司的产生首先是发达资本主义国家资本输出的结果。正如资本主义创造了现代企业组织管理一样,资本主义也创造了跨国公司这一世界性的企业组织形式。跨国公司是一种跨越国界的企业组织形式,它是在一个国家设立总部,在多个国家设立分支机构和生产点的巨型企业系统;它是从世界市场范围规划生产,在地理上更有效地组织要素投入,使产出更靠近销售市场的一种合理的企业组织形式;它是生产和市场竞争在世界范围展开的结果;它是在现代生产力(运输、通信、大规模生产和分工)条件下才成为可能并与之相适应的。因此,只要有条件和需要,这种企业组织形式对任何一类实行开放经济的国家都是有用的。

2. 跨国公司的特征

(1)跨国公司的规模迅速扩大。

据联合国跨国公司中心公布的数字可以看出,1968—1969 年,发达国家跨国公司已达 7276 家,1973 年又增加到 3.7 万家,20 年间增加 3 倍以上。根据联合国贸易与发展会议关于《跨国公司 1996 年世界投资报告》统计,1995 年世界跨国公司增达 3.9 万家,比 1993 年增加了 8%,所属子公司和分支机构有 27 万家,则增长了 35%,分布在 144 个国家和地区。在排名世界前 200 位的大公司中,有 172 家分别隶属于美国、日本、德国、英国和法国这 5 个主要发达国家。另据统计,发达国家的 1.1 万家跨国公司,在 1~10 个国家设有子公司和分支机构,共 8525 家,占公司总数的 90%,在 11~20 个国家设有子公司和分支机构 632 家,占 6.6%,还有 324 家大型跨国公司在 20 个以上国家设有子公司和分支机构。这说明跨国公司的规模日益庞大,超越国境的经济联合几乎遍及世界各个国家和地区。

在跨国公司的经济实力不断加强中,最令人瞩目的莫过于美国的大跨国公司。在美国 50 家大跨国公司中,境外资产最多的首推花旗银行,1993 年国外资产达 1171 亿美元,占其资产总额的 51.3%。国外收入最多的则是埃克森石油公司,1993 年国外收入达 756 亿美元,占其总收入的 77.3%;其次是通用汽车公司,同年国外收入 386.5 亿美元,占其总收入的 28%,它的国外净利润为 22.4 亿美元,占其净利润总额的 91%。此外,在这 50 家大跨国公司排行中居第 40 位的英特尔公司,1993 年的国外收入也有 43.7 亿美元,占其总收入 87.8 亿美元的 49.8%。此外,近年来日本、德国以及英法等国的大型跨国公司的经济实力也急剧扩大。

(2)各国经济发展的不平衡使跨国公司来源更具国际性。

资本主义经济发展的不平衡在跨国公司的发展与角逐中充分体现出来。原来美国和英国的跨国公司处于领先地位,1970 年,在联合国认定的 7000 家跨国公司中,一半以上属于美英两国。目前联合国认定的 3.5 万家跨国公司中,有近半数来自美国、德国、日本和瑞士,英国已退居第 7 位。在 1982—1992 年的 10 年中,排名前 200 位的美国公司从 80 家减少到 60 家,日本公司则从 35 家增加到 54 家。同时,英国的公司也在减少,而法国、德国、瑞士的公司在增加。今后随着国际金融市场资本流量的增大,发达国家资本相对过剩,以及某些地区经济增长率较快和企业实力的壮大,还会有越来越多国家的跨国企业参与国际经济领域的竞争。

(3)跨国公司走向多样化经营。

多样化经营是跨国公司的普遍发展趋势。从 20 世纪 60 年代开始,这种经营方针就已被大跨国公司所采用,到 20 世纪 70 年代其步伐进一步加快。多样化经营的发展使各生产部门之间的联系更趋紧密，生产和资本更加具有国际性，同时也使各国垄断企业争夺市场的矛盾更加扩大化。

例如，美国的国际电报电话公司，不仅经营电报电话和电气用具业务，而且渗透到食品、汽车零部件、军火、宇航、出版、保险、建筑等各个领域。美国埃克森石油公司不仅经营石油业，而且增加了采煤、制造等项目。日本最大的贸易公司综合商社也是多样化经营的典型，九大综合商社在国外都有独自开设或与别国合办的几十家甚至上百家子公司，它们的活动范围远远超出流通领域，在国内外投资于工业、采矿、贸易、农业、交通运输、不动产直到各种服务行业。

（4）跨国公司经营的内部化与网络化。

内部化理论认为，跨国经营就是企业内部化过程超越国界的表现，跨国公司就是在将其资源在国际范围内进行内部转移的基础上建立的。企业从事生产、营销、采购、研究开发、人员雇用与培训等各种活动都要与市场发生关系，既要利用市场又要付出代价，这就是交易成本。企业为节省交易成本，就需要把各项交易纳入企业内部进行。跨国公司以整体利益最大化为目标，要求把自身优势与国外的政治经济关税壁垒和生产要素优势等联系起来统筹考虑，各国有各国的优势，跨国公司在国外子公司网的形成，就为在全球范围内进行一体化生产和销售活动提供了可能性，跨国经营的范围越广，就越需要实行经营内部化。跨国公司经营内部化主要体现在以下几个方面：①信息内部化；②资本货物内部化；③中间产品交易内部化；④最终产品价格内部化；⑤资金调拨内部化等。

跨国公司经营内部化是为解决利用外部市场不完善和解决中间产品市场失效等问题而发展起来的；更为重要的是利用各国税收、关税和非关税壁垒、生产要素等投资环境的不同条件，使跨国公司通过内部化以获得更大利益。随着内部化的发展，以及国外子公司经营规模的扩大，跨国公司经济实力也进一步增强，因此就需要建立地区总部，减少和避免由于权力过分集中给总公司所造成的弊端。为此，跨国公司的管理体系由原来的自上而下的纵向联系为主，转向以网络型的多边横向联系为主；由总公司集中决策和直接指挥的工作方式，日益转向分散决策和灵活反映。而且有越来越多的不同国家的子公司，势均力敌，出于增强实力和提高竞争优势的需要，采取联合与合作的方式，形成你中有我、我中有你的"无国籍公司"。这样，就更难以确定究竟哪家应负总公司的法律责任，使得跨国公司的国籍变得模糊起来。

（5）跨国公司融资的分散化和投资流向多元化。

跨国公司在国外建立子公司和对外直接投资，首先要考虑的是融资问题。一般来说，融资来源除了由总公司提供一部分外，其余大部分是在国内外金融市场上以各种形式筹资和公司利润的再投资。随着公司经营规模的扩大，在国外筹资和利润再投资的比重越来越大。

利用国际金融市场融资主要是在国际债券市场发行债券、向国际银团贷款、在国际股票市场发行和上市交易本公司股票。为避免融资风险，跨国公司的融资战略有越来越多的选择余地：在融资方式与期限方面，有银行贷款、欧洲票据及欧洲商业票据、欧洲中期票据和欧洲债券等可供选择；在货币类别方面，金融创新工具中的货币调换的发展，受到跨国公司极大重视和充分利用；利率调换则使跨国公司可以在希望筹措固定利率债券资金时发行浮动利率票据或债券等进行融资。随着国际金融市场的迅速发展和融资方式日益增多，为跨国公司融资分散化提供了有利条件，跨国公司的外部融资所占比重越来越大。

跨国公司的融资是为增加投资，国际直接投资同跨国公司多渠道融资有着直接联系，甚至受其制约并决定和影响对外直接投资的部门和地区流向。20 世纪 80 年代以来，跨国公司大型收购、兼并的增加，投资于发达国家的高新技术产业比重的增大，都说明了这种情况。

5.2.2　跨国公司的发展

跨国公司是经济发达国家生产和资本高度集中的结果，是科学技术和生产力高度发展的产物。19 世纪末 20 世纪初，随着科学技术进步和工业生产的发展，主要发达国家由自由资本主义进入垄断阶段，出现了同行业和跨行业的垄断集团。这些垄断资本集团为垄断高额利润，已经不仅仅满足于国内市场，而是要求将"过剩资本"输出到资金少、地价便宜、工资低、原料丰富，因而利润比较高的国家和地区，在这些国家和地区建立分支机构，形成了早期的跨国经营的企业。最早出现的跨国企业主要有德国的释尔公司和美国的胜家公司、杜邦公司和通用电气公司等，这些国际托拉斯之间签订了分割世界市场的卡特尔协议。

在两次世界大战之间，随着日益增多的跨国公司进入世界市场及其竞争的加剧，这些国际性企业组织为从经济上瓜分世界，由生产同类产品的几个国家的跨国企业，在划分商品销售范围、规定商品产量和销售价格等方面，相互达成协定，订立了各种国际卡特尔。同时，有些经济技术实力较强的垄断企业通过对外直接投资，建立了少数新兴工业企业，以跨国公司的形式向外扩张。但是由于受到 1929—1933 年大危机的严重打击，以及各国对于外资企业的多方排斥，当时这种企业的规模和数目受到很大限制，其业务经营多以局部地区为重点，并没有形成全球性的经营规模。直到第二次世界大战以前，作为典型的跨国公司尚处在形成的过程中，国际卡特尔仍然是帝国主义国家从经济上瓜分世界的普遍形式。但是，第二次世界大战后跨国公司的大量出现，很多就是在战前的国际垄断组织基础上发展起来的。不过战后跨国公司的大发展又不是战前的国际垄断组织的简单继续，其在业务内容、活动范围、经营方式上都有了许多新的发展和特征，是生产和资本国际化发展到新阶段的产物。

第二次世界大战后，尤其到 20 世纪 50 年代后期，各主要发达国家经济经过恢复都已相继进入了高速发展时期，以欧美为主的主要发达国家的对外直接投资迅速增加，跨国公司特别是美国跨国公司迅猛发展起来。它们在经营规模、组织体系、经营方式等方面，都显示出与过去企业不同的特点，成为世界经济中一股强大的势力。

5.2.3　跨国公司的内部贸易和经营模式

跨国公司经营模式的演进同样反映了跨国公司作为与世界经济一体化相对应的微观主体在经营过程中由单一经营向综合经营、由简单的空间扩展经营向空间扩展与品种扩展相结合的发展趋势。

1. 横向分工经营模式

跨国公司的先驱——拜尔、诺贝尔和胜家 3 家企业在海外的子公司生产与母公司完全相同的产品，即化学制品、炸药和缝纫机。这种母子公司经营一个共同产品的横向分工经营机构，几乎是第一次世界大战前唯一的跨国公司经营模式。这种横向分工结构的基本特征是达成产品生产区位多元化，即由跨国生产部分代替国际贸易。至今这种经营模式仍为许多大跨国公司所采用，尤其是饮料、食品行业的跨国公司都强调在全球不同市场中提供质量乃至软服务完全一致的标准商品。横向分工经营模式的优点在于：母公司可以很顺利地将成熟的技术和良好商誉在内部转让给众多子公司。由于公司技术、商誉在企业内部表现为某种意义上的公共产品，就意味着一旦母公司将成熟的技术和商誉通过横向转移方式与不断增加的子公司分享时，整个企业将获得更为巨大的收益。

2. 垂直分工经营模式

跨国公司在成功开发横向分工经营模式解决技术内部化问题后，会面临着其他的挑战，其中市场供求的不确定性和交易成本的上升是最为严峻的。这就促使跨国公司进一步调整经营模式，最为典型的是通过向前结合控制市场营销，向后结合控制原材料开发加工，形成跨国公司内部的垂直结合。这种沿产品线的垂直结合使跨国公司通过母子公司、子公司间上下游的内部供求关系，得以全面控制交易成本和原材料供应，乃至市场最终需求的可靠性。而更新的发展已使这种垂直分工经营模式从行业层次迈向了工序的层次：跨国公司内部母子公司间不同工序的垂直分工模式有助于跨国公司更灵活地综合利用不同区位的要素禀赋，即将研究与开发部门置于技术、知识密集地区，把不同生产工序按技术密集、资本密集、劳动力密集等要求布置于相应的地区，从而获得最好的综合产出效应。

跨国公司垂直分工经营模式依行业分工和工序分工互有异同，两者分工的基本动机不同，但在保证公司通过转移定价方式避逃税上又发挥着同样的作用。总之，不同层次的垂直分工、结构开发使跨国公司的经营迈向了多元化。

3. 混合经营模式

20 世纪 60 年代跨国公司多元化经营以混合经营模式为标志，又向前迈出了坚实的一步。这一轮经营结构的创新是同当时的历史环境相关的：首先，新一轮的技术革命带来的更快的产业更替速度，朝阳工业与夕阳工业成为经济界的主要话题；其次，布雷顿森林体系下稳定的经营环境保证了企业发展国际化生产经营和企业购并成为当时的一大经济景观。基于这样的经营环境，混合经营模式率先在一些巨型跨国公司中诞生。混合经营模式是最为成熟的多元化经营模式，公司内部既可能是垂直分工与横向分工的混合，更可能是无相关性的一组产品或行业的混合。通常将产品及经营行业间的非相关性甚至反相关性高低作为混合经营结构成功与否的指标。混合经营模式创新的初衷是避开单一或相关产品、行业经营的风险，协调风险与回报的相关关系。为此，跨国公司通过选择相关性低的行业实施多元化经营，不致因个别主营行业市场的不景气而影响企业的整体经营；通过高风险高回报行业和低风险低回报行业的结合，保证企业经营风险与经营收益的平衡；更通过在成熟部门、朝阳部门及夕阳部门间的合理混合，既保证企业当前整体收益的稳定，又保证企业经营活力的可持续性。

● 5.2.4　跨国公司对国际贸易的影响

跨国公司对国际贸易的影响，传统上的认识是：由于跨国公司最初动因是避免壁垒、接近原料地或市场区，跨国公司将产品的国际贸易替代为生产行为的国际转移，所以很大程度上是对国际贸易的一种替代。显然，这种分析过于简单，跨国公司国际生产行为的国际贸易影响远远超过了单纯的贸易替代，跨国公司所倡导的国际生产分工使传统国际贸易的内容为之改观。

1. 企业内部国际贸易

（1）企业内部国际贸易产生的原因。

跨国公司产生的一个基本动因是解决市场的不完全性，跨国公司在国际化生产的同时引入企业内部贸易的目的就在于以市场的内部化解决一般市场所共有的不完全性。实际上，跨国公司国际化生产和贸易内部化正是跨国公司全球化经营这一事物的两个侧面。现实中，正常的国际贸易往往受到政府的干预和限制、面临市场信息的不完全和垄断力量的干预，这种市场扭曲阻碍了国际贸易的开展。同时，由于商品制造标准差异、汇率波动和对产品效用认识差异导致的定价方面的分歧，使企业面临多重的附加交易成本。跨国公司达成的国际化生产和内部化贸易的组合（从另一角度讲也是生产的内部化），恰恰有助于克服外部市场的各种扭曲和不稳定。尤其对经营结构具有垂直分工特征的跨国公司而言，企业内部贸易和企业内部上下游的生产分工都是不可或缺的。对横向分工和混合分工型跨国公司而言，内部产品流动也是调剂余缺、最大限度实现产品价值的最有效方式。

（2）企业内部国际贸易的产品结构。

据保守估计，目前全球国际贸易中内部贸易的比重至少为 50%。企业内部贸易的产品结构首先是一系列"你的产品即我的投入品"的上下游关系的最终产品组合；其次是一系列处于同一生产过程不同工序的中间产品组合。基于这样的产品结构，企业内部贸易往往发生在处于成熟阶段的产品生产中，因为这类产品生产技术成熟，适于对生产过程甚至工序进行分割，且这种分工可能达成不同工序间技术密集度的差异，部分工序仍是技术密集型的，部分工序已可标准化、适于劳动密集型生产，可以通过将各种生产过程分布于不同要素禀赋国家，再经企业内国际贸易获得最终效率。

2. 产业内部贸易

产业内部贸易范畴的贸易产品属于《国际贸易标准分类》中同一类别的产品，这类产品相互具有很大程度的消费替代性、生产替代性（要素投入比率和规模接近）和非常接近的技术密集度。正因为产业内部贸易产品具有这些特点，所以这一类型贸易的动因便无法用传统国际贸易理论来解释。有关产业内部贸易全面动因的研究尚存在分歧，但关于规模经济的动因解释已达成了共识，一般认为，当在某些国家间不存在要素禀赋差异时，规模经济对特定产品生产成本的影响仍然可以促成国家间的比较优势，它促使要素禀赋相同的国家间通过各自致力于差异产品（但仍属于同类产品）分工生产的规模生产，互为市场实施产业内部贸易，从而共同获得规模效益。

以规模经济为动因的产业内部贸易要求那些即使要素禀赋相同但无法达成传统比较优势的国家组群也进行生产分工。跨国公司的经营活动为这样的分工提供了基础：首先，实施横向分工或生产工序垂直分工经营结构的跨国公司，其自身的国际化发展有助于形成同一产业内部的中间产品和最终产品的规模生产和流动，就形成了不同国家间实施产业内部分工的基础；其次，跨国公司的全球化经营的成功有赖于跨国公司的厂商优势，而产品或技术的专有性则是厂商优势的核心。在当前激烈竞争的经济环境中，开发全新的专有技术或产品的难度越来越大，跨国公司更倾向于通过对已有产品的改造形成差别化产品来保持厂商优势。

3. 跨国生产无形化与服务贸易

20 世纪 70 年代以来，跨国公司结构变动的一个显著特点是服务部门企业的迅速国际化。银行业是这一浪潮的排头兵（1971—1976 年，全球前 50 位的银行在海外的分支机构数目增长超过 60%，达到近 3 000 家），保险公司、广告公司、会计及各类咨询公司是这一浪潮的中坚。服务部门企业迅速国际化的最初原因在于这些部门的主要客户——制造业的大公司相继拓展了国际业务：实施国际化生产，要求服务业紧随其后，甚至超前在全球范围内提供各种支援。随着一批新兴工业化国家的出现和发展中国家普遍的经济国际化，服务业跨国企业认识到它们不仅可以为传统客户国际化经营提供支持，而且还可以为来自发展中国家的新客户提供有关进入本国市场的各种服务。所以，这类服务业跨国公司成为新兴的服务贸易的开拓者。

总之，跨国公司的兴起发展对国际贸易的影响是多层面的，既有对国际贸易规模扩展的支持，更有对国际贸易性质与结构的变化的经济影响。可以说，国际贸易孕育了最初的跨国公司，而跨国公司的发展又使国际贸易的面貌彻底改观。

本章小结

本章重点讲解资本的国际流动，即资本在国际间的转移，资本在国际流动是资本在不同国家之间收益率的差异、汇率变动与国际收支变化、跨国公司扩大直接投资及各国利用外资策略等多种因素共同作用的结果。为了追求更高的利益，跨国公司通过建立国外子公司、建立国家合作企业及通过许可证转让和交钥匙工程等方式进行跨国直接投资。跨国公司的直接投资不仅促进了经济全球化趋势的进一步发展，也促进了国际贸易发展和国际分工的深化，对发达国家和发展中国家经济的发展都产生了深远的影响。

思考练习

（1）资本国际流动的原因有哪些？
（2）跨国公司对外直接投资的原因有哪些？
（3）跨国公司对外直接投资产生了哪些影响？

第6章
区域经济一体化

◼ 本章提要

区域经济一体化是二战后世界经济领域出现的一个新现象，也是当今国际经济与贸易发展的主导形式。它首先出现于西欧，即 1958 年 1 月 1 日建立的欧洲经济共同体，20 世纪 90 年代以来，伴随经济全球化的加速推进，区域化逐渐成为主导趋势，全球范围内 RTA（Regional Trade Arrangements，区域贸易协定）似有泛滥之势。根据 WTO 的统计，1948 年至 1994 年，向关贸总协定（GATT）通报的 RTAs 只有 123 个，而截止到 2013 年 1 月 10 日，WTO 共有成员国 155 个，除了西非的毛里塔尼亚、东非的索马里和东亚的蒙古国之外，绝大部分的国家都签署了 1 个以上的区域贸易协定，向 GATT/WTO 通知的区域贸易协定的数量多达 546 个，正在有效运行的 RTA 仍有 354 个。据统计，平均每个非洲国家分属于 4 个以上不同的区域贸易协定，平均每个拉丁美洲国家分属于 7 个以上不同的区域贸易协定。区域贸易协定已经成为了一种极为普遍的国际贸易合作形式。WTO 的成员几乎都加入了某个或多个区域经济一体化组织，使区域经济合作与竞争成为当代国际贸易发展的主流。

◻ 学习目标

（1）掌握区域经济一体化的含义、特征与类型，了解区域经济一体化产生的原因；
（2）正确认识一体化过程中的困难，区域经济一体化的影响与发展趋势。

引导案例

近年来，全球经济发展出现疲软，全球肆虐的贸易保护主义及贸易摩擦使世界经济发展趋于停滞，于是人们开始将目光投向新兴经济体。在这种情况下，跨太平洋伙伴关系协定（Trans-Pacific Partnership Agreement，TPP）、区域全面经济伙伴关系（Regional Comprehensive Economic Partnership，RCEP）等经济体逐渐兴起。而近年来，作为东亚地区发展强劲的新兴经济体，二者为世界经济带来了一番新气象。然而，二者在这一地区的利益冲突也使其自身的发展挑战与机遇并存。

尽管在成员构成及目标宗旨上存在一些差异，TPP 与 RCEP 都属于区域经济自由化组织的范畴，二者在很多方面具有重叠性。TPP 是美国构建全球战略的重要组成部分，目标是主导亚太地区的贸易治理，战略定位是由亚太辐射全球。相比之下，RCEP 的目标则是实现东亚地区经贸发展，整体定位在东亚。短期之内，RCEP 将不会冲击美国在全球的战略布局，也未伤害到美国在东亚的实际利益。但从长期来看，RCEP 与 TPP 之间的竞争将是战略性的，既包括对规则和标准制定的主导权之争，也包括对贸易、投资及能源等经济资源的争夺。

随着亚洲区域经济一体化趋势的蓬勃发展，TPP 与 RCEP 这两大区域组织逐渐形成了分庭抗礼的态势。但是这并不意味着二者不能共存。关于这一点，美国贸易代表柯克（Ron Kirk）曾表示："我们认为它们是互补的，不一定是竞争的。"韩国贸易部长朴泰镐在 2012 年 11 月 18 日到 20 日召开的第 21 届东盟峰会上表示：RCEP 和 TPP 若同时存在，将在经济规模上与欧盟匹敌，它们将会成为未来的三大区域组织。可见外界并不排斥 TPP 与 RCEP 同时存在。中国国务院总理李克强在 2014 年 4 月 10 日举行的博鳌亚洲论坛 2014 年年会开幕式演讲中也曾表示：RCEP 和 TPP 可以并行不悖、相互促进。

但是，TPP 协定需要各国立法部门（国会、议会）批准通过。由于美国内部分歧大，加上民主、共和两党总统候选人均反对，掌控国会参众两院的共和党高层对部分条款不满意，TPP 在奥巴马任内被正式搁置。2017 年 1 月 20 日，美国新任总统唐纳德·特朗普就职当天宣布从 12 国的跨太平洋伙伴关系协定（TPP）中退出。

2017 年 11 月 11 日，日本经济再生担当大臣茂木敏充与越南工贸部长陈俊英在越南岘港举行新闻发布会，两人共同宣布除美国外的 11 国就继续推进 TPP 正式达成一致，11 国将签署新的自由贸易协定，新名称为"全面且先进的 TPP"（CPTPP，Comprehensive Progressive Trans-Pacific Partnership）。

从各国政府的态度中不难看出，RCEP 与 TPP 存在利益重合点，不排除二者合作的可能。并且太平洋足够大，能够容纳得下 RCEP 与 TPP。

6.1　区域经济一体化概述

● 6.1.1　区域经济一体化的内涵与特征

1.区域经济一体化的内涵

经济一体化已经成为当今世界的明显趋势。其突出表现是国际贸易、国际金融、国际投资的大发展；生产要素流动的规模不断增大，流动速度不断加快；各国之间的经济联系、经济合作、经济融合的程度日益加深。其途径主要有三：跨国公司的大发展，使各国资金、生产、技术、管理等领域的交流和联系日益密切，国际分工日益加深；国际经贸组织如国际货币基金组织、世界银行、世界贸易组织等的发展，使世界各国的贸易和金融关系日益紧密化、规范化和广泛化；区域经济一体化的大发展，将成员国间的贸易、金融、生产、服务等方面的关系，从自发的外部联系日益发展为制度性的内部结合。

经济一体化（Economic Integration）的含义有广义和狭义之分。广义的经济一体化即世界经济一体化或国际经济一体化，是指各国国民经济之间彼此相互开放，取消歧视，形成一个相互联系、相互依赖的有机整体。狭义的经济一体化即区域经济一体化（Regional Economic Integration）或区域经济集团化，是指地理位置相邻近的两个或两个以上的国家政府组成的具有超国家性质的共同机构，或通过某些政府协定，制定统一的对外经贸政策，消除其间的贸易障碍，实现区域内各国的协调发展、资源优化配置和互利互惠。区域经济一体化既是一种加强区域内各成员国的协调发展与相互依存，最终形成政治经济高度协调统一的目标，又是一种为形成区域内各国相互联系的开放的经济态势。它是经济生活国际化和各国、各地区之间经济联系与依赖程度不断加深的产物。区域经济一体化的内涵如表 6.1 所示。

表 6.1 区域经济一体化的内涵

区别	全球化	一体化
区别	世界经济在范围上的扩大	各国经济在内在体制上的统一
	相对独立的国民经济之间联系越来越紧密	世界各国经济高度融合，联系中的体制障碍日益消除
联系	全球化是一体化的外在形式	一体化是全球化的内在本质
	全球化是一体化的前提条件	一体化是全球化的发展趋势

2．区域经济一体化的特征

与传统的区域经济一体化相比，发端于 20 世纪 80 年代，盛行于 20 世纪 90 年代的第二轮区域经济一体化热潮出现许多不同于以前一体化的新特点，因此学术界用"新地区主义"概念来概括。

（1）开放性，单边贸易自由化。世界银行经济学家夏希德•贾维德•布尔基和吉列尔莫•佩里在谈到使用"开放的地区主义"这一术语时指出："20 世纪 90 年代拉丁美洲地区一体化的复兴显然是一个不同的进程。'新地区主义'是作为拉美大多数政府决定使它们的经济自由化的副产品。一般而言，其发展是单边贸易自由化和对外资开放密切联系在一起。"普里莫•布拉戈区别了"开放的地区主义"与"封闭的地区主义"，认为这种区别的通常标准是明确从过去几十年风靡于拉美地区一体化运动中的内向型进口替代模式，转向更加强调外向型的国际竞争战略。他指出"新地区主义"与"开放的地区主义"在含义上并无异议，其主要特征不仅在于商品和服务的自由化，而且在于实现资本和劳动力的自由流动、成员国规章制度的协调以及南北地区一体化协定的签署。

（2）强烈的自我扩张性。当区域贸易集团出现后，其贸易伙伴将因担心在竞争中处于不利地位，传统市场遭到侵蚀，而采取相应行动。他们或者加入已形成的贸易集团，或者另组贸易集团与之抗衡，这使得世界上的区域贸易集团越来越大并越来越多。同时，区域主义还具有自我深化的伸张性。区域集团一旦形成，如果没有出现难以克服的困难，都具有自我强化的动力。他们需要扩大合作领域，深化合作层次，不断提高区域一体化水平。

"新地区主义"的这种特性特别明显，这不仅体现在欧盟的东扩与南进发展上，而且体现在发展中国家之间合作的加强以及与发达国家结成贸易集团方面。比如东南亚国家联盟的扩大，以及北美自由贸易区向亚太自由贸易区的扩张。当前地区主义的各种实践，无论是发展中国家适应全球化潮流、应付危机的偏离主权的趋向，还是西方国家优势权势体系的经济、政治和战略的全球扩张，都体现了地区主义的各种形式的扩张性。

（3）议题广泛，利益取向多元化。新一代自贸协议不仅包括 WTO 框架内的 14 个议题，而且包括许多在 WTO 多边体制中没有出现的或难以达成共识的议题，比如直接投资、服务贸易、竞争政策、环境标准和劳工标准、规制一致性，甚至反腐败、社会责任等新议题都容易在双边和区域化的自贸谈判中达成协议。新一代区域贸易协定在利益取向上更为重视政治经济学、直接投资与就业、基本的经济改革等非传统收益，而与贸易创造和贸易转移有关的传统收益则处于次要地位。

（4）全球 FTA（Free Trade Agreement，自由贸易协定）之间的关系面临着严重的多重治理问题。嵌套型 FTAs 是成员国同时面临双边和区域性 FTAs 的多重贸易规则，比如 NAFTA（North American Free Trade Area，北美自由贸易区）与 TPP 就形成了这一结构；辐轴型 FTAs 指某一中心国家与不同国家签订具有不同规则的 FTAs，构成轮轴—辐条结构，目前许多国家都热衷于构建以本国为中心的 FTAs 网络体系。这种结构使得中心国家在与辐条国家进行贸易时除了必须对不同协议的细则进行对比和选择外，还可能对辐条国家形成优惠侵蚀和原产地规则限制，从而不利于后者；交叠型 FTAs 同时具有嵌套型和辐轴型 FTAs 的特点，比如东盟国家与中、日、韩三国分别签订 FTAs 等，其错综复杂的贸易规则降低了贸易效率。

（5）区域贸易协定的战略作用更加凸现。RTA 成为实现对外贸易和对外投资、区域安全和全球布局等政治经济利益的重要手段。欧洲经济共同体曾经被用作提升政治互信和经济互利避免战争风险的手段。菲力普·马丁（Philippe Martin）等人（2010）年通过分析 1950 年至 2000 年的数据发现，那些经常发生战争的国家之间更容易签订 FTA，而且从中获得的收益也最大。FTA 密切了彼此之间的关系，增加了和平的力量，提升发生政治冲突的经济成本。通过签署 RTA 可以确保贸易伙伴之间和平相处，提升区域安全水平。同时，在区域内部就重大议题先行达成一致，能够提升在多边议题领域的谈判实力。签署 RTA 也是某些经济体避免政治和经济改革倒退的重要手段。另外，RTA 被某些大国当作区域布局的重要手段，通过签署 RTA 能够帮助其完成新的地缘政治集团，巩固传统的外交联盟关系，配合实现其全球战略。在 WTO 存在的情况下，各国仍热衷于签订 RTA，主要是出于经济、政治和安全方面的战略考量。

（6）区域经济合作组织之间的竞争性加剧。RTAs 的典型特征就是"谁参与，谁受惠"，以此来确保 RTAs 的成员国有优先竞争的机会。由于成员国之间关税水平的降低和其他贸易壁垒的减少而导致对非成员国关税水平和贸易壁垒的相对增加。很明显，双边的或区域贸易协定会把成员国和非成员国隔离开来，并将非成员国置于不利的地位。为了在国际经济竞争中取得有利地位，很多国家和地区开始缔结 RTAs，以扩大自己的竞争优势，区域集团之间的竞争替代了国家之间的竞争。

但是，实施 RTA 战略的潜在风险也开始暴露。泛滥的 RTA 交错重叠，形成"意大利面碗"效应[①]，增加维护和经营成本；对区域外国家的歧视，挑战 WTO 等多边体制的透明度规则；过多考虑政治安全等非经济因素使得 FTA 的经济效应难以充分体现。

---

① "意大利面碗（Pasta Bowl）"现象一词源于美国经济学家巴格沃蒂 1995 年出版的《美国贸易政策》一书，指在自由贸易协定（FTA）和区域贸易协定（RTA），统称特惠贸易协议下，各个协议的不同的优惠待遇和原产地规则就像碗里的意大利面条，一根根地绞在一起，剪不断，理还乱。这种现象贸易专家们称为"意大利面碗"现象或效应。

6.1.2　区域经济一体化的分类

经济一体化的形式根据不同标准可分为不同类别。美国著名经济学家巴拉萨把经济一体化的进程分为四个阶段：①贸易一体化，即取消对商品流动的限制；②要素一体化，即实行生产要素的自由流动；③政策一体化，即在集团内达到国家经济政策的协调一致；④完全一体化，即所有政策的全面统一。与这四个阶段相对应，经济一体化组织可以根据贸易壁垒强弱的程度，分为 6 类。

1. 按照贸易壁垒强弱的程度划分

（1）特惠贸易协定（Preferential Trade Arrangement）。

特惠贸易协定是成员国之间通过协定或其他形式，对全部商品或部分商品规定较为优惠的关税，但各成员国保持其独立的对非成员国的关税和其他贸易壁垒，是区域经济合作中最低级的和最松散的组织形式。第二次世界大战前的"英联邦特惠制"和战后的"东南亚国家联盟"（东盟）就属于这种形式。值得一提的是，特惠贸易协定的成员国之间只是提供关税减让的优惠，还有一定程度的关税存在。

（2）自由贸易区（Free Trade Area）。

自由贸易区是指两个或两个以上的国家通过达成某种协定或条约取消相互之间的关税和与关税具有同等效力的其他措施的国际经济一体化组织。它除了具有自由港的大部分特点外，还可以吸引外资设厂，发展出口加工企业，允许和鼓励外资设立大的商业企业、金融机构等以促进区内经济综合、全面地发展。自由贸易区的局限在于，它会导致商品流向的扭曲和避税。如果没有其他措施作为补充，第三国很可能将货物先运进一体化组织中实行较低关税或贸易壁垒的成员国，然后再将货物转运到实行高贸易壁垒的成员国。为了避免出现这种商品流向的扭曲，自由贸易区组织均制定"原产地原则"，规定只有自由贸易区成员国的"原产地产品"才享受成员国之间给予的自由贸易待遇。理论上，凡是制成品在成员国境内生产的价值额占到产品价值总额的 50% 以上时，该产品应视为原产地产品。一般而言，第三国进口品越是与自由贸易区成员国生产的产品相竞争，对成员国境内生产产品的增加值含量越高。原产地原则的含义表明了自由贸易区对非成员国的某种排他性。现实中比较典型的自由贸易区是北美自由贸易区（North America Free Trade Agreement）。

（3）关税同盟。

关税同盟是指两个或两个以上国家缔结协定，建立统一的关境，在统一关境内缔约国相互间减让或取消关税，对从关境以外的国家或地区的商品进口则实行共同的关税税率和外贸政策。

关税同盟的主要特征是：成员国相互之间不仅取消了贸易壁垒，实行自由贸易，还建立了共同对外关税。也就是说，关税同盟的成员除相互同意消除彼此的贸易障碍之外，还采取共同对外的关税及贸易政策。

关税同盟的意义体现在：一是，它避免了自由贸易区需要以原产地原则作为补充，保持商品正常流动的问题。在这里，代替原产地原则的是筑起共同的"对外壁垒"，从这个意义上看，关税同盟比自由贸易区的排他性更强一些；二是，它使成员国的"国家主权"出让给经济一体化组织的程度更多一些，以致一旦一个国家加入了某个关税同盟，它就失去了自主关税的权利。现实中比较典型的关税同盟是 1958 年建立的欧洲经济共同体。

关税同盟大体可分为两类：一类是发达国家间建立的，如欧洲经济共同体的关税同盟，其目的在于确保西欧国家的市场，抵制美国产品的竞争，促进内部贸易的发展，积极推进欧洲经济一体化的进程。另一类是由发展中国家建立的关税同盟，其目的主要是维护本地区各国的民族利益，促进区内的经济合作和共同发展。如西非国家经济共同体、中非国家经济共同体等。

（4）共同市场。

共同市场是指两个或两个以上的国家或经济体通过达成某种协议，不仅实现了自由贸易，建立了共同的对外关税，还实现了服务、资本和劳动力的自由流动的国际经济一体化组织。共同市场是在成员内完全废除关税与数量限制，建立统一的对非成员的关税，并允许生产要素在成员间完全自由移动。1992 年以后的欧洲经济共同体就属于共同市场。

（5）经济联盟。

经济联盟是指不但成员国之间废除贸易壁垒，统一对外贸易政策，允许生产要素的自由流动，而且在协调的基础上，各成员国采取统一的经济政策。

经济联盟的特点：第一，成员国之间在形成共同市场的基础上，进一步协调它们之间的财政政策、货币政策和汇率政策；第二，当汇率政策的协调达到这样的程度，以至建立了成员国共同使用的货币，或统一货币时，这种经济联盟又称为经济货币联盟；第三，各成员国不仅让渡了建立共同市场所需让渡的权利，更重要的是成员让渡了使用宏观经济政策干预本国经济运行的权利。特别是，其成员国不仅让渡了干预内部经济的财政和货币政策，保持内部平衡的权利，也让渡了干预外部经济的汇率政策，维持外部平衡的权利。

（6）完全经济一体化。

是经济一体化的最后阶段，即经济一体化的最高级形式。它除具有经济联盟的特点外，各成员国在经济、金融、财政等方面实现了完全的统一，各成员国之间完全消除商品、资金、劳动力等自由流通的人为障碍。在这个一体化组织内，各成员国的税率特别是增值税税率和特别消费税税率基本协调一致；它建立统一的中央银行，使用统一的货币；取消外汇管制，实行同样的汇率管理；逐步废除跨国界的金融管制，允许相互购买和发行各种有价证券；实行价格的统一管理等。完全经济一体化组织一般有共同的组织管理机构，这种机构的权力以成员国的部分经济决策与管理权限的让渡为基础。此时的一体化已经从经济联盟扩展到了政治联盟。目前欧盟正在向此形式迈进。

下面，用表 6.2 来比较一下几种经济一体化形式的异同。

表 6.2　几种经济一体化形式的异同

	自由贸易	共同对外关税	生产要素流动	共同的经济政策（货币、财政等）	建立统一的超国家经济机构
自由贸易区	√				
关税同盟	√	√			
共同市场	√	√	√		
经济同盟	√	√	√	√	
完全经济一体化	√	√	√	√	√

2. 按区域经济一体化的范围划分

（1）部门经济一体化（Sectoral Economic Integration）：是指区域内各成员国的一个或几个部门（或商品，或产业），达成共同的经济联合协定而产生的区域经济一体化组织。

（2）全盘经济一体化（Overall Economic Integration）：是指区域内各成员国的所有经济部门加以一体化的形态。

3. 按参加国的经济发展水平划分

（1）水平经济一体化（Horizontal Economic Integration）又称横向经济一体化。它是指由经济发展水平大致相同或相近的国家所组成的经济一体化组织。

（2）垂直经济一体化（Vertical Economic Integration）又称纵向经济一体化。它是指由经济发展水平不同的国家所组成的区域经济一体化组织。

6.1.3　区域经济一体化的发展与动因

1. 区域经济一体化的发展

有的学者认为，自哥伦布发现新大陆后殖民活动就已经拉开了经济全球化的序幕，其雏形可以追溯到1921年，当时的比利时与卢森堡结成经济同盟，后来荷兰加入，组成比荷卢经济同盟。1932年，英国与英联邦成员国组成英帝国特惠区，成员国彼此之间相互减让关税，但对非英联邦成员的国家仍维持着原来较高的关税，形成了一种特惠关税区。然而普遍的观点是，二战后全球贸易和金融投资的迅速发展，世界各国之间经济相互依存的不断加强，多边贸易体制的新进展等一系列因素推动了经济全球化的产生与发展。尤其是20世纪80年代以后，以信息技术为中心的高新技术得以迅猛发展，冲破了国界，缩短了各领域的距离，使世界经济趋为整体，明显加快了经济全球化的进程。进入21世纪以来，随着经济关系的日益国际化，各国之间的经济合作也由以往的贸易带动投资逐渐转向投资拉动贸易，同时，金融、技术、生产和服务等领域的交流，无论是范围还是方式，都有了重大的发展，出现了许多新的变化，形成了一个以综合性生产要素跨国移动并实现最佳组合为主要目标的世界经济新体系。

经济一体化的迅速发展，以第二次世界大战后为初始，到目前形成了具有起伏性的三个发展阶段。

（1）迅速发展阶段：20世纪50年代——20世纪60年代。

尽管区域经济一体化的雏形可以追溯到1921年成立的比利时和卢森堡经济同盟（1948年荷兰加入，组成比荷卢同盟）。但是，区域经济一体化真正形成并迅速发展，却是始于第二次世界大战后。第二次世界大战后，世界经济领域发生了一系列重大变化，世界政治经济发展不平衡，大批发展中国家出现，区域经济一体化组织出现第一次发展高潮。

（2）停滞阶段：20世纪七八十年代初期区域经济一体化发展处于停滞状态。

20世纪70年代西方国家经济处于"滞胀"状态，区域经济一体化也一度处于停滞不前的状态。在这一时期，欧洲经济共同体原定的一体化计划并未完全实现，而发展中国家的一体化尝试没有一个取得完全成功。以欧洲经济共同体为例，两次石油危机、布雷顿森林体系崩溃、全球经济衰退、日美贸易摩擦上升等因素使其成员国遭受巨大打击，各成员国纷纷实施非关税壁垒措施进行贸易保护，导致第一阶段关税同盟的效应几乎丧失殆尽，欧共体国家经济增长速度急剧下降。

（3）高涨阶段：20 世纪 80 年代中期以来。

20 世纪 80 年代中期以来，特别是进入 20 世纪 90 年代后，世界政治经济形势发生了深刻变化，西方发达国家在抑制通货膨胀、控制失业率方面取得成功，经济的发展推动着区域经济联合，区域经济一体化的趋势明显加强。这次高潮的出现是以 1985 年欧共体关于建立统一市场"白皮书"的通过为契机，该"白皮书"规定了 1992 年统一大市场建设的内容与日程。欧共体的这一突破性进展，产生了强大的示范效应，极大地推动了其他地区经济一体化的建设。

2. 区域经济一体化发展的动因

（1）国际政治格局的改变。

进入 20 世纪 90 年代，随着苏联解体和东欧剧变，"冷战"结束，世界进入多极化发展的新时期，南北关系总体上也由对抗逐步走向对话和合作。在世界竞争中，军事和意识形态因素的地位下降，经济和技术因素的地位上升。世界各国不仅把发展经济作为国家战略的主要目标，而且在处理对外关系时，也以经济利益作为主要的衡量标准。

随着苏联解体和冷战结束，发展中国家原先政治、军事意义上的战略地位，以及作为美苏争夺的"中间地带"地位消失，已无法依靠两极对抗从某一方获得政治、军事保护和经济援助，而必须更多地向有资金、技术和市场的发达国家，尤其是邻近的发达国家靠拢，以寻求生产和发展的新条件。

与此同时，冷战结束以后，美、日、欧之间在经济、贸易、科技等领域的矛盾和竞争日益升级，并日趋激化。它们竞相争夺市场和经济势力范围，而具有资源（自然资源和人力资源）优势、市场优势和地缘优势的发展中国家成为发达国家争夺的经济战略要地。

（2）国际经济竞争加剧。

随着美国国际经济地位的削弱和日本、欧洲的经济崛起，国际经济力量对比发生重大变化。美、日、欧之间经济竞争日益激烈，矛盾尖锐。实现区域经济一体化有利于形成区域范围内的规模经济，从而形成集团竞争力。欧洲经济一体化目的之一就是谋求通过一体化构成同美国旗鼓相当的集团竞争力。日本大力倡导和积极推动亚洲内部经济一体化，就是企图与美国争夺该地区的经济主导权。美国则非常重视同拉丁美洲地区发展经济关系，视拉美地区为其重要市场和生产基地，积极创建以自身为核心的、堪与其他经济集团和经济强国相匹敌的区域经济一体化组织，建立了北美自由贸易区，并试图以此向拉丁美洲延伸，最终建立包括整个西半球的美洲自由贸易区。

（3）市场经济体制在全球确立。

20 世纪 90 年代以后，市场经济体制已为世界大多数国家所接受，为区域经济一体化提供了必要的制度基础。苏联解体后，计划经济国家先后开始了向市场经济体制转化的进程。俄罗斯和中东欧国家实行了向以私有化为核心的市场经济的转型；中国实行了向社会主义市场经济的转型。即使是传统的市场经济国家，也都在不断改革本国市场经济体制，以适应变化着的经济形势。世界经济的市场化，为不同社会制度的国家间开展全面的经济和技术合作，也为国际区域经济一体化创造了必要的制度前提。

（4）欧盟示范作用和"多米诺骨牌"效应。

欧洲联盟的合作成果显著，经济一体化提高了欧洲在世界经济、政治中的地位，证明了区域经济联合的强大力量与必要性。20 世纪 90 年代以后，欧盟统一大市场所取得的业绩，超国家干预和协调给欧洲所带来的经济稳定，《阿姆斯特丹条约》的实施对多年困扰欧洲联盟成员的失业问题所起到的缓解作用，货币联盟对欧盟经济发展和经济地位的促进作用等，都是很好的证明。欧洲联盟新的生机对于世界其他地区的区域合作无疑是一种有力的刺激。

在对外贸易中，对一国最大的刺激莫过于其主要贸易伙伴与其他国家组建区域经济一体化组织，因为这将有可能改变其贸易伙伴的对外贸易方向与策略。如果其贸易伙伴分别加入多个贸易自由化组织，而且在多个组织中都可享受贸易优惠待遇，那就会使该国也积极投身于贸易自由化组织中去。因此欧盟的示范作用最终又引发了"多米诺骨牌"效应。

6.2 区域经济一体化中的多边贸易合作

现在多边贸易体制遇到了很大的挑战。首先在谈判领域，目前多哈回合谈判遇到很大困难，发展中国家和发达国家意见不一致。WTO 的 164 个成员，每人一票，164 个成员要就某些议题达成协定非常困难。更主要的是，一些发达国家认为它们在全球化中吃亏了，在 WTO 协议中也吃亏了，所以对参与谈判不积极。

WTO 谈判在较容易的领域上都已经达成了协议，而剩下的要达成协议，难度非常大。2017 年 12 月，在阿根廷布宜诺斯艾利斯召开的 WTO 第 11 次贸易部长会议上，没有就传统的议题达成协议。传统议题就是农业议题，发达国家对农业有很大的保护，给予巨额补贴，发展中国家认为发达国家如此做违背了市场经济的基本做法，明显不公平，若不予以纠正，则不会开放市场。但发达国家却认为，发展中国家总是在寻求 WTO 协议的特殊待遇。因此在全球市场中，发达国家强调效率，发展中国家讲究公平，双方就农业这一主要议题难以统一意见。

6.2.1 多边贸易合作对全球贸易自由化的作用

自 1947 年以来，无论是关贸总协定，还是后来的世贸组织都在规范贸易行为、解决贸易纠纷和有效配置资源等方面发挥了重要作用。

1. 多边贸易合作推动了世界贸易自由化的谈判

从多边贸易体系建立以来，组织和主持多边贸易谈判一直是其基本职能之一。关贸总协定通过组织和主持的 8 轮多边贸易谈判，推动了全球范围内各国关税水平的大幅度下降，取消和限制了一大批非关税措施，从而促进了世界商品贸易的自由化及发展。

2. 多边贸易合作扩展了世界贸易自由化的领域

为适应国际经贸发展的现实要求和趋势，多边贸易合作的谈判议题涉及面越来越广泛，谈判内容日益丰富，从而使全球贸易自由化领域不断扩展，远远突破了传统国际贸易的领域和范围。从乌拉圭回合达成的许多协议来看，它们不仅涉及货物贸易，而且还涉及服务贸易、与货物有关的知识产权和投资措施等方面。近年来，发达国家还热衷于推动竞争规则、环境保护和劳工福利等新议题的谈判。这一趋势既反映了 21 世纪的世界经济和国际贸易合作发展的新趋势，同时也反映了当今世界经济体系的内在矛盾。

3．多边贸易合作加速了全球贸易自由化的进程

为了顺应经济全球化与区域化的潮流，全球范围内的多边贸易谈判本身就加快了全球贸易自由化的进程。一方面，多边贸易合作中的各成员国主动落实谈判达成的各项协议的实施；另一方面，通过不断的多边贸易谈判扩大了贸易自由化的成果。其中最为突出的成果是在 1997 年达成的几项意义十分重大的协议，即促进全球电讯自由化经营的《基础电讯协议》、对信息技术产品贸易实行零关税的《信息技术协议》和进一步承诺开放银行及证券业的《金融服务协议》。

6.2.2　全球多边贸易谈判的主要难题

多哈回合于 2001 年 11 月，在卡塔尔首都多哈举行的世贸组织第 4 次部长级会议上启动了新一轮多边贸易谈判，又称"多哈发展议程"，或简称"多哈回合"。2005 年 12 月 13 日，重点推进世贸多哈回合谈判，使之能够在 2006 年年底最后期限前结束。但是由于各方利益的冲突和矛盾，2006 年 7 月 27 号，多哈回合谈判全面中止。之后于 2007 年 1 月重新启动，经历了第 5、第 6、第 7 回合谈判，直到 2013 年 12 月 7 日，在世贸组织第 9 届部长级会议上，多哈回合第一份成果——《巴厘一揽子协定》以成员国全数通过，成为多哈回合"零的突破"。从中不难看出，会议各方存在种种分歧，这必然导致全球化与区域经济一体化速度放慢。

谈判中存在的主要难题如下。

1．原有协定的执行问题

主要包括执行反倾销协定、纺织品贸易协定及进一步落实有关关税减让协定等。其中难度最大的是反倾销问题。在乌拉圭回合中有关各方虽然已签署了《反倾销协定》，但 WTO《反倾销协定》并未对倾销幅度的计算方法制定明确的规则，条文具有模糊性，导致少数 WTO 成员一直滥用反倾销措施，妨碍了公平贸易活动。深受其害的有关国家要求重新审查该协定，有关规定要变得更加严格，以防被滥用。随着全球金融危机的蔓延，全球贸易保护主义已明显抬头，2008 年上半年由于美国次贷危机的影响，全球的反倾销案突然增加了 39%。2009 年以来，美国开始频繁对我国发起贸易救济调查，2016 年全年，美国对中国产品发起反倾销调查 11 起，反补贴调查 9 起，涉案金额达 37 亿美元，同比增长 131%。同年，我国共遭遇来自 27 个国家和地区发起的 119 起贸易救济调查案件，其中反倾销案 91 起，反补贴案 19 起，保障措施案 9 起；涉案金额达 143.4 亿美元，案件数量和涉案金额同比分别上升 36.8%、76%。立案频率之高在世界贸易救济历史上都极为罕见。因此，只有对《反倾销协定》进行修改与完善，使其中模棱两可的规则具体化、明细化，以避免反倾销措施被滥用，才能有效制约贸易保护主义行为，推动全球化与区域经济一体化的健康发展。

2．农业贸易问题

这是自乌拉圭回合谈判以来美欧之间分歧最大的一个问题，也是推动全球贸易自由化

中矛盾最突出的一个领域，其中最大的难题又是减少农产品的出口补贴问题。欧盟是目前世界贸易组织中实行农产品出口补贴最多和最主要的成员，其举措遭到另一农产品出口大国——美国，以及其他大量依赖农产品出口的国家、"凯恩斯集团"[②]成员和许多发展中国家的强烈反对。迫于压力，欧盟在多哈会议上虽然做出了让步，同意就农业贸易问题进行全面谈判，并把分阶段取消农产品补贴作为长远目标，但欧盟各国政府也面临本国农场主集团的强大压力，不能不竭力维护自身的农业利益。欧盟敦促美国率先在削减农业补贴方面做出更大实质性让步；美国要求欧盟进一步削减农产品关税；美国和欧盟在相互较劲的同时却又共同对发展中国家施压，要求它们在开放非农产品市场方面做出更大的让步；而发展中国家认为美欧应当考虑发展中国家的立场，且率先做出让步。从这里可以预见今后谈判的艰难。

3．贸易与环境问题

把环境保护与贸易相联系，成为近年来国际贸易谈判中一个十分敏感的问题。鉴于世界经济可持续发展的需要，发展国际经贸活动中加强环境保护有其合理性。但问题在于发达国家在贸易谈判中竭力提高环境标准的准入条件，以苛刻的环境标准对发展中国家的出口商品制定种种限制措施，使环境保护的要求又成为新的非关税壁垒的重要内容。目前发达国家在贸易谈判中进一步强化了贸易活动中环境保护的要求，对进口商品提出了一些过高的环境标准和环保要求，并要求实行更为严格的卫生检查等，这些要求超出了大多数发展中国家的发展水平，使之难以接受。例如，"碳关税"其实质是通过对高耗能的产品进口征收特别的二氧化碳排放关税，形成新型的"绿色壁垒"，其真实目的在于维护自身经济利益。对美国等发达国家来说，如果实施"碳关税"，一方面可利用新能源技术方面的优势，排斥国外产品进入本国市场，保护本国产业；另一方面可以以此为契机，完成对相关产业的革命，从而成为全球这一产业的主导者、规则的缔造者和定价权的控制者。

4．服务贸易问题

《服务贸易总协定》将一般义务和具体承诺区分开来，有利于各方根据其自身实际发展水平逐步开放服务市场。发达国家希望开展全面的服务贸易谈判，取消规则不适用的例外情况，迫使其他成员减少对市场准入的限制和对国内服务业的保护，实现更高水平的服务贸易自由化。他们的谈判集中于目前承诺水平较低的部门，如海运、空运等部门下政府采购问题，以及其他具有竞争优势的行业；发展中国家在不反对服务贸易自由化的前提下，强调这一进程必须考虑成员的整体水平和部门的实际水平，遵循逐步自由化的原则，更加关注减少对自然人流动的限制等问题。近年来对服务贸易自由化的担心不仅出现在发展中国家，也出现在发达国家。不适当的、过快的自由化曾使发展中国家出现一系列问题，如金融不稳定、本国企业被取代、外资服务性行业的进入或扩张造成就业机会流失等，越来越多的国家对服务贸易自由化的效果产生了疑问。发达国家在服务贸易的提供方面具有相对优势，他们也是服务贸易谈判的推动者，但发达国家在发展中国家所关心的农业补贴、

[②] 凯恩斯集团由 14 个农业生产和出口国于 1986 年 8 月在澳大利亚凯恩斯成立。它包括大部分从事农产品出口的发展中国家，它们因生产效率低和资金缺乏而深受欧美国家出口补贴之苦，强烈要求纠正在农产品贸易上的扭曲现象。又称为碍石组织。目前成员发展为 19 个，包括：阿根廷、澳大利亚、巴西、加拿大、智利、哥伦比亚、秘鲁、巴基斯坦、玻利维亚、哥斯达黎加、危地马拉、印度尼西亚、马来西亚、新西兰、巴拉圭、菲律宾、南非、泰国和乌拉圭。这 19 国占有四分之一的世界农业出口量。

药品方面迟迟不做出让步，必然使发展中国家放慢开放服务贸易市场的步伐，进而阻碍了全球化的深化。

5．若干"新议题"问题

在多边贸易合作中，新议题大多是"与贸易有关的非贸易问题"。多边贸易谈判的范围扩大到了成员的国内规则、文化偏好、政治经济制度，甚至伦理问题等国内规则领域，这些问题非常敏感，而且要比削减关税复杂得多。据统计，WTO 所管辖的范围已达 30 多个，其中新议题有贸易便利化、竞争政策、技术援助、能力建设、电子商务、贸易与投资、贸易与环境、劳工标准等。随着国际贸易的发展，预计还会有越来越多的问题被纳入多边贸易合作中。其中有些议题还越来越多地涉及各国的主权管辖领域，即一些根本的制度性问题，涉及发达国家成员与发展中国家成员的利益直接冲突的事项，并不断逼近各国经济管理的核心，这些方面的变化将给全球多边合作带来更多的困难。

● 6.2.3 全球多边贸易合作发展的趋势

展望今后几年多边合作前景，目前还很难确定它将取得哪些成果。但根据整个世界经济发展的趋势，以及多边贸易合作中存在的内在矛盾，并从其发展的历史角度来看，新的多边贸易合作将会出现如下几个方面的趋势与特点。

一是合作内容的广泛性。为适应世界经济海运和国际经贸合作领域不断延伸和密切交织的要求，近年来多边贸易合作范围日益扩展，几乎已经涉及当今世界经贸的所有领域。同时，在合作中起主导作用的发达国家为保持其在国际经贸中更大的优势，一直竭力推动新领域的贸易谈判。因此，在这场新的多边贸易合作中必然涉及一些更新的领域，合作内容将不断丰富。

二是进程的曲折性。尽管目前各方对丰富合作领域都有一定的诚意，但由于立场与利益的差异使合作进展不可能顺利。首先，各方在许多合作议题上的目标和意图差距甚大，要逐步缩小相互间存在的差距，需要各方做出让步。其次，各方在合作中的矛盾错综复杂，即使是经济发展水平和贸易利益相近的国家，在涉及许多具体领域时意见也不尽一致甚至对立。有些贸易方可以在某些问题上形成同盟，但在另一些问题上又是对手，各方的立场和矛盾需要不断加以协调。再次，由于合作内容的广泛性，在推动合作进程中既要处理原来遗留的各种问题，又要解决许多新的经济贸易问题，既要着眼于将原有各种协议落到实处，又要努力达成新的协议并推动其实施。最后，近年来，安全标准、质量标准等技术壁垒激增；"两反一保"、动植物卫生检疫等非关税壁垒呈不断上升趋势；新的道德标准、社会责任、劳工标准、环境标准等被一些国家和地区用来作为新的贸易保护主义的手段。全球多边贸易合作正面临着新贸易保护主义带来的威胁。

三是合作成果的有限性。鉴于世界经济发展的不平衡性和各国利益要求的多样性，区域经济一体化与全球化只能是一个渐进的过程。特别是在现有的国际经济秩序下，新的多边贸易合作不可以从根本上解决制定全球贸易规则的主导权问题，不可能真正实现贸易合作中的公平和公正性问题。即使是在世界贸易组织中，各成员国在经济规模、发展水平、参与谈判的能力上都千差万别。因此，在区域经济一体化和全球化中的贸易自由化的成果只能是有限的，难以达成全面一致并持久的协议。

　　总之，无论是双边的 FTA 还是多边的贸易合作，所追求的目标都是贸易自由化，但由于它们所推动的层面不同，所产生的影响也大不一样。从某个角度来说，双边 FTA 是追求贸易自由化的一个阶段性选择。经济全球化的趋势不可逆转，区域经济一体化仍会不断深化，为了全球贸易自由化的多边贸易合作仍会继续。

6.3　区域经济一体化中的影响与发展趋势

● 6.3.1　区域经济一体化对国际贸易的影响

1．积极影响

　　（1）促进新的世界经济关系格局的形成。区域经济一体化，特别是欧洲、北美、亚太、三个经济集团的形成和发展，使世界经济日益呈现"块式"结构和"网络"状态的新格局。所谓"块式"是指新形成三个经济圈；这三个区域集团又与非洲、中南美、中欧、东南亚等其他大、小区域一体化组织组成一个相对峙、抗争而又联系合作的世界经济网络。这种新的格局必然使各国对外经济关系的重点发生转移，即国与国之间的经济关系和对外贸易格局被区域经济合作以及区域国际贸易所替代，各国必须更多地以自己所处的区域经济的发展为依托、谋求发展。同时这种格局也必然促使各国更加注重自身发展，经济发展成为各国的基本战略。

　　（2）推动经济国际化加速发展，提高世界科技开发水平。自由市场的建立必然会推动和加强集团外国际垄断资本在这些市场的竞争，如"跨国直接投资"的兴起。目前西欧、北美、东亚已经成为国际直接投资增长最快的地区。而世界直接投资的高速增长，不仅推动了国际资本的互相渗透和交融，使集团内部优化配置资源，也使国际化生产进入一个新的发展时期，提高了世界科技发展水平。

2．消极影响

　　（1）一方面，工业发达国家间的关税，特别是非关税壁垒严重地影响了发展中国家本来就缺乏竞争能力的商品或服务的出口。另一方面，国际资本大量流入区域性经济贸易集团内部，以寻求"避风港"和突破集团内部的贸易壁垒。这样，广大的发展中国家发展经济贸易急需的资本不能引进，加剧了其国内资金短缺的矛盾，阻碍了其经济贸易的发展和竞争力的提高，使南北经济差距进一步扩大。

　　（2）由于任何经济一体化经济贸易集团的各种优惠措施都仅仅适用于区域内的各成员国，而对集团外的国家依然维持一定程度的贸易壁垒，构成或体现出其排他性的本质属性，从而影响了成员国与非成员国的贸易扩大。

　　"如果说，世界经济一体化或全球贸易自由化，能使所有国家获得比较利益优势，但在达不到这种最优选择的情况下，区域经济一体化却是现在可以做到的较佳选择"，因而也是在世界经济发展水平不平衡和在全球范围内还不能普遍实行自由贸易制度的现实约束情况下，我们所能采取的现实可行的实现区域贸易自由化的最有效措施，因为在一体化程度较高的区域经济组织内，有限的几个成员国能比较及时而有效地制定统一的经济贸易政策，消除贸易障碍，使自由贸易能率先在一定区域范围中实行起来，因此，区域经济一体化是对多边贸易体制的完善和补充，是对最终实现全球经济一体化的不可缺少的贡献。

● 6.3.2　区域经济一体化对世界经济的影响

区域经济是整个世界经济的组成部分。区域经济一体化的开端和基础是对外贸易，对外贸易在区域经济的发展中占有相当重要的地位；但是区域经济一体化组织在对外贸易上具有对内贸易自由、对外贸易保护的特征，因此，区域经济一体化的发展对世界经济增长既有有利的一面，也有不利的一面。

1. 促进了区域内的经济增长

区域内经济的增长是从外贸发展开始的，打破了区域内各成员国之间的市场壁垒，使区域贸易（主要是区内贸易）得到迅速发展；而区内贸易自由化又促进了竞争。这一方面迫使各国垄断资本不断增加投资、更新设备、扩大生产规模，以降低成本、改善自己的竞争地位；另一方面，企业也可以享受规模经济效益，提高生产要素的使用率，采用新技术，以增加企业利润。从宏观上来看，由于竞争的加强，提高了生产部门的劳动生产率，降低了生产成本；由于市场的扩大，促进了投资的增加和就业机会的增加，进而使财政收支和贸易收支得到改善，国民经济得到增长。

但是，随着区域经济一体化的发展，对世界经济的发展也有不利的一面。区域经济对外实行保护，具有排他性，这对区域外国家进入区域内是一个障碍。

2. 改变了国际经济格局

世界区域经济一体化的发展，使国际经济格局发生了深刻的变化。这主要表现在三个方面。首先是世界经济呈现多极化状态，区域经济一体化组织的兴起和发展，彻底打破了原来以美国为首的相对统一的世界经济格局。在西方资本主义国家中，随着美国的相对衰落，西欧和日本实力的增强，形成了三足鼎立之势。在东方社会主义国家中，"经互会"的发展已成为与资本主义世界抗衡的一极。现在，亚太地区走向一体化组织的呼声日益高涨，也很有可能成为世界经济中的又一极，而且是世界最发达的经济区域之一。

其次是国际分工向着产业内分工的方向发展。当今国际分工有一个显著特征，即产业部门间的分工日益向各个部门内部的分工的方向发展。国际分工向着越来越专业化的道路发展，在比较狭窄的产品种类基础上更加深化。形成国际分工这一特征的原因有很多，诸如科技的发展、跨国公司的发展，为产业部门间的分工向产业部门内的分工发展提供了有利的条件。区内成员国之间取消了市场壁垒，生产要素自由流动和区内国际贸易自由化，使国际分工能在部门内顺利开展，也就是说，区域经济一体化的过程既是国际分工一体化的要求，也为国际分工的深化——向着部门内分工方向发展扫清了道路上的障碍。

最后是国际投资出现新的特点。由于区域经济一体化的发展，区外商品进入区内遇到了障碍。国际投资作为一种冲破区域贸易壁垒的手段，使国际投资流向越来越多地密集于区域一体化组织内。

3．对发展中国家经济的影响

区域经济一体化在发展中国家兴起和发展，也取得了一系列良好的经济效果。拉丁美洲是发展中国家一体化兴起最早、成绩最显著的地区。实践证明，经济一体化对拉美国家的共同发展是有利的。这主要表现在：①促进了拉美一体化组织内部的贸易和生产的发展。例如，拉美自由贸易协会在 20 年内减免税的商品共有 18 695 项，成员国之间的贸易总额从 1960 年的 3 亿美元增加到 1980 年的 60 亿美元，增长约 20 倍。安第斯共同市场内部由于关税税率减免已达 75%，相互间贸易额在 1969—1980 年年平均增长率达27.7%，共增长十几倍。区内贸易的发展以及从区外进口要受到共同对外关税的约束，从而大大刺激了区内国家的工业生产。1958—1972 年间，当地工业生产的发展先后为各国提供了上万人的就业机会。危地马拉在中美洲经济一体化的推动下，整个 20 世纪 60 年代期间制造业以每年 7%以上的速度递增，经济实力大为增强。②增强了拉美国家在国际经济中的地位。经济一体化同拉美国家争取国际经济新秩序的斗争始终紧密地联系在一起。从 20 世纪 60 年代起，它们在经济贸易等问题上开始采取一致步调，大大增强了它们同西方国家谈判的力量。例如，安第斯共同市场国家开展一系列斗争，迫使美国于 1981年签署一项谅解备忘录，从而取消了它根据《1974 年对外贸易法》对委内瑞拉和厄瓜多尔实施的限制性措施。更令人注目的是，拉美国家自身成立的跨国公司不断成长壮大，成为拉美国家同西方发达国家垄断资本的控制、渗透进行斗争的重要工具。到 1977 年，区域性的跨国公司已有 170 多家。拉美跨国公司的出现是经济一体化的必然产物，有助于拉美国家加强经济独立、争取集体自力更生和打破西方国家跨国公司在拉美的扩张活动。

正如托代罗（M.P.Todaro）所说："那些工业发展水平差不多，市场规模相似的，并且对其合作国的协作和工业增长还有极大兴趣的第三世界国家，必须坚持从经济一体化所代表的，内向和外向相结合的贸易政策中获得最大利益。特别是由小国家组成的地区性集团（像中美洲、中非和西非的小国集团），能够创造经济条件（主要办法是扩大内部市场），以加速其共同的发展。没有这样的合作和一体化，扶持经济发展的前景将是暗淡的。"

6.3.3　区域经济一体化的发展趋势

进入 21 世纪以来，新科技革命、信息化的不断发展，既加剧了各国之间的激烈竞争，又密切了彼此之间的关系。各国都清醒地意识到，本国经济的发展离不开国际的资金、技术、市场和信息，离不开国际合作。因此，它们都积极支持和参与世界经济一体化和地区合作，使得地区经济一体化得到迅猛的发展，主要表现在以下几个方面。

1．全球经济区域一体化呈加速发展趋势

经济全球化与区域化是现代世界经济发展的两大趋势。多哈回合陷入困境，经济全球化受阻给区域一体化发展留下巨大的空间。按照 WTO 的统计，区域贸易协定（RTA）的实施数量，最开始的时候发展很缓慢，但从 20 世纪 80 年代末、90 年代初开始进入了快速发展的时期，特别是进入 21 世纪以后，以平均每年 10 个以上的速度增加。具体来讲，1950—1959 年为 3 个，1960—1969 年为 19 个，1970—1979 年为 39 个，1980—1989 年为 14 个，而 1990—1998 年就有 82 个，从 1992 年以后平均每年向 WTO 通报的 RTAs 都在 10 个以上。

2．自由贸易协定成为区域经济一体化安排的主要形式

根据 WTO 对 RTAs 分类型的数量统计，区域经济一体化协定主要分为关税同盟（CU）、自由贸易协定（FTA）、经济一体化协定（EIA）和优惠贸易协定（PSA）四种形式。在 WTO 分类统计的正在生效的 398 个 RTAs（含重复统计）中，自由贸易协定为 240 个，经济一体化协定 118 个，关税同盟 25 个，优惠贸易协定 15 个；所占比例分别为 60.3%、29.6%、0.06% 和 0.037% ③。20 世纪 90 年代以来，大部分国家之间签署的 RTAs 都为 FTA 或 FTA&EIA，其中 FTA 或 FTA&EIA 占全部 RTAs 的 90%，这说明 FTA 成为了主流。这是由于 FTA 和其他几种类型相比具有明显的优点。例如，FTA 和 CU 相比具有较大的灵活性，它只要求签署协定的成员国之间相互降低和取消关税，而不要求对其他非成员国采取统一关税政策。这样保证了各个国家的贸易政策的独立性。

3．广覆盖、高标准成为区域经济一体化发展方向

20 世纪 90 年代以来，新一代区域贸易协定所涵盖的领域和规则已经不再囿于传统的货物贸易自由化及其所涉及的关税和非关税壁垒减让，而是涵盖了服务贸易自由化、农产品贸易自由化、投资自由化、贸易争端解决机制、竞争政策、知识产权保护标准，甚至包括环境标准和劳工标准等超越 WTO 协定的内容。在区域经济整合协定的领域和规则空前拓展的同时，区域贸易协定的质量也得到提高。新一代自贸协议都具有边境上的贸易投资便利化内容、跨边境的互联互通内容，以及边境后商业环境建设的内容，且法律标准较传统自贸协议显著提高。不仅边境上的贸易措施较传统的 FTA 要求更高，如商品零关税率要求无例外地达到 100% 以及通关便利化，而且寻求超越 WTO 知识产权的保护政策、竞争政策、投资政策、环境法规、劳工标准、消费者保护等边境后措施也要求严格执行。在投资政策方面不仅寻求市场准入前国民待遇和负面清单管理等国民待遇要求，而且包括投资者义务、企业社会责任、投资便利化、知识产权、竞争政策、公共治理与机构、反腐败、投资者与东道国争端解决、基础设施与公私合营等更高要求。

4．南北型区域贸易协定得到拓展，渐成主流之势

在 20 世纪 50—70 年代的第一轮区域经济合作浪潮中，北北型和南南型区域贸易协定是基本特征。当时，除了欧共体外，在拉丁美洲、非洲和东南亚出现了众多的南南型区域一体化组织。而在 20 世纪 90 年代以来的区域经济合作浪潮中，南北型即发展中国家和发达国家的合作组织逐渐占据了主导地位。许多早期的南南型区域贸易协定陷入了名存实亡的困境，甚至出现解散。导致这种变化的根源在于：南南型合作方式促使成员国的收入水平趋于发散，而南北型合作方式促使成员国收入水平趋于收敛。④大量的实证研究以及例证都证明了这一结论。

5．发达国家间区域贸易协定出现强强联合之势

2008 年国际金融危机爆发以来，区域贸易协定谈判在发达国家之间出现强强联合之势。

③ WTO统计的RTAs包括货物和服务两方面，在统计时，即使是同一个RTA，也把货物和服务分别单独算作一个RTA，例如中国和东盟的货物自由贸易协定统计一次，服务贸易达成协议又统计一次，因此，存在重复统计的问题。WTO统计还有四种相对应的准入形式，即根据GATT/WTO第24条、授权条款和服务贸易协定第5条。这些准入是指当原来的区域贸易协定又有新成员加入时，WTO把该区域贸易协定又重新统计为一个新的区域贸易协定。正是这样，不同的统计方法对RTAs统计的数量存在差别。

④ A.J.Venables, Regional Integration Agreements:A Force for Convergence or Divergence?[R]. Policy Research Working Paper, No.2260, World Bank,1999.

美欧、美日以及日欧之间，在各种因素的推动下，都有了实质性的自贸区协定谈判。美、欧、日与其他经济合作组织，发达经济体间的谈判也在继续之中。2009 年美国邀请日本加入跨太平洋战略经济伙伴协定谈判，2013 年 3 月 15 日，日本正式宣布加入 TPP 谈判，4 月日本与欧盟 FTA 谈判启动。经过多年酝酿，美欧之间的跨大西洋贸易和投资伙伴关系协定（TTIP）谈判也在 2013 年 7 月 9 日正式启动，这将是世界上最大的北北型自由贸易区。显然，欧盟、美国、日本之间的强强联合成为 FTA 发展的新形式。导致这种变化的原因是发达国家应对国际经济形势变化，维持全球经济影响力的必然选择。面对以中国为首的新兴经济体的崛起和竞争，发达国家主动出击，寻求依托新载体以提振自身经济，谋求制定新国际贸易规则主导权和话语权，进而巩固其在全球经济秩序中的主导地位。

6. 突破传统地域限制，向广域一体化方向发展

传统的区域贸易协定都是地理毗邻的国家之间缔结的，很少突破地缘的限制。近年来跨区域的巨型贸易协定（Cross regional FTAs）得到迅速扩展。在所有 WTO 成员中，缔结跨区域贸易协定的缔约方已经从 2003 年的 65 个增加至 2012 年的 155 个；在已经实施的区域贸易协定中，跨区域协定的比例从 10%上升至 38.9%。⑤目前正在谈判的跨区域巨型贸易协定是横跨大西洋的美欧贸易与投资伙伴关系协定（TTIP）谈判和跨越太平洋的战略经济伙伴协定（TPP）的谈判，以及横跨亚洲与大洋洲的区域全面经济伙伴关系协定（RCEP）谈判。虽然我们尚难以断定跨区域的巨型贸易协定的发展水平与传统的区域贸易协定的发展水平谁高谁低，但这确实表明全球区域经济一体化进入了一个新的阶段。

本章小结

在过去的几十年中，经济全球化和区域经济一体化已经成为国际经济研究中的一个重要现象。区域经济一体化已经改变了原有的国际贸易格局，对区域一体化集团内外的国家带来了不同的影响。本章对有关概念进行界定，分析了当今区域经济一体化的类型、特征和影响；对区域经济一体化的发展困境给予了剖析，分析了区域经济一体化的发展趋势。

思考练习

（1）如何理解区域经济一体化？
（2）分析区域经济一体化发展的原因及其影响。
（3）请分析"区域经济一体化组织对参加国是有益的，对不参加的国家也不会造成损失"。

---

⑤ 余翔,朱琨. 美欧自贸区谈判前景及其影响[J]. 国际研究参考，2013（5）.

第7章
世界贸易组织

📖 本章提要

世界贸易组织是当今世界贸易体制的组织和法律基础。本章介绍了世界贸易组织的产生和发展、宗旨和职能、组织结构、基本原则、运行机制、争端解决机制和贸易政策审议机制等问题。

📖 学习目标

(1) 了解世界贸易组织的产生过程；
(2) 掌握世界贸易组织的宗旨和职能，世界贸易组织的结构；
(3) 知悉世界贸易组织的基本原则；
(4) 掌握世界贸易组织的争端解决机制和贸易政策审议机制。

引导案例

美国应寻求通过世贸组织解决对华贸易争端

前白宫贸易顾问、美国智库彼得森国际经济研究所高级研究员查德·鲍恩日前接受新华社记者专访时表示，美国应寻求通过世贸组织规则而非"301调查"等单边制裁工具来解决对华贸易争端。

2017年8月15日美国总统特朗普签署行政备忘录，指示美国贸易代表莱特希泽根据《1974年贸易法》研究决定是否对中国与知识产权相关的贸易政策和行为发起"301调查"。此举引发外界对美国采取单边行动损害中美经贸关系的担忧。

对此，鲍恩表示，虽然20世纪80年代和90年代初美国政府曾频繁使用"301调查"工具，但如今的世界与那时相比已大不相同，特朗普政府动用"301调查"的理由并不充分。

他指出，在1994年《关税与贸易总协定》"乌拉圭回合"谈判结束后，美国与其他国家达成了默契，同意建立包含约束性争端解决机制的世贸组织，同时美国基本停止使用"301调查"工具。

"虽然没有正式的协议要求美国必须停止使用'301调查'，但对美国来说确实没必要再度使用这项法律条款，因为世贸组织已拥有有效的争端解决机制。"他说。

奥巴马政府时期的美国贸易代表迈克尔·弗罗曼日前在接受媒体采访时表示，奥巴马政府倾向于跳过"301调查"程序，直接向世贸组织提出贸易诉讼。鲍恩指出，不仅奥巴马政府，小布什政府和克林顿政府都倾向于这么做，将世贸组织作为改变其他国家政策的渠道。

在鲍恩看来，如果特朗普政府发起"301调查"，将会加深外界对其抛弃美国几十年来支持的基于规则的贸易体系和国际合作承诺的担忧。

鲍恩还担心，特朗普政府4月份对进口钢铁和铝产品启动的国家安全调查"打开了潘多拉魔盒"。他说，如果美国可以声称进口钢铁和铝产品对国家安全构成威胁，那么"基本上任何国家都可以说任何进口产品对其国家安全构成威胁，然后施加贸易壁垒"，这样，全球贸易协定将变得毫无意义。

鲍恩建议，中美双方就产能过剩、投资关系、国有企业、知识产权保护等诸多议题展开谈判，争取达成一项新的贸易协定，不一定是双边协定，也可以通过多边渠道来解决关系两国的核心问题。他表示，谈判的议题越多越广，中美双方越容易妥协和达成一揽子协议。

鲍恩认为，特朗普政府当前面临的最大政策缺失是尚未真正接触世贸组织，不仅没有利用世贸组织的争端解决机制，也没有参与部分世贸组织成员发起的服务贸易协定和环境产品协定等行业性贸易谈判。他强调，单边制裁工具并不能达到预期目标，系统性的贸易问题最好拿到世贸组织解决。

弗罗曼也警告，过去数十年来几乎每届美国政府都要求其他国家遵守全球贸易规则，如果特朗普政府开始绕开世贸组织规则而采取单边制裁措施，其他国家将可对美国展开合法报复，甚至可能效仿美国采取单边主义举措，这将瓦解以规则为基础的国际贸易秩序。

7.1 世界贸易组织概述

世界贸易组织（World Trade Organization，WTO）简称世贸组织，它是根据第8轮乌拉圭回合多边贸易谈判达成的《建立世界贸易组织协议》，于1995年1月1日建立的。世界贸易组织是当代唯一具有普遍性的国际经济贸易组织，并与国际货币基金组织、世界银行并称世界经济的"三大支柱"。

7.1.1 世界贸易组织的产生

1. 世贸组织的前身——《关税与贸易总协定》

第二次世界大战后，美国经济处于世界领先地位。美国为重振经济，要在金融、投资、贸易三个方面建立国际经济的新秩序：①在国际金融方面，成立国际货币基金组织，重建国际货币制度，以维持汇率的稳定和国际收支平衡；②在国际投资方面，成立国际复兴开发银行（世界银行），以鼓励对外投资并为战后各国的经济恢复和发展筹集资金；③在国际贸易方面，建立国际贸易组织，实行"贸易自由化"，促进国际贸易的发展。

国际金融和投资这两个问题于1944年7月，在美国新罕布什尔州的布雷顿森林由44国代表参加的国际货币金融会议上得到了解决。1945年11月，美国提出了"扩大世界贸易与就业方案"，该方案建议成立国际贸易组织（International Trade Organization，ITO）以解决国际贸易的问题。国际贸易组织与国际货币基金、国际复兴与开发银行并重，专门协调各国对外贸易政策和国际经济贸易关系。1946 年 2 月，在美国提议召开的联合国经济及社会理事会第一次会议上，通过了关于筹建国际贸易组织的决议，并成立了国际贸易组织筹备委员会。1947 年 4 月至 10 月在日内瓦举行的第二次筹备会议上通过了《国际贸易组织宪章草案》，同时进行了首轮关税减让谈判，各参加国共达成了 123 项有关关税减让的多边协议。参加会议的代表根据草案中有关贸易政策的条款与各国已达成的关税减让表汇编成一个文件，即《关税与贸易总协定》（General Agreement on Tariffs Trade，GATT，简称"关贸总协定"）。

2．GATT 组织结构与 8 轮多边贸易谈判

GATT 缔约国全体大会是 GATT 最高权力机构，每年召开一次会议，审议重大问题。缔约方全体大会休会期间，由理事会主持和管理缔约方之间的关税与贸易关系。GATT 设有秘书处，负责日常事务。GATT 缔约方从 1947 年以来，已完成了 8 轮多边贸易谈判，世界贸易组织主持的第 9 轮多边贸易谈判正处于进行过程中。

（1）1947 年 4—10 月，在瑞士日内瓦举行第 1 轮谈判。23 个缔约方就 123 项双边关税减让达成协议，协议涉及 45 000 个税号的产品，使占进口值的 54%的应税商品的平均税率降低 35%。

（2）1949 年 4—10 月，33 个国家在法国安纳西举行第 2 轮谈判。这轮谈判主要是为促成新缔约国削减关税而举行，达成了 147 项关税减让协议，使占进口值 5.6%的应税商品平均税率降低 35%。

（3）1950 年 10 月—1951 年 4 月，39 个国家参加了在英国托奎举行的第 3 轮谈判。至此，GATT 缔约国之间的贸易额已超过当时世界贸易总额的 80%。这轮谈判达成关税减让协议 150 项，涉及 8700 个税号的产品，使占进口值 11.7%的应税商品平均税率降低 26%。

（4）1956 年 1—5 月，在日内瓦举行的第 4 轮谈判，又称日内瓦回合谈判。由于受美国政府代表团谈判授权所限，此次谈判仅有 28 个缔约方参加，涉及 25 亿美元的贸易额，使占进口值 16%的应税商品平均税率降低 15%。

（5）1960 年 9 月—1961 年 7 月，45 个国家参加了狄龙回合谈判。第 5 轮谈判同意欧共体成员用统一关税取代国别关税，并对 4400 个税号的产品关税进行了减让，使占进口值 20%的应税商品平均税率降低 20%。

（6）1964 年 5 月—1967 年 6 月，54 个缔约方在日内瓦举行了肯尼迪回合谈判。第 6 轮谈判主要讨论工业品的关税减让，使关税水平平均降低 35%。此外，谈判首次涉及非关税壁垒，21 个缔约方签署了第一个反倾销协议。为使发展中国家缔约方承担的义务与其经济发展水平相适应，GATT 把"贸易与发展"纳入讨论范围。

（7）1973 年 9 月—1979 年 4 月，73 个缔约方和 29 个非缔约方参加了东京回合谈判（也称为"尼克松回合"）。第 7 轮谈判一方面全面削减了关税，使发达国家平均关税降低 1/3，减税范围除工业品外，还包括部分农产品；另一方面由于肯尼迪回合谈判后，非关税壁垒彰显，所以，第 7 轮谈判将谈判重点转向限制非关税壁垒，在部分缔约方范围内达成了适用于签署方的东京守则，内容包括反倾销、补贴与反补贴、技术性贸易壁垒、进口许可程序、政府采购、海关估价等。谈判还通过了对发展中国家的授权条款，为普惠制提供了法律基础。

（8）1986 年 9 月—1994 年 4 月，GATT 举行了历时 8 年的最后一轮谈判，又称"乌拉圭回合"。1994 年的乌拉圭回合协定是世界贸易规则发展进程中的一个里程碑。

与前 7 轮谈判相比，第 8 轮谈判的议题广泛，其中的一个显著变化是谈判重心已经全面转向了非关税壁垒、三个新议题和协定的体制和作用上。乌拉圭回合的成果主要体现在三方面：①在货物贸易方面，再次大幅降低关税和逐步取消非关税壁垒。发达缔约方承诺总体关税削减 37% 左右，发展中缔约方承诺削减总体关税的 24% 左右，实施零关税的税号上升到全部关税税号的 32%。谈判制定了农业协议、原产地规则协议、实施卫生与植物卫生措施协议和保障措施协议等数十项协议和法律文件，进一步完善了多边贸易规则体系。②乌拉圭回合将服务贸易、与贸易有关的知识产权问题和与贸易有关的投资三大新议题纳入多边贸易体制，扩展了多边贸易体制的管理领域，推进了世界贸易自由化的进程。③在关贸总协定的体制上，乌拉圭回合建立了贸易政策审查机制，健全了争端解决机制，达成了建立 WTO 的协定。

从 1948 年 1 月 1 日到 1994 年 12 月 31 日，在 GATT "临时适用"的 47 年中，GATT 遵循其宗旨，对降低货物贸易中的关税水平和限制非关税措施做出了重大贡献，为制定服务贸易规则建构了框架性原则，对与贸易相关的问题进行有益的探讨。

3. GATT 的作用与局限性

（1）GATT 的作用。

① 形成了一套规章制度，为各缔约国的国际贸易行为提供了准则，有利于世界贸易有序进行。

② 为缔约国之间的贸易纠纷提供了一个申诉、调节的场所，从而在不同程度上缓解了缔约国之间的摩擦和矛盾。

③ 在消除贸易壁垒，特别是在降低关税方面做了大量的工作。

④ 对发展中国家给予优惠和差别待遇。

（2）GATT 的局限性。

① GATT 是一个临时协定，属于非正式的国际组织，不具备国际法主体资格。

② GATT 的许多规则不严密，缺乏法律的约束力。

③ 解决争端的机制过于软弱，致使许多重大国际贸易争端无法解决。

4. 世界贸易组织的成立

1990 年年初，以欧共体 12 国的名义正式提出建立多边贸易组织（Multilateral Trade Organization，MTO），得到了美国、加拿大等主要发达国家的支持。1991 年 12 月，GATT 拟出《关于建立多边贸易组织协定的草案》；1993 年 12 月 15 日，"多边贸易组织"更名为"世界贸易组织"；1994 年 4 月 15 日，在马拉喀什部长会议上，决定成立全球性的世界贸易组织；1995 年 1 月 1 日，世界贸易组织正式成立。GATT 在和世界贸易组织共同运行了 1 年后，于 1995 年 12 月 31 日彻底退出历史舞台。1994 年 12 月 31 日前加入 GATT 的国家和地区，在一揽子接受乌拉圭回合谈判协议后，成为 WTO 的创始缔约方。WTO 的成立标志着一个新的多边贸易体制的诞生，从此国际贸易进入了一个崭新的时代。

7.1.2 世界贸易组织的地位、宗旨与职能

1. 世界贸易组织的地位

按照《建立世界贸易组织协议》的规定，世界贸易组织是具有国际法主体资格的法人组织，享有特权和豁免权。

（1）世界贸易组织具有法人资格。

世界贸易组织成员应当赋予世界贸易组织在行使职能时必要的法定能力，这是世界贸易组织在国际法下采取法律行动，享有国际法规定的特权和豁免权的基础，意味着世界贸易组织在国际上可以缔结条约，可以提起国际损伤赔偿诉讼，可以享受特权和豁免权，可以在成员方范围内订立契约、获得财产、处理财产和提起诉讼等。

（2）世界贸易组织享有特权和豁免权。

根据联合国大会 1947 年 11 月 21 日通过的特殊机构的特权与豁免公约，世贸组织同联合国一样，可以享有如下特权和豁免权：任何形式的法律程序豁免，财产、金融及货币管制豁免，所有的直接税、关税豁免，以及公务用品和出版物的进出口限制豁免等。

（3）世界贸易组织可以缔结总部协议，与其他国际组织进行协商和合作。

世界贸易组织总理事会应做出适当安排，和那些与世界贸易组织的职责相关的其他政府间组织如国际货币基金组织、世界知识产权组织等进行有效的合作。

2. 世界贸易组织的宗旨和目标

（1）世界贸易组织的宗旨。

① 提高生活水平，保证充分就业，大幅度、稳步地提高实际收入和有效需求。

② 扩大货物、服务的生产和贸易。

③ 为持续发展的目的扩大对世界资源的充分利用，保护和维护环境，并以符合不同经济发展水平下各自需要的方式，加强采取各种相应的措施。

④ 积极努力以确保发展中国家尤其是最不发达的国家，在国际贸易增长中获得与其经济发展水平相应的份额。

（2）世界贸易组织的目标。

世界贸易组织的目标是通过互惠互利的安排，切实降低关税和其他贸易壁垒，消除国际贸易关系中的歧视性待遇，建立一个包括货物、服务与贸易有关的投资及知识产权等项贸易的更完整、更具活力、更持久的多边贸易体系，包括关贸总协定贸易自由化的成果和乌拉圭回合多边贸易谈判的所有成果。简而言之，世界贸易组织的目标就是实行贸易自由化。

为有效地实现上述宗旨和目标，世界贸易组织规定各成员国应通过达成互惠互利的安排，大幅度削减关税和其他贸易壁垒；在国际经济贸易竞争中，消除歧视性待遇，坚持非歧视贸易原则，对发展中国家给予特殊和差别待遇；扩大市场准入程度及提高贸易政策和法规的透明度，以及实施通知和审议等原则，从而协调各成员国之间的贸易政策，共同管理全球贸易。

3．世界贸易组织的职能

（1）促进世界贸易组织目标的实现，监督和管理其统辖范围内的各项协议的贯彻实施。

（2）组织实施各项多边贸易协议，为各成员方提供多边贸易谈判的场所。

（3）按一体化的争端解决规则与程序，解决成员之间发生的贸易争端。

（4）按照有关贸易政策审议机制，对成员的贸易政策与法规进行定期审议。

（5）协调与国际货币基金组织和世界银行的关系，以保障全球经济决策的一致性。

（6）编写年度世界贸易报告和举办世界经贸研讨会。

（7）向发展中国家和转型经济国家提供必要的技术援助。

7.1.3 世界贸易组织机构

1．部长会议

部长会议是 WTO 的最高权力机构，至少应每两年举行一次。部长会议应履行 WTO 的职能，并采取必要的措施。部长会议有权对各种多边贸易协议中的任何事项做出决定，如成员国有要求，则应按照有关协议中关于决策的具体规定做出决定。部长会议由各成员主管经贸事务的部长、副部长级官员或其全权代表组成。

2．总理事会

总理事会是一个包括所有成员代表的机构。在部长会议休会期间，总理事会执行部长会议的各项职能。另外，总理事会还执行 WTO 协议指定的各项职能，制定自己的程序规则。总理事会下设货物贸易理事会、服务贸易理事会、与贸易有关的知识产权理事会。

3．专门委员会

部长会议下设贸易与发展委员会、贸易与环境委员会、国际收支限制委员会、财务和行政管理委员会，以及预算、财政和行政委员会等各种专门委员会，负责相应的事务。

4．贸易政策审议、争端解决和上诉机构

贸易政策审议机构是常设机构，负责审查各成员国的贸易政策，评价其对 WTO 各项协议的影响。争端解决机构也是常设机构，负责成员间的贸易争端解决。争端解决机构可以通过争端解决程序设立争端解决专家小组。争端解决机构具有司法裁决权。上诉机构也是一个常设机构，负责审理上诉方对专家小组出具的报告中有关内容的异议。

5．秘书处和总干事

WTO 成立秘书处，由总干事领导，负责处理 WTO 的日常事务。秘书处工作人员由总干事指派，并按照部长会议通过的规则决定他们的职责和服务条件。图 7.1 为世界贸易组织机构。

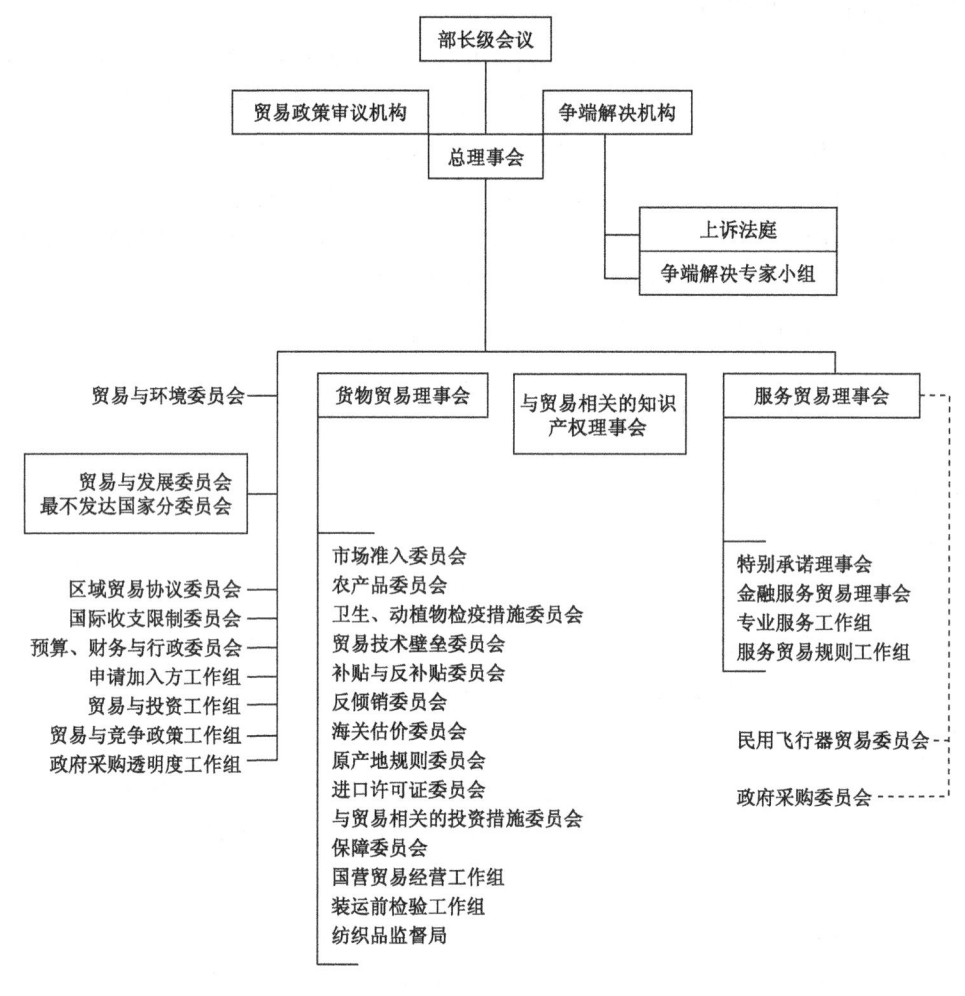

图 7.1　世界贸易组织机构

7.1.4　世界贸易组织的基本原则

1. 非歧视原则

非歧视原则是指一缔约方在实施某种限制和制裁措施时，不得对其他缔约方实施歧视待遇。非歧视原则在 WTO 中具体通过最惠国待遇原则和国民待遇原则来实现。

（1）最惠国待遇原则。

最惠国待遇原则是指缔约一方现在或将来给予任何第三方在贸易上的特权、优惠和豁免，也同样给予缔约双方或其他缔约方。按照 WTO 规定，最惠国待遇原则主要适用以下几个方面：①一切与进出口商品有关的关税和费用；②与进口商品有关的国际支付转账所征收的关税和费用；③征收上述关税和费用的方法；④进出口的规章手续；⑤与进出口商品有关的国内税和国内规章的国民待遇。

（2）国民待遇原则。

国民待遇原则是指缔约一方保证另一方的自然人、法人和商船在本国境内享有与本国自然人、法人和商船的同等待遇。国民待遇原则不仅适用于货物贸易领域，而且扩展到知识产权投资和服务贸易领域。

2．贸易自由化原则

贸易自由化原则是指所有 WTO 成员方限制和取消一切关税和非关税壁垒，消除国际贸易中的歧视待遇，提高本国市场准入的程度。贸易自由化原则主要体现在关税减让原则和禁止数量限制原则。

3．透明度原则

透明度原则是指各成员方对一切影响贸易活动的政策和措施都必须及时公开，以便各成员方政府和企业的了解和熟悉。GATT 和 WTO 实行透明度原则的目的是防止成员方之间进行不公开的贸易，从而造成歧视。

按照 WTO 规则的规定，海关的有关规定如产品分类、估价、捐税和其他费用的征收率等，影响货物销售、分配、保险、仓储等的法规及政府和机构之间缔结的影响国际贸易政策的规定都必须及时公布，不公布的贸易政策不得实施。各成员方应该维持并尽快建立司法的、仲裁的法庭和程序，并向所有成员方提供有关调查程序的详细资料。

4．公平贸易原则

公平贸易是指为维护国际贸易中的公平竞争秩序，WTO 成员方要承诺共同遵守国际贸易规则，并对违反规则的行为采取行动。公平贸易原则具体体现为互惠原则和公平竞争原则。

（1）互惠原则。

互惠原则是指 WTO 成员方之间相互给予对方以贸易上的优惠待遇。

（2）公平竞争原则。

公平竞争原则是指通过消除各成员方对贸易活动的人为干预及其带来的扭曲，维护自由市场原则，促进各成员方生产者之间的公平竞争。促进公平竞争原则主要体现在 WTO 的反倾销规则和反补贴规则，此外，消除歧视性待遇、削减非关税壁垒、扩大多边贸易规则的适用范围和保护知识产权等措施也体现了公平竞争的原则。

5．允许例外和保障措施原则

允许例外和保障措施原则是指在某些特殊的条件下，WTO 成员可以不履行已承诺的义务，对进口采取一些紧急的保障措施，如提高关税、实施数量限制等。但是，允许例外和保障措施原则在适用的条件、手段和期限等方面都具有严格的限制。

6．发展中国家优惠待遇原则

发展中国家优惠待遇原则又称非互惠待遇原则，是 WTO 处理发达成员国与发展中成员国之间贸易关系的一项基本原则。根据这一原则，为促进发展中成员国的出口贸易和经济发展，从而带动整个世界和经济的健康发展，WTO 的各项规则允许发展中成员国在相关的贸易领域，在非对等的基础上承担义务。

7.1.5 世界贸易组织的运行机制

1. 世界贸易组织的加入

（1）WTO 的成员方。

WTO 的成员方分为创始成员方和加入成员方。WTO 的创始成员方来自原来 GATT 的缔约方。WTO 是一个开放性的国际组织，任何主权国家都可以申请加入 WTO。同时，任何单独的关税区只要能证明其在对外商业关系上和 WTO 规则规定的其他事项上享有充分的自主权，也可以申请成为 WTO 的成员方。

（2）WTO 的加入程序。

一国或地区要加入 WTO，必须经过 5 个阶段：提出申请—贸易体制的审议—双边谈判—完成加入条件—加入。

2. WTO 的退出

WTO 的成员方可以退出 WTO，但这种退出必须在 WTO 总干事收到退出的书面通知之日起 6 个月后才能生效。在退出正式生效之前，申请退出者仍然是 WTO 的成员，还要继续享有相应的权利，并且要继续承担相应的义务。

3. WTO 的决策

按照 WTO 的规定，WTO 的决策首先应考虑适用协商一致原则，不能达成协商一致的实行多数票规则，但某些决策必须实行协商一致规则。对于实行多数票的决策，根据决策内容的不同，分别适用简单多数、2/3 多数、3/4 多数或反向一致规则。

在部长会议和总理事会上，每个 WTO 成员方均有且只有一票投票权，这是 WTO 同联合国、国际货币基金组织和世界银行决策机制的根本区别。

7.2 世界贸易组织的争端解决机制

7.2.1 争端解决机构

1. 争端解决机构的成立

1995 年 1 月 31 日，在世界贸易组织总理事会第一次会议上，争端解决机构正式成立。其职责包括：①成立专家组并通过其报告；②组建上诉机构并通过其报告；③监督裁决和建议的履行；④根据有关协议授权中止各项减让和其他义务。

2. 专家组

在协商或斡旋、调解和调停均不能解决争端时，成员一方有权向争端解决机构提交设立专家组申请。专家组一般由 3～5 名在国际经贸领域有丰富知识与经验的资深政府和非政府人员组成。在遴选专家组成员时，WTO 秘书处根据需要向争端各方推荐 3 名专家组成员。

当专家组成员确定有困难时，可由总干事指定。专家组成立后，应制定工作时间表，专家组应向争端各方简述事实或提交有关调查的书面报告。一般专家组向争端各方提交报告的期限不得超过 6 个月，紧急情况下要在 3 个月内提交报告。

专家组的职权范围：按照协议的有关规定，对争端解决的有关事项进行调查；对争端当事方列举的有关协议中的各项规定加以审议并提出建议；在专家组设立的过程中，争端解决机构也可根据需要授权其主席确定专家组其他的职权范围。

3．常设上诉机构

1995 年 2 月，WTO 争端解决机构建立了常设上诉机构，成员由 7 人组成，每届任期 4 年，可以连任一次。上诉机构成员必须具备法律、国际贸易及有关协议内容的专门知识，这些成员不隶属于任何国家的政府。

常设上诉机构的职责：上诉机构在任何时间接到通知即可提供服务；任何案件的上诉应由该机构的 3 名成员同时受理；上诉仅限于专家组报告中所涉及的法律问题等；上诉机构应在与总干事和争端解决机构主席磋商的基础上制定工作程序，并实施保密；上诉机构可以维持、修改或推翻专家组的法律认定和结论等。

7.2.2　争端解决的基本原则

1．多边机制原则

WTO 各成员方在发生贸易争端时，采用多边贸易机制解决。WTO 成员方承诺，不针对其认为违反贸易规则的实践采取单边行动，要诉诸多边争端解决制度，并遵守其规则与贸易争端解决机制的最终裁决。

2．统一程序原则

WTO 的争端解决机制规定成员方发生贸易争端时，要按照贸易争端解决机制所规定的统一的争端解决程序进行。

3．协商解决争端原则

WTO 的争端解决机制规定了解决争端的 3 种方法：磋商与调节；专家组与上诉；裁决。争端解决机制鼓励争端双方尽量采取协商的办法来解决问题，仲裁只能在磋商失败后进行。

4．授权救济原则

在 WTO 中，如果一方违反协议给另一方造成损失，或者阻碍了协议目标实现，各方应优先考虑争端当事方一致同意的与各协议方相一致的解决办法。如果无法达成满意的结果，申诉方可通过争端解决机制获得救济。

（1）被诉方撤除与协议不相吻合的措施。这是 WTO 争端解决机制追求的首要目标。只有在这种救济手段无效或不可能立即实施时，才采取其他手段。

（2）补偿。在不可能撤除违规措施时，采取诉诸补偿手段。

（3）报复。报复即中止减让或其他义务，是 WTO 最具特色的救济手段，也是最后的补救手段。

5. 发展中国家的优惠待遇原则

在 WTO 争端解决机制中，凡涉及发展中国家的贸易争端都做了特殊的规定，主要是给予发展中国家以好处和优惠待遇。

7.2.3 争端解决的程序

1. 磋商

一般情况下，WTO 成员如有争端，各成员方应在接到磋商申请后 10 天内对申请国做出答复，并在 30 天内开始磋商，磋商是秘密进行的。

2. 成立专家组

如果磋商未能在 60 天后达成协议，受害成员可向争端解决机构请求设立专家组审理此案。

3. 专家组审议

专家组在组成一周内确定时间表，召开专家组会议。专家小组应在 6 个月内完成工作，最长不得超过 9 个月。在紧急情况下，专家小组应在 3 个月内向争端当事方做出报告。

专家小组的报告完成后，提交给争端解决机构。为了给各成员方提供足够的时间来考虑专家小组的各项报告，争端解决机构只能在这些报告向各成员方分发 20 天后，考虑通过这些报告。对专家小组提出异议的各成员方，至少应在将要审议该项报告的争端解决机构会议的前 10 天，提交解释其异议的书面理由。专家小组报告向各成员方发送后的 60 天内，该报告应在争端解决机构会议上予以通过，除非争端一方已正式将上诉决定通知争端解决机构，或者争端解决机构协商一致决定不通过报告。

4. 上诉机构审议

若要求上诉，需要在 60 天，最迟不能超过 90 天完成审议，并向争端解决机构提交审议报告。

5. 执行裁决

在争端解决机构通过专家组或上诉机构的报告后 30 天内，当事方必须在争端解决机构会议上说明其执行建议或裁决的意向，若立即执行有困难，应该确定执行建议的合理时限。若该成员未能在规定时限内采取措施，起诉方可要求进行磋商，确定双方可以接受的补偿。20 天后补偿未果，起诉方可请求对其实施暂停减让或义务。若请求遭到反对，此问题将提交仲裁。争端解决机制监督其通过的裁决和建议的执行。案件在未解决之前，仍保留在争端解决的议事日程上。WTO 争端解决程序如图 7.2 所示。

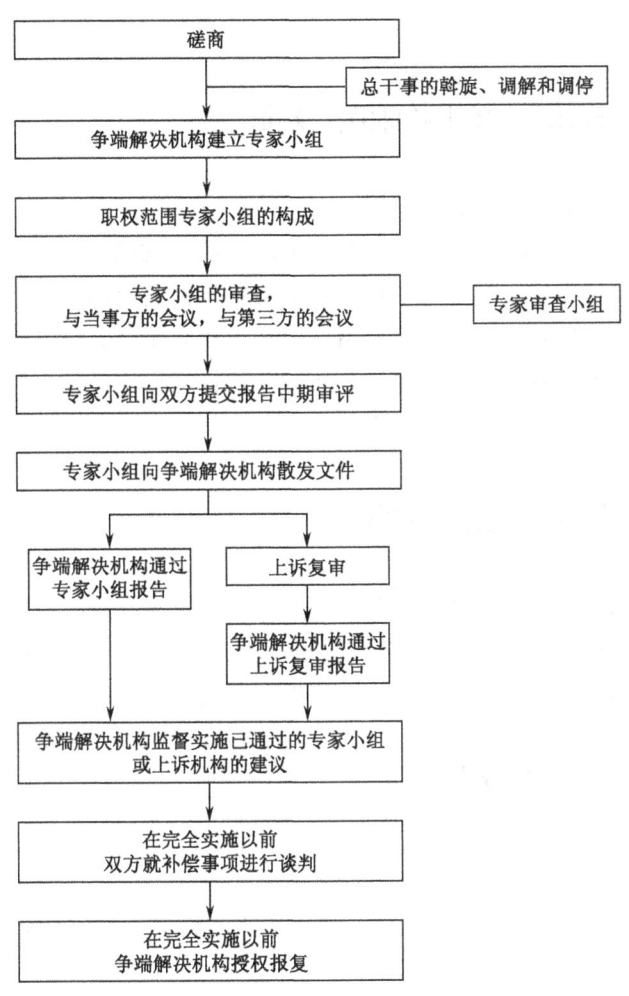

图 7.2 WTO 争端解决程序

7.3 世界贸易组织的贸易政策审议机制

7.3.1 贸易政策审议机制的建立

贸易政策审议机制是乌拉圭回合谈判最先建立的一个机制，也是乌拉圭回合谈判最先取得的成果之一。

1995 年世界贸易组织成立后，审议范围随着世界贸易组织协议统辖范围的扩大而扩大，覆盖了服务贸易、与贸易有关的投资和与贸易有关的知识产权等新的领域，并最终达成了《贸易政策审议机制》。

7.3.2　贸易政策审议机构和审议期限

WTO 总理事会作为贸易政策审议机构，主要负责贸易政策审议机制的运行，对各成员的贸易政策进行定期审议，每年确定一个审议计划，WTO 的秘书处负责贸易政策审议机构的日常工作。贸易政策审议定期进行，所有成员方均要接受定期审议，依据各成员在世界贸易中的比重确定审议期限。在世界贸易市场份额中居前 4 名的成员每 2 年审议一次；在世界贸易份额中居前 5～20 名的成员每 4 年审议一次；其他成员每 6 年审议一次；最不发达国家的审议周期可能更长。

7.3.3　贸易政策审议的内容

贸易政策审议的内容包括成员方贸易政策与措施，贸易政策的背景。贸易政策审议有两种形式，一种是对每个成员进行阶段性的全面政策审议；另一种是对 WTO 各专门机构在各成员政府通知的基础上就具体的政策措施进行详细审议。

7.3.4　贸易政策审议程序

1．磋商

贸易政策审议机构应与被审成员磋商，确定每年的评审方案，完成评审前的准备工作。

2．收集资料

收集资料主要包括被审成员提交的关于其贸易政策和实践的报告，其他 WTO 成员提供的关于被审成员贸易政策和实践的报告，WTO 秘书处根据有关情况提供的报告。

3．召开会议

贸易政策审议机构召开会议，对提交的报告进行评审。参会成员对有关贸易政策和实践提出咨询、批评和表扬，被审成员方针对提出问题进行答辩。

4．最终文件提交部长会议

WTO 秘书处负责将成员提交的报告、秘书处报告及贸易政策审议机构有关会议纪要三份文件提交部长会议，以记录在案。

本章小结

在 GATT 的基础上成立的 WTO，其多边贸易体制的法律框架更加明确，争端解决机制更加有效与可靠；关税进一步降低，货物贸易领域的发放程度加大。WTO 的宗旨有利于世界经济的可持续发展，中国经济的发展目标与其一致。

思考练习

（1）与关贸总协定相比，WTO 的法律地位有哪些特点？
（2）WTO 的宗旨是什么？
（3）WTO 的主要职能是什么？
（4）WTO 的组织结构是怎样的？
（5）WTO 的基本原则有哪些？

第8章
国际贸易术语

📖 本章提要

在国际货物买卖中，买卖双方在交易磋商和合同签订过程中，都需要使用贸易术语确定双方在交接货物过程中的权利与义务，在贸易中发生的费用、责任等由谁承担，这对双方的利益有直接的影响。学习和掌握国际贸易中现行的各种贸易术语及其有关的国际惯例，具有十分重要的意义。

📖 学习目标

（1）理解国际贸易术语的含义及性质；

（2）掌握《2010 年国际贸易术语解释通则》中 11 种贸易术语的基本含义；

（3）能够熟练使用 FOB（Free on Board，船上交货）、CFR（Cost and Freight，成本加运费）、CIF（Cost，Insurance and Freight，成本、保险费加运费）3 种主要术语，并能进行有关案例的分析。

引导案例

我国某公司从美国进口山地自行车 100 辆，外商报价为每件 238 美元 FOB Vessel New York，我方如期将金额为 23 800 美元的不可撤销即期信用证开抵卖方，但美商要求将信用证金额增加至 24 300 美元，否则有关的出口通关费用将由我方另行电汇。美商的要求是否合理？为什么？

8.1 国际贸易惯例

🌑 8.1.1 贸易术语的国际贸易惯例

贸易术语是在国际贸易实践中逐渐形成的，在很长的时间内，在国际上没有形成对各种贸易术语的统一解释。不同国家和地区在使用贸易术语和规定交货条件时，有着各种不同的解释和做法，一个合同的当事人对于对方国家的习惯解释，往往不甚了解，这就会引起当事人之间的误解、争议和诉讼，既浪费了各自的时间和金钱，也影响了国际贸易的发展。为了解决这一问题，国际商会、国际法协会等国际组织及美国一些著名商业团体经过长期的努力，分别制定了解释国际贸易术语的规则，这些规则在国际上被广泛采用，形成了一般的国际贸易惯例。

现行的有关贸易术语的国际贸易惯例主要有 3 种，即《1932 年华沙—牛津规则》《1990

年美国对外贸易定义修订本》《2010 年国际贸易术语解释通则》。

1.《1932 年华沙—牛津规则》(*Warsaw-Oxford Rules 1932*)

《1932 年华沙—牛津规则》是国际法协会专门为解释 CIF 合同而制定的。19 世纪中叶，国际贸易中广泛采用 CIF 贸易术语，然而对使用这一术语时买卖双方各自承担的具体义务，并没有统一的规定和解释。对此，国际法协会于 1928 年在波兰首都华沙，制定了关于 CIF 买卖合同的统一规则，称为《1928 年华沙规则》，此规则共包括 22 条。其后，在 1930 年的纽约会议、1931 年的巴黎会议和 1932 年的牛津会议上，将此规则修订为 21 条，并更名为《1932 年华沙—牛津规则》，沿用至今。这一规则对 CIF 的性质、买卖双方承担的风险、责任和费用的划分及所有权转移的方式等问题都做了比较详细的解释。

2.《1990 年美国对外贸易定义修订本》(*Revised American Foreign Trade Definitions 1990*)

《1990 年美国对外贸易定义修订本》(简称"美国对外贸易定义")是由美国几个商业团体制定的。它最早被称为《美国出口报价及其缩写条例》，在 1919 年制定于纽约，后来在 1941 年美国第 27 届全国对外贸易会议上被修订。这一修订本经美国商会、美国进口商协会和全国对外贸易协会所组成的联合委员会通过，由全国对外贸易协会予以公布。1990 年根据形势发展的需要，其被再次修订，并被命名为《1990 年美国对外贸易定义修订本》。

《1990 年美国对外贸易定义修订本》中所解释的贸易术语共有 6 种，分别为：①EXW(Ex Works，产地交货)；②FOB(Free on Board，在运输工具上交货)；③FAS(Free Along Side，在船边交货)；④CFR(Cost and Freight，成本加运费)；⑤CIF(Cost, Insurance and Freight，成本、保险费加运费)；⑥DEQ(Delivered Ex Quay，目的港码头交货)。

"美国对外贸易定义"主要在美洲一些国家采用，由于它对贸易术语的解释，特别是对第②种和第③种术语的解释与《2010 年国际贸易术语解释通则》有明显差异，所以在同美洲国家进行交易时应加以注意。

3.《2010 年国际贸易术语解释通则》(*INCOTERMS 2010*，简称"2010 通则")

《2010 年国际贸易术语解释通则》是国际商会为了统一对各种贸易术语的解释而制定的。最早的通则产生于 1936 年，后来进行过多次修订。现行的"2010 通则"于 2010 年 10 月修订完成，并于 2011 年 1 月 1 日起生效。这次修订的主要目的是扩大"2010 通则"的适用范围。国际商会注意到许多国家的企业将原本只适用于国际贸易的贸易术语在国内贸易中也大量运用，这成为近年来贸易发展的一个重要趋势，国际商会决定接受这一现实，在修订时对术语的解释做了相应的调整。此外，"2010 通则"还根据各国代表的意见，对原"2000 通则"中的贸易术语的种类进行了整合，对术语的内容进一步完善，使之更方便使用。修订时掌握的主要原则是为稳定贸易制度环境，可改可不改的，不改；语言表述上更符合业务习惯，更加明确，易于理解；尽量保持与《联合国国际货物销售合同公约》的协调。

"2010 通则"对"2000 通则"的修改从形式上看主要有以下几个方面。

(1)对部分贸易术语进行了删改。

"2000 通则"中包含 13 种术语，它们分别是 EXW(产地交货)、FCA(货交承运人)、FAS(船边交货)、FOB(船上交货)、CFR(成本加运费)、CIF(成本、保险费加运费)、CPT(运费付至指定目的地)、CIP(运费、保险费付至指定目的地)、DAF(边境交货)、DES(目的港船上交货)、DEQ(目的港码头交货)、DDU(未完税交货)和 DDP(完税后交货)。"2010 通则"中的贸易术语为 11 种，其中以 DAP(目的地交货)取代了 DAF、DES

和 DDU，以 DAT（运输终端交货）取代了 DEQ。

（2）改变了原来的术语分类标准。

"2000 通则"将其包含的 13 种术语，按照起始字母的不同分为 E、F、C、D 4 组。"2010 通则"根据它们适用的运输方式分为 2 类，即适用各种运输方式的术语和仅适用水上运输方式的术语。按照新的分类，适用各种运输方式的术语包括 EXW、FCA、CPT、CIP、DAT、DAP 和 DDP 7 种；仅仅适用水上运输方式的术语包括 FAS、FOB、CFR 和 CIF 4 种。

（3）将每种贸易术语项下买卖双方各自承担的义务的排列方法进行了调整。

"2000 通则"将每种贸易术语项下卖方和买方各自应承担的义务相互交叉对比，纵向排列，即在规定卖方每项义务后，紧接着规定买方的相对应的义务。"2010 通则"则不再纵向交叉对比，而是横向比较，如下所示。

A．卖方义务	B．买方义务
A1 卖方一般义务	B1 买方一般义务
A2 许可证、授权、安检通关和其他手续	B2 许可证、授权、安检通关和其他手续
A3 运输合同与保险合同	B3 运输合同与保险合同
A4 交货	B4 收取货物
A5 风险转移	B5 风险转移
A6 费用划分	B6 费用划分
A7 通知买方	B7 通知卖方
A8 交货凭证	B8 交货证据
A9 查对—包装—标记	B9 货物检验
A10 协助提供信息及相关费用	B10 协助提供信息及相关费用

在进行国际贸易时，当事人除订立买卖合同外，往往还要涉及运输合同、保险合同、融资合同等。这些合同相互关联，互相影响，但"2010 通则"只限于对货物买卖合同中交易双方权利和义务的规定。作为合同的卖方，其基本义务可概括为交货、交单和转移货物的所有权，而"2010 通则"仅涉及前两项内容，并不涉及货物的价格和所有权问题，也不涉及违约及其产生的后果问题。对于后面这些问题，当事人可以在合同中做出明确具体的规定。

因为通则在世界范围内的影响力越来越大，因此，国际商会在进行最近的修订时力图保持它的相对稳定性。此外，要注意的是，并非"2010 通则"实施之后"2000 通则"就自动废止，当事人在订立贸易合同时仍然可以选择适用"2000 通则"。

8.1.2 国际贸易惯例应用

国际贸易惯例是国际组织或权威机构为减少贸易争端、规范贸易行为，在长期、大量贸易实践的基础上制定出来的。由此可见，贸易惯例与习惯做法是有区别的，国际贸易业务中反复实践的习惯做法经过权威机构加以总结、编纂与解释，从而形成了国际贸易惯例。美国《统一商法典》对惯例的解释是："一项贸易惯例是在某个地方、某个行业或贸易中所惯常奉行的某种做法或方法，并以之判定发生争议的交易中应予奉行的所期望的行为模式。"

惯例本身不是法律，它对贸易双方不具有强制性约束力，故买卖双方有权在合同中做出与某项惯例不一致的规定。只要合同有效成立，双方均要履行合同规定的义务，一旦发生争议，法院和仲裁机构也要维护合同的有效性。但是，国际贸易惯例对贸易实践仍具有重要的规范作用，这种作用主要体现在两个方面。

（1）如果双方都同意采用某种惯例来约束该项交易，并在合同中做出明确规定，那么这项约定的惯例就具有强制性。《1932 年华沙—牛津规则》在总则中说明："这一规则供交易双方自愿采用，凡明示采用《1932 年华沙—牛津规则》者，合同当事人的权利和义务均应援引本规则的规定办理。经双方当事人明示协议，可以对本规则的任何一条进行变更、修改或增添。如本规则与合同发生矛盾，应以合同为准。凡合同中没有规定的事项，应按本规则的规定办理。"在《1990 年美国对外贸易定义修订本》中也有类似规定："此修订本并无法律效力，除非有专门的立法规定或为法院判决所认可。因此，为使其对各有关当事人产生法律上的约束力，建议买方与卖方接受此定义作为买卖合同的一个组成部分。"国际商会在"2010 通则"的引言中指出，如果想在合同中使用"2010 通则"，应在合同中用类似词语做出明确表示。许多大宗交易的合同中也都做出采用何种规则的规定，这有助于避免由于对贸易术语的不同解释而引起的争议。

（2）如果双方在合同中既未排除，也未注明该合同适用某项惯例，在合同执行中发生争议时，受理该争议案的司法和仲裁机构也往往会引用某一国际贸易惯例进行判决或裁决。对此，《联合国国际货物销售合同公约》指出，一方面，双方当事人业已同意的任何惯例和之间确立的任何习惯做法，对双方当事人有约束力。另一方面，除非另有协议，双方当事人应视为默示地同意对他们的合同或合同的订立适用双方当事人已经知道或理应知道的惯例。在国际贸易中，这种惯例已为有关特定贸易所涉同类合同的当事人所广泛知道并为他们所经常遵守。

由此可见，国际贸易惯例虽然不具有强制性，但它对国际贸易实践的规范作用却不容忽视。在我国的对外贸易中，在平等互利的前提下，适当采用这些惯例，有利于外贸业务的开展。通过学习有关国际贸易惯例的知识，可以帮助我们避免或减少贸易争端，即使在发生争议时，也可以引用某项惯例，争取有利地位，减少不必要的损失。

8.2　适用水上运输方式的贸易术语

8.2.1　FOB、CFR 和 CIF 术语

1. FOB 术语

（1）对 FOB 术语的解释。

FOB 的英文是 Free on Board（…named port of shipment），即船上交货（……指定装运港），其后应注明《2010 年国际贸易术语解释通则》。

FOB 习惯称为船上交货，是国际贸易中常用的贸易术语之一。在 FOB 项下，卖方要在合同中约定的日期或期限内，将货物运到合同规定的装运港口，并交到买方指派的船只上，即完成其交货义务。另外，卖方要提交商业发票及合同要求的其他单证。

（2）关于买卖双方义务的规定。

① 风险转移问题：卖方在装运港将货物交到买方所派船只上时，货物损坏或灭失的风险由卖方转移给买方。

② 通关手续问题：a. 卖方自负风险和费用，取得出口许可证或其他官方批准证件，并且办理货物出口所需的一切海关手续；b. 买方自负风险和费用，取得进口许可证或其他

官方批准证件，并且办理货物进口和从第三国过境运输所需的一切海关手续。

③ 运输合同和保险合同：a. 卖方对买方无订立运输合同的义务，但如果买方有要求，或者按照商业习惯，在买方承担风险和费用的情况下，卖方也可以按照通常条件订立运输合同；b. 卖方对买方无订立保险合同的义务，但应买方的要求，并在买方承担风险和费用的情况下，卖方必须向买方提供其办理保险所需的信息。

④ 主要费用的划分：a. 卖方承担交货前涉及的各项费用，包括办理货物出口应缴纳的关税和其他费用；b. 买方承担交货后涉及的各项费用，包括从装运港到目的港的运费，以及办理进口手续时应缴纳的关税和其他费用。

⑤ 适用的运输方式：FOB 适用水上运输方式。FOB 与 FAS 相比较，二者都是在装运港交货，都只适用于水上运输方式；主要区别在于 FAS 是在装运港船边完成交货，FOB 则是在船上完成交货。

（3）使用 FOB 术语应注意的问题。

① 关于风险划分界限的变更。"2000 通则"中规定，FOB 以装运港船舷作为划分风险的界限。"船舷为界"表明货物在装船时越过船舷之前的风险，包括在装船时货物跌落码头或海中所造成的损失，均由卖方承担。货物越过船舷装上船之后，包括在起航前和在运输过程中所发生的损坏或灭失，都由买方承担。"2010 通则"中关于 FOB 条件下风险划分的界限问题，不再规定以"船舷为界"，而规定以货物装到船上，风险才由卖方转移给买方，这是需要当事人予以注意的。

② 关于船货衔接问题。按照 FOB 术语成交的合同属于装运合同，这类合同中卖方的一项基本义务是按照规定的时间和地点完成装运。FOB 条件下是由买方负责安排运输工具，即买方负责租船订舱，所以就存在船货衔接的问题。如果处理不当，就会影响合同的顺利执行。根据有关法律和惯例，如果买方未能按时派船（包括未经对方同意提前将船派到和延迟派到装运港），卖方都有权拒绝交货，而且由此产生的各种损失，如空舱费（Dead Freight）、滞期费（Demurrage）及卖方增加的仓储费等，均由买方负担。如果买方指派的船只按时到达装运港，而卖方却未能备妥货物，那由此产生的上述费用由卖方承担。有时双方按 FOB 价格成交，而后来买方又委托卖方办理租船订舱，卖方也可酌情接受。但这属于代办性质，其风险和费用仍由买方承担，即运费和手续费由买方支付。而且如果卖方租不到船，其不承担后果，买方无权撤销合同或索赔。总之，按 FOB 成交，对于装运期和装运港要慎重规定，签约之后，有关备货和派船事宜，也要加强联系，密切配合，保证船货的衔接。

③ 个别国家对 FOB 的不同解释。以上有关 FOB 的解释都是按照国际商会的"2010 通则"做出的，然而，不同的国家和不同的惯例对 FOB 的解释并不完全统一。它们之间的差异在有关交货的地点、风险划分界限及卖方承担的责任和义务等方面的规定上都可体现出来。例如，在北美国家采用的《1990 年美国对外贸易定义修订本》中，将 FOB 分为 6 种类型，其中前 3 种是在出口国内陆发货地点的内陆运输工具上交货；第 4 种是在出口地点的内陆运输工具上交货；第 5 种是在装运港船上交货；第 6 种是在进口国指定的内陆地点交货。上述第 4 种和第 5 种在使用时应加以注意，因为这两种术语在交货地点上有可能相同。例如，都是在旧金山交货，如果买方要求在装运港口的船上交货，则应在 FOB 和港名之间加上"Vessel"字样，变成"FOB Vessel San Francisco"，否则，卖方有可能按第 4 种情况在旧金山市的内陆运输工具上交货。

另外，关于办理出口手续问题上也存在分歧。按照"2010 通则"的解释，FOB 条件下，卖方义务之一是"自负风险及费用，取得出口许可证或其他官方批准证件，并办理货物出口所必需的一切海关手续"。但是，按照《1990 年美国对外贸易定义修订本》的解释，卖方只是"在买方请求并由其负担费用的情况下，协助买方取得由原产地及/或装运地国家签发的，为货物出口或在目的地进口所需的各种证件"。

2．CFR 术语

（1）对 CFR 术语的解释。

CFR 的英文是 Cost and Freight（...named port of destination），即成本加运费（……指定目的港），其后应注明《2010 年国际贸易术语解释通则》。

成本加运费又称运费在内价，是国际贸易中常用的贸易术语之一。在 CFR 项下，卖方要在合同中约定的日期或期限内，将货物运到合同规定的装运港口，并交到自己安排的船只上，或者以取得货物已装船证明的方式完成其交货义务。另外，卖方要提交商业发票及合同要求的其他单证。

（2）关于买卖双方义务的规定。

① 风险转移问题：卖方在装运港完成其交货义务时，货物损坏或灭失的风险由卖方转移给买方。

② 通关手续问题：a. 卖方自负风险和费用，取得出口许可证或其他官方批准证件，并且办理货物出口所需的一切海关手续；b. 买方自负风险和费用，取得进口许可证或其他官方批准证件，并且办理货物进口和第三国过境运输所需的一切海关手续。

③ 运输合同和保险合同：a. 卖方必须按照通常条件订立或取得运输合同，将货物运到合同约定的目的港；b. 卖方对买方无订立保险合同的义务。但应买方的要求，并在买方承担风险和费用的情况下，卖方必须向买方提供其办理保险所需的信息。

④ 主要费用的划分：a. 卖方承担交货前所涉及的各项费用，包括需要办理出口手续时所应缴纳的关税和其他费用，卖方还要支付从装运港到目的港的运费和相关费用；b. 买方承担交货后涉及的各项费用，包括办理进口手续时所应缴纳的关税和其他费用。

⑤ 适用的运输方式：CFR 术语适用水上运输方式。

（3）使用 CFR 术语应注意的问题。

① 应了解 CFR 与 FOB 的异同点。相同点：它们都是在装运港交货，风险划分均以货物在装运港装上船为界，都适用水上运输方式，都是由卖方负责办理出口手续，买方负责办理进口手续。不同点：办理从装运港至目的港的运输责任和费用的承担方不同。FOB 条件下，由买方订立运输合同并承担相关费用；而在 CFR 条件下，由卖方订立运输合同并承担相关费用。

② 关于卖方的装运义务。采用 CFR 成交时，卖方要承担将货物由装运港运往目的港的义务。为保证能按时完成在装运港交货的义务，卖方应根据货源和船源的实际情况合理地规定装运期。装运期一经确定，卖方就应及时租船订舱和备货，并按规定的期限发运货物。按照《联合国国际货物销售合同公约》的规定，卖方延迟装运或提前装运都是违反合同的行为，并要承担违约的责任。买方有权根据具体情况拒收货物或提出索赔。

③ 装船通知的重要作用。按照 CFR 条件达成的交易，卖方需要特别注意的问题是，货物装船后必须及时向买方发出装船通知，以便买方收取货物和办理投保手续。根据英国

《1893 年货物买卖法》（1979 年修订）规定："如果卖方未向买方发出装船通知，致使买方未能办理货物保险，那么货物在海运途中的风险被视为卖方负担。"这就是说，如果货物在运输途中遭受损失或灭失，由于卖方未发出通知而使买方漏保，那么卖方就不能以风险在装运港船上转移为由免除责任。由此可见，尽管在 FOB 和 CIF 条件下，卖方装船后也应向买方发出通知，但 CFR 条件下的装船通知，具有更为重要的意义。

3．CIF 术语

（1）对 CIF 术语的解释。

CIF 的英文是 Cost Insurance and Freight（...named port of destination），即成本、保险费加运费（……指定目的港），其后应注明《2010 年国际贸易术语解释通则》。

CIF 又称运费保险费在内价，是国际贸易中常用的贸易术语之一。在 CIF 项下，卖方要在合同中约定的日期或期限内，将货物运到合同规定的装运港口，并交到自己安排的船只上，或者以取得货物已装船证明的方式完成其交货义务。此外，卖方还要为买方办理海运货物保险，并提交商业发票及合同要求的其他单证。

（2）关于买卖双方义务的规定。

① 风险转移问题：卖方在装运港完成其交货义务时，货物损坏或灭失的风险由卖方转移给买方。

② 通关手续问题：a. 卖方自负风险和费用，取得出口许可证或其他官方批准证件，并且办理货物出口所需的一切海关手续；b. 买方自负风险和费用，取得进口许可证或其他官方批准证件，并且办理货物进口和从第三国过境运输所需的一切海关手续。

③ 运输合同和保险合同：a. 卖方必须按照通常条件订立或取得运输合同，将货物运到合同约定的目的港；b. 卖方对买方有义务签订保险合同。保险合同应与信誉良好的保险公司订立，买方或其他对货物有可保利益者有权直接向保险人索赔。

④ 主要费用的划分：a. 卖方承担交货前涉及的各项费用，包括需要办理出口手续时所应缴纳的关税和其他费用，卖方还要支付从装运港到目的港的运费和相关费用，并且承担办理水上运输保险的费用；b. 买方承担交货后涉及的各项费用，包括办理进口手续时所应缴纳的关税和其他费用。

⑤ 适用的运输方式：CIF 术语适用水上运输方式。

（3）使用 CIF 术语应注意的问题。

① 保险险别问题。CIF 术语中的"I"为 Insurance，即保险。从价格构成来讲，它是指保险费，即货价中包括保险费；从卖方的责任讲，他要负责办理货运保险。办理保险须明确险别，不同险别，保险人承担的责任范围不同，收取的保险费率也不同。按 CIF 术语成交，一般在签订买卖合同时，在合同的保险条款中，明确规定保险险别、保险金额等内容，卖方应按照合同的规定办理投保。如果合同中未就保险险别等问题做出具体规定，那就要根据有关惯例来处理。涉及 CIF 术语的国际贸易惯例有国际商会的"2010 通则"、《1990 年美国对外贸易定义修订本》《1932 年华沙—牛津规则》。

按照"2010 通则"对 CIF 的解释，"该保险需要至少符合《协会货物保险条款》的 C 款或类似条款的最低险别"。但在买方要求时，并由买方承担费用的情况下，可加保任何附加险别。按照《1990 年美国对外贸易定义修订本》解释，"对于保险险别，双方应共同明确是投保水渍险或平安险及属于特定行业应保的其他险别，或者是买方需要获得单独保障的险别"。关于战争险，是在买方负担费用的情况下，由卖方代为投保，或者经卖方同意，由买方自行投保。《1932 年华沙—牛津规则》规定，卖方应"按照特定行业惯例或在规定航线上应投保的一切风险"办理投保手续。一般情况下，卖方不负责投保战争险，除非合同中有投保战争险的规定，或者买方有要求，并由买方承担费用时，卖方才可加保战争险。

② 租船订舱问题。采用 CIF 术语成交，卖方的基本义务之一是租船订舱，办理从装运港至目的港的运输事项。关于运输问题，各个惯例的规定也不尽相同。"2010 通则"的解释是，卖方"按照通常条件自行负担费用订立运输合同，将货物按惯常路线用通常类型可供装载该合同货物的海上航行船只（或适当的内河运输船只）装运至指定目的港"。《1990 年美国对外贸易定义修订本》中只是笼统地规定卖方"负责安排货物运至指定目的地的运输事宜，并支付其费用"。《1932 年华沙—牛津规则》中对于这一问题规定较为详细。

知识窗

《1932 年华沙—牛津规则》在其第 8 条中规定："（1）在买卖合同规定由特定船只装运，或者一般地应由卖方租赁全部或部分船只，并承担将货物装船的情况下，非经买方同意，卖方不得随意改用其他船只代替。买方也不应不合理地拒绝同意。（2）如果买卖合同规定用蒸汽船装运（未指定船名），卖方在其他条件相同的情况下，可用蒸汽船或内燃机船运给买方。（3）如果买卖合同未规定运输船只的种类，或者合同内使用'船只'这样的笼统名词，除依照特定行业惯例外，卖方有权使用通常在此路线上装运类似货物的船只来装运。"

③ 象征性交货问题。从交货方式来看，CIF 是一种典型的象征性交货（Symbolic Delivery），象征性交货是针对实际交货（Physical Delivery）而言的。前者指卖方只要按期在约定地点完成装运，并向买方提交合同规定的包括物权凭证在内的有关单证，就算完成交货义务，而无须保证到货，后者则是指卖方要在规定的时间和地点，将符合合同规定的货物提交给买方或其指定人，而不能以交单代替交货。可见，在象征性交货方式下，卖方是凭单交货，买方是凭单付款，只要卖方如期向买方提交了合同规定的全套合格单据（名称、内容和份数相符的单据），即使货物在运输途中损坏或灭失，买方也必须履行付款义务。反之，如果卖方提交的单据不符合要求，即使货物完好无损地运达目的地，买方仍有权拒绝付款。必须指出，按 CIF 术语成交，卖方履行其交单义务，只是得到买方付款的前提条件，除此之外，卖方还必须履行交货义务。如果卖方提交的货物不符合要求，买方即使已经付款，仍然可以根据合同的规定向卖方提出索赔。

8.2.2　FAS 术语

1. 对 FAS 术语的解释

FAS 的英文是 Free Along side Ship（...named port of shipment），即船边交货（……指定装运港），其后应注明《2010 年国际贸易术语解释通则》。

FAS 术语又称装运港船边交货。在 FAS 项下，卖方要在合同中约定的日期或期限内，将货物运到合同规定的装运港口，并交到买方指派的船只的旁边，即完成其交货义务。另外，卖方要提交商业发票及合同要求的其他单证。

2. 关于买卖双方义务的规定

（1）风险转移问题。

卖方在装运港将货物交到买方所派船只的旁边时，货物损坏或灭失的风险由卖方转移给买方。

（2）通关手续问题。

① 卖方自负风险和费用，取得出口许可证或其他官方批准证件，并且办理货物出口所需的一切海关手续。

② 买方自负风险和费用，取得进口许可证或其他官方批准证件，并且办理货物进口和从第三国过境运输所需的一切海关手续。

（3）运输合同和保险合同。

① 卖方对买方无订立运输合同的义务，但如果买方有要求，或者按照商业习惯，在买方承担风险和费用的情况下，卖方也可以按照通常条件订立运输合同。

② 卖方对买方无订立保险合同的义务。但应买方的要求，并在买方承担风险和费用的情况下，卖方必须向买方提供其办理保险所需的信息。

（4）主要费用的划分。

① 卖方承担交货之前的一切费用，包括办理货物出口所应缴纳的关税和其他费用。

② 买方承担受领货物之后所发生的一切费用，包括装船费用及将货物从装运港运往目的港的运输、保险和其他各种费用，以及办理货物进口涉及的关税和其他费用。

（5）适用的运输方式。

FAS 术语仅适用海运和内河水上运输方式。

3. 使用 FAS 术语应注意的问题

（1）应了解不同惯例对 FAS 的不同解释。

根据"2010 通则"的解释，FAS 术语只适用于包括海运在内的水上运输方式，交货地点只能是装运港。但是，按照《1990 年美国对外贸易定义修订本》的解释，FAS 是 Free Along Side 的缩写，即交到运输工具的旁边，并不一定是在装运港的船边。因此，在同北美国家的交易中使用 FAS 术语时，应在 FAS 后面加上"Vessel"字样，以明确表示"船边交货"。

（2）应考虑不同的运输包装方式。

在选择 FAS 术语时，当事人应考虑具体交易中采用的运输包装方式。按照"2010 通则"的解释，如果货物采用的是集装箱运输方式，通常是由卖方将该货物运到集装箱货运站，交给买方指定的承运人，而不是交到装运港船边。所以，在采用集装箱运输的情况下，不适宜选用 FAS 术语。

（3）要注意船货衔接问题。

在 FAS 条件下，从装运港至目的港的运输合同要由买方负责订立，买方要及时将船名和要求装货的具体时间、地点通知卖方，以便卖方按时做好备货出运工作。卖方也应将货物交至船边的情况及时通知买方，以利于买方办理装船事项。如果买方指派的船只未按时到港接受货物，或者比规定的时间提前停止装货，或者买方未能及时发出派船通知，只要货物已被清楚地划出或以其他方式确定为本合同项下的货物，由此而产生的风险和损失均由买方承担。另外，如果买方所派的船只不能靠岸，卖方则要负责用驳船把货物运至船边，仍在船边交货，装船的责任和费用由买方负担。

8.2.3 常用贸易术语的变形

国际贸易中使用最多的贸易术语是装运港交货的 FOB、CFR 和 CIF 术语。按照 FOB

成交时，有关装船费用的负担问题，以及按照 CFR 和 CIF 成交时由谁负担卸货费用问题，各国的惯例或习惯做法并不完全一致。

关于贸易术语的变形是否应在通则中加以明确规定，国际商会的最终意见是，"2010 通则"中不做具体规定，但也不反对当事人使用贸易术语的变形，使用时建议在合同中做出明确规定。如果贸易术语的变形涉及风险和费用的变化，应在合同中具体说明，以避免误解。

1. FOB 的变形

FOB 的变形是为解决装船费用由谁负担的问题而产生的，按照以往的做法主要包括以下几种。

（1）FOB Liner Terms（FOB 班轮条件）。

这一变形是指装船费用按照班轮的做法处理，即由船方或买方承担。所以，采用这一变形，卖方不负担装船的有关费用。

（2）FOB Under Tackle（FOB 吊钩下交货）。

这一变形是指卖方负担费用将货物交到买方指定船只的吊钩所及之处，而吊装入舱及其他各项费用，一概由买方负担。

（3）FOB Stowed（FOB 理舱费在内）。

这一变形是指卖方负责将货物装入船舱并承担包括理舱费在内的装船费用。理舱费是指货物入舱后进行安置和整理的费用。

（4）FOB Trimmed（FOB 平舱费在内）。

这一变形是指卖方负责将货物装入船舱并承担包括平舱费在内的装船费用。平舱费是指对装入船舱的散装货物进行平整所需的费用。

2. CFR 的变形

CFR 的变形不同于 FOB 的变形，它是为解决大宗货物在租船运输中的卸货费用负担问题而产生的。业务中常见的变形有以下几种。

（1）CFR Liner Terms（CFR 班轮条件）。

这一变形是指卸货费按班轮做法办理，即买方不负担卸货费。

（2）CFR Landed（CFR 卸至码头）。

这一变形是指由卖方承担卸货费，包括可能涉及的驳船费在内。

（3）CRF Ex Tackle（CFR 吊钩下交接）。

这一变形是指卖方负责将货物从船舱吊起一直卸到吊钩所及之处（码头上或驳船上）的费用，船舶不能靠岸时，驳船费用由买方负担。

（4）CFR Ex Ship's Hold（CFR 舱底交接）。

按此条件成交，船到目的港在船上办理交接后，由买方自行启舱，并负担货物由舱底卸至码头的费用。

3. CIF 的变形

CIF 的变形与 CFR 的变形完全相同，都是为解决大宗货物在租船运输中的卸货费负担问题而产生的。主要有 CIF Liner Terms、CIF Landed、CIF Ex Tackle、CIF Ex Ship's Hold 4 种。

综上所述，贸易术语的变形是为解决装卸费用的负担问题而产生的，至于这些变形会不会影响风险划分的问题，传统的说法是，贸易术语的变形只是用以解决装卸费用的负担问题，并不改变交货地点和风险划分的界限。但在实际业务中，由于一些当事人理解和掌握上的偏差，往往为此引起争执，所以国际商会在"2010 通则"的引言中指出，在签订买卖合同时，有必要明确规定贸易术语的变形是仅限于费用的划分，还是包括风险在内，应该说，这是一种较为稳妥的做法。

8.3 适用各种运输方式的贸易术语

8.3.1 FCA、CPT 和 CIP 术语

1. FCA 术语

（1）对 FCA 术语的解释。

FCA 的英文是 Free Carrier（...named place of delivery），即货交承运人（……指定交货地点），其后应注明《2010 年国际贸易术语解释通则》。

根据"2010 通则"的解释，按 FCA 条件成交时，卖方是在合同中约定的日期或期限内在其所在地或其他约定地点把货物交给买方指定的承运人完成其交货义务。此外，卖方要提交商业发票及合同要求的其他单证。

（2）关于买卖双方主要义务的规定。

① 风险转移问题：卖方承担将货物交给承运人控制之前的风险，买方承担将货物交给承运人控制之后的风险。

② 通关手续问题：a. 卖方自负风险和费用，取得出口许可证或其他官方批准证件，并且办理货物出口所需的一切海关手续；b. 买方自负风险和费用，取得进口许可证或其他官方批准证件，并且办理货物进口以及通过第三国过境所需的一切海关手续。

③ 运输合同和保险合同：a. 卖方对买方无订立运输合同的义务，但如果买方有要求，并在由买方承担风险和费用的情况下，卖方可以按照通常条件订立运输合同；b. 卖方对买方无订立保险合同的义务，但应买方的要求，并在由其承担风险和费用的情况下，卖方必须向买方提供其办理保险所需的信息。

④ 主要费用的划分：a. 卖方承担在交货地点交货前所涉及的各项费用，包括办理货物出口所应缴纳的关税和其他费用；b. 买方承担在交货地点交货后所涉及的各项费用，包括办理货物进口所涉及的关税和其他费用。此外，买方要负责签订从指定地点承运货物的合同，支付有关的运费。

⑤ 适用的运输方式：FCA 适用各种运输方式，包括公路、铁路、江河、海洋、航空运输及多式联运。

（3）使用 FCA 术语应注意的问题。

① 关于承运人和交货地点。FCA 条件下，通常是由买方安排承运人，与其订立运输合同，并将承运人的情况通知卖方。这里所说的承运人可以是拥有运输工具的实际承运人，也可以是运输代理人或其他人。按照"2010 通则"的解释，如果双方约定的交货地点是在卖方所在地，卖方要负责把货物装上买方安排的承运人提供的运输工具；如果交货地点是

在其他地方，卖方只需要将货物运交给承运人，在自己所提供的运输工具上完成交货义务。"2010 通则"特别建议交易双方尽可能清楚地写明指定交货地内的交付点。如果在约定地点没有明确具体的交货点，或者有几个交货点可供选择，那么卖方可以从中选择为完成交货义务最适宜的交货点。

② FCA 条件下风险转移的问题。在采用 FCA 术语成交时，买卖双方的风险划分是以货交承运人为界，在海洋运输及陆运、空运等其他运输方式下都是如此。采用 FCA 条件成交时，通常情况下是由买方负责订立运输契约，并将承运人名称及有关事项及时通知卖方，卖方才能如约完成交货义务，并实现风险的转移。而如果买方没有及时给予卖方上述通知，或者其指定的承运人在约定的时间未能接受货物，其后的风险是否仍由卖方承担呢？"2010 通则"的解释是，"自规定的交付货物的约定日期或期限届满之日起，若无约定日期，则按卖方完成交货时的通知日期起算，由买方承担货物灭失或损坏的一切风险，但以货物已被划归本合同项下为前提条件"。

③ 有关责任和费用的划分问题。FCA 适用包括多式联运在内的各种运输方式，卖方交货的地点也因采用的运输方式不同而异。根据"2010 通则"的解释，不论在何处交货，卖方都要自负风险和费用，取得出口许可证或其他官方批准证件，并办理货物出口所需的一切海关手续。这一规定对于一些出口国的内地口岸就地交货和交单结汇的做法是十分适宜的。

按照 FCA 成交，一般是由买方自行订立从指定地点承运货物的合同，如果买方有要求，并在买方承担风险和费用的情况下，卖方也可以代替买方指定承运人并订立运输合同。当然，卖方也可以拒绝订立运输合同，如果拒绝，应立即通知买方，以便买方另行安排。

2. CPT 术语

（1）对 CPT 术语的解释。

CPT 的英文是 Carriage Paid To（...named place of destination），即运费付至（……指定目的地）。其后应注明《2010 年国际贸易术语解释通则》。

根据"2010 通则"的解释，按 CPT 条件成交时，卖方要在合同中约定的日期或期限内，将合同中规定的货物交给卖方自己指定的承运人或第一承运人，完成其交货义务。此外，卖方要提交商业发票及合同要求的其他单证。

（2）关于买卖双方义务的规定。

① 风险转移问题：卖方承担将货物交给承运人控制之前的风险，买方承担将货物交给承运人控制之后的风险。

② 通关手续问题：a. 卖方自负风险和费用，取得出口许可证或其他官方批准证件，并且办理货物出口所需的一切海关手续；b. 买方自负风险和费用，取得进口许可证或其他官方批准证件，并且办理货物进口及通过第三国过境所需的一切海关手续。

③ 运输合同和保险合同：a. 卖方有义务按照通常条件订立运输合同，将货物从交货地点运送到约定的目的地；b. 卖方对买方无订立保险合同的义务。但应买方的要求，并在其承担风险和费用的情况下，卖方必须向买方提供其办理保险所需的信息。

④ 主要费用的划分：a. 卖方承担在交货地点交货前所涉及的各项费用，包括需要办理出口手续时应缴纳的关税和其他费用，此外，卖方要支付将货物运至指定地点的运费及根据合同规定由卖方支付的装货费和在目的地的卸货费；b. 买方承担在交货地点交货后与货物相关的除运费之外的各项费用，包括办理进口手续时应缴纳的关税和其他费用。

⑤ 适用的运输方式：CPT 适用各种运输方式，包括公路、铁路、江河、海洋、航空运

输及多式联运。

（3）使用 CPT 术语时应注意的问题。

① 风险划分的界限问题。按照 CPT 术语成交，虽然卖方要负责订立从起运地到指定目的地的运输合同，并支付运费，但是卖方承担的风险并没有延伸至目的地。按照"2010通则"的解释，CPT 条件下，存在两个关键点：风险转移点和费用转移点，风险转移点在先，而费用转移点在后。所以，货物自交货地点至目的地的运输途中的风险由买方承担，而不是卖方，卖方只承担货物交给承运人控制之前的风险。在多式联运情况下，卖方承担的风险自货物交给第一承运人控制时即转移给买方。

② 责任和费用的划分问题。采用 CPT 术语时，买卖双方要在合同中规定装运期和目的地，以便卖方选定承运人，自费订立运输合同，将货物由通常路线和惯常方式运往指定的目的地，如果买方有权决定发货时间或决定目的地时，买方要及时通知卖方，以便卖方交货。卖方将货物交给承运人之后，应向买方发出货已交付通知，以便买方办理保险在目的地受领货物。如果双方未能确定买方受领货物的具体地点，卖方可以在目的地选择最适合其要求的地点。

按 CPT 术语成交，卖方只是承担从交货地点到指定目的地的正常运费。正常运费之外的其他有关费用，一般由买方负担。货物的装卸费可以包括在运费中，统一由卖方负担，也可以由双方在合同中另行规定。

③ CPT 与 FCA 的异同点。相同点：按照两种术语成交，卖方的交货地点是相同的，都是在约定地点将货物交给承运人控制后完成交货；风险的转移也是相同的，卖方承担的风险都是在交货地点随着交货义务的完成而转移；这两种术语都适用于各种运输方式。不同点：责任和费用的划分不同。采用 FCA 术语成交时，从交货地点至目的地的运输合同由买方订立，运费也由买方负担；而在采用 CPT 术语时，订立运输合同的责任改为卖方，运费也由卖方负担。在保险方面的规定，二者相同，如果需要办理保险也是由买方自负风险和费用办理，与卖方无关。

3. CIP 术语

（1）对 CIP 术语的解释。

CIP 的英文是 Carriage and Insurance Paid To（...named place of destination），即运费、保险费付至（……指定目的地），其后应注明《2010 年国际贸易术语解释通则》。

根据"2010通则"的解释，按 CIP 条件成交时，卖方要在合同中约定的日期或期限内，将合同中规定的货物交给卖方自己指定的承运人或第一承运人，完成其交货义务。除此之外，卖方还必须订立货物运输的保险合同并提交商业发票及合同要求的其他单证。

（2）关于买卖双方义务的规定。

① 风险转移问题：卖方承担将货物交给承运人控制之前的风险，买方承担将货物交给承运人控制之后的风险。

② 通关手续问题：a. 卖方自负风险和费用，取得出口许可证或其他官方批准证件，并且办理货物出口所需的一切海关手续；b. 买方自负风险和费用，取得进口许可证或其他官方批准证件，并且办理货物进口及通过第三国过境所需的一切海关手续。

③ 运输合同和保险合同：a. 卖方有义务按照通常条件订立运输合同，将货物从交货地点运送到约定的目的地；b. 卖方有义务为买方订立有关货物运输的保险合同。

④ 主要费用的划分：a. 卖方承担在交货地点交货前涉及的各项费用，包括办理出口

手续时所应缴纳的关税和其他费用，此外，卖方要负责签订从指定地点承运货物的合同，并支付有关的运费，还要承担办理货运保险时须缴纳的保险费；b. 买方承担在交货地点交货后涉及的各项费用，包括办理进口手续时所应缴纳的关税和其他费用。

⑤ 适用的运输方式：CIP 术语适用各种运输方式，包括公路、铁路、江河、海洋、航空运输及多式联运。

（3）使用 CIP 术语应注意的问题。

① 正确理解风险和保险问题。按 CIP 成交的合同，卖方要负责办理货运保险，并支付保险费，但货物从交货地运往目的地的运输途中的风险由买方承担。所以，卖方的投保仍属于代办性质。根据"2010 通则"的解释，一般情况下，卖方要按双方协商确定的险别投保。但如果双方未在合同中规定应投保的险别，则由卖方按惯例投保最低的险别，保险金额一般是在合同价格的基础上加成 10%，并采用合同货币。如果买方有要求并且能够提供卖方所需的信息，那么卖方应获取并向买方提供额外的保险保障，由买方承担费用。

② 应合理确定价格。与 FCA 相比，CIP 条件下卖方要承担较多的责任和费用。卖方要负责办理从交货地至目的地的运输，承担有关运费；办理货运保险，并支付保险费。这些都反映在货价之中，所以卖方对外报价时，要认真核算成本和价格。在核算时，应考虑运输距离、保险险别、各种运输方式和各类保险的收费情况，并要预计运价和保险费的变动趋势等方面的问题。从买方来讲，也要对卖方的报价进行认真分析，做好比价工作，以免接受不合理的报价。

③ 应了解 CIP、FCA 和 CPT 之间的关系。CIP 与前面所讲的 FCA 和 CPT 之间有许多相同之处，它们在交货地点、风险划分界限及适用的运输方式方面都是相同的。它们之间的区别主要在于买卖双方承担的责任和费用方面。按照从 FCA、CPT 到 CIP 的顺序排列，卖方所承担的责任和费用是由小到大。与 FCA 相比，采用 CPT 术语成交时，卖方增加了办理运输的责任和费用。而采用 CIP 时，卖方又增加了办理保险的责任和费用，所以，卖方提交的单据中增加了保险单据。当事人在订立合同时，应根据交易的具体情况，进行适当的选择。

8.3.2　DAT、DAP 和 DDP 术语

1. DAT 术语

（1）对 DAT 术语的解释。

DAT 的英文是 Delivered At Terminal（...named terminal at port or place of destination），即运输终端交货（……指定港口或目的地的运输终端），其后应注明《2010 年国际贸易术语解释通则》。

在 DAT 项下，卖方在合同中约定的日期或期限内将货物运到合同规定的港口或目的地的约定运输终端，并将货物从抵达的载货运输工具上卸下交给买方处置时，即完成交货。另外，卖方要提交商业发票及合同要求的其他单证。

（2）关于买卖双方义务的规定。

① 风险转移问题：卖方承担将货物交给买方控制之前的风险，买方承担将货物交给其控制之后的风险。也就是说以买方在交货地点控制货物作为风险转移的界限。

② 通关手续问题：a. 卖方自负风险和费用，取得出口许可证或其他官方批准证件，

并且办理货物出口及交货前通过第三国过境运输所需的一切海关手续；b. 买方自负风险和费用，取得进口许可证或其他官方批准证件，并且办理货物进口所需的一切海关手续。

③ 运输合同和保险合同：a. 卖方负责订立运输合同，将货物运至约定港口或目的地的指定运输终端，如对运输终端未做具体规定，卖方可选择在约定港口或目的地最合适的运输终端；b. 卖方对买方无订立保险合同的义务。但应买方的要求，并由其承担风险和费用的情况下，卖方必须向买方提供其办理保险所需的信息。

④ 主要费用的划分：a. 卖方承担在交货地点交货前涉及的各项费用，包括需要办理出口手续时应缴纳的关税和其他费用，以及经由第三国过境所涉及的费用，此外，卖方要支付有关的运费和相关费用，如装货费及合同中约定由卖方支付的与卸货有关的费用；b. 买方承担在交货地点交货后涉及的各项费用，包括在目的地办理进口手续时应缴纳的关税和其他费用。

⑤ 适用的运输方式：DAT 术语适用各种运输方式，包括公路、铁路、江河、海洋、航空运输及多式联运。

（3）使用 DAT 术语应注意的问题。

① 正确理解"运输终端"的含义。根据"2010 通则"的解释，"运输终端"意味着任何地点，而不论该地点是否有遮盖，它的范围很宽泛，可以在露天，也可在室内。例如，码头、仓库、集装箱堆场或公路、铁路、空运货站。为避免不必要的纠纷，"2010 通则"建议当事双方在订立买卖合同时尽可能地约定运输终端的名称和其具体位置，并且在运输合同中做出相应的规定。

② 注意卖方责任的限度。DAT 术语的产生旨在替代"2000 通则"中的 DEQ 术语。DEQ 术语是在目的港码头交货，卖方承担的责任仅限于将货物运至目的港，并卸至码头，而不负责再将货物由码头搬运到其他地方。DAT 术语的交货地点不再受码头的限制，但卖方承担的责任仍只是将货物交到合同规定的运输终端。如果双方希望由卖方再将货物从运输终端搬运到另外的地点，并承担其间的风险和费用，则应当使用后面要讲到的 DAP 术语或 DDP 术语。

2．DAP 术语

（1）对 DAP 术语的解释。

DAP 的英文是 Delivered At Place（...named place of destination），即在目的地交货（……指定目的地），其后应注明《2010 年国际贸易术语解释通则》。

在 DAP 项下，卖方要在合同中约定的日期或期限内，将货物运到合同规定的目的地的约定地点，并将货物置于买方的控制之下，在卸货之前即完成交货。此外，卖方要提交商业发票及合同要求的其他单证。

（2）关于买卖双方义务的规定。

① 风险转移问题：卖方承担将货物交给买方控制之前的风险，买方承担将货物交给其控制之后的风险。

② 通关手续问题：a. 卖方自负风险和费用，取得出口许可证或其他官方批准证件，并且办理货物出口及交货前通过第三国过境运输所需的一切海关手续；b. 买方自负风险和费用，取得进口许可证或其他官方批准证件，并且办理货物进口所需的一切海关手续。

③ 运输合同和保险合同：a. 卖方负责订立运输合同，将货物运至合同约定的目的地

的特定交货地点，如对特定交货地点未做具体规定，卖方可在指定目的地内选择最合适的交货地点；b. 卖方对买方无订立保险合同的义务。但应买方的要求，并由其承担风险和费用的情况下，卖方必须向买方提供其办理保险所需的信息。

④ 主要费用的划分：a. 卖方承担在交货地点交货前涉及的各项费用，包括需要办理出口手续时应缴纳的关税和其他费用，经由第三国过境所涉及的费用，此外，卖方要负责签订从指定地点承运货物的合同，并支付有关的运费和相关费用，如装货费及合同中约定由卖方支付的与卸货有关的费用；b. 买方承担在交货地点交货后涉及的各项费用，包括在目的地的卸货费用及办理进口手续时应缴纳的关税和其他费用。

⑤ 适用的运输方式：DAP 术语适用各种运输方式，包括公路、铁路、江河、海洋、航空运输及多式联运。

（3）使用 DAP 术语应注意的问题。

① 认真了解 DAP 的具体含义。DAP 是"2010 通则"新推出的贸易术语，根据国际商会的解释，它旨在替代原"2000 通则"中的 DAE、DES 和 DDU 术语。这就是说，DAP 的交货地点既可以是在两国的边境指定地点，也可以是在目的港的船上，还可以是在进口国内的某个地点。所以，它的应用范围很宽泛。但要注意的是，即使是在进口国的目的港或最终目的地交货，没有相反的规定，卖方也不负担卸货费用和进口通关的费用及关税。为避免纠纷，"2010 通则"建议在采用 DAP 术语成交时，"卖方订立的运输合同应能与所做选择确切吻合。如果卖方按照运输合同在目的地发生了卸货费用，除非双方另有约定，卖方无权向买方要求偿付"。

② 注意 DAP 与 CIP 的异同点。根据"2010 通则"的解释，CIP 条件下，卖方要将合同规定的货物运到目的地的指定地点，这个地点可以是在两国的边境指定地点，也可以是在目的港的船上，还可以是在进口国内的某个地点。看起来这与 DAP 条件十分相似，但要注意，二者的交货地点并不相同，采用 CIP 时，卖方只是承担责任和费用，将货物运到目的地指定地点，风险却是在将货物交给承运人即转移给买方时发生。而采用 DAP 时，卖方的交货地点即在目的地的约定地点，卖方承担的风险也是在该地点实际交货时才转移给买方。此外，采用 CIP 时，卖方有义务按合同的约定自负风险和费用，办理货物运输保险。而在采用 DAP 时，货运途中的风险是由卖方自己承担，保险也是为了自己的利益，所以，卖方并不对买方承担必须办理保险的义务。

3. DDP 术语

（1）对 DDP 术语的解释。

DDP 的英文是 Delivered Duty Paid（…named place of destination），即完税后交货（……指定目的地），其后应注明《2010 年国际贸易术语解释通则》。

在 DDP 项下，卖方要在合同中约定的日期或期限内，将货物运到合同规定的目的地，并且完成进口清关手续后，在运输工具上将货物置于买方的控制之下，即完成交货。另外，卖方要提交商业发票及合同要求的其他单证。

（2）关于买卖双方义务的规定。

① 风险转移问题：卖方在进口国内的交货地点完成交货时，风险转移。

② 通关手续问题：卖方自负风险和费用，取得出口和进口许可证或其他官方批准证件，并且办理货物出口和进口，以及交货前通过第三国过境运输所需的一切海关手续。

③ 运输合同和保险合同：a. 卖方负责订立运输合同，将货物运至合同约定的目的地的特定交货地点，如对特定交货地点未做具体规定，卖方可在指定目的地内选择最合适的交货地点；b. 卖方对买方无订立保险合同的义务。但应买方的要求，并在由买方承担风险和费用的情况下，卖方必须向买方提供其办理保险所需的信息。

④ 主要费用的划分：a. 卖方承担在进口国内的指定地点完成交货之前的一切费用，包括办理货物出口和进口所涉及的关税和其他费用；b. 买方承担受领货物之后所发生的各种费用。

⑤ 适用的运输方式：DDP 术语适用各种运输方式，包括公路、铁路、江河、海洋、航空运输及多式联运。

（3）使用 DDP 术语应注意的问题。

① 根据情况妥善办理投保事项。DDP 是"2010 通则"中包含的 11 条贸易术语中卖方承担风险、责任和费用最大的一种术语。按照这一术语成交，卖方要负责将货物从起运地一直运到合同规定的进口国内的指定目的地，把货物实际交到买方手中，才算完成交货。根据国际贸易惯例，按照 DDP 术语成交时，卖方对买方并无义务订立保险合同，但由于卖方要承担较大的风险，为了能在货物受损或灭失时及时得到经济补偿，一般情况下，卖方应办理货运保险。在选择投保的险别时，应根据货物的性质、运输方式及运输路线来灵活决定。

② 其他注意事项。在 DDP 交货条件下，卖方是在办理了进口结关手续后在指定目的地交货的，这实际上是卖方已将货物运进了进口方的国内市场。如果卖方直接办理进口手续有困难，也可要求买方协助办理。如果卖方不能直接或间接地取得进口许可证，则不应使用 DDP 术语。如果双方希望买方承担所有进口清关的风险和费用，则应采用 DAP 术语。如果双方当事人同意在卖方承担的义务中排除货物进口时应支付的某些费用（如增值税），应写明"Delivered Duty Paid，VAT Unpaid"，即"完税后交货，增值税未付"。否则，任何增值税或其他应付的进口税款都由卖方承担。

8.3.3　EXW 术语

EXW 的英文是 Ex Works（...named place of delivery），即产地交货（……指定交货地点）。其后应注明《2010 年国际贸易术语解释通则》。

这一贸易术语代表了在商品的产地或所在地交货的条件。当卖方在合同约定的交货时间内在其所在地或其他指定地点，如工厂、矿山或仓库等，将合同规定的货物置于买方的处置之下时，即完成交货。此外，卖方要提交商业发票及合同要求的其他单证。

1. 关于买卖双方义务的规定

（1）风险转移问题。

卖方承担将货物交给买方控制之前的风险，买方承担将货物交给其控制之后的风险，也就是说，以买方在交货地点控制货物作为风险转移的界限。

（2）通关手续问题。

买方自负风险和费用，取得出口和进口许可证或其他官方批准证件，并且办理货物出口和进口所需的一切海关手续。

卖方在根据买方的要求，并由其承担风险和费用的前提下，必须协助买方取得出口许可证或出口相关货物所需的其他官方授权。

（3）运输合同和保险合同。

① 卖方对于买方无订立运输合同的义务。同样，买方对卖方也无订立运输合同的义务。

② 卖方对买方无订立保险合同的义务。但应买方的要求，并由其承担风险和费用的情况下，卖方必须向买方提供其办理保险所需的信息。

（4）主要费用的划分。

卖方承担交货之前与货物相关的一切费用。买方承担接受货物后所发生的一切费用，包括将货物从交货地点运往目的地的运输、保险和其他各种费用，以及办理货物出口和进口的一切海关手续涉及的关税和其他费用。

（5）适用的运输方式。

EXW 术语适用于各种运输方式，包括公路、铁路、江河、海洋、航空运输及多式联运。从上述规定来看，按这一贸易术语达成的交易，可以是国内贸易，也可以是国际贸易。因为卖方一般是在本国的内地完成交货，其承担的风险、责任和费用也都局限于出口国内，即使在国际贸易中，卖方也不必过问货物出境、入境及运输、保险等事项，由买方自己安排车辆或其他运输工具到约定的交货地点接运货物，所以，在卖方与买方达成的契约中可不涉及运输和保险的问题。而且，除非合同中有相反规定，卖方一般无义务提供出口包装，也不负责将货物装上买方安排的运输工具。如果签约时已明确该货物是供出口的，并对包装的要求做出了规定，卖方则应按规定提供符合出口需要的包装。

由此可见，按 EXW 术语成交时，卖方承担的风险、责任以及费用都是最小的。在交单方面，卖方只需要提供商业发票或电子数据，如合同有要求，则须提供证明所交货物与合同规定相符的证件。至于货物出境所需的出口许可证或其他官方证件，卖方无义务提供。但在买方的要求下，并由买方承担风险和费用的情况下，卖方应协助买方取得上述证件。

2．使用 EXW 术语时应注意的问题

EXW 不是国际贸易中的常用术语，但由于按这一术语成交时价格最低，因而对于买方具有一定的吸引力。近年来，按 EXW 条件达成的交易有所增加。在业务中选用这一术语时，应注意下列问题。

（1）关于货物的交接问题。

买卖双方在订约时，一般要对交货的时间和地点做出规定。为做好货物的交接，卖方在货物备妥后，还应就货物将在什么具体时间和地点交给买方支配问题，向买方发出通知。如果双方约定，买方有权确定在一个规定的时间或地点受领货物时，买方应及时通知卖方，以免延误交货或引起其他差错。如果买方没有能够在规定的时间、地点受领货物，或者在他有权确定受领货物的时间、地点时，没有及时给予适当通知，那么，只要货物已被特定化为本合同项下的货物，买方就要承担由此产生的费用和风险。

（2）关于办理出口手续的问题。

如前所述，在工厂交货条件下，如果货物是用于出口的，办理货物出口手续的责任也在买方，尽管有时可要求卖方代办，但货物被禁止出口的风险还是由买方承担的。因此，在成交之前，买方应了解出口国政府的有关规定，例如，是否允许在该国无常驻机构的当事人在该国办理出口结关手续。当买方无法做到直接或间接办理货物的出境手续时，则不应采用这一贸易术语成交。在这种情况下，按照"2010 通则"的解释，最好采用 FCA 术语。

本章小结

本章重点对国际商会颁布的"2010 通则"中规定的 11 种贸易术语进行精解，特别是对贸易中适用于各种运输方式的 7 种贸易术语 EXW、FCA、CPT、CIP、DAT、DAP 和 DDP 做了介绍和说明。上述术语适用面比较广泛，可以适用某种单一的运输方式，也可以适用多种运输方式或联合运输。

思考练习

（1）简述贸易术语的性质与作用。
（2）"2010 通则"中包含多少种术语？是按照怎样的方式进行划分的？
（3）贸易术语之间的相互联系是什么？
（4）怎样理解 CFR 条件下装船通知的特殊重要性？

第9章
商品的品名、品质、数量和包装

本章提要

国际贸易合同中的品名、品质、数量和包装是合同的重要条款，掌握品质条款的订立技巧、准确运用计量单位、正确选择包装方法是外贸业务人员在开展国际贸易业务中要注意的问题。

学习目标

（1）掌握商品品名的表达方式；
（2）掌握品质机动幅度和品质公差的表示方法；
（3）正确使用计量单位，掌握数量计算的各种方法；
（4）了解包装分类及包装标志的相关知识。

引导案例

某外贸公司出口打印机 1 000 台，信用证规定不允许分批装运。货物集港准备装船时发现有 45 台打印机包装及质量有一定的问题，临时更换已经来不及。为了保证质量，出口商认为，根据《跟单信用证统一惯例》规定，即使不允许分批，在数量上也允许有 5%的伸缩。少装 45 台打印机，未超过总数的 5%，于是实际装船 955 台，当去银行议付时，遭到银行的拒绝。请问银行拒绝有理吗？为什么？

9.1　商品的品名

9.1.1　商品品名的含义及商品的命名方法

1. 商品品名的含义

商品的品名也称商品的名称，是指用来区别不同商品的称呼，在国际贸易中表明买卖双方交易的是何种物品。商品的品名在一定程度上体现了商品的自然属性、用途及主要的性能特征。加工程度低的商品，取名一般较多地反映该商品具有的自然属性；加工程度高的商品，取名一般较多地反映该商品的性能特征。

2．商品的命名方法

品名的选用要遵循容易使双方明白并接受的原则。对国际市场已有的商品，应采用惯用的品名；对打算出口的新产品，取名时应考虑对方的理解力。商品取名的方法有很多，主要包括以下几种。

（1）以商品的主要用途命名，如旅游鞋、保温瓶、灭火剂、运动服、洗衣机等。

（2）以商品的主要原材料命名，如羊毛衫、皮鞋、铁锅、玻璃杯等。

（3）以商品的主要成分命名，如人参蜂王浆、糯米酒、巧克力奶糖等。

（4）以商品的外观特点命名，如蝙蝠衫、高跟鞋、宝塔糖、扁豆、带鱼等。

（5）以商品的制作工艺命名，如精制油、蒸馏水、脱脂牛奶等。

（6）以褒义词命名，如青春宝、太阳神口服液等。

（7）以知名人物或传说中的人物命名，如李宁牌运动鞋、杜康酒等。

（8）以商品产地命名，如黄岩蜜橘、四川榨菜、龙口粉丝和东北大豆等。

9.1.2　品名条款的重要性及规定

1．品名条款的重要性

按照有关的法律和惯例，对交易标的物的描述是构成商品说明（Description）的一个主要组成部分，是买卖双方交接货物的一项基本依据，它关系到买卖双方的权利和义务。若卖方交付的货物不符合约定的品名或说明，买方有权提出损害赔偿要求，直至拒收货物或撤销合同。因此，列明合同标的物的具体名称，具有重要的法律和实践意义。

2．品名条款的规定

国际货物买卖合同中的品名条款的规定，并无统一的格式，可由交易双方酌情商定。合同中的品名条款一般比较简单，通常都是在"商品名称"或"品名"（Name of Commodity）的标题下，列明交易双方成交商品的名称。有时为了省略起见，也可不加标题，只在合同的开头部分列明交易双方同意买卖某种商品的文句。在国际贸易合同中，商品品名应明确、具体，符合商品的特点，并尽量使用国际上通用的名称。在采用外文名称时，译名应准确，尽量避免含糊不清的称谓。

品名条款的规定还取决于成交商品的品种和特点。就一般商品来说，只要列明商品的名称即可，但有的商品还须列明品种、等级和型号，有的甚至把商品的品质规格也包括进去，在此情况下，它就不单是品名条款，而是品名条款与品质条款的合并。

9.2　商品的品质

9.2.1　商品品质的含义及重要性

1．商品品质的含义

商品品质（Quality of Goods）就是商品的内在素质（包括物理的、化学的、生物的构造、成分和性能等）和外表形态的综合，是决定商品用途的重要因素。就国际贸易而言，它还包括包装和市场适应性等社会属性。决定商品品质的因素有许多，如化学成分、物理性质、机械性能、生物特性，以及造型、结构、色泽和味觉等，但主要因素有4个，即成分、结构、性质和用途。一种适销商品的品质好，就说明该商品在这4方面合乎合同条款的规定。

2．商品品质的重要性

商品品质的优劣直接影响商品的使用价值和价格，它是决定商品使用效能和影响商品市场价格的重要因素。在磋商交易时，买卖双方都要针对一定的商品，按质论价。值得注意的是，商品品质和销路有着直接的关系，目前世界各国都把提高商品品质作为提高商品竞争能力的一种手段。随着市场竞争的加剧，在国际贸易中，满足商品高品质的要求有两点：其一是商品品质在成分、结构、性质和用途方面合乎合同的规定；其二是商品品质表现稳定划一、适销对路。在国际市场上，一定的价格标志着一定的商品品质，优质优价，劣质劣价。如果在备货装运过程中，没有注意商品品质稳定划一，为了完成合同，或赶船期等原因，忽视出口商品质量，以次顶好，固然会引起买方不满；但以好顶次，有时也会引起纠纷。用高档货代替合同指定的低档货进行装运，其结果卖的是低价，交的是高档货，有时不但不能取得买方的谅解，反而会引起纠纷。

由于国际贸易的商品种类繁多，即使是同一种商品，在品质方面也可能因自然条件、技术和工艺水平及原材料的使用等因素的影响而存在着种种差异，这就要求买卖双方在签订合同时，必须就品质条件做出明确规定。

● 9.2.2 对进出口商品品质的要求

1．对出口商品品质的要求

（1）针对不同市场和不同消费者的需求来确定出口商品质量。

由于世界各国经济发展不平衡，各国的生产技术水平、生活习惯、消费结构、购买力和各民族的爱好互有差异，因此，要从国外市场的实际需要出发，搞好产销结合，使出口商品的品质、规格、花色、式样等适应有关市场的消费水平和消费习惯。

（2）保持商品品质的稳定，并不断更新换代、精益求精。

保持出口商品品质的稳定，是保持商品信誉和巩固国外市场的重要条件。凡质量不稳定或质量不过关的商品，不宜轻易出口，以免败坏声誉。即使质量较好的商品，也不能满足现状，要本着精益求精的精神，不断改进、提高出口商品质量，加速更新换代，增强商品在国际市场上的竞争能力。

（3）适应进口国的有关法令规定和要求。

出口商品要销往世界许多国家和地区，而每个国家和地区的贸易管制办法和进口税收的规定各不相同。各国对进口商品的质量都有某些法令规定和要求，凡质量不符合法令规定和要求的商品，一律不准进口，有的还要就地销毁，并由货主承担由此引起的各种费用。因此，必须充分了解进口国的法令规定和要求，以便使出口商品能顺利地进入国际市场。

（4）适应国外自然条件、季节变化和销售方式。

由于各国自然条件和季节变化不同，销售方式各异，商品在运输、装卸、存储和销售过程中，往往会由于气候和各种自然条件的作用而发生物理变化或化学反应，其质量可能发生某种变化。因此，注意自然条件、季节变化和销售方式差异，掌握商品在流通过程中的变化规律，使出口商品质量适应这些方面的不同要求，采取相应的预防措施，以有利于增强出口商品的竞争能力。

（5）建立行之有效的企业质量管理体系，使商品品质管理贯穿商品生产的全过程。

由于商品质量关系到用户的切身利益，因此，在国际生产上，用户不仅要对品质进行评价，而且还要对生产企业的质量体系进行评价，这已成为目前国际贸易中的通常做法，许多国家把质量体系认证作为参加国际市场竞争的手段。

（6）实行出口商品质量许可制度。

对符合产品标准、技术要求的出口商品颁发质量许可证，对生产出口商品的企业进行监督检查，不符合出口标准的企业严禁其产品出口。我国目前已先后制定并公布了对机电、陶瓷、服装、纺织、畜产、煤炭、玩具等产品出口的质量许可证和监督办法。

2. 对进口商品品质的要求

我国进口商品应符合国际市场和自然条件及法规的要求，必须真正符合我国经济建设、科学研究、调剂人民生活和保证人民健康的要求。进口商品质量的优劣直接关系国内用户和消费者的切身利益，凡品质、规格不符合要求的商品，不应进口。对于国内生产建设、科学研究和人民生活急需的商品，进口时应切实把好质量关，使其品质、规格不低于国内的实际需要，以免影响国家的生产建设和人民的消费与使用，但也不应超越国内的实际需要，任意提高对进口商品品质、规格的要求，以免造成不应有的浪费。总之，对进口商品品质的要求，要力求具体详细，从我国现阶段的实际出发，根据不同商品品质的情况，实事求是地予以确定。

9.2.3 品质的表示方法

在国际贸易中，由于交易的商品种类繁多，特点各异，故表示品质的方法也不相同。概括起来，国际贸易中常用来表示商品品质的方法包括实物表示法和文字说明表示法两类。

1. 以实物表示商品品质

以实物表示商品品质，通常包括凭商品的实际品质和凭样品两种表示方法。前者为看货买卖，后者为凭样品买卖。

（1）看货买卖。

若买卖双方根据成交商品的实际品质进行交易，通常是先由买方或其代理人在卖方所在地验看货物，达成交易后，卖方即应按验看过的商品交付货物。只要卖方交付的是验看过的商品，买方就不得对品质提出异议。在国际贸易中，由于交易双方相距遥远，买方到卖方所在地验看货物有诸多不便，即使卖方有现货在手，买方有代理人代为验看货物，也无法逐件查验，所以很少采用看货成交的方法。这种做法多用于寄售、拍卖和展卖业务中。

（2）凭样品买卖。

样品通常是指从一批商品中抽取出来的或由生产、使用部门设计、加工出来的，足以反映和代表整批商品质量的少量实物。用来作为衡量交货品质的样品常被称为标准样品，凡以样品表示商品质量并以此作为交货依据的，称为凭样品买卖（Sale by Sample）。对于品质

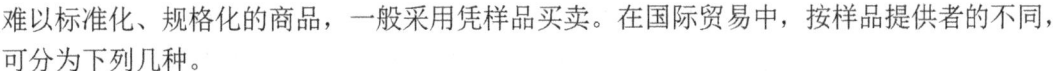

难以标准化、规格化的商品，一般采用凭样品买卖。在国际贸易中，按样品提供者的不同，可分为下列几种。

① 凭卖方样品买卖（Seller's Sample）。由卖方提供的样品称为"卖方样品"。凡凭卖方样品作为交货的品质依据者，称为"凭卖方样品买卖"。买卖合同中应订明："品质以卖方样品为准。"卖方应留存"复样"，以备将来交货或处理品质纠纷时作为依据。日后履行合同时，卖方所交整批货的品质必须与其提供的样品相同。

② 凭买方样品买卖（Buyer's Sample）。由买方提供的样品称为"买方样品"。买方为了使其订购的商品符合自身要求，有时也提供样品交由卖方依样承制，如卖方同意按买方提供的样品成交，称为"凭买方样品买卖"。在这种场合，买卖合同中应订明："品质以买方样品为准。"日后，卖方所交整批货的品质必须与买方提供的样品相符。

③ 对等样品（Counter Sample）。在国际贸易中，谨慎的卖方往往不愿意承接凭买方样品交货的交易，以免因交货品质与买方样品不符而招致买方索赔，甚至有退货的危险。因此，当买方给卖方要求按样成交时，卖方可以根据买方的样品，加工复制出一个类似的样品交买方确认，作为交货时的品质确认依据，这种经确认后的样品，称为"对等样品"或"回样"，也可称为"确认样品"（Confirming Sample）。当对等样品被买方确认后，日后卖方所交货物的品质必须以对等样品为准，这样卖方就能控制交货的品质。

此外，买卖双方为了发展贸易关系和增进彼此对对方商品的了解，往往采用互相寄送样品的做法。这种以介绍商品为目的而寄出的样品，最好标明"仅供参考"（For Reference Only）字样，以免与标准样品混淆。在寄送"参考样品"的情况下，如买卖合同中未订明以该样品为标准，而是约定了其他方法来表示商品品质，这就不是凭样品买卖，这种样品对交易双方均无约束力。

🌐 知识窗

采用凭样品买卖时，应当注意下列事项。

①凡凭样品买卖，卖方交货品质必须与样品完全一致。在凭样品成交条件下，买方应有合理的机会对卖方交付的货物与样品进行比较，卖方所交货物，不应存在在合理检查时不易发现的有导致不适销售的瑕疵。买方对与样品不符的货物，可以拒收或提出赔偿要求。因此，卖方应在对所交货物品质有把握时采用此方法，而且应严格按样品标准交货。

②以样品表示品质的方法，只能酌情采用。凭样品买卖容易在履约方面发生争议，所以不能滥用此种表示方法。凡能用科学的指标表示商品质量时，就不宜采用此方法。如在造型上有特殊要求或具有色、香、味等方面特征的商品，以及其他难以用科学的指标表示品质的商品，则采用凭样品买卖。在当前国际贸易中，单纯凭样品成交的情况不多，在不少场合，只是以样品来表示商品的某个或某几个方面的质量指标。例如，在纺织品和服装交易中，为了表示商品的色泽质量，采用"色样"（Color Sample）；为了表示商品的造型，采用"款式样"（Pattern Sample）；而对商品其他方面的质量，则采用其他方法来表示。

③采用凭样成交而对品质无绝对把握时，应在合同条款中相应做出灵活的规定。当卖方对品质无绝对把握，或者对于一些不完全适合凭样成交的货物，可在买卖合同中特别订明，"品质与样品大致相同"（Quality be similar to the sample）或"品质与样品近似"（Quality to be nearly the same to the sample）。为了预防因交货品质与样品略有差异而导致买方拒收货物，

也可在买卖合同中订明："若交货品质稍次于样品，买方仍须受领货物，但价格应由双方协商相应减低。"当然，此项条款只限于品质稍有不符的情况，若交货品质与样品差距较大，则买方仍有权拒收货物。

2. 以文字说明表示商品品质

在进出口贸易中，除部分货物采用凭样品买卖外，大部分是采用凭文字说明买卖的方法。凡以文字、图表、相片等方式来说明商品质量者，均属凭文字说明表示商品品质的范畴。属于该范畴的表示方法，具体包括下列几种。

（1）凭规格买卖（Sale by Specification）。

商品规格（Specification of Goods）是指一些足以反映商品品质的主要指标，如化学成分、含量、纯度、性能、容量、长短、粗细等。在国际贸易中，买卖双方洽谈交易时，对于适于凭规格买卖的商品，应提供具体规格来说明商品的基本品质状况，并在合同中订明。例如，东北大豆出口规格是含油量 16%，水分最高 15%，杂质最高 1%，不完整颗粒最高 7%。由于各种商品的品质特点不同，规格的内容也不同，凭规格买卖时，说明商品品质的指标各有差异，即使是同一商品，因用途不同，对规格的要求也会有差异。例如，用于榨油，就要在合同中列明含油量指标；用于食用，则不一定列明含油量，但蛋白质的含量是应当列明的重要指标。

用规格表示商品品质的方法简单、易行、明确、具体，且具有根据每批成交货物的具体品质状况灵活调整的特点，故这种方法在国际贸易中被广泛运用。

（2）凭等级买卖（Sale by Grade）。

商品的等级（Grade）是指同一类商品，按其规格上的差异，分为品质优劣各不相同的若干等级，用等级来确定商品品质的方法称为凭等级买卖。例如，我国出口的钨砂主要根据其三氧化钨和锡含量的不同，可分为特级、一级和二级 3 种，而每个等级又有如表 9.1 所示的相对固定的规格。

表 9.1　钨砂的 3 个等级

成分含量 等级	三氧化钨 最低	锡 最高	砷 最高	硫 最高
特级	70%	2%	2%	8%
一级	65%	2%	2%	8%
二级	65%	5%	2%	8%

凭等级买卖时，由于不同等级的商品具有不同的规格，为了便于履行合同和避免争议，在品质条款列明等级的同时，最好一并规定每个等级的具体规格。当然，如果交易双方都熟悉每个等级的具体规格，则也可以只列明等级，而不规定其具体规格。

商品的等级通常是由制造商或出口商根据其长期生产和了解该商品的经验，在掌握其品质规格的基础上制定出来的。它有助于满足各种不同的需要，也有利于根据不同需要来安排生产和加工整理。例如，同样的"8205"轴承，由于地面机械传动不一样，航空用轴承精度要求高，必须用"A"级，（国际通用为 AA 级），一般机械精度用"D"级就可以了，有时根据需要也可降为"E""G"级。通常情况下，一个等级代表一种商品固定的规格。用等级表示品质的方法，对简化手续、促进成交和体现按质论价等方面都有一定的作用。

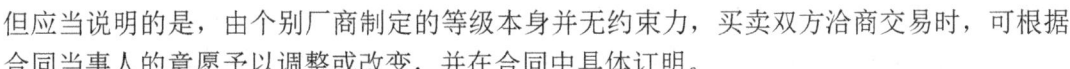

但应当说明的是，由个别厂商制定的等级本身并无约束力，买卖双方洽商交易时，可根据合同当事人的意愿予以调整或改变，并在合同中具体订明。

（3）凭标准买卖（Sale by Standard）。

商品标准是指将经政府机构或工商团体统一制定的商品规格和等级予以标准化。商品标准有的由国家或有关政府主管部门规定，也有的由同业公会、交易所或国际性的工商组织规定。在国际贸易中，有些商品习惯于凭标准买卖，人们往往使用某种标准作为说明和评定商品品质的依据。例如，美国出售小麦时，通常使用美国农业部制定的小麦标准。

商品品质的标准一般包括：①国际化的标准，如国际标准化组织（ISO）制定的标准；②区域性的标准，如欧洲标准化委员会（CEN）制定的标准；③国家标准，如美国国家标准（ANSI）、日本国家标准（JIS）等；④行业团体标准，如美国材料试验协会标准；⑤地方企业标准。从法律上讲，国际贸易中采用的各种标准，有些具有一定的约束力，品质不符合标准的商品不许进口或出口。但也有些标准不具有法律上的约束力，仅供交易双方参考使用，买卖双方洽商交易时，可另行商定对品质的具体要求。在我国的实际业务中，应争取以我国公布的标准为交货的品质依据。凡我国已规定有标准的商品，为了便于安排生产和组织货源，通常采用我国有关部门规定的标准成交，但为了把生意做活，如国外客户要求按国外的标准规定为依据时，也可根据需要和可能，酌情采用国外规定的品质标准。尤其是对国际上已被广泛采用的标准，一般可按该标准进行交易。由于各国制定的标准经常进行修改和变动，加之一种商品的标准还可能有不同年份的版本，版本不同，其品质标准也往往有差异。因此，在采用国外标准时，应载明所采用标准的年份和版本，以免引起争议。例如，在凭药典确定品质时，应明确规定以哪国的药典为依据，并同时注明该药典的出版年份。

知识窗

在国际贸易中，对于某些品质变化较大且难以规定统一标准的农副产品，往往采用"良好平均品质"（Fair Average Quality，FAQ）这一术语来表示其品质。所谓"良好平均品质"，是指一定时期内装运地出口的货物平均品质水平，一般是指中等货，其具体解释和确定办法包括以下两种。

①"良好平均品质"指农产品的每个生产年度的中等货。采用这种解释时，一般是由生产国在农产品收获后，经过对产品进行广泛抽样，从中制定出该年度的"良好平均品质"的标准和样品，并予以公布，作为该年度"FAQ"的标准。

②"良好平均品质"指某一季度或某一装船月份在装运地发运的同一种商品的"平均品质"。它一般是从各批出运的货物中抽样，然后综合起来，取其中者作为良好平均品质的标准。它可由买卖双方联合抽样，或者共同委托检验人员抽样，送交指定的机构检验决定。

在我国出口的农副产品中，也有用"FAQ"来说明品质的。但是，我们所说的"FAQ"一般是指"大路货"，是相对"精选货"（Selected）而言的，而且在合同中除了标明"大路货"之外，还订有具体规格。例如，"木薯片2000年产，大路货，水分最高16%"。在交货时，则以合同规定的具体规格作为依据。

（4）凭说明书和图样买卖（Sales by Description and Illustration）。

在国际贸易中，有些机器、电器和仪表等技术密集型产品，因其结构复杂，对材料和设计的要求非常严格，用以说明其性能的数据较多，很难用几个简单的指标来表明其品质的全貌，而且有些产品，即使名称相同，但由于使用的材料、设计和制造技术的差别，也可能导致功能上的差异。因此，对这类商品的品质，通常是以说明书并附以图样、照片、设计、图纸、分析表及各种数据来说明其具体性能和结构特点。按此方式进行交易，称为凭说明书和图样买卖。

有不少企业以推销为目的，定期或不定期地向顾客分送整本的商品目录或单张的产品介绍，用图片和文字介绍其定型产品的外形、构造、性能、用途、包装，有时还附有价格，供顾客选购。凡按这种商品目录订货的交易，又称凭商品目录买卖。目前，有关定型的机电产品买卖，有不少是采用这种方式进行的。如果买主对商品目录所提供的产品的性能或其规格方面有另外的要求，也可以在上述基础上辅以详细说明，经卖方确认后达成交易。

有些凭说明书和图样买卖的机器、电器、仪表等产品，除在合同中订有品质检验条款外，还要求所交的货物必须符合说明书规定的各项指标。但是，由于这类产品的技术要求比较高，品质与说明书和图样相符的产品有时在使用时并不一定能达到设计的要求，所以在合同中除列入说明书的具体内容外，一般还需要订立卖方品质保证条款和技术服务条款，明确规定卖方须在一定期限内保证其所出售的货物质量符合说明书上规定的指标，如在保证期限内发现货物品质与说明书不符，买方有权提出索赔或退货。例如，规定："卖方须在一定期限内保证其商品的质量符合说明书所规定的指标，如在保证期内发现商品品质低于规定，或者部件的工艺质量不良，或者因材料内部隐患而产生缺陷，买方有权提出索赔，卖方有义务消除缺陷或更换有缺陷的商品或材料，并承担由此引起的各项费用。"

（5）凭商标或品牌买卖（Sales by Trade Mark or Brand Name）。

商标（Trade Mark）是指生产者或商号用来说明其生产或出售的商品的标志，它可由一个或几个具有特色的单词、字母、数字、图形或图片等组成。品牌（Brand Name）是指工商企业给其制造或销售的商品所冠的名称，以便与其他企业的同类商品区别开来。一个品牌可用于一种商品，也可用于一家企业的所有商品。前者是指每种商品都使用一个品牌，以代表其具有不同的品质，如美国宝洁公司生产的洗发水，各有其不同的品牌；后者是指一家企业生产的所有商品都使用同一品牌，以表示都达到该企业规定的标准品质，如美国通用电气公司以"通用"命名其所有商品。

在国际贸易中，对于某些品质稳定并树立了良好信誉的商品，交易时仅凭品牌名或商标即可说明其品质者，可凭品牌名或商标买卖，这种表示商品品质的方法已被世界各国广泛使用。国际市场上销售的许多商品，尤其是日用消费品、加工食品、耐用消费品等都标有一定的商标或品牌，如美加净牙膏、可口可乐饮料、海尔电器等。不同商标的商品具有不同的特色。一些在国际上久负盛誉的名牌产品都因其品质优良稳定，具有一定的特色，且能显示消费者的社会地位，故售价远远高出其他同类产品。这种现象特别是在消费水平较高、对品质要求严格的"精致市场"（Sophisticated Market）表现得尤其突出。而一些名牌产品的制造者为了维护其商标的信誉，对其产品都规定了严格的品质控制，以保证其产品品质达到一定的标准。因此，商标或品牌本身实际上是一种品质象征。人们在交易中可以只凭商标或品牌进行买卖，无须对品质提出详细要求。但是，如果一种品牌的商品同时有许多种不同型号或规格，为了明确起见，就必须在规定品牌的同时，明确规定型号或规格。

凭商标或品牌买卖一般只适用于一些品质稳定的工业制成品或经过科学加工的初级产品。在进行这类交易时，必须确实把好质量关，保证产品的传统特色，把维护名牌产品的

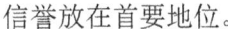

信誉放在首要地位。

（6）凭产地名称买卖（Sales by Name of Origin）。

在国际货物买卖中，有些商品因产区的自然条件、传统加工工艺等因素的影响，在品质方面具有其他产区的商品所不具有的独特风格和特色，对于这类商品，一般也可用产地名称（Name of Origin）来表示其品质，如"长白山人参""四川榨菜""西湖龙井茶"等。

上述各种表示品质的方法，一般是单独使用，但有时也可根据商品的特点和市场酌情混合使用。

● 9.2.4 品质条款的规定

在品质条款中，一般要写明商品的名称和具体品质。但由于品种不同，表示品质的方法不一，故品质条款的内容及繁简应视商品特性而定。规定品质条款需要注意下列事项。

1. 对某些商品可规定一定的品质机动幅度

在国际贸易中，为了避免因交货品质与买卖合同稍有不符而造成违约，以保证合同的顺利履行，可以在合同品质条款中做出某些变通规定。

（1）交货品质与样品大体相等或其他类似条款。

在凭样品买卖的情况下，交易双方容易在交货品质与样品是否一致的问题上产生争议。为了避免争议和便于履行合同，卖方可要求在品质条款中加订"交货品质与样品大体相等"之类的条文。

（2）品质公差（Quality Tolerance）。

品质公差是指国际上公认的产品品质的误差。在工业制成品生产过程中，产品的质量指标出现一定的误差有时是难以避免的，如手表每天出现若干秒误差，应算行走正常。这种公认的误差，即使合同没有规定，只要卖方交货品质在公差范围内，也不能视作违约。但为了明确起见，还是应在合同品质条款中订明一定幅度的公差，例如，尺码或重量允许有"±3%～5%的合理公差"。凡在品质公差范围内的货物，买方不得拒收或要求调整价格。

此外，对于某些难以用数字或科学方法表示的，采取"合理差异"这种笼统的规定，如"质地、颜色允许合理差异"。由于对"合理差异"未做具体规定，容易导致争议，故使用时应慎重。凡能用数字或科学方法表示的，则不宜采用此种规定。

（3）品质机动幅度。

某些初级产品（如农副产品等）的质量不稳定，为了交易的顺利进行，在规定其品质指标的同时，可另订一定的品质机动幅度，即允许卖方所交货物的品质指标在一定幅度内有灵活性。关于品质机动幅度，有下列几种订法。

① 规定一定的范围。对品质指标的规定允许有一定的差异范围。例如，漂布，幅阔35/36寸，卖方交付漂布，只要在此范围内，均算合格。

② 规定一定的极限。对所交货物的品质规格，规定上下极限，即最大、最高、最多为多少，最小、最低、最少为多少。例如，糯米的碎粒最高为35%，水分最高为15%，杂质最高为1%；薄荷油中薄荷脑含量最少为50%。卖方交货只要没有超出上述极限，买方就无权拒收。

知识窗

为了体现按质论价，在使用品质机动幅度时，有些货物也可根据交货品质情况调整价格，即所谓品质增减价条款。根据我国外贸的实践，品质增减价条款有下列几种订法。

① 对机动幅度内的品质差异，可按交货实际品质规定予以增价或减价。例如，在我国大豆出口合同中规定："水分每增减 1%（±1%）则合同价格减增 1%（±1%）；不完善粒每增减 1%（±1%），则合同价格减增 0.5%（±0.5%）；含油量每增减 1%（±1%），则合同价格增减 1.5%（±1.5%）。如增减幅度不至 1%者，可按比例计算。"

② 只对品质低于合同规定的情况规定折扣价。在品质机动幅度范围内对交货品质低于合同规定的情况规定折扣价，而高于合同规定者却不增加价格。为了更有效地约束卖方按规定的品质交货，还可规定不同的折扣价办法。例如，在机动幅度范围内，若交货品质低于合同规定 1%，则规定折扣价 1%；低于合同规定 1%以上者，则加大折扣价比例。

采用品质增减价条款，一般应选用对价格有重要影响而又允许有一定机动幅度的主要质量指标，对于次要的质量指标或不允许有机动幅度的重要指标，则不能适用。

此外，有些合同还就交货品质低于约定品质时如何处理做了规定。例如，"卖方交货品质有缺陷，不符合合同规定，买方不得拒收货物或撤销合同，但可向卖方提出索赔"。但这种规定，买方一般不会轻易接受。

2．正确运用各种表示品质的方法

品质条款的内容必然涉及表示品质的方法。究竟采用何种表示品质的方法，应视商品的特性而定。一般来说，凡能用科学的指标说明其质量的商品，则适于凭规格、等级或标准买卖；有些难以规格化和标准化的商品，如工艺品等，则适于凭样品买卖；某些质量好并具有一定特色的名优产品，适于凭商标或品牌买卖；某些性能复杂的机器、电器和仪表，则适于凭说明书和图样买卖；凡具有地方风味和特色的产品，则可凭产地名称买卖。上述这些表示品质的方法不能随意滥用，而应当合理选择。此外，凡能用一种方法表示品质的，一般不宜用两种或两种以上的方法来表示。如同时采用既凭样品又凭规格买卖，则要求交货品质既要与样品一致，又要符合约定的规格，要做到两全其美，有时难以办到，给履行合同带来困难。由此可见，在洽商交易和规定品质条款时，正确运用各种表示品质的方法是很重要的。

3．品质条款要科学合理

为了便于合同的履行和维护自身的利益，在规定品质条款时，应注意其科学性和合理性。

（1）要从实际出发，防止品质条款偏高或偏低。

在确定出口商品的品质条款时，既要考虑国外市场的实际需要，又要考虑国内生产部门供货的可能性。凡外商对品质要求过高，而我们实际又做不到的条款，诸如猎取的沙鸡要求"彻底放血"，皮鞋要求彻底消灭皱纹，豆类要求消灭死虫和活虫等，不应接受。对于品质条款符合国外市场需要的商品，合同中的品质规格不应低于实际商品，以免影响成交价格和出口商品信誉。但也不应为了追求高价，而盲目提高品质，以致浪费原材料，给生产部门带来困难，甚至影响交货，对外造成不良影响。

在确定进口商品的品质条款时，应从我国实际需要出发。质量过高，影响价格，也未

必符合需要；质量偏低或漏订一些主要质量指标，将影响使用，招致不应有的损失。

总之，要根据需要和可能，实事求是地确定品质条款，防止出现偏高或偏低现象。

（2）要合理地规定影响品质的各项重要指标。

在品质条款中，应有选择地规定各项质量指标。凡影响品质的重要指标，不能出现遗漏，而且应将其订好。对于次要指标，可以少订。对于一些与品质无关的条件，不宜订入，以免条款过于烦琐。

（3）要注意各质量指标之间的内在联系和相互关系。

各项质量指标是从各个不同的角度来说明品质的，各项指标之间有内在的联系，在确定品质条款时，要通盘考虑，注意它们的一致性，以免由于某一质量指标规定不科学和不合理而影响其他质量指标，造成不应有的经济损失。例如，在荞麦品质条款中规定："水分不超过 17%，不完善粒不超过 6%，杂质不超过 3%，矿物质不超过 0.15%。"显然，此项规定不合理，因为对矿物质的要求过高，这与其他指标不相称。为了使矿物质符合约定的指标，需要反复加工，其结果必然会大大减少杂质和不完善粒的含量，从而造成不应有的损失。

（4）品质条款应明确、具体。

为了便于检验和明确责任，规定品质条款时应力求明确、具体，不宜采用诸如"大约""左右""合理误差"之类的笼统含糊字眼，以免在交货品质问题上引起争议。但是，也不宜把品质条款订得过死，给履行交货义务带来困难。一般来说，对一些矿产品、农副产品和轻工业品的品质规格的规定要有一定的灵活性，以利于合同的履行。

9.3　商品的数量

9.3.1　约定商品数量的意义

商品数量是国际货物买卖合同中不可缺少的主要条件之一。按照某些国家的法律规定，卖方交货数量必须与合同规定相符，否则买方有权提出索赔，甚至拒收货物。《联合国国际货物销售合同公约》也规定，按约定的数量交付货物是卖方的一项基本义务。如卖方交货数量大于约定的数量，买方可以拒收多交的部分，也可以收取多交部分中的一部分或全部，但应按合同价格付款。卖方交货数量少于约定的数量，卖方应在规定的交货期届满前交货，但不得使买方遭受不合理的不便或承担不合理的开支，即使如此，买方也有保留要求损害赔偿的权利。

由于交易双方约定的数量是交接货物的依据，因此正确掌握成交数量和订好合同中的数量条件具有十分重要的意义。买卖合同中的成交数量的确定不仅关系进出口任务的完成，而且还涉及对外政策和经营意图的贯彻。正确掌握成交数量，对促成交易的达成和争取有利的价格也具有一定的作用。

9.3.2 计量单位和计量方法

在国际贸易中，由于商品的种类、特性和各国度量衡制度不同，所以计量单位和计量方法也多种多样。了解各种度量衡制度，熟悉各种计量单位的特定含义和计量方法，是对外经贸人员必须具备的基本常识和技能。

1. 计量单位

国际贸易中使用的计量单位很多，究竟采用何种计量单位，除取决于商品的种类和特点外，还取决于交易双方的意愿。

（1）计量单位的确定方法。

① 按重量（Weight）计量。按重量计量是当今国际贸易中广为使用的一种方法。例如，许多农副产品、矿产品和工业制成品都按重量计量。按重量计量的单位有公吨（metric ton）、长吨（long ton）、短吨（short ton）、千克（kilogram）、克（gram）、盎司（ounce）等。黄金、白银等贵重商品通常采用克或盎司来计量；钻石等商品则采用克拉作为计量单位。

② 按数量（Number）计量。大多数工业制成品，尤其是日用消费品、轻工业品、机械产品及一部分土特产品，均习惯按数量进行买卖。使用的计量单位有件（piece）、双（pair）、套（set）、打（dozen）、卷（roll）、令（ream）、罗（gross）及袋（bag）和包（bale）等。

③ 按长度（Length）计量。在金属绳索、丝绸、布匹等类商品的交易中，通常采用米（meter）、码（yard）等长度单位来计量。

④ 按面积（Area）计量。在玻璃板、地毯、皮革等商品的交易中，一般习惯以面积作为计量单位，常见的有平方米、平方码等。

⑤ 按体积（Volume）计量。按体积成交的商品有限，仅用于木材、天然气和化学气体等。使用的计量单位有立方米、立方英尺、立方码等。

⑥ 按容积（Capacity）计量。各类谷物和流体货物往往按容积计量。其中，美国以蒲式耳（bushel）作为各种谷物的计量单位，但每蒲式耳所代表的重量，则因谷物不同而有差异。例如，每蒲式耳亚麻籽为56磅，燕麦为32磅，大豆和小麦为60磅。公升（liter）、加仑（gallon）则用于油类、酒类商品。

（2）国际贸易中的度量衡制度。

世界各国的度量衡制度不同，致使计量单位上存在差异，即同一计量单位所表示的数量不同。在国际贸易中，通常采用公制（Metric System）、英制（British System）、美制（U.S. System）和国际标准计量组织在公制基础上颁布的国际单位制（International System）。根据《中华人民共和国计量法》规定："国家采用国际单位制。国际单位制计量单位和国家选定的其他计量单位，为国家法定计量单位。"目前，除个别特殊领域外，一般不允许再使用非法定计量单位。我国出口商品除照顾对方国家贸易习惯约定采用公制、英制或美制计量单位外，应使用我国法定计量单位。我国进口的机器设备和仪器等应要求使用法定计量单位，否则一般不允许进口，如确有特殊需要，也必须经有关标准计量管理部门批准。

由于度量衡制度不同，即使是同一计量单位所表示的数量差别也很大。就表示重量的吨而言，实行公制的国家一般采用公吨，每公吨为1000千克；实行英制的国家一般采用长吨，每长吨为1016千克；实行美制的国家一般采用短吨，每短吨为907千克。此外，有些国家对某些商品还规定有自己习惯使用的或法定的计量单位。以棉花为例，许多国家都习惯以包为计量单位，但每包的重量各国解释不一：美国棉花规定每包净重为 480 磅；巴西棉花每包净重为 396.8 磅；埃及棉花每包净重为 730 磅。又如糖类商品，有些国家习惯采用袋装，古巴每袋糖重规定为 133 千克，巴西每袋糖重规定为 60 千克。由此可见，了解各不同度量衡制度下各计量单位的含义及其计算方法是十分重要的。

为了解决由于各国度量衡制度不一带来的弊端，以及为了促进国际科学技术交流和国际贸易的发展，国际标准计量组织在各国广为通用的公制的基础上采用国际单位制（GI）。国际单位制的实施和推广标志着计量制度日趋国际化和标准化，现在已有越来越多的国家采用国际单位制。

2. 计算重量的方法

在国际贸易中，按重量计量的商品很多。根据一般商业习惯，通常计算重量的方法有下列几种。

（1）毛重（Gross Weight）。

商品本身的重量加包装的重量称为毛重。这种计重方法一般适用于低价值商品。

（2）净重（Net Weight）。

商品本身的重量除去其包装物后的实际重量称为净重，这是国际贸易中最常见的计重方法。不过，有些价值较低的农产品或其他商品，有时也采用"以毛作净"的办法计重。例如，蚕豆 100 公吨，单层麻袋包装以毛作净。所谓"以毛作净"（Gross for Net），实际上就是以毛重当作净重计价。

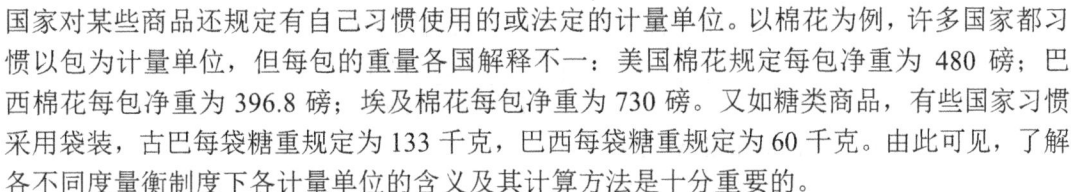 **知识窗**

在采用净重计重时，对于如何计算包装重量，国际上有下列几种做法。

① 按实际皮重计算。实际皮重即包装的实际重量，它是指对包装逐件衡量后所得的总和。

② 按平均皮重计算。如果商品使用的包装比较统一，重量相差不大，就可以从整批货物中抽出一定的件数，称出其皮重，然后求出其平均重，再乘以总件数，即可求得整批货物的皮重。近年来，随着技术的发展和包装材料及规格的标准化，用平均皮重计算净重的做法已日益普遍。有人把它称为标准皮重（Standard Weight）。

③ 按习惯皮重计算。有些商品由于其使用的包装材料和规格已比较定型，皮重已为市场所公认，在计算其皮重时，就无须对包装逐件过秤，按习惯上公认的皮重除以总件数即可。

④ 按约定皮重计算。以买卖双方事先约定的包装重量作为计算的基础。

国际上有多种计算皮重的方法，究竟采用哪种方法，应根据商品的性质、使用包装的特点、合同数量的多寡及交易习惯，由双方当事人事先在合同中订明，以免事后引起争议。

（3）公量（Conditioned Weight）。

国际贸易中的棉毛、羊毛、生丝等商品有较强的吸湿性，其含的水分受客观环境的影响较大，故其重量很不稳定。为了准确计算这类商品的重量，国际上通常采用按公量计算的方法，即以商品的干净重（指烘去商品水分后的重量）加上国际公定回潮率与干重的乘积得出的重量，即为公量。其计算公式有下列两种：

$$公量=商品干净量×（1+公定回潮率）$$

$$公量=商品净重×\frac{1+公定回潮率}{1+实际回潮率}$$

（4）理论重量（Theoretical Weight）。

对于某些按固定规格生产和买卖的商品，只要其规格一致，每件重量大体是相同的，一般可以从其件数推算出总量。但这种计重方法是建立在每件货物重量相同的基础上的，重量如有变化，其实际重量也会产生差异，因此，只能作为计重时的参考。

（5）法定重量（Legal Weight）和实物净重（Net Net Weight）。

按照一些国家海关法的规定，在征收从量税时，商品的重量是以法定重量计算的。所谓法定重量是商品重量加上直接接触商品的包装材料，如销售包装等的重量。而除去这部分重量所表示出来的纯商品的重量，则称为实物净重。

9.3.3 数量条款的规定

买卖合同中的数量条款主要包括成交商品的数量和计量单位。按重量成交的商品，还须订明计算重量的方法。数量条款的内容及其繁简应视商品的特性而定。数量条款的规定需要注意下列事项。

1. 正确掌握成交数量

在洽商交易时，应正确掌握进出口商品成交的数量，防止心中无数，盲目成交。

（1）对出口商品数量的掌握。

为了正确掌握出口商品的成交量，在商订具体数量时，应当考虑下列因素。

① 国外市场的供求状况。当我们确定向某市场出口时，应了解该市场的需求量和各地对该市场的供应量，有效地利用市场供求变化规律，按国外市场实际需要合理确定成交量，以保证我国出口商品能卖到适当的价钱。对我国出口商品的主销市场和常年稳定供货的地区与客商，应经常保持一定的成交量，防止因成交量过少或供应不及时，而导致国外竞争者乘虚而入，使我们失去原有的市场和客户。

② 国内货源供应情况。确定出口商品的成交数量应当同国内的生产能力、货源供应状况相适应。在有生产能力和货源充沛的情况下，可适当扩大成交量；反之，如货源紧张，则不宜盲目成交，以免给生产企业和履行合同带来困难。

③ 国际市场的价格动态。在确定出口商品成交数量时，还应考虑该项商品的市场价格动态。当价格看跌时，如有货源，应争取多成交、快抛售；价格看涨时，不宜急于大量成交，应争取在有利时机抛售。

④ 国外客户的资信状况和经营能力。出口商品的成交数量应与国外客户的资信状况和经营能力相适应，对资信情况不了解的客户和资信欠佳的客户，不宜轻易签订成交数量较大的合同，对小客户的成交数量也要适当控制，对大客户的成交数量过小，势必缺少吸引力。总之，要根据客户的具体情况确定适当的成交量。

（2）对进口商品数量的掌握。

为了正确地掌握进口商品的成交数量，一般需要考虑下列因素。

① 国内的实际需要。在洽购进口商品时，应根据国内生产基地和市场的实际需要来确

定成交量，避免盲目进口。

② 国内支付能力。确定进口商品数量应与国内支付能力相适应，当外汇充裕而国内又有需要时，可适当扩大进口商品数量；反之，如外汇短缺，而非急需商品，则应控制进口成交数量，以免浪费外汇和出现不合理的贸易逆差。

③ 市场行情变化。在洽购进口商品时，还应根据国际市场行情变化情况确定成交数量，当市场行情发生对我方有利的变化时应适当扩大成交数量；反之，则应适当控制成交数量。

2. 数量条款应当明确具体

为了便于履行合同和避免引起争议，进出口合同中的数量条款应当明确具体。比如，在规定成交商品数量时，应一并规定该商品的计量单位。按重量计算的商品，还应规定计算重量的具体方法，如"中国大米 1000 公吨，麻袋装，以毛作净"。某些商品如需要规定数量机动幅度时，则数量机动幅度多少、由谁来掌握这一机动幅度，以及溢短装部分如何作价，都应在条款中具体订明。

此外，在进出口合同中，一般不宜采用"大约""近似""左右"等带伸缩性的字眼来说明。成交数量只是一个约量，因为各国和各行业对这类词语的解释不一，有的理解为 2% 的伸缩，也有的理解为 5%，甚至 10%的伸缩，众说纷纭，容易引起争议。根据《跟单信用证统一惯例》规定，这个约数可解释为交货数量有不超过 10%的增减幅度。鉴于国际上对约数有不同的解释，为了明确责任和便于履行合同，某些难以准确地按约定数量交货的商品，特别是大宗商品，可在买卖合同中具体规定数量机动幅度。

3. 合理规定数量机动幅度

在粮食、矿砂、化肥和食糖等大宗商品的交易中，由于商品特性、货源变化、船舱容量、装载技术和包装等因素的影响，要求准确地按约定数量交货，有时存在一定困难。为了使交货数量具有一定的灵活性和便于履行合同，买卖双方可在合同中合理规定数量机动幅度。只要卖方交货数量在约定的增减幅度范围内，就算按合同规定数量交货，买方也不得以交货数量不符为由而拒收货物或提出索赔。为了订好数量机动幅度条款，即数量增减条款或溢短装条款，需要注意下列几点。

（1）数量机动幅度的大小要适当。

数量机动幅度的大小通常都以百分比表示，如3%或5%。究竟百分比多大合适，应视商品特性、行业或贸易习惯和运输方式等因素而定。数量机动幅度可酌情做出各种不同的规定。其中一种是只对合同数量规定一个百分比的机动幅度，而对每批分运的具体幅度不做规定，在此情况下，只要卖方交货总量在规定的机动幅度范围内，就算按合同数量交了货。另一种是除规定合同数量总的机动幅度外，还规定每批分运数量的机动幅度，在此情况下，卖方总的交货量就要受上述总机动幅度的约束，而不能只按每批分运数量的机动幅度交货，这就要求卖方根据过去累计的交货量，计算出最后一批应交的数量。此外，有的买卖合同除规定一个具体的机动幅度（如3%）外，还规定一个追加的机动幅度（如2%），在此情况下，总的机动幅度应理解为5%。

（2）机动幅度选择权的规定要合理。

在合同规定有机动幅度的条件下，由谁行使这种机动幅度的选择权呢？一般来说，是履行交货的一方，也就是由卖方选择。但是，如果涉及海洋运输，交货量的多少与承载货物的船只的舱容关系非常密切，在租用船只时，就要与船方商定。所以，在这种情况下，交货机动幅度一般由负责安排船只的一方选择，或者由船长根据舱容和装载情况做出选择。总之，机动幅度的选择权可以根据不同情况，由买方行使，也可以由卖方行使，或者由船方行使。因此，为了明确起见，最好是在合同中做出明确合理的规定。过去，我国按 FOB 条件从国外进口一项大宗商品，合同规定卖方交货总数和每批装船数量均有 5% 的机动幅度，此项机动幅度都由卖方确定。显然，此项规定是极不合理的，以后应当避免。

此外，当成交某些价格波动剧烈的大宗商品时，为了防止卖方或买方利用数量机动幅度条款，根据自身的利益故意增加或减少装船数量，也可以在机动幅度条款中加订："此项机动幅度只是为了适应船舶实际装载量的需要时才能适用。"

（3）溢短装数量的计价方法要公平合理。

目前，对机动幅度范围内超出或低于合同数量的多装或少装部分，一般是按合同价格结算，这是比较常见的做法。但是，数量上的溢短装在一定条件下关系到买卖双方的利益。在按合同价格计价的条件下，交货时市价下跌，多装对卖方有利；如果市价上升，多装对买方有利。因此，为了防止有权选择多装或少装的一方当事人利用行市的变化，有意多装或少装以获取额外的好处，也可在合同中规定，多装或少装的部分不按合同价格计价，而按装船时或货到时的市价计算，以体现公平合理的原则。如果双方对装船时或货到时的市价不能达成协议，则可交由仲裁解决。

9.4 商品的包装

9.4.1 包装的重要性

商品包装（Packing of Goods）是商品生产的继续，凡需要包装的商品，只有通过包装，才算完成生产过程，商品才能进入流通领域和消费领域，才能实现商品的使用价值。这是因为，包装是保护商品在流通过程中质量完好和数量完整的重要措施，有些商品甚至根本离不开包装，它同包装成为不可分割的统一体。例如，照相胶卷必须用黑纸加以包装，才能保持其效用；流体商品和流体食品，必须盛入容器内才能进入流通领域和消费市场。

经过适当包装的商品，不仅便于运输、装卸、搬运、储存、保管、清点、陈列和携带，而且不易丢失或被盗，为各方面提供了便利。

在当前国际市场竞争十分激烈的情况下，许多国家都把改进包装作为加强对外经销的重要手段之一。因为良好的包装不仅可以保护商品，还能宣传和美化商品，提高商品身价，吸引顾客，扩大销路，增加售价，并在一定程度上显示出口国家的科技、文化艺术水平。

此外，在国际贸易中，包装还是说明货物的重要组成部分，包装条件是买卖合同中的一项主要条件。按照某些国家的法律规定，如卖方交付的货物未按约定的条件包装，或者货物的包装与行业习惯不符，买方有权拒收货物。如果货物虽按约定的方式包装，但却与其他货物混杂在一起，买方可以拒收违反规定包装的那部分货物，甚至可以拒收整批货物。由此可见，包装对顺利履行合同也有重要的意义。

根据包装在流通过程中所起的作用的不同，可分为运输包装（外包装）和销售包装（内包装）两种类型。前者的主要作用在于保护商品和防止出现货损货差，后者除起保护商品的作用外，还有促销的功能。为了充分发挥包装的作用，以扩大商品出口和提高经济效益，必须高度重视包装工作，切实掌握包装方面的基本知识，密切注意国际市场的包装动态，并订好合同中的包装条款。

9.4.2 运输包装

1. 对运输包装的要求

国际贸易中的商品一般都需要通过长途运输才能到达收货人和消费者手中。为了保证长途运输中的商品不受外界影响和安全到达，就需要有科学合理的运输包装。一般来说，国际贸易商品的运输包装比国内贸易商品的运输包装的要求更高。因此，我们制作出口商品的运输包装时，应当体现下列要求。

（1）必须适应商品的特性。

每种商品都有自己的特性，例如，水泥怕潮湿，玻璃制品容易破碎，流体货物容易渗漏和流失等，这就要求运输包装具有防潮、防震、防漏、防锈和防毒等良好的性能。

（2）必须适应各种不同运输方式的要求。

不同运输方式对运输包装的要求不同。例如，海运包装要求牢固并具有防止挤压和碰撞的功能；铁路运输包装要求具有不怕震动的功能；航空运输包装要求轻便且不宜过大。

（3）必须考虑有关国家的法律规定和客户的要求。

各国法律对运输包装的规定不一。例如，美国政府宣布，从1998年12月17日起，凡未经处理的中国木制包装箱和木制托架一律不准入境，以免带进天牛（甲虫）而危害美国森林。又如，有些国家禁止使用柳藤、稻草之类的材料做包装用料，因恐将病虫害带进去；有些国家对包装标志和每件包装的重量有特殊的规定和要求。此外，如果客户就运输包装提出某些特定的要求，也应根据需要和可能予以考虑。

（4）要便于各环节有关人员进行操作。

运输包装在流通过程中需要经过装卸、搬运、储存、保管、清点和查验，为了便于这些环节的有关人员进行操作，包装的设计要合理，包装规格和每件包装的重量与体积要适当，包装方法要科学，包装上的各种标示要符合要求，这就需要根据不同商品实现运输包装标准化。因为标准化的运输包装，既易于识别、计量和查验，又便于装卸、搬运和保管。

（5）要在保证包装牢固的前提下节省费用。

运输包装成本的高低和运输包装重量与体积的大小，都直接关系费用开支和企业的经济效益。因此，在选用包装材料、进行包装设计和打包时，在保证包装牢固的前提下，应注意节约。例如，选用量轻、价廉而又结实的包装材料，有利于降低包装成本和节省运费；包装设计合理，可以避免用料过多或浪费包装容量；包装方法科学，也有利于节省运费，因为轻泡货物按体积收取运费，包装紧密，体积小，可以少付运费。此外，还要考虑进口国家的关税税则。对输往从量征税的国家的出口包装，就不宜采用自重大的包装，对输往从价征税的国家的出口包装，就不宜采用价格昂贵的包装，以免遭受损失。

2. 运输包装的分类

运输包装的方式和造型多种多样，包装用料和质地各不相同，包装程度也各有差异，这就导致运输包装的多样性。运输包装可从下列各种不同的角度分类。

（1）按包装方式划分。

按包装方式可分为单件运输包装和集合运输包装。前者是指货物在运输过程中作为一个计件单位的包装；后者是指将若干单件运输包装组合成一件大包装，以便更有效地保护商品，提高效率和节省运输费用。在国际贸易中，常见的集合运输包装有集装包和集装袋，通常是用塑料重叠丝纺织成的圆形大口袋或大包，这种集装袋或集装包的容量不一，一般为1～4吨，最高达13吨。此外，随着集装箱运输和托盘运输的出现，将货物装在特制的集装箱内或固定的特制的托盘上进行运输的情况越来越多。集装箱和托盘是运载工具的组成部分，但由于它们也起着保护商品的作用，因此有人把它们也当作运输包装看待。

（2）按包装造型划分。

按包装造型不同，可分为箱、袋、包、桶和捆等不同形状的包装。

（3）按包装材料划分。

按包装材料不同，可分为纸制包装、金属包装、木制包装、塑料包装、麻制品包装、竹柳制品包装、草制品包装、玻璃制品包装和陶瓷包装等。

（4）按包装质地划分。

按包装质地划分，有软性包装、半硬性包装和硬性包装，究竟采用哪种，须视商品特性而定。

（5）按包装程度划分。

按包装程度不同，可分为全部包装和局部包装两种。前者是指对整个商品全面予以包装，绝大多数商品都需要全部包装；后者是指对商品需要保护的部位予以包装，而不受外界影响的部分，则不予包装。

在国际贸易中，买卖双方究竟采用何种运输包装，应根据商品特性、形状、贸易习惯、货物运输路线的自然条件、运输方式和各种费用开支大小等因素，在洽商交易时谈妥，并在合同中具体订明。

3．运输包装的标志

为了装卸、运输、仓储、检验和交接工作的顺利进行，防止发生错发、错运、损坏货物与伤害人身的事故，保证货物安全、迅速、准确地运交收货人，就需要在运输包装上书写、压印、刷制各种有关标志，以此识别和提醒人们操作时注意。运输包装上的标志按其用途可分为运输标志、指示性标志和警告性标志3种。

（1）运输标志。

运输标志又称唛头，通常由一个简单的几何图形和一些字母、数字及简单的文字组成。其主要内容包括：①目的地的名称或代号；②收、发货人的代号；③件号、批号。此外，有的运输标志还包括原产地、合同号、许可证号、体积与重量等内容。运输标志的内容繁简不一，由买卖双方根据商品特点和具体要求商定。

鉴于运输标志的内容差异较大，有的过于繁杂，不适应货运量增加、运输方式变革和电子计算机在运输与单据流转方面应用的需要，因此，联合国欧洲经济委员会简化国际贸易程序工作组，在国际标准化组织和国际货物装卸协调协会的支持下，制定了一套运输标志向各国推荐使用。该标准运输标志包括：①收货人或买方名称的英文缩写字母或简称；②参考号，如运单号、订单号或发货票号；③目的地；④件号。至于根据某种需要而须在运输包装上刷写的其他内容，如许可证号等，则不作为运输标志必要的组成部分。

【例】

ABC……………………收货人代号；

1234……………………参考号；

NEW YORK………………目的地；

1/25……………………件数代号。

（注：标准化运输标志）

（2）指示性标志。

指示性标志也称注意标志，是提示人们在装卸、运输和保管过程中需要注意的事项，一般都是以简单、醒目的图形和文字在包装上标出，如图 9.1 所示。在运输包装上标打哪种标志，应根据商品性质正确选用。在文字使用上，最好采用出口国和进口国的文字，但一般使用英文。

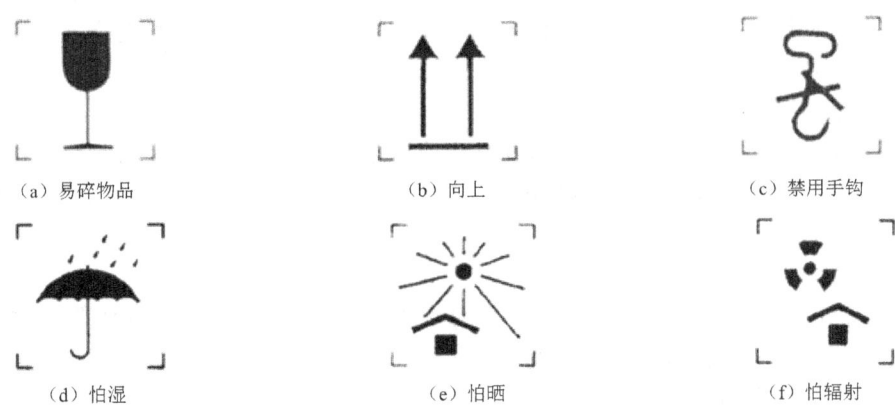

图 9.1　指示性标志

（3）警告性标志。

警告性标志又称危险货物包装标志。凡在运输包装内装有爆炸品、易燃物品、有毒物品、腐蚀物品、氧化剂和放射性物资等危险货物时，都必须在运输包装上标打用于各种危险品的标志，以示警告，使装卸、运输和保管人员按货物特性采取相应的防护措施，以保护货物和人身的安全。根据我国国家技术监督局发布的《危险货物包装标志》规定，在运输包装上应标出警告性标志。常见的警告性标志如图 9.2 所示。

（a）爆炸品标志　　　（b）有毒气体标志　　　（c）易燃液体标志　　　（d）不燃气体标志

（符号：黑色 底色：橙红色）　（符号：黑色 底色：白色）（符号：黑色或白色 底色：正红色）（符号：黑色或白色 底色：绿色）

图 9.2　警告性标志

运输包装上的各类标志都必须按有关规定标打在包装上的明显部位，标志的颜色要符合有关规定的要求，防止褪色、脱落，使人一目了然，容易辨认。

此外，联合国政府间海事协商组织也规定了一套国际海运危险标志，这套标志在国际上已被许多国家采用，有的国家进口危险品时，要求在运输包装上标打该组织规定的危险品标志，否则不准靠岸卸货。因此，在我国出口危险货物的运输包装上，要标打我国和国际海运规定的两套危险品标志。

9.4.3 销售包装

1．对销售包装的要求

销售包装又称内包装，它是直接接触商品并随商品进入零售网点与消费者直接见面的包装。这类包装除必须具有保护商品的功能外，更应具有促销的功能。因此，对销售包装的造型结构、装潢画面和文字说明等方面，都有较高的要求。不断改进销售包装的设计，改善包装用料，更新包装式样，美化装潢画面，写好文字说明，提高销售包装的质量，是加强商品对外竞销能力的一个重要方面。为了使销售包装适应国际市场的需要，在设计和制作销售包装时应体现下列要求。

（1）便于陈列展售。

许多商品在零售前，一般都要陈列在商店或展厅货架上，让成千上万种商品构成一个琳琅满目的"商品海洋"，以吸引顾客和供消费者选购。因此，商品的造型结构必须便于陈列展售。

（2）便于识别商品。

采购商品时，顾客一般都希望对包装内的商品有所了解，有些顾客则习惯于看货成交。因此，采用某些透明材料做包装，或者在销售包装上辅以醒目的图案及文字标示，使人一目了然，便于识别商品。

（3）便于携带和使用。

销售包装的大小要适当，以轻便为宜，必要时还可附有提手装置，为携带商品提供方便。对于某些要求密封的商品，在保证封口严密的前提下，要求开启容易，便于使用。

（4）要有艺术吸引力。

销售包装应具有艺术上的吸引力。造型考究、装潢美观的销售包装不仅能显示商品的名贵，而且包装本身也具有观赏价值，有的还可做装饰品用，这有利于吸引顾客、提高售价和扩大销路。

2．销售包装的分类

销售包装可采用不同的包装材料和不同的造型结构与式样，这就导致了销售包装的多样性。究竟采用何种销售包装，主要根据商品的特性和形状而定。常见的销售包装有以下几种。

（1）挂式包装。

凡带有吊钩、吊带、挂孔等装置的包装，称为挂式包装，这类包装便于悬挂。

（2）堆叠式包装。

凡堆叠稳定性强的包装（如罐、盒等）称为堆叠式包装，其优点是便于摆设和陈列。

（3）携带式包装。

在包装上附有提手装置的为携带式包装，这类包装携带方便，颇受顾客欢迎。

（4）易开包装。

对要求封口严密的销售包装，标有特定的开启部位，易于打开封口，其优点是使用便利，如易拉罐等。

（5）喷雾包装。

流体商品的销售包装本身，有的带有自动喷出流体的装置，如同喷雾器一样，便于使用。

（6）配套包装。

对某些需要搭配成交的商品，往往采用配套包装，即将不同品种、不同规格的商品配套装入同一包装。

（7）产品包装。

对某些送礼的商品，为了包装外表美观和显示礼品的名贵，往往采用专作送礼用的包装。

（8）复用包装。

这种包装除了用于包装出售的商品外，还可用于存放其他商品或供人们观赏，它具备多种用途。

3. 销售包装的装潢画面

在销售包装上，一般都附有装潢画面。装潢画面要求美观大方，富有艺术吸引力，并突出商品特点。其图案和色彩应适应有关国家的民族习惯和爱好。例如，信奉伊斯兰教的国家忌用猪形图案，日本人认为荷花图形不吉祥，意大利人喜欢绿色等。在设计装潢画面时，应投其所好，以利扩大出口。

4. 销售包装的文字说明

在销售包装上应有必要的文字说明，如商标、品牌、品名、产地、数量、规格、成分、用途和使用方法等。文字说明要同装潢画面紧密结合、互相衬托、彼此补充，以达到宣传和促销的目的。使用的文字必须简明扼要，并能让销售市场的顾客看懂，必要时也可以中外文并用。在销售包装上使用文字说明或制作标签时，还应注意有关国家的标签管理条例的规定。例如，日本政府规定，凡销往该国的药品，除必须说明成分和服用方法外，还要说明其功能，否则就不准进口。美国进口药品也有类似的规定。又如，有些国家进口罐头等食品，必须注明制造日期和食用有效期，否则也不准进口。此外，有些国家甚至对文字说明使用的语种也有具体规定，如加拿大政府规定，销往该国的商品必须同时使用英、法两种文字说明。

5. 销售包装的条形码

商品包装上的条形码是由一组带有数字的黑白及粗细间隔的平行条纹组成的，它是利用光电扫描阅读设备为计算机输送数据的特殊的代码语言。条形码技术从 1949 年问世以来，被广泛应用于银行业、邮电通信、图书馆、仓储货运、票证及工业生产自动化等领域。20 世纪 70 年代初，美国将条形码技术应用于食品零杂货类商品的销售。目前，世界许多国家都在商品包装上使用条形码，只要将条形码对准光电扫描器，计算机就能自动地识别条形码的信息，确定品名、品种、数量、生产日期、制造厂商、产地等，并据此在数据库中查询其单价，进行货款结算，打出购货清单，这就有效提高了结算的效率和准确性，也方便了顾客。采用条形码技术有利于提高国际间贸易传讯的准确性，并使交易双方能及时了解对方商品的有关资料和本国商品在对方国家的销售情况。

目前，许多国家的超级市场都使用条形码技术进行自动扫描结算，如果商品包装上没有条形码，即使是名优商品，也不能进入超级市场，而只能当作低档商品进入廉价商店。有些国家规定，商品包装上无条形码标志，不予进口。

国际上通用的在包装上的条形码有两种：一种由美国、加拿大组织的统一编码委员会编制，其使用的物品标志符号为 UPC 码（Universal Product Code，通用产品代码）；另一种由欧盟成立的欧洲物品编码协会编制，该组织后改名为"国际物品编码协会"，其使用的物品标志符号为 EAN 码。为了适应国际市场的需要和扩大出口，1988 年 12 月，我国建立了"中国物品编码中心"，负责推广条形码技术，并对其进行统一管理。1991 年 4 月，我国正式加入国际物品编码协会，该会分配给我国的国别是"690"，凡标有"690"条形码的商品，即中国出产的商品。

9.4.4 中性包装和定牌

1. 中性包装

中性包装是指既不标明生产国别、地名、厂商和名称，也不标明商标或牌号的包装。也就是说，在出口商品包装的内外，都没有原产地和出口厂商的标记。中性包装包括无牌中性包装和定牌中性包装两种。前者是指包装上既无生产地名和厂商名称，又无商标、品牌；后者是指包装上仅有买方指定的商标或品牌，但无生产地名和出口厂商的名称。

采用中性包装是为了打破某些进口国家与地区的关税和非关税壁垒及适应交易的特殊需要（如转口销售等），它是出口国家厂商加强对外竞销和扩大出口的一种手段。

2. 定牌

定牌是指卖方按买方要求在其出售的商品或包装上标明买方指定的商标或品牌，这种做法叫定牌生产。

当前，世界许多国家的超级市场、大百货公司和专业商店对其经营出售的商品，都要在商品上或包装上标有本商店使用的商标或品牌，以扩大本店知名度和显示该商品的身价。许多国家的出口厂商为了利用买主的经营能力及商业信誉、牌名声誉，以提高商品售价和扩大销路，也愿意接受定牌生产。

在我国出口贸易中，如外商订货量较大，且需求比较稳定，为了适应买方销售的需要和有利于扩大出口，我们也可以接受定牌生产，具体做法有以下几种。

（1）在定牌生产的商品和/或包装上，只用外商指定的商标或品牌，而不标明生产国别和出口厂商名称，这属于采用定牌中性包装的做法。

（2）在定牌生产的商品和/或包装上，标明我国的商标或品牌，同时也加注国外商号名称或表示商号的标记。

（3）在定牌生产的商品和/或包装上，采用买方指定的商标或品牌的同时，在其商标或品牌下标示"中国制造"字样。

9.4.5 包装条款的规定

在国际贸易中，由于包装条件涉及买卖双方的利益，故买卖双方洽商交易时必须就包装条件谈妥，并在合同中具体订明。

包装条款一般包括包装材料、包装方式、包装规格、包装标志和包装费用的负担等内容。为了订好包装条款，利于合同的履行，在订包装条款时，需要注意下列事项。

1. 要考虑商品特点和不同运输方式的要求

商品的特性、形状和使用的运输方式不同，对包装的要求也不相同。因此，在约定包装材料、包装方式、包装规格和包装标志时，必须从商品在储运和销售过程中的实际需要出发，使约定的包装科学、合理，并达到安全、适用和适销的要求。

2. 对包装的规定要明确具体

约定包装时，应明确具体，不宜笼统规定。例如，一般不宜采用"海运包装"和"习惯包装"之类的术语。因为，此类术语含义模糊，无统一解释，容易引起争议。

3. 明确包装费用由何方负担

包装由谁供应，通常有下列 3 种做法。

（1）由卖方供应包装，包装连同商品一并交付买方。

（2）由卖方供应包装，但交货后，卖方将原包装收回。关于原包装返回给卖方的运费由何方负担，应做具体规定。

（3）买方供应包装或包装物料。采用此种做法时，应明确规定买方提供包装或包装物料的时间，以及由于包装或包装物料未能及时提供而影响发运时买卖双方所负的责任。

关于包装费用，一般包括在货价之内，不另计收。但也有不计在货价之内，而规定由买方另外支付的。究竟由何方负担，应在包装条款中订明。

本章小结

合同当事人是合同行为的主体，合同标的物是合同行为的客体。商品的品名、品质、数量和包装是标的物条款的构成要素，是国际货物买卖合同的主要条件，是买卖双方交接货物的重要依据。商品的数量是指以一定的计量单位所表示的合同标的物的量的测度。通常加订品质和数量机动幅度条款，以保证交易的顺利开展，防止争议的发生。商品的包装是货物的盛载物、保护物与宣传物。

思考练习

（1）简述合同标的物条款的构成，说明标的物条款的意义。

（2）表示商品品质有哪些基本方式？

（3）表示商品品名有哪些基本方式？

（4）对等样品的意义是什么？

（5）计量商品重量的基本方式是什么？

（6）为什么要采用公量计算商品重量？

（7）运输包装有哪些主要标志？

第10章
商品的价格

本章提要

商品的价格直接关系到买卖双方的经济利益，是国际贸易中的重要问题。因此，价格条款是交易磋商的焦点，是合同中的核心条款之一。本章介绍了价格的构成、计价办法、计价货币的选择、佣金和折扣的运用，以及合同中的价格条款的主要内容。

学习目标

（1）掌握价格条款的主要内容；
（2）熟练运用佣金和折扣的表示方法和计算方法。

引导案例

欧洲 D 公司每年都向 A 公司订购较大数量的纺织品，转销西非，由其西非买主直接向 A 公司付款，A 公司在收取货款后逐笔向 D 公司汇付 3%的佣金。2011 年 2 月 A 公司接获 D 公司以电传发来的询盘，要求报供某规格印花织物 20 万米，并告之最快装期、每批起订量与每米欧元 CIF 达喀尔价。当时，该品种的内部掌握价格为每米 CIFC3%西非口岸 0.58 美元，可是，由于经办人员一时疏忽，把每米 0.58 美元误认为每米 0.58 元人民币进行折算。当天，该商即复电接受。交易达成后，对方又要求按 CFR 净价条件重新调整单价，公司经办人员正准备按客户要求制作书面合同时，才发现前报价每米报低 0.228 欧元，20 万米共差外汇 45 600 欧元，约占总值的 36%。公司当即发电更正，但当天就接到对方拒绝更正价格的答复，理由是"已经出售"。次日 A 公司再去电，援引上半年实际成交价格，据以进一步说明前报价确系计算错误，同时给予 2%的减让。但对方又称"非洲客户已付货款，若退还，势必中断业务关系"，仍然拒绝更改合同价格。当 A 公司向其询问非洲客户地址时，对方却一再回避，不予答复。A 公司为什么会遭遇如此被动的局面？如果你是经办人员，你将如何处理这种情况？

10.1 价格的构成和计价办法

10.1.1 价格的构成

1. 出口商品的成本价格和总成本

出口商品成本价格的构成如图 10.1 所示。

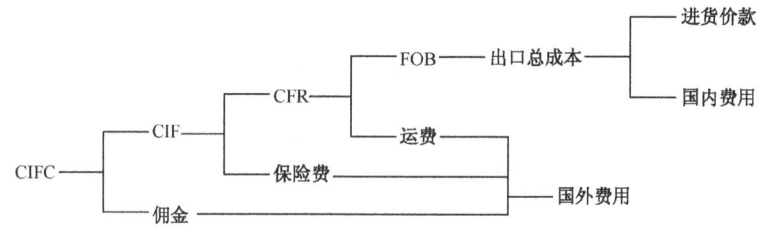

图 10.1 出口商品成本价格的构成

外贸企业与外商谈判最重要的就是价格，业务人员首先要清楚出口商品总成本的构成，在谈判中才能游刃有余，出口商品总成本的构成如图 10.2 所示。

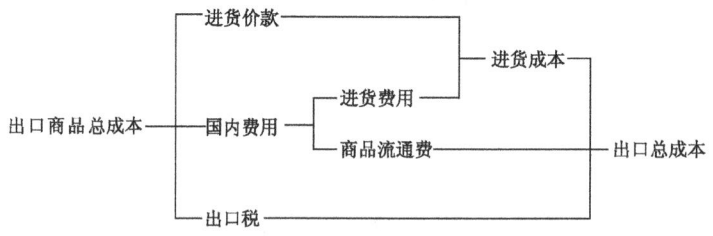

图 10.2 出口商品总成本的构成

2. 对外贸易效益核算

任何一家企业在进行国际贸易时，只有在盈利的条件下才能交易。因此，在准备进行国际贸易时，首先要做对外贸易效益核算，以控制亏损，增加盈利。

对外贸易效益就是通过商品和劳务的对外交换所取得的社会劳动的节约，即以尽量少的劳动耗费取得尽量多的经营成果，或者以同等的劳动耗费取得更多的经营成果。

对外贸易效益的核算包括出口商品盈亏率、出口商品换汇率及外汇增值率的核算。

（1）出口商品盈亏率。

出口商品盈亏率是指该商品按人民币核算的出口盈亏额与出口总成本的比率，其计算公式为

$$出口商品盈亏率=\frac{出口商品人民币净收入-出口商品总成本}{出口商品总成本}\times100\%$$

其中，出口商品总成本是指出口商品的生产或收购成本加上出口前的一切费用，其计算公式为

出口商品总成本（退税后）=出口商品进价（含增值税）+定额费用-出口退税收入

$$定额费用=出口商品进价×费用定额率（5\%～10\%）$$

费用定额率由各外贸公司按不同出口商品自行研究核定，定额费用一般将银行利息、工资支出、邮电通信费用、交通费用、仓储费用、码头费用、出差费、招待费计算在内。

退税收入的计算公式为

$$退税收入=出口商品进价（含增值税）÷（1+增值率）×退税率$$

出口商品人民币净收入是指出口商品外汇收入除去外汇费用（如运费、保险费）的外汇净收入，按国家规定的当时外汇牌价的买入价折成人民币的金额。

若出口商品盈亏率大于零，则该笔出口有利可图，且盈亏率越高说明经济效益越好；若出口商品盈亏率小于零，则该笔出口亏损，且负值数额越大说明亏损额越大。

（2）出口商品换汇率。

出口商品换汇率又称出口商品换汇成本，是指商品的出口净收入每一美元所需的人民币成本。

换汇成本的核算就是将为出口商品所做的投入与通过出口该商品所创造的 FOB 外汇净收入，按银行外汇买入价所兑换成的人民币收入相比较。外贸企业在每笔出口交易中，应力求做到其出口商品的换汇成本不高于单位外汇收入的兑换率，即银行外汇买入价。

出口商品换汇成本的计算公式为

$$出口商品换汇成本=\frac{出口商品总成本（元）}{FOB出口商品外汇净收入（美元）}$$

其中，FOB 出口商品外汇净收入是指出口商品外汇收入除去外汇费用（如运费、保险费）的外汇收入。

（3）外汇增值率。

外汇增值率是指进口原料的外汇成本和出口成品的外汇净收入（FOB 价）相比的比率，也称创汇率。外汇增值率主要用于国外原料进料加工复出口业务，其计算公式为

$$外汇增值率=\frac{出口产品外汇净收入-进口原料外汇成本}{进口原料外汇成本}×100\%$$

进口原料的外汇成本一般按 CIF 的进口价计算。如果原料中有国有产品，其外汇成本可比照该原料的出口价格（出口净外汇收入）计算；如果没有原料进口记录，可参照国际同样商品的价格计算。

10.1.2　计价办法

1. 固定价格

我国的进出口合同绝大部分都是在双方协商一致的基础上，明确地规定具体价格，这也是国际上常见的做法。按照各国法律的规定，合同价格一经确定，就必须严格执行。除非合同另有约定，或者经双方当事人一致同意，任何一方都不得擅自更改。

在合同中规定固定价格是一种常规做法。它具有明确、具体、肯定和便于核算的特点。但由于市场行情瞬息万变，价格涨落不定，因此在国际货物买卖合同中规定固定价格，就意味着买卖双方要承担从订约到交货付款以至转售时价格变动的风险。况且，如果行市变动过于剧烈，这种做法还可能影响合同的顺利执行。一些不守信用的商人很可能为逃避

亏损，而寻找各种借口撕毁合同。为了降低价格风险，在采用固定价格时，首先，必须对影响商品供需的各种因素进行细致的研究，并在此基础上对价格的前景做出判断，以此作为决定合同价格的依据；其次，必须对客户的资信进行了解和研究，慎重选择订约的对象。但国际商品市场的变化往往受各种临时性因素的影响，变幻莫测，特别是在金融危机爆发时，由于各种货币汇价动荡不定，商品市场变动频繁。在此情况下，固定价格往往会给买卖双方带来巨大的风险，尤其是当价格前景捉摸不定时，更容易使客户裹足不前。因此，为了降低风险，促成交易，提高履约率，在合同价格的规定方面，也日益采取一些变通做法。

2. 非固定价格

（1）具体价格待定。

① 在价格条款中明确规定定价时间和定价方法。例如，"在装船月份前45天，参照当地及国际市场价格水平，协商议定正式价格"，或者"按提单日期的国际市场价格计算"。

② 只规定作价时间，例如，"由双方在××××年×月×日协商确定价格"。这种方式由于未就作价方式做出规定，容易给合同带来较大的不稳定性，双方可能因缺乏明确的作价标准，而在商订价格时各执己见，相持不下，导致合同无法执行。因此这种方式一般只适用于双方有长期交往并已形成比较固定的交易习惯的合同。

（2）暂定价格。

在合同中先订立一个初步价格，作为开立信用证和初步付款的依据，待双方确定最后价格后再进行最后清算，多退少补。例如，"单价暂定CIF神户，每公吨1000英镑，作价方法：以××交易所3个月期货，按装船月份月平均价加5英镑计算，买方按本合同规定的暂定价开立信用证"。

（3）部分固定价格，部分非固定价格。

为照顾双方的利益，解决双方在采用固定价格或非固定价格方面的分歧，也可采用部分固定价格，部分非固定价格的做法，或者采用分批作价的方法，交货期近的价格在订约时固定下来，余者在交货前一定期限内作价。

（4）非固定价格的作用。

非固定价格是一种变通做法，在行情变动剧烈或双方未能就价格取得一致意见时，采用这种做法有一定的好处。

① 有助于暂时解决双方在价格方面的分歧，先就其他条款达成协议，早日签约。

② 解除客户对价格风险的顾虑，使其敢于签订交货期长的合同。数量、交货期的早日确定，不但有利于巩固和扩大出口市场，也有利于生产销售和出口计划的安排。

③ 对进出口双方，虽不能完全排除价格风险，但对出口人来说，可以不失时机地做成生意，对进口人来说，可以保证一定的转售利润。

非固定价格的做法是先订约后作价，合同的关键条款价格是在订约之后由双方按一定的方式来确定的。这就不可避免地给合同带来了较大的不稳定性，存在着双方在作价时不能取得一致意见，而使合同无法执行的可能，或者由于合同作价条款规定不当，而使合同失去法律效力的危险。

3. 价格调整条款

在国际货物买卖中，有的合同除规定具体价格外，还规定有各种不同的价格调整条款。

例如，"如卖方对其他客户的成交价高于或低于合同价格的 5%，对本合同未执行的数量，双方协商调整价格"。这种做法的目的是把价格变动的风险规定在一定范围内，以提高客户经营的信心。

在国际上，因为通货膨胀，有些商品合同，特别是加工周期较长的机器设备合同，都普遍采用"价格调整条款"，要求在订约时只规定初步价格，同时规定如原料价格、工资发生变化，卖方保留调整价格的权利。

在价格调整条款中，通常使用下列公式来调整价格：

$$P = P_0(A + B\frac{M}{M_0} + C\frac{W}{W_0})$$

式中，P 代表商品交货时的最后价格；P_0 代表签订合同时约定的初步价格；M 代表计算最后价格时引用的有关原料的平均价格或指数；M_0 代表签订合同时引用的有关原料的价格或指数；W 代表计算最后价格时引用的有关工资的平均数或指数；W_0 代表签订合同时引用的工资平均数或指数；A 代表经营管理费用和利润在价格中所占的比重；B 代表原料在价格中所占的比重；C 代表工资在价格中所占的比重。（注：A、B、C 分别代表的比重在签订合同时确定后固定不变。）

如果买卖双方在合同中规定，按上述公式计算出来的最后价格与约定的初步价格相比，其差额不超过约定的范围（如 2%），初步价格可不予调整，合同原定的价格对双方当事人仍有约束力，双方必须严格执行。

上述"价格调整条款"的基本内容，是按原料价格和工资的变动来计算合同的最后价格。在通货膨胀的条件下，它实质上是出口厂商转嫁国内通货膨胀、确保利润的一种手段。但值得注意的是，这种做法已被联合国欧洲经济委员会纳入它制定的一些"标准合同"中，而且其应用范围已从原来的机械设备交易扩展到一些初级产品交易，因而具有一定的普遍性。

由于这类条款是以工资和原料价格的变动作为调整价格的依据，因此在使用这类条款时，必须注意工资指数和原料价格指数的选择，并在合同中予以明确。

此外，在国际贸易中，人们有时也应用物价指数作为调整价格的依据。如果合同期间的物价指数发生的变动超出一定范围，价格即做相应调整。

总之，在使用价格调整条款时，合同价格的调整是有条件的。用来调整价格的各个因素在合同期间所发生的变化，如约定必须超过一定的范围才予调整时，未超过限度的，则不予调整。

10.2　计价货币的选择

10.2.1　计价货币

1. 计价货币的含义

计价货币（Money of Account）是指合同中规定用来计算价格的货币。如果合同中的价格是用一种双方当事人约定的货币（如美元）来表示的，没有规定用其他货币支付，则合同中规定的货币既是计价货币，又是支付货币（Money of Payment）；如果在计价货币之外，还规定了其他货币（如英镑）支付，则英镑就是支付货币。

2．如何选择计价货币

在一般的国际货物买卖合同中，价格都表现为一定量的特定货币（如每公吨为 300 美元），通常不再规定支付货币。根据国际贸易的特点，用来计价的货币可以是出口国家货币，也可以是进口国家货币或双方同意的第三国货币，由买卖双方协商确定。由于世界各国的货币价值并不是一成不变的，特别是在世界许多国家普遍实行浮动汇率的条件下，通常被用来计价的各种主要货币的币值更是严重不稳。国际货物买卖通常的交货期都比较长，从订约到履行合同，往往需要一个过程。在此期间，计价货币的币值是要发生变化的，甚至会出现大幅度的起伏，其结果必然直接影响进出口双方的经济利益。因此，如何选择合同的计价货币就具有重大的经济意义，是买卖双方在确定价格时就必须注意的问题。

除双方国家订有贸易协定和支付协定，而交易本身又属于上述协定的交易，必须按规定的货币进行清算外，一般进出口合同都是采用可兑换、国际上通用或双方同意的支付手段进行计价和支付。但是，目前这些货币的软硬程度并不相同，发展趋势也不一致。因此，具体到某一笔交易，都必须在深入调查研究的基础上，尽可能争取把发展趋势对我方有利的货币作为计价货币。从理论上说，对于出口交易，采用硬币计价比较有利，而进口合同用软币计价比较合算。但在实际业务中，以什么货币作为计价货币，还应视双方的交易习惯、经营意图及价格而定，如果为达成交易而不得不采用对我方不利的货币，则可设法用下述两种办法补救：一是根据该种货币今后可能的变动幅度，相应调整对外报价；二是在可能条件下，争取订立保值条款，以避免计价货币汇率变动的风险。

在合同规定用一种货币计价，而用另一种货币支付的情况下，因两种货币在市场上的地位不同，其中有的坚挺（称硬币），有的疲软（称软币），这两种货币按何时的汇率进行结算，是关系到买卖双方利害得失的一个重要问题。

按国际上的一般习惯做法，如两种货币的汇率是按付款时的汇率计算的，则不论计价和支付用的是什么货币，都可以按计价货币的量收回货款。对卖方来说，如果计价货币是硬币，支付货币是软币，基本上不会受损失，可起到保值的作用；如果计价货币是软币，支付货币是硬币，收入的硬币就会减少，这对卖方不利，而对买方有利。

如果计价货币和支付货币的汇率在订约时已经固定，那么，在计价货币是硬币、支付货币是软币的条件下，卖方在结算时收入的软币所代表的货值往往要少于按订约日的汇率应收入的软币所代表的货值，也就是说对买方有利，而对卖方不利。反之，如果计价货币是软币，支付货币是硬币，则对卖方有利，对买方不利。

此外，也有在订合同时，即明确规定计价货币与另一种货币的汇率，到付款时，该汇率如有变动，则按比例调整合同价格。

⬤ 10.2.2　货币风险的防范

在交易中，使用"硬币"对卖方有利，使用"软币"对买方有利。为了解决买卖双方在货币选用上的不同意见，可以采用稳定货币币值的方法，以消除汇率变动的影响。通常有以下几种方法可供选择。

1. 价格调整的方法

在合同中规定，根据所使用的货币币值变动幅度确定价格的调整幅度。这种方法在一定程度上可以抵消货币币值变动的影响。这意味着支付的价款金额是可以变动的。

2. "软币""硬币"结合使用

如果合同中支付的价款金额是确定不变的，那么可以规定一部分价款用某种货币支付，一部分价款用另一种币值具有相反变化趋势的货币来支付。也就是说，一部分价款用"软币"支付，一部分价款用"硬币"支付。货币的"软"和"硬"是相对的，是有时间性的。在一定时期是"软币"，在另一时期却可能是"硬币"。在应用时，要注意使用的必须是两种币值具有相反变化趋势的货币。采用这种方法时，需要按订约时的汇率，用两种货币计价。然后，确定两种货币在支付时各占的百分比，如各占 50%。

3. 合同中订立外汇保值条款

合同中订立外汇保值条款可采用以下两种方法。

（1）确定订约时计价货币与另一货币（其币值与计价货币具有相反变化趋势）的汇率，支付时按当日汇率把币值具有相反趋势变化的货币折算成原计价货币支付。

（2）确定订约时计价货币与一揽子货币（另几种货币）的平均汇率，支付时按当日的计价货币与一揽子货币的平均汇率把一揽子货币折算成原计价货币支付。

4. 外汇保值交易的方法

外汇保值交易是指在出口或进口中，按订约时的外汇汇率确定远期货款支付。订约后，为了防止远期支付时由于汇率变动而带来损失，即刻在外汇市场上对出口做一笔买进支付货币的交易，对进口做一笔卖出支付货币的交易。这种为了消除货物买卖中支付货币的汇率变动风险，而在外汇市场上所做的外汇交易称为外汇保值交易。外汇保值交易一般采用远期外汇保值的方法，也可在外汇期货市场上进行外汇期货保值或外汇期权保值。

10.3 佣金和折扣的运用

在合同价格条款中，有时会涉及佣金和折扣（Discount）。价格条款中规定的价格，可分为包含佣金或折扣的价格和不包含这类因素的净价。包含佣金的价格在业务中通常称为"含佣价"。

● 10.3.1 佣金

1. 佣金的含义

在国际贸易中，有些交易是通过中间代理商进行的。因中间商介绍生意或代买代卖而需要收取一定的酬金，此项酬金叫作佣金。凡在合同价格条款中，明确规定佣金的百分比，叫作"明佣"。如不标明佣金的百分比，甚至连"佣金"字样也不标示出来，有关佣金的问题由双方当事人另行约定，这种暗中约定佣金的做法，叫作"暗佣"。佣金直接关系商品的价格，货价中是否包括佣金和佣金比例的大小，都影响商品的价格。显然，含佣价比净价要高。正确运用佣金，有利于调动中间商的积极性和扩大交易。

2．佣金的规定办法

在商品价格中包含佣金时，通常应以文字来说明。例如，"每公吨200美元CIF旧金山，包括2%佣金"（US＄200 Per M/T CIF San Francisco including 2% commission）。也可在贸易术语上加注佣金的缩写英文字母"C"和佣金的百分比来表示。例如，"每公吨200美元CIFC 2%，旧金山"（US＄200 Per M/T CIF San Francisco including 2% commission）。商品价格中包含的佣金除用百分比表示外，也可以用绝对数来表示，例如，"每公吨付佣金25美元"。如果中间商为了从买卖双方获取"双头佣金"或为了逃税，有时要求在合同中不规定佣金，而另按双方暗中达成的协议支付。佣金的规定应合理，其比率一般掌握在1%～5%，不宜偏高。

3．佣金的计算与支付方法

在国际贸易中，计算佣金的方法不一，有的按成交金额约定的百分比计算，也有的按成交商品的数量来计算，即按每单位数量收取若干佣金计算。在我国进出口业务中，计算方法也不一致，按成交金额和成交商品的数量计算的都有。在按成交金额计算时，有的以发票总金额作为计算佣金的基数，有的则以FOB总值为基数来计算佣金。如按CIF成交，而以FOB值基数计算佣金时，则应从CIF价中减去运费和保险费，求出FOB值，然后以FOB值乘佣金率，即得出佣金额。计算佣金的公式如下：

$$单位货物佣金额=含佣价\times佣金率$$

$$净价=含佣价-单位货物佣金额 \quad 或 \quad 净价=含佣价\times（1-佣金率）$$

【例】洽商交易时，我方报价10 000美元，对方要求3%的佣金，在此情况下，我方改报含佣价，则报价应为多少？

解：根据公式可得，$含佣价=\dfrac{净价}{1-佣金率}=\dfrac{10\ 000}{1-3\%}\approx 10\ 309.3（美元）$

佣金的支付一般有两种做法：一种是由中间代理商直接从货价中扣除佣金；另一种是在委托人收清货款之后，再按事先约定的期限和佣金比率，另付给中间代理商。在支付佣金时，应防止错付、漏付和重付等事故发生。

按照一般惯例，在独家代理情况下，如委托人同约定地区的其他客户达成交易，即使未经独家代理过手，也必须按比率付给其佣金。

10.3.2 折扣

1．折扣的含义

折扣是指卖方按原价给予买方一定百分比的减让，即在价格上给予适当的优惠。国际贸易中使用的折扣名目很多，除一般折扣外，还有为扩大销售而使用的数量折扣（Quantity Discount）、为实现某种特殊目的而给予的特别折扣及年终回扣等。凡在价格条款中明确规定折扣率的，叫作"明扣"；凡交易双方就折扣问题已达成协议，而在价格条款中却不明示折扣率的，叫作"暗扣"。折扣直接关系着商品的价格，货价中是否包括折扣和折扣率的大小都影响商品的价格，折扣率越高，价格越低。折扣如同佣金一样，都是市场经济的必然产物，正确运用折扣有利于调动采购商的积极性和扩大销路。在国际贸易中，折扣是加强对外竞销的一种手段。

2．折扣的规定办法

在国际贸易中，折扣通常在合同价格条款中用文字明确表示出来。例如，"CIF 伦敦每公吨 200 美元，折扣 3%"（USD 200 Per M/T CIF London including 3% discount）。此例也可这样表示，"CIF 伦敦每公吨 200 美元，减 3%折扣"（USD 200 Per M/T CIF London Less 3% discount）。此外，折扣也可以用绝对数来表示，例如，"每公吨折扣 6 美元"。

在实际业务中，也有用"CIFD"或"CIFR"来表示 CIF 价格中包含折扣。这里的"D"和"R"是"Discount"和"Rebate"的缩写。鉴于在贸易往来中加注的"D"或"R"含义不清，可能引起误解，故最好不使用此缩写语。

交易双方采取暗扣的做法时，则在合同价格中不予规定。有关折扣的问题，按交易双方暗中达成的协议处理。这种做法属于不公平竞争。公职人员或企业雇用人员拿"暗扣"应属贪污受贿行为。

3．折扣的计算与支付方法

折扣通常是以成交额或发票金额为基础计算出来的，其计算方法如下：

$$单位货物折扣额=原价（或含折扣价）×折扣率$$
$$卖方实际净收入=原价-单位货物折扣额$$

折扣一般在买方支付货款时预先予以扣除。也有的折扣金额不直接从货价中扣除，而按暗中达成的协议另行支付给买方，这种做法通常在给"暗扣"或"回扣"时采用。

10.4　合同中的价格条款

◉ 10.4.1　价格条款的内容

合同中的价格条款一般包括商品的单价和总值两项基本内容，至于确定单价的作价办法和与单价有关的佣金与折扣的运用，也属于价格条款的内容。商品的单价通常由 4 部分组成，即计量单位（如公吨）、单位价格金额（如 200）、计价货币（如美元）和贸易术语（如 CIF 伦敦）。在价格条款中可规定："每公吨 200 美元，CIF 伦敦"（USD 200 Per M/T CIF London）。总值是指单价同成交商品数量的乘积，即一笔交易的货款总金额。

◉ 10.4.2　规定价格条款的注意事项

（1）合理确定商品的单价，防止作价偏高或偏低。

（2）根据经营意图和实际情况，在权衡利弊的基础上选用适当的贸易术语。

（3）争取选择有利的计价货币，以免遭受币值变动带来的风险，如采用不利的计价货币时，应当加订保值条款。

（4）灵活运用各种不同的作价办法，以避免价格变动的风险。

（5）参照国际贸易的习惯做法，注意佣金和折扣的合理运用。

（6）如果交货品质和数量约定有一定的机动幅度，则对机动部分的作价也应一并规定。

（7）如果包装材料和包装费另行计价，对其计价办法也应一并规定。

（8）单价中涉及的计量单位、计价货币、装卸地名称，必须书写正确、清楚，以利于合同的履行。

本章小结

由于价格构成因素不同，影响价格的因素也多种多样。因此，在对外报价时必须充分考虑影响价格的各种因素，合理掌握差价。在合同条款中还要订明计价货币和作价方法。我国出口企业对外报价时，要熟练掌握不同贸易术语项下各种价格之间的换算及含佣价、折扣价与净价之间的计算方法。企业在合理对外报价的同时，还必须进行有关指标的核算等。

思考练习

（1）进出口商品价格的制定原则是什么？确定进出口商品价格时应考虑哪些因素？

（2）如何进行贸易术语的换算？

（3）如何计算出口商品的盈亏率、出口商品换汇成本？

（4）国际贸易中的作价方法有哪些？非固定价格有哪些优缺点？

（5）什么是佣金和折扣？在国际贸易中应该如何正确使用佣金与折扣？

第11章
国际货物运输条款

📓 本章提要

运输是国际贸易实际业务中一个不可或缺的重要环节，运输条款是构成国际货物买卖合同中的一个重要条款。在谈判贸易合同时，需要考虑选择不同的运输方式，然后根据所选的运输方式订立运输条款。本章主要介绍了各种运输方式的分类、主要运输航线及特点、合同中的运输条款的具体内容和不同运输方式下的单据填制内容等。

📖 学习目标

（1）了解各种运输方式；
（2）掌握租船运输的特点；
（3）熟悉国际货物运输中海运提单的内容；
（4）了解集装箱运输及国际多式联运的特点及业务流程。

引导案例

2010年2月8日，法国某电子元件有限公司（卖方）与我国广州某百货有限公司（买方）签订了一份买卖合同。合同规定，买方向卖方购买某型号计算机1 500台，价格为每台CIF中国广州951美元，交货期为5月15日。合同订立后，5月13日买方收到装船通知，称所有货物已于5月12日由"东风"号轮运往广州，并注明了合同号与信用证号。5月29日，买方接到广州港码头的提货通知。港口方向买方出示随船提单一份，提单上的装船日期是5月16日。买方没有马上提货。6月2日，买方接到中国银行广州分行通知，称法国托收单据已到，要求承付。买方拒绝付款，并于当天电告卖方，宣告合同解除。

卖方于2010年8月12日按合同争议条款向我国对外经济贸易仲裁委员会申请仲裁。卖方在申请书中提出，卖方按合同规定履行了交货义务，不存在任何过错，并提供了经船方修改了的装船日期的提单，证明货物是由"东风"号轮于2010年5月12日而不是5月16日装船的，要求买方履行合同，接受货物和支付货款，并承担其违约行为给申诉人造成的损失。

买方则声称卖方严重违约。第一，卖方延迟交货且不预先通知买方。而且经查，"东风"号轮惯常航行法国至广州航线，该船曾于5月10日进入中国港口，5月15日出港，不可能于5月12日在法国港口装船并签发提单。随船提单的装船日期是真实的，卖方有串通承运人倒签提单装船日期的欺诈行为。第二，卖方擅自将合同规定的付款方式改为托收付款方式。第三，卖方将买方要求的指示提单改为记名提单。由于卖方严重违约，故买方有权解除合同并拒收货物、拒付货款。

11.1　运输方式

在国际货物运输中，使用的运输方式很多，其中包括海、陆、空、江、邮等运输方式。为了合理地选择运输方式，必须对各种运输方式的特点及其营运的有关知识有所了解。

11.1.1　海洋运输

1. 海洋运输的优点与不足

在国际货物运输中，海洋运输是最主要的运输方式，其运量在国际货物运输总量中占80%以上。海洋运输的优点主要有以下几方面。

（1）通过能力大。

海洋运输可以利用四通八达的天然航道，它不像火车、汽车受轨道和道路的限制，故其通过能力很大。

（2）运量大。

目前船舶正在向大型化发展，故海洋运输船舶的运载能力远远大于铁路运输车辆和公路运输车辆。

（3）运费低。

因为海运量大、航程远，分摊于每货运吨的运输成本就少，因此，运费相对低廉。

海洋运输也存在不足之处。例如，海洋运输受气候和自然条件的影响较大，航期不易准确，而且风险较大。此外，海洋运输的速度也相对较低。

2. 海洋运输船舶的经营方式

按照海洋运输船舶经营方式的不同，可分为班轮运输和租船运输。

（1）班轮运输。

① 班轮运输又称定期船运输，它具有下列特点：a. 船舶按照固定的船期表，沿着固定航线和港口来往运输，并按相对固定的运费率收取运费；b. 由船方负责配载装卸，装卸费包括在运费中，货方不多付装卸费，船货双方也不计算滞期费和速遣费；c. 船货双方的权利、义务与责任豁免，以船方签发的提单条款为依据；d. 班轮承运货物的品种、数量比较灵活，货运质量较有保证，且一般采取在码头仓库交接货物，故为货方提供了较便利的条件。

② 班轮运价表。班轮公司运输货物收取的运费是按照班轮运价表的规定计收的。不同的班轮公司或班轮公会各有不同的班轮运价表。班轮运价表一般包括货物分级表、各航线费率表、附加费率表、冷藏货及活牲畜费率表等。目前我国班轮运输公司使用的是"等级

运价表"，即将承运的货物分成若干等级（一般分为 20 个等级），每个等级的货物有一个基本费率，其中 1 级费率最低，20 级费率最高。

③ 班轮运费的构成。班轮运费包括基本运费和附加费两部分。前者是指货物从装运港到卸货港应收取的基本运费，它是构成全程运费的主要部分；后者是指对一些需要特殊处理的货物，或者由于突然事件的发生或客观情况变化等原因而需要另外加收的费用。

基本运费按班轮运价表规定的计收标准计收。在班轮运价表中，根据不同的商品，对运费的计收标准通常采用下列几种：a. 按货物毛重（又称重量吨）计收运费，运价表内用"W"表示；b. 按货物的体积/容积（又称尺码吨）计收，运价表中用"M"表示；c. 按毛重或体积计收，由船公司选择其中收费较高的作为计费吨，运价表中以"W/M"表示；d. 按商品价格（又称从价运费）计收，从价运费运价表内用"A.V."或"Ad.Val."表示，从价运费一般按货物的 FOB 价格的百分比收取；e. 在货物重量、尺码或价值三者中选择最高的一种计收，运价表中用"W/M or Ad. Val."表示；f. 按货物重量或尺码选择其高者，再加上从价运费计算，运价表中以"W/M plus Ad. Val."表示；g. 按每件货物作为一个计费单位收费，如活牲畜按"每头"（per head），车辆按"每辆"（per unit）收费；h. 临时议定价格，即由货主和船公司临时协商议定。通常适用于承运粮食、豆类、矿石、煤炭等运量较大、货值较低、装卸容易、装卸速度快的农副产品和矿产品。议价货物的运费率一般较低。

在实际业务中，基本运费的计算标准按货物的毛重（W）和按货物的体积（M）或按重量、体积选择（W/M）的方式为多。贵重物品较多的是按货物的 FOB 总值（A.V.）计收。

上述计算运费的重量吨和尺码吨统称为运费吨，又称计费吨，现在国际上一般都采用公制（米制），其重量单位为公吨，尺码单位为立方米，计算运费时 1 立方米作为 1 尺码吨。

附加费是指除基本运费外，另加收的各种费用。附加费的计算办法有的是在基本运费的基础上加收一定百分比，有的是按每运费吨加收一个绝对数计算。附加费名目繁多，而且会随着航运情况的变化而变动。在班轮运输中常见的附加费有下列几种：a. 超重附加费，它是指由于货物单件重量超过一定限度而加收的一种附加费；b. 超长附加费，它是指由于单件货物的长度超过一定限度而加收的一种附加费；c. 直航附加费，它是指如果一批货达到规定的数量，托运人要求将一批货物直接运达非基本港口卸货，船公司为此加收的费用；d. 转船附加费，它是指如果货物需要转船运输的话，船公司必须在转船港口办理换装和转船手续，由于上述作业所增加的费用；e. 港口附加费，它是指由于某些港口的情况比较复杂，装卸效率较低或港口收费较高等原因，船公司特此加收的一定的费用。

除上述各种附加费外，船公司有时还根据各种不同情况临时决定增收某种费用，如燃油附加费、货币附加费、绕航附加费等。

④ 班轮运费的计算。先根据货物的英文名称从货物分级表中查出有关货物的计费等级和其计算标准，然后再从航线费率表中查出有关货物的基本费率，最后加上各项需要支付的附加费率，所得的总和就是有关货物的单位运费（每重量吨或每尺码吨的运费）再乘以计费重量吨或尺码吨，即得该批货物的运费总额。如果是从价运费，则按规定的百分比乘FOB 货值即可。

班轮运费按照班轮运价表规定计算。班轮运价表通常包括说明及有关规定、货物分级表、航线费率表、附加费率表、冷藏货及活牲畜率表等。通过查阅班轮运价表，可以得到有关货物的基本运费率和附加费率。

（2）租船运输。

租船运输又称不定期船运输，它与班轮运输有很大差别。在租船运输业务中，没有预订的船期表，船舶经由航线和停靠的港口也不固定，须按船租双方签订的租船合同来安排，有关船舶的航线和停靠的港口、运输货物的种类及航行时间等，都按承租人的要求，由船舶所有人确认而定，运费或租金也由双方根据租船市场行情在租船合同中加以约定。

① 租船运输的方式。

- 定程租船，又称航次租船，是指由船舶所有人负责提供船舶，在指定港口之间进行一个航次或数个航次，承运指定货物的租船运输。定程租船就其租赁方式的不同可分为单程租船（单航次租船）、来回航次租船、连续航次租船、包运合同。
- 定期租船，是指由船舶所有人将船舶出租给承租人，供其使用一定时期的租船运输。承租人也可将此期租船充作班轮使用。

② 定程租船与定期租船的区别。

- 定程租船是按航程租用船舶，而定期租船则是按期限租用船舶。
- 定程租船的船方直接负责船舶的经营管理，除负责船舶航行、驾驶和管理外，还应对货物运输负责。但定期租船的船方仅对船舶的维护、修理、机器正常运转和船员工资与给养负责，而船舶的调度、货物的运输、船舶在租期内的营运管理的日常开支，如船用燃料、港口费、税捐及货物装卸、搬运、理舱等费用，均由租船方负责。
- 定程租船的租金或运费一般按装运货物的数量计算，而定期租船的租金一般是按租期每月每吨若干金额计算。
- 采用定程租船时要规定装卸率，凭此计算滞期费和速遣费，而采用定期租船时，船、租双方不规定装卸率、滞期费和速遣费。

除上述两种租船方式外，还有光船租船。光船租船是船舶所有人将船舶出租给承租人使用一个时期，船舶所有人所提供的船舶是一艘空船，既无船长，又未配备船员，承租人自己要任命船长、船员，负责船员的给养和船舶营运管理等的一切费用。光船租船实际上属于单纯的财产租赁，与上述定期租船有所不同。这种租船方式在当前国际贸易中很少使用。

近年来，国际上发展起一种介于定程租船和定期租船之间的租船方式，即航次期租，这是以完成一个航次运输为目的，按完成航次所花的时间，按约定租金率计算租金的方式。

租船运输通常适用于大宗货物的运输，因此，我国大宗货物（如粮食、油料、矿产品和工业原料等）进出口通常采用租船运输方式。就外贸企业来说，使用较多的租船方式是定程租船。

3. 海运航线和港口

（1）海运航线。

海运航线即船舶的运输路线，按船舶的营运方式不同可分为定期航线和不定期航线，按航程远近不同可分为远洋航线、近洋航线和沿海航线。在国际贸易中，各国的货物运输所使用的主要海运航线包括以下几种。

① 北大西洋航线。北大西洋航线是北美与西欧间的航线，因横跨大西洋北部而得名，该航线西起北美的东部海岸，北经纽芬兰，横跨大西洋英吉利海峡至西欧，其支线散布于

欧、美两岸。该航线连接世界两个工业最发达的地区（美国、西欧），两岸拥有世界 2/5 的重要港口（汉堡、马赛、纽约等）、80%的海洋货运，是世界上最繁忙的货运航线。

② 北太平洋航线。北太平洋航线是北美西海岸与远东、东南亚之间的航线，因横跨太平洋北部而得名。航线的东端为北美港口，南起美国的圣地亚哥港，北至加拿大的鲁伯特太子港，航线西端为亚洲港口，北起日本的横滨港，中经中国上海港，南至菲律宾的马尼拉港。由于该航线西端地区经济的迅速发展，两岸之间的贸易往来不断增长，货运量显著增加。该航线经由巴拿马运河，可与美洲东岸各港口乃至西欧的北大西洋航线相接。

③ 苏伊士运河航线。苏伊士运河航线是连接亚洲与欧洲的航线，因通过苏伊士运河而得名，也称亚欧航线。该航线西起西欧、南欧各港，经直布罗陀海峡入地中海，通过苏伊士运河入红海，再进入印度洋，分为两路：东至远东各港口，为欧、亚间的主要航线；南至澳大利亚各港口，为欧、澳间的主要航线。苏伊士运河位于埃及的东北部，是世界第一大运河，通航于 1869 年，全长 161.6 千米，大大缩短了欧洲至亚洲的航程。

④ 巴拿马运河航线。巴拿马运河航线是连接太平洋与大西洋之间各港口的航线。巴拿马运河位于巴拿马共和国中部地区，也是世界第二大运河，通航于 1920 年，全长 81.3 千米。运河的通航大大缩短了太平洋与大西洋之间的航程，每年通过运河的船舶约 1.5 万艘次，货运量约 1.8 亿吨。

⑤ 基尔运河航线。基尔运河航线是沟通北海和波罗的海的航线，基尔运河位于德国东部的日德兰半岛南部，东起波罗的海的基尔湾，西至北海的易北河口，通航于 1895 年，全长 98.7 千米，大大缩短了波罗的海沿岸港口至北海之间的距离。

⑥ 南非航线。南非航线是由西欧、北美经好望角至印度洋，乃至远东或澳新地区的航线，是最早联系东西方的航线，也是世界上最古老的航线之一。该航线曾因苏伊士运河通航而运量大减，后因非洲各国在第二次世界大战后纷纷独立，开发腹地，发展经济，加之大型油轮的出现，使之仍为来自中东大型油轮的主要航线。

⑦ 南大西洋航线。南大西洋航线是连接南美东岸至欧洲的航线。

⑧ 南太平洋航线。南太平洋航线是北美西海岸各港口跨越太平洋至澳大利亚、新西兰的航线。

⑨ 加勒比海航线。加勒比海航线是环行于墨西哥湾与加勒比海以内的航线。

我国地域辽阔，海岸线较长，对外贸易的货物 80%使用海上运输方式。我国对外贸易货物运输使用的主要航线有 26 条，其中远洋地区有 12 条，近洋地区有 14 条。

我国的远洋航线包括：阿尔巴尼亚航线；罗马尼亚航线；东非航线——包括自索马里以南的非洲东岸和马达加斯加、毛里求斯各港口；西非航线——包括直布罗陀以南的非洲西海岸各港口；红海航线——包括自亚丁和吉布提以西至苏伊士港的红海沿岸各港口；地中海航线——包括除阿尔巴尼亚、罗马尼亚以外的地中海、黑海沿岸和马耳他、塞浦路斯各港口；西、北欧航线——包括自直布罗陀以北的欧洲大西洋沿岸和英国、爱尔兰及冰岛等各港口；中南美航线——包括自墨西哥以南的中、南美洲各港口；加拿大西岸航线；加拿大东岸航线；美国东岸航线；美国西岸航线。

我国的近洋航线包括：俄罗斯航线——包括俄罗斯远东地区航线；朝鲜航线；日本航线；港澳航线；越南航线；暹罗湾航线——包括泰国、柬埔寨各港口；印度尼西亚航线；北加里曼丹航线——包括沙加、文莱各港口；斯里兰卡航线；澳大利亚、新西兰航线——

包括澳大利亚、新西兰、巴布亚新几内亚和大洋洲各岛屿的港口；孟加拉湾航线——包括印度东海岸、孟加拉和缅甸各港口；波斯湾航线（也称阿拉伯湾航线）——包括巴基斯坦、印度西海岸和波斯湾沿岸各港口。

（2）港口。

港口是货物进出口的门户，是海陆交通最重要的联系枢纽。在世界众多的港口中，用于国际贸易的港口约有 2 500 多个。港口的规模是用吞吐量衡量的，年吞吐量曾超过 1 亿吨（不含石油输出港）的港口有鹿特丹、安特卫普、马赛、纽约、新奥尔良、新加坡、千叶、神户、横滨、名古屋、香港、高雄、上海、广州、宁波、大连等。年吞吐量曾超过 1000 万吨的港口有 100 多个，其中 80%以上集中在发达国家，以输出工业品和进口原料、燃料为主。发展中国家的港口多以输出原料、燃料和输入工业品为主。

11.1.2 铁路运输

在国际货物运输中，铁路运输是一种仅次于海洋运输的主要运输方式，海洋运输的进出口货物也大多是靠铁路运输进行货物的集中和分散的。

铁路运输有许多优点，一般不受气候条件的影响，可保障全年的正常运输，而且运量较大、速度较快，有高度的连续性，运输过程中可能遭受的风险也较小。办理铁路货运手续比海洋运输简单，而且发货人和收货人可以在就近的始发站（装运站）和目的站办理托运和提货手续。铁路运输可分为国际铁路货物联运和国内铁路货物运输两种。

1. 国际铁路货物联运

凡是使用一份统一的国际联运票据，由铁路负责经过两国或两国以上的全程运送，并在一国铁路向另一国铁路移交货时，不需发货人和收货人参加，这种运输称国际铁路货物联运。

采用国际铁路货物联运，有关当事国事先必须有书面的约定。欧洲国家的铁路联运工作开始较早，1890 年欧洲各国在瑞士首都伯尔尼举行的各国铁路代表大会上制定了《国际铁路货物运送规则》，1938 年修改为《国际铁路货物运送公约》（简称"国际货约"），又称《伯尔尼货运公约》。参加该公约的国家有德国、奥地利、比利时、丹麦、西班牙、法国、希腊、意大利、列支敦士登、卢森堡、挪威、荷兰、葡萄牙、英国、瑞典、瑞士、土耳其、保加利亚、匈牙利、波兰、罗马尼亚、捷克斯洛伐克和南斯拉夫等。

2. 国内铁路货物运输

国内铁路货物运输是指仅在本国范围内按《国内铁路货物运输规程》的规定办理的货物运输。我国出口货物经铁路运至港口装船，以及进口货物卸船后经铁路运往各地，均属国内铁路运输的范畴。

知识窗

供应港、澳地区的物资经铁路运往香港九龙，也属于国内铁路运输的范围。对港铁路运输由国内段运输和港段铁路运输两部分构成。它是一种特殊的租车方式的两票运输。具体做法是：从发货地至深圳北站的国内段运输，由发货人或发货地外运机构依照对港铁路运输计划的安排，填写国内铁路运单，先行运往深圳北站，收货人为中国对外贸易运输公司深圳分公司。深圳分公司作为各外贸企业的代理，负责在深圳与铁路局办理货物运输单

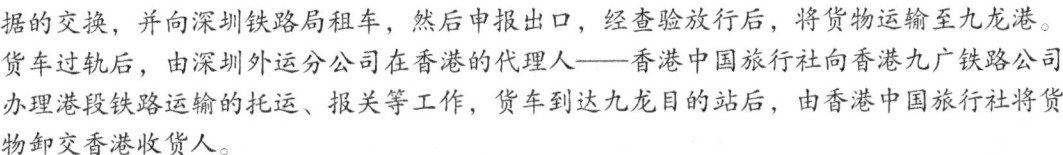

据的交换，并向深圳铁路局租车，然后申报出口，经查验放行后，将货物运输至九龙港。货车过轨后，由深圳外运分公司在香港的代理人——香港中国旅行社向香港九广铁路公司办理港段铁路运输的托运、报关等工作，货车到达九龙目的站后，由香港中国旅行社将货物卸交香港收货人。

由于运往香港的货物中鲜活商品较多，为争取时间并按规定配额发运，外贸与铁路双方协作，先后开辟有"751""753""755"三次快运货物列车，分别由湖北江岸站、上海新龙华站和郑州北站发车，沿途列车不解体直达深圳，从而加快了运送速度，保证了商品质量，并有利于对香港市场保证均衡供应，达到"优质、适量、均衡和应时"的要求。

11.1.3 航空运输

航空运输是一种现代化的运输方式，它与海洋运输、铁路运输相比，具有运输速度快、货运质量高，且不受地面条件限制等优点。因此，它最适宜运送急需物资、鲜活商品、精密仪器和贵重物品。近年来，随着国际贸易的迅速发展及国际货物运输技术的不断现代化，采用航空运输方式也日趋普遍。

1. 航空运输方式

（1）班机运输（Scheduled Airline）。

班机是指在固定时间、固定航线、固定始发站和目的站运输的飞机，通常班机是使用客货混合型飞机，一些大的航空公司也开辟了定期全货机航班。班机因有定时、定航线、定站等特点，因此适用于运送急需物品、鲜活商品及节令性商品。

（2）包机运输（Chartered Carrier）。

包机是指包租整架飞机或由几个发货人（或航空货运代理公司）联合包租一架飞机来运送货物。因此，包机又分为整包机和部分包机两种形式，前者适用于运送数量较大的商品，后者适用于多个发货人，但货物到达站又是同一地点的货物运输。

（3）集中托运（Consolidation）。

集中托运是指航空货运公司把若干单独发运的货物（每票货物要出具一份航空运单）组成一整批货物，用一份总运单（附分运单）整批发运到预定目的地，由航空公司在目的地的代理人收货、报关、分拨后交给实际收货人。集中托运的运价比国际空运协会公布的班机运价低7%～10%。因此，发货人比较愿意将货物交给航空货运公司安排。

（4）航空急件传送（Air Express Service）。

航空急件传送是目前国际航空运输中最快捷的运输方式。它不同于航空邮寄和航空货运，而是由一个专门经营此项业务的机构与航空公司密切合作，设专人用最快的速度在货主、机场、收件人之间传送急件，特别适用于急需的药品、医疗器械、贵重物品、图纸资料、货样及单证等的传送，被称为"桌到桌运输"。

2. 航空运输的承运人

（1）航空运输公司。

航空运输公司是航空货物运输业务中的实际承运人，负责办理从起运机场至到达机场的运输，并对全程运输负责。

（2）航空货运代理公司。

航空货运代理公司可以是货主的代理，负责办理航空货物运输的订舱，在始发机场和到达机场的交、接货与进出口报关等事宜，也可以是航空公司的代理，办理接货并以航空承运人身份签发航空运单，对运输过程负责。例如，中国对外贸易运输总公司既是中国民航的代理，也是我国各进出口公司的货运代理，它充任航空货运代理公司的职责。为此，中国对外贸易运输公司同世界许多国家和地区的货运代理公司建立了航空货运代理业务。

3. 航空运输的运价

航空运输货物的运价是指从起运机场至目的机场的运价，不包括其他额外费用（如提货、仓储费等）。运价一般是按重量（千克）或体积重量（6000立方厘米折合1千克）计算的，以两者中高者为准。空运货物按一般货物、特种货物和货物的等级规定运价标准。

11.1.4 集装箱运输、国际多式联运及大陆桥运输

1. 集装箱运输（Container Transport）

集装箱运输是以集装箱作为运输单位进行货物运输的一种现代化运输方式，它适用于海洋运输、铁路运输及国际多式联运等。从20世纪70年代以来，国际海上集装箱运输发展尤为迅速，迄今已形成了一个世界性的集装箱运输体系。目前，集装箱海运已经成为国际主要班轮航线上占有支配地位的运输方式。在我国，集装箱运输，尤其是集装箱海运已经成为普遍采用的一种重要的运输方式。

集装箱海运之所以如此迅速地发展，是因为同传统海运相比，它具有下列优点：①有利于提高装卸效率和加速船舶的周转；②有利于提高运输质量和减少货损货差；③有利于节省各项费用和降低货运成本；④有利于简化货运手续和便利货物运输；⑤把传统单一运输串连为连贯的成组运输，从而促进了国际多式联运的发展。

国际标准化组织为统一集装箱的规格，推荐了3个系列13种规格的集装箱。国际上通常使用的干货集装箱有20英尺（20英尺×8英尺×8英尺6英寸）和40英尺（40英尺×8英尺×8英尺6英寸）两种规格。为适应运输各类货物的需要，集装箱除通用的干货集装箱外，还有罐式集装箱、冷藏集装箱、框架集装箱、平台集装箱、通风集装箱、牲畜集装箱、散装集装箱、挂式集装箱等种类。

为了便于计算集装箱运输的货运量，目前国际上都以20英尺集装箱作为计算衡量单位，再统计不同型号的集装箱按集装箱的长度换算成20英尺单位（Transmission Extension Unit，TEU，传输扩展单元）加以计算。

（1）集装箱运输货物的交接。

集装箱运输有整箱货和拼箱货之分。整箱货由货方在工厂或仓库进行装箱。货物装箱后直接运交集装箱堆场等待装运，货到目的地（港）后，收货人可直接从目的地（港）集装箱堆场提走。拼箱货是指货量不足一整箱，需要由承运人负责在集装箱货运站将不同发货人的少量货物拼装在一个集装箱内，货到目的地（港）后，由承运人拆箱分拨给各收货人。

通用的集装箱货物交接方式为堆场到堆场，即发货人整箱交货，收货人整箱接货；由货运站到货运站，即发货人拼箱交货，收货人拼箱接货。此外，集装箱运输也可实现"门到门"（Door to Door）的运输服务，即由承运人在发货人工厂或仓库接货，在收货人工

厂或仓库交货。

（2）集装箱运输的费用。

集装箱运输的费用构成和计算方法与传统的运输方式不同。它包括内陆或装运港市内运输费、拼箱服务费、堆场服务费、海运运费、集装箱及其设备使用费等。

集装箱海运运费是由船舶运费和一些有关的杂费所组成的，有下列两种计费方法。

① 按件杂货基本费率加附加费。这是按照传统的按件杂货计算方法，以每运费吨为计算单位，再加收一定的附加费。

② 按包箱费率。这是以每个集装箱为计费单位。包箱费率视船公司和航线等不同因素而有所不同。

经营集装箱运输的船公司为了保证营运收入不低于成本，通常还有最低运费的规定。所谓最低运费，是指起码运费。在拼箱货的情况下，最低运费的规定与班轮运输中的规定基本相同，在费率表中都订有最低运费，任何一批货物的运费金额低于规定的最低运费金额时，则按最低运费金额计收。在整箱货的情况下，由货主自行装箱，如箱内所装货物没有达到规定的最低计费标准，则亏舱损失由货主负担。各船公司都分别按重量吨和尺码吨给不同类型与用途的集装箱规定了最低的装箱吨数，并以两者中高者作为装箱货物的最低运费吨。因此，提高集装箱内积载技术，充分利用集装箱容积，有利于节省运输费用。

2．国际多式联运（International Multimodal Transport 或 International Combined Transport）

（1）国际多式联运的含义。

国际多式联运是在集装箱运输的基础上产生和发展起来的一种综合性的连贯运输方式。它一般是以集装箱为媒介，把海、陆、空各种传统的单一运输方式有机地结合起来，组成一种国际间的连贯运输。《联合国国际货物多式联运公约》对国际多式联运下的定义是："国际多式联运是指按照多式联运合同，以至少两种不同的运输方式，由多式联运经营人把货物从一国境内接运货物的地点运至另一国境内指定交付货物的地点。"

（2）构成国际多式联运的条件。

① 必须有一个多式联运合同，合同中明确规定多式联运经营人和托运人之间的权利、义务、责任和豁免。

② 必须是国际间两种或两种以上不同运输方式的连贯运输。

③ 必须使用一份包括全程的多式联运单据，并由多式联运经营人对全程运输负总的责任。

④ 必须是国际间的货物运输。

⑤ 必须是全程单一运费率，其中包括全程各段运费的总和、经营管理费用和合理利润。

（3）国际多式联运合同和国际多式联运经营人。

国际多式联运合同是指多式联运经营人与托运人之间订立的凭此收取运费、负责完成或组织完成国际多式联运的合同。它明确规定了多式联运经营人和托运人之间的权利、义务、责任和豁免。

国际多式联运经营人（Multimodal Transport Operator）是指本人或通过其代表订立多式联运合同的任何人，可以是实际承运人，也可以是无船承运人，负有履行合同的责任。

开展国际多式联运是实现"门到门"运输的有效途径，它简化了手续，减少了中间环节，加快了货运速度，降低了运输成本，并提高了货运质量。货物的交接地点也可以做到门到门、门到港站、港站到港站、港站到门等。

3. 大陆桥运输（Land Bridge Transport）

大陆桥运输是指使用横贯大陆的铁路（公路）运输系统作为中间桥梁，把大陆两端的海洋连接起来的集装箱连贯运输方式。

大陆桥运输是集装箱运输开展以后的产物，始于 1967 年，发展到现在已形成西伯利亚大陆桥、欧亚大陆桥和北美大陆桥 3 条大陆桥运输路线。

（1）西伯利亚大陆桥。

西伯利亚大陆桥是利用俄罗斯西伯利亚铁路作为桥梁，把太平洋远东地区与波罗的海和黑海沿岸及西欧大西洋口岸连接起来。这是世界上最长的运输大陆桥。

（2）欧亚大陆桥。

欧亚大陆桥于 1992 年投入运营，它东起我国连云港，经陇海线、兰新线，接北疆铁路，出阿拉山口，最终抵达荷兰鹿特丹、阿姆斯特丹等西欧主要港口。

（3）北美大陆桥。

北美大陆桥包括两条路线，一条是从西部太平洋口岸至东部大西洋口岸的铁路（公路）运输系统；另一条是西部太平洋口岸至南部墨西哥湾口岸的铁路（公路）运输系统。

国际贸易货物使用大陆桥运输具有运费低廉、运输时间短、货损货差率小、手续简便等特点，大陆桥运输是一种经济、迅速、高效的现代化运输方式。

● 11.1.5 其他运输方式

国际贸易货物的运输除使用海洋运输、铁路运输、航空运输、集装箱运输、国际多式联运等运输方式外，还有公路运输、内河运输、邮政运输、管道运输等运输方式。

1. 公路运输

公路运输是一种现代化的运输方式，它不仅可以直接运进或运出对外贸易货物，而且也是车站、港口、机场集散进出口货物的重要手段。

公路运输具有机动灵活、速度快和方便等特点，尤其是在实现"门到门"运输中，更离不开公路运输。但公路运输也有一定的不足之处，如载货量有限、运输成本高、容易造成货损事故等。

公路运输在我国对外贸易中占有重要地位。我国同许多国家有公路相通，我国同这些国家的进出口货物可以经由国境公路运输。随着我国公路建设的扩展，特别是高速公路的修建，公路运输在对外贸易中将发挥更重要的作用。

2. 内河运输

内河运输是水上运输的重要组成部分，它是连接内陆腹地与沿海地区的纽带，在运输和集散出口货物中起着重要的作用。

我国拥有四通八达的内河航运网，长江、珠江等主要河流的一些港口已对外开放，同一些邻国还有国际河流相通，这就为进出口货物通过河流运输和集散提供了十分有利的条件。

3．邮政运输

邮政运输是一种较简便的运输方式。各国邮政部门之间订有协定和公约，通过这些协定和公约，各国的邮件包裹可以互相传递，从而形成国际邮包运输网。

国际邮政运输具有国际多式联运和"门到门"运输的性质，托运人只需要按邮局章程一次托运、一次付清足额邮资，取得邮政包裹收据（Parcel Post Receipt），交货手续即告完成。邮件在国际间的传递由各国的邮政部门负责办理，邮件到达目的地后，收件人可凭邮局到件通知向邮局提取。所以，邮政运输适用于重量轻、体积小的货物的传递。这种运输手续简便，费用也不高，因而是国际贸易中普遍采用的运输方式之一。

近年来，特快专递业务迅速发展。目前快递业务主要有：①国际特快专递，简称 EMS，是我国邮政部门办理的特快专递业务；②DHL 信使专递，敦豪国际有限公司信使专递和民航快递服务（AIR Express Service，AE）。DHL 是国际信使专递行业中具有代表性的专递公司，总部设在美国纽约，在世界 140 多个国家和地区设有分支公司和代理机构，专递范围遍及世界各地。

4．管道运输

管道运输是一种特殊的运输方式。它是货物在管道内借助于高压气泵的压力输往目的地的一种运输方式，主要适用于运输液体和气体货物。它具有固定投资大、建成后运输成本低的特点。

管道运输在美国、欧洲的许多国家，以及石油输出国组织（OPEC）的石油运输方面起到了积极的作用。我国管道运输起步较晚，但随着石油工业的发展，为石油运输服务的石油管道也迅速发展起来。

11.2　装运条款

在国际货物买卖合同中，买卖双方必须对交货时间、装运、目的地、分批装运、转运、装运通知、滞期、速遣条款等内容做出具体的规定。明确、合理地规定装运条款，是保证买卖合同顺利履行的重要条件。

11.2.1　装运时间

装运时间是国际货物买卖合同的主要交易条款，卖方必须严格按规定时间交付货物，不得任意提前和延迟。如造成违约，则买方有权拒收货物、解除合同，并要求损害赔偿。

在国际贸易中，交货时间（Time of Delivery）和装运时间（Time of Shipment）是两个不同的概念。在使用 FOB、CIF、CFR 等贸易术语签订的买卖合同中，卖方在装运港或装运地将货物装上船只或交付给承运人监管，就算已完成交货义务。装运时间又称装运期，是指卖方在装运港将货物装上船或其他运输工具的时间。在国际贸易中，装运时间过去一般是从狭义上理解。随着国际贸易和运输方式的发展，国际惯例的最新解释是：

装船、发运、收妥待运、邮局收据日期、收货日期等，以及在多式联运方式下承运人的"接受监管"，均可理解为装运时间。

1．装运时间的规定方法

（1）规定明确、具体的装运时间。

规定装运时间可分为规定一段时间和规定最后期限两种。例如，"7 月装运"（Shipment during July），"7/8/9 月装运""装运期不迟于 7 月 31 日""9 月月底或以前装运"。两种规定方法明确、具体，使用较为广泛。

（2）规定收到信用证后若干天装运。

例如，规定"收到信用证后 30 天内装运"，为防止买方不按时开证，一般还规定"买方必须不迟于某月某日将信用证开到卖方"的限制性条款。对某些进口管制较严的国家或地区，或者专为买方制造的特定商品，或者对买方资信不够了解，为防止买方不履行合同而造成损失，可采用此种规定方法。

（3）规定近期装运术语。

"立即装运""即期装运""尽快装运"等术语在各国、各行业中解释不一，不宜使用。《跟单信用证统一惯例》也明确规定不宜使用此类词，如果使用，银行将不予置理。

2．规定装运时间时应注意的问题

（1）买卖合同中的装运时间的规定要明确、具体，装运期限应当适度。

海运装运期限的长短应视不同商品和租船订舱的实际情况而定，装运期限过短，势必给船货安排带来困难；装运期过长也不合适，特别是采用在收到信用证后多少天内装运的条件下，装运期过长会造成买方积压资金，影响资金周转，从而反过来影响卖方的售价。

（2）应注意货源情况、商品的性质和特点及交货的季节等。

例如，雨季一般不宜装运烟叶，夏季一般不宜装运沥青、易腐蚀肉类及橡胶等。

（3）应综合考虑交货港、目的港的特殊季节因素。

例如，北欧、加拿大东海沿岸港口冬季易封冻结冰，故装运时间不宜订在冰冻时期。反之，热带某些地区，则不宜订在雨季装运。

（4）在规定装运时间的同时应考虑开证日期的规定是否明确、合理。

装运时间与开证日期是互相关联的，为保证按期装运，装运时间和开证日期应该互相衔接起来。

11.2.2　装运港和目的港

装运港是指货物起始装运的港口，目的港是指最终卸货的港口。在国际贸易中，装运港（地）一般由卖方提出，经买方同意后确认；目的港一般由买方提出，经卖方同意后确认。

1．装运港和目的港的规定方法

在买卖合同中，装运港和目的港的规定方法有以下几种。

（1）在一般情况下，装运港和目的港分别规定各为一个，如"装运港：上海，目的港：伦敦"。

（2）有时按实际业务的需要，也可分别规定两个或两个以上的装运港或目的港，如"装运港：大连/青岛/上海，目的港：伦敦/利物浦"。

（3）在磋商交易时，如明确规定装运港或目的港有困难，可以采用选择港（Optional Ports）办法。规定选择港有两种方式：一种是在两个或两个以上港口中选择一个，如 CIF 伦敦，选择港汉堡或鹿特丹；另一种是笼统规定某一航区为装运港或目的港，如"地中海主要港口"，即最后交货选择地中海的一个主要港口为目的港。

2．规定国内外装运港和目的港的注意事项

（1）规定国外装运港和目的港的注意事项。

① 对国外装运港或目的港的规定，应力求具体明确。在磋商交易时，如果国外商人笼统地提出以"欧洲主要港口"或"非欧洲主要港口"为装运港或目的港，则不宜轻易接受。因为欧洲或非欧洲港口众多，究竟哪些港口为主要港口，并无统一解释，而且各港口距离远近不一，港口条件也有区别，运费和附加费相差很大，所以，应避免采用此种规定方法。

② 不接受内陆城市为装运港或目的港的条件。因为接受这一条件意味着要承担从港口到内陆城市这段路程的运费和风险。

③ 必须注意装卸港的具体条件。例如，有无直达班轮航线，港口和装卸条件及运费和附加费水平等。如果租船运输，还应进一步考虑码头泊位的深度，有无冰封期，冰封的具体时间及对船国籍有无限制等港口制度。

④ 应注意国外港口有无重名问题。世界各国港口重名的很多，例如，维多利亚港在全世界有 12 个之多，波特兰也有数个。为防止发生差错，引起纠纷，在买卖合同中应明确注明装运港或目的港所在国家和地区的名称。

⑤ 如果采用选择港口规定，要注意各选择港口不宜太多，一般不超过 3 个，而且必须在同一航区、同一航线上。同时在合同中应明确规定：如所选目的港要增加运费、附加费，应由买方负担，同时要规定买方宣布最后目的港的时间。

（2）规定国内装运港或目的港的注意事项。

在出口业务中，对国内装运港的规定一般以接近货源地的对外贸易港口为宜，同时考虑港口和国内运输的条件和费用水平；在进口业务中，对国内目的港的规定，原则上应选择以接近用货单位或消费地区的对外贸易港口为最合理。但根据我国目前港口的条件，为避免港口到船集中而造成堵塞现象或签约时目的港尚难确定，在进口合同中，也可酌情规定为"中国口岸"。

总之，买卖双方在确定装运港时，通常都是从本身利益和实际需要出发，根据产、销和运输等因素考虑的。为了使装运港和目的港条款订得合理，外贸企业必须从多方面加以考虑，特别是国外港口众多，情况复杂，在确定国外装运港和目的港时，更应格外谨慎。

11.2.3 分批装运和转运

分批装运和转运都直接关系到买卖双方的利益，因此头卖双方应根据需要和可能在合同中做出具体的规定。一般来说，合同中如订明允许分批装运和转运，对卖方交货比较主动。

1. 分批装运

分批装运又称分期装运，是指一个合同项下的货物分若干批或若干期装运。在大宗货物或成交数量较大的交易中，买卖双方根据交货数量、运输条件和市场销售等因素，可在合同中规定分批装运条款。

国际上对分批装运的解释和运用有所不同。按有些国家的合同法规定，如合同对分批装运不做规定，买卖双方事先对此也没有特别约定或习惯做法，则卖方交货不得分批装运。国际商会制定的《跟单信用证统一惯例》规定，除非信用证另有规定，允许分批装运。因此，为了避免不必要的争议，争取早出口、早收汇，防止交货时发生困难，除非买方坚持不允许分批装运，原则上应明确在出口合同中订入"允许分批装运"条款。

《跟单信用证统一惯例》规定："运输单据表面上注明货物是使用同一运输工具装运并经同一路线运输的，即便每套运输单据注明的装运日期不同，只要运输单据注明的目的地相同，也不视为分批装运。"例如，"3～6月分4批每月平均装运"，以及类似的限批、限时、限量的条件，则卖方应严格履行约定的分批装运条款，只要其中任何一批没有按时、按量装运，则本批及以后各批均告失效。据此，在买卖合同和信用证中规定分批、定期、定量装运时，卖方必须重合同、守信用，严格按照合同和信用证的有关规定办理。

2. 转运

买方在交货时，如驶往目的港没有直达船或船期不定或航次间隔太长，为了便于装运，则应在合同中订明"允许转船"。按《跟单信用证统一惯例》规定，"转运"一词在不同运输方式下有不同的含义：在海运情况下，是指在装货港和卸货港之间的海运过程中，货物从一艘船卸下再装上另一艘船的运输；在航空运输的情况下，是指从起运机场至目的地机场的运输过程中，货物从一架飞机上卸下再装上另一架飞机的运输；在公路、铁路或内河运输情况下，则是指在装运地到目的地之间用不同的运输方式的运输过程中，货物从一种运输工具上卸下再装上另一种运输工具的行为。

《跟单信用证统一惯例》规定，除非信用证另有规定，可准许转运。为了明确责任和便于安排装运，买卖双方是否同意转运及有关转运的办法和转运费的负担等问题，应在买卖合同中订明。

3. 合同中的分批装运、转运条款

国际货物买卖合同中的分批装运、转运条款通常是与装运时间结合起来规定的。例如，"5/6/7月装运，允许分批和转运"，"6/7月分两批装运，禁止转运"，"11/12月分两次平均装运，由香港转运"。

11.2.4 装运通知

买卖双方为了互相配合，共同完成车、船、货的衔接和办理货运保险，不论采用何种贸易术语成交，交易双方都要承担互相通知的义务。因此，装运通知也是装运条款的一项重要内容。

按照国际贸易的一般做法，在按FOB条件成交时，卖方应在约定的装运期开始以前，一般是30天或45天，向买方发出货物备妥通知，以便买方及时派船接货。买方接到卖方

发出的备货通知后，应按约定的时间，将船名、船舶到港受载日期等通知卖方，以便卖方及时安排货物出运和准备装船。

如果按 FOB、CFR 和 CIF 术语签订合同，卖方应在货物装船后，按约定时间，将合同、货物的品名、件数、重量、发票金额、船名及装船日期等项内容电告买方，以便买方及时办理进口报关手续。

◉ 11.2.5 滞期、速遣条款

在国际贸易中，大宗商品大多使用程租船运输。由于装卸时间直接关系到船方的经营效益，如果装卸货物由租船人负责，船方对装卸货物的时间都要做出规定。如果承租人未能在约定的装卸时间内将货物装完和卸完，延长了船舶在港停泊时间，进而延长了航次时间，这对船舶所有人来说，既因在港停泊时间延长而增加了港口费用的开支，又因航次时间延长降低了船舶的周转率，减少了船舶所有人的营运收入。与此相反，如果承租人在约定的装卸时间以前将全部货物装完和卸完，缩短了船舶在港停泊时间，使船舶所有人可以更早地将船投入下一航次的营运，取得了新的运费收入，这对船舶所有人来说是有利的。正由于装卸时间的长短和装卸效率的高低直接关系船方的利害得失，故船方出租船舶时，都要求在定程租船合同中规定装卸时间、装卸率，并规定延误装卸时间和提前完成装卸任务的罚款与奖励办法，以约束租船人。

但是，在实际业务中，负责装卸货物的不一定是租船人，而是买卖合同的一方当事人，如 FOB 合同的租船人是买方，而装货由卖方负责；CIF 合同的租船人是卖方，而卸货由买方负责，因此，负责租船的一方为了促使对方及时完成装卸任务，故在买卖合同中也要求规定装卸时间、装卸率和滞期、速遣条款。

1. 装卸时间

装卸时间是指允许完成装卸任务所约定的时间，它一般以天数或小时数来表示。装卸时间的规定方法很多，其中主要有下列几种。

（1）日（Days）或连续日（Consecutive Days）。

所谓日，是指午夜至午夜连续 24 小时的时间，也就是日历日数，以"日"表示装卸时间，从装货开始到卸货结束，整个经过的日数就是总的装货或卸货时间。在此期间内，不论是实际不可能进行装卸作业的时间（如雨天、施工或其他不可抗力），还是星期日或节假日，都应计为装卸时间。这种规定对租船人很不利。

（2）累计 24 小时好天气工作日（Weather Working Days of 24 Hours）。

这是指在好天气情况下，不论港口习惯作业为几小时，均以累计 24 小时作为一个工作日。如果港口规定每天作业 8 小时，则一个工作日会跨及几天的时间。这种规定对租船人有利，而对船方不利。

（3）连续 24 小时好天气工作日（Weather Working Days of 24 Consecutive Hours）。

这是指在好天气情况下，连续作业 24 小时算一个工作日，中间因坏天气影响而不能作业的时间应予扣除。这种方法一般适用于昼夜作业的港口。当前，国际上一般都采用此种规定办法。

由于各国港口习惯和规定不同，在采用此种规定办法时，对星期日和节假日是否计算也应具体订明，如在工作日之后加订"星期日和节假日除外"（Sundays and Holidays Excepted）。

除了具有一定含义的日数表示装卸时间的办法外，有时关于装卸时间并不按日数或每天装卸货物的吨数来规定，而只是按"港口习惯快速装卸"（To Load /Discharge in Customary Quick Despatch，CQD）进行规定，这种规定不明确，容易引起争议，故采用时应审慎行事。

为了计算装卸时间，合同中还必须对装卸时间的起算和止算时间加以约定。关于装卸时间的起算时间，各国法律规定或习惯并不完全一致，一般规定在船长向承租人或其代理人递交了"装卸准备就绪通知书"（Notice of Readiness，N/R），经过一定的规定时间后，开始起算。关于止算时间，现在世界各国习惯上都以货物装完或卸完的时间作为装卸时间的止算时间。

2．装卸率

装卸率是指每日装卸货物的数量。装卸率的具体确定一般应按照港口习惯的正常装卸速度，掌握实事求是的原则。装卸率的高低关系着完成装卸任务的时间和运费水平，装卸率规定过高或过低都不合适。规定过高，完不成装卸任务，要承担滞期费的损失；规定过低，虽能提前完成装卸任务，可得到船方的速遣费，但船方会因装卸率低，船舶在港时间长而增加运费，致使租船人得不偿失。因此，装卸率的规定应当适当。

3．滞期费和速遣费

滞期费（Demurrage）是指在指定的装卸期限内，租船人未完成装卸作业，给船方造成经济损失，租船人对超过的时间应向船方支付的一定罚金。速遣费（Despatch Money）是指在规定的装卸期限内，租船人提前完成装卸作业，使船方节省了船舶在港的费用开支，船方应向租船人就可以节省的时间支付一定的奖金。按照惯例，速遣费一般为滞期费的一半。滞期费和速遣费通常约定为每天若干金额，不足一天者，按比例计算。

11.3　运输单据

运输单据是承运人收到承运货物后签发给托运人的证明文件，它是交接货物、处理索赔与理赔，以及向银行结算货款或进行议付的重要单据。在国际货物运输中，运输单据的种类很多，包括海运提单、海运单、铁路运输单据、承运货物收据、航空运单、多式联运单据和邮政收据等。

11.3.1　海运提单

海运提单（Ocean Bill of Lading，B/L）简称提单，是证明海上运输合同和货物由承运人接管或装船，以及承运人据以保证交付货物的凭证。

1．海运提单的性质和作用

（1）货物收据。

海运提单是承运人（或其代理人）出具的货物收据，证明承运人已收到或接管提单上所列的货物。

（2）物权凭证。

海运提单是货物所有权的凭证，提单在法律上具有物权证书的作用，船货抵达目的港后，承运人应向提单的合法持有人交付货物。提单可以通过背书转让，从而转让货物的所有权。

（3）运输契约的证明。

海运提单是承运人与托运人之间订立的运输契约的证明。提单条款明确规定了承运人与托运人双方之间的权利和义务、责任与豁免，是处理承运人与托运人间争议的法律依据。

2. 海运提单的内容和种类

海运提单的格式很多，每家船公司都有自己的提单格式，但基本内容大致相同，一般包括提单正面的记载事项和提单背面的运输条款。

（1）提单正面的记载事项。

提单正面的记载事项分别由托运人和承运人或其代理填写，通常包括下列事项：①托运人；②收货人；③被通知人；④收货地或装货港；⑤目的地或卸货港；⑥船名及航次；⑦唛头及件号；⑧货名及件数；⑨重量和体积；⑩运费预付或运费到付；⑪正本提单的份数；⑫船公司或其代理人的签章；⑬签发提单的地点及日期。

（2）提单背面的运输条款。

提单背面通常都有印就的运输条款，这些条款是作为确定承运人与托运人之间，以及承运人与收货人和提单持有人之间的权利和义务的主要依据。提单中的运输条款起初是由船方自行规定的，后来由于船方在提单中加列越来越多的免责条款，使货方的利益失去保障，并降低了提单作为物权凭证的作用。为了缓解船、货双方的矛盾并照顾到船、货双方的利益，国际上为了统一提单背面条款的内容，先后签署了有关提单的国际公约：1924 年签署的《关于统一提单的若干法律规则的国际公约》，简称《海牙规则》；1968 年签署的《布鲁塞尔议定书》，简称《维斯比规则》；1978 年签署的《联合国海上货物运输公约》，简称《汉堡规则》。

由于上述 3 项公约签署的历史背景不同，内容不一，各国对这些公约持有的态度也不相同。因此，各国船公司签发的提单背面条款也有差异。

（3）海运提单的种类。

① 根据货物是否已装船，分为已装船提单和备运提单。已装船提单是指承运人已将货物装上指定船舶后签发的提单，其特点是提单上必须以文字表明货物已经装上某船舶，并载明装船日期，同时还应由船长或其代理人签字。根据《跟单信用证统一惯例》规定，如果信用证要求海运提单作为运输单据，银行将接受注明货物已装船或已装指定船舶的提单。所以，在国际贸易中，一般都要求卖方提供已装船提单。

备运提单又称收讫待运提单，是指承运人已收到托运货物等待装运期间所签发的提单，在签发备运提单的情况下，发货人可在货物装船后凭此调换已装船提单；也可经承运人或其代理人在备运提单上批注货物已装上某船舶及装船日期，签署后使之成为已装船提单。

② 根据提单上对货物外表状况有无不良批注，可分为清洁提单和不清洁提单。清洁提单是指货物在装船时"表面状况良好"，承运人在提单上不带有明确宣称货物或包装有缺陷状况的文字或批注的提单。《跟单信用证统一惯例》规定，除非信用证中明确规定可以接受

的条款或批注，银行只接受清洁提单。清洁提单也是提单转让时的必备条件。

不清洁提单是指承运人在签发的提单上带有明确宣称货物或包装有缺陷状况的条款或批注的提单。例如，提单上批注"×件损坏""铁条松散"等。

③ 根据提单收货人抬头的不同，可分为记名提单、不记名提单和指示提单。记名提单是指提单上的收货人栏内填明特定收货人名称，只能由该特定收货人提货。由于这种提单不能通过背书方式转让给第三方，不能流通，故其在国际贸易中很少使用。

不记名提单是指提单收货人栏内没有指明收货人，只注明提单持有人字样，承运人应将货物交给提单持有人。谁持有提单，谁就可以提货。承运人交货只凭单，不凭人。不记名提单无须背书转让，流通性极强。采用这种提单风险大，故其在国际贸易中很少使用。

指示提单是指提单上的收货人栏填写"凭指定"或"凭××人指定"字样。这种提单可背书转让，故其在国际贸易中广为使用。背书的方式有"空白背书"和"记名背书"之分。前者是指背书人（提单转让人）在提单背面签名，而不注明被背书人（提单受让人）名称；后者是指背书人除在提单背面签名外，还列明被背书人名称。记名背书的提单受让人如需要再转让，必须再加背书。目前在实际业务中使用最多的是"凭指定"并经空白背书的提单，习惯上称其为"空白抬头、空白背书"提单。

④ 根据运输方式的不同，可分为直达提单、转船提单和联运提单。直达提单是指轮船中途不经过换船而驶往目的港所签发的提单。凡合同和信用证规定不准转船者，必须使用直达提单。

转船提单是指从装运港装货的轮船，不直接驶往目的港，而需要在中途换装另外船舶所签发的提单。在这种提单上要注明"转船"或"在××港转船"字样。

联运提单是指经过海运和其他运输方式联合运输时由第一程承运人所签发的包括全程运输的提单。它同转船提单一样，货物在中途转换运输工具和进行交接，由第一程承运人或其代理人向下一程承运人办理。联运提单虽包括全程运输，但签发联运提单的承运人一般都在提单中规定，只承担其负责运输的一段航程内的货损责任。

⑤ 根据船舶营运方式的不同，可分为班轮提单和租船提单。班轮提单是指由班轮公司承运货物后签发给托运人的提单。

租船提单是指承运人根据租船合同而签发的提单。在这种提单上注明"一切条件、条款和免责事项按照×年×月×日的租船合同"或批注"根据××租船合同出立"字样。这种提单受租船合同条款的约束。银行或买方在接受这种提单时，通常要求卖方提供租船合同的副本。

⑥ 根据提单内容的繁简，可分为全式提单和略式提单。全式提单是指提单背面列有承运人和托运人权利和义务的详细提单。

略式或简式提单是指提单背面无条款，而只列出提单正面的必须记载事项。这种提单一般都列有"本提单货物的收受、保管、运输和运费等项，均按本公司提单上的条款办理。"此外，租船合同项下签发的提单通常也是略式提单，在这种略式提单上应注明："所有条件根据×年×月×日签订的租船合同。"这种提单与全式提单在法律上具有同等效力。但租船合同项下的略式提单，除非信用证另有规定，银行一般不予接受。

⑦ 根据提单使用效力不同，可分为正本提单和副本提单。正本提单是指提单上有承运人、船长或其代理人签名盖章并注明签发日期的提单。这种提单在法律上是有效的单据。正本提单上必须标明"正本"（Origin）字样。正本提单一般签发一式两份或三份，凭其中

的任何一份提货后，其余的即作废。《跟单信用证统一惯例》规定，银行接受仅有一份的正本提单，如签发一份以上正本提单时，应包括全套正本提单。买方与银行通常要求卖方提供船公司签发的全部正本提单，即所谓"全套"（Full Set）提单。

副本提单是指提单上没有承运人、船长或其代理人签字盖章，而仅供工作上参考之用的提单。在副本提单上一般都标明（不做流通转让）字样，以示与正本提单有别。

除以上介绍的提单种类外，还有集装箱提单、舱面提单、过期提单等。集装箱提单是指由负责集装箱运输的经营人或其代理人，在收到货物后签发给托运人的提单。集装箱提单与传统的海运提单有所不同，其中包括集装箱联运提单及多式联运单据等。

舱面提单是指承运货物装在船舶甲板上所签发的提单，故又称为甲板货提单。由于货物装在甲板上风险较大，故托运人一般都向保险公司加保甲板险。承运人在签发提单时加批"货装甲板"字样。《海牙规则》不适用甲板货，除非在提单条款中明确订明。货物装在甲板上受损的风险很大，所以进口商一般不愿意货物装在甲板上，不接受甲板提单。《跟单信用证统一惯例》规定，除非信用证另有约定，否则银行不接受甲板提单。

过期提单是指错过规定的交单日期或晚于货物到达目的港日期的提单。前者是指卖方超过提单签发日期后 21 天才交到银行议付的提单。《跟单信用证统一惯例》规定，如果信用证无特殊规定，银行将拒绝接受在运输单据签发日后超过 21 天才提交的单据。后者是在近洋运输时容易出现的情况，因此在近洋国家间的贸易合同中，一般都订有"过期提单可以接受"的条款。

11.3.2　海运单

海运单是证明海上运输合同和货物由承运人接管或装船，以及承运人保证将货物交付给单证所载明的收货人的一种不可流通的单证，因此又称"不可转让海运单"。

海运单不是物权凭证，故不可转让。收货人不凭海运单提货，而是凭到货通知提货。因此，海运单收货人一栏应填写实际收货人的名称和地址，以利于货物到达目的港后通知收货人提货。近年来，欧洲、北美和某些远东、中东地区的贸易界越来越倾向于使用不可转让的海运单，主要是因为海运单能方便进口商及时提货，手续简单，费用节省，还可以在一定程度上减少以假单据进行诈骗的现象。另外，由于 EDI（Electronic Data Interchange，电子数据交换）技术在国际贸易中的广泛使用，不可转让海运单更适用于电子数据交换信息。1990 年国际海事委员会通过《1990 年国际海事委员会海运单统一规则》，该规则适用于不使用可转让提单的运输合同，适用于全部海运合同和含有海运的多式联运合同。

11.3.3　铁路运输单据

铁路运输可分为国际铁路联运和国内铁路运输两种方式，前者使用国际铁路联运运单，后者使用国内铁路运单。通过铁路对港、澳出口的货物，由于国内铁路运单不能作为对外结汇的凭证，故使用承运货物收据这种特定性质和格式的单据。下面主要介绍国际铁路联运运单和承运货物收据两种铁路运输单据。

1. 国际铁路联运运单

国际铁路联运运单是国际铁路联运的主要运输单据，它是参加联运的发送国铁路与发货人之间订立的运输契约，其中规定了参加联运的各国铁路和收、发货人的权利和义务，对收、发货人和铁路都具有法律约束力。当发货人向始发站提交全部货物，并付清应由发货人支付的一切费用，经始发站在运单和运单副本上加盖始发站承运日期戳记，证明货物已被接妥承运后，即认为运输合同已经生效。

运单正本随同货物到达终到站，并交给收货人，它既是铁路承运货物出具的凭证，也是铁路与货主交接货物、核收运杂费和处理索赔与理赔的依据。运单副本于运输合同缔结后交给发货人，是卖方凭以向收货人结算货款的主要证件。

2. 承运货物收据

承运货物收据是在特定运输方式下使用的一种运输单据，它既是承运人出具的货物收据，也是承运人与托运人签订的运输契约。我国内地通过铁路运往港、澳地区的出口货物，一般多委托中国对外贸易运输公司承办。当出口货物装车发运后，对外贸易运输公司即签发一份承运货物收据给托运人，以作为对外办理结汇的凭证。它还是收货人凭以提货的凭证。

承运货物收据的格式及内容和海运单基本相同，主要区别是它只有第一联为正本。在该正本的反面印有"承运简章"，载明承运人的责任范围。该简章第二条规定由该公司承运的货物，在铁路、轮船、公路、航空及其他运输机构范围内，应根据各机构的规章办理，可见，承运货物收据不仅适用于铁路运输，也可用于其他运输方式。

11.3.4 航空运单

航空运单是承运人与托运人之间签订的运输契约，也是承运人或其代理人签发的货物收据。航空运单还可作为承运人核收运费的依据和海关查验放行的基本单据。但航空运单不是代表货物所有权的凭证，也不能通过背书转让。收货人提货不是凭航空运单，而是凭航空公司的提货通知单。在航空运单的收货人栏内，必须详细填写收货人的全称和地址，而不能做成指示性抬头。

航空运单依签发人的不同可分为主运单和分运单。前者是由航空公司签发的，后者是由航空货运代理公司签发的，两者在内容上基本相同，法律效力相当，对于收、发货人而言，只是承担货物运输的当事人不同。

航空运单共有正本一式三份：第一份正本应交托运人；第二份正本由航空公司留存；第三份正本由航空公司随机携带交收货人。其余副本则分别由航空公司按规定和需要进行分发，作为报关、结算、国外代理中转分拨等用途分别使用。《跟单信用证统一惯例》规定，空运单据的签发日期即为装运日期，如信用证要求实际发运日期，应对此日期做出专项批注，批注的日期即为装运日期。

11.3.5　多式联运单据

多式联运单据是指证明多式联运合同及多式联运经营人接管货物并负责按照合同条款交付货物的单据。多式联运公约规定，多式联运单据是多式联运合同的证明，也是多式联运经营人收到货物的收据和凭以交付货物的凭证。根据发货人的要求，它可以做成可转让的，也可以做成不可转让的。多式联运单据如签发一套一份以上的单据，应注明份数，其中一份完成交货后，其余各份正本即失效。在实际业务中，对多式联运单据正本和副本的份数规定不一，主要视发货人的要求而定。

为了促进国际多式联运的开展，国际商会曾制定《联合运输单据统一规则》，对多式联运单据做了具体的规定。《跟单信用证统一惯例》规定，如果信用证要求包括至少有两种不同方式（多式联运）的运输单据，银行接受的多式联运单据是由承运人或多式联运经营人或其代理签字和证实，表明货已发运、接受监管或已装载的单据。多式联运单据的出单日期即为发运、接受监管及装运日期；多式联运单据允许注明信用证规定的收货地和装货港（地）不同，最终目的地和卸货港（地）不同；多式联运单据是全套正本单据，允许简式单据。即使信用证禁止转运，银行也将接受表明可能转运或将要转运的多式联运单据，但同一多式联运单据须包括全程运输。

11.3.6　邮政收据

邮政收据是邮政运输的主要单据，它既是邮局收到寄件人的邮包后签发的凭证，也是收件人凭以提取邮件的凭证，当邮包发生损坏或丢失时，它还可以作为索赔和理赔的依据，但邮政收据不是物权凭证。

邮寄证明是邮政局出具的证明文件，据此证实所寄发的单据或邮包确已寄出和作为邮寄日期的证明。有的信用证规定，出口商寄送有关单据、样品或包裹后，除要出具邮政收据外，还要提供邮寄证明，作为结汇的一种单据。

专递收据是特快专递机构收到寄件人的邮件后签发的凭证。《跟单信用证统一惯例》规定，如果信用证要求邮政收据或邮寄证明，银行将接受邮政收据或邮寄证明表面上有信用证规定的寄发地盖戳并加注日期，该日期即为装运或发运日期。如果信用证要求专递或快递机构出具的单据，银行将接受快递单据的表面注明专递或快递机构的名称并盖戳、签字并经证实，表明取件或收件日期，此日期即为装运日期或发运日期。除非信用证特别规定由指定的专递或快递机构出具的单据，银行将接受任何专递或快递机构开立的单据。这种专递和快递采用先进的运输工具和方式，实行"门到门"和"桌到桌"的服务，所以银行接受快递的单据。

本章小结

海洋运输主要通过班轮运输和租船运输进行。班轮运输具有固定航线、固定停靠港口、固定船期和相对固定运费率的特点，装运货物的品种、数量灵活，班轮运费的计算需要查阅运价表；租船运输包括定程租船与定期租船，大宗货物常常采用租船运输，租船时要特别注意了解船运行市及租船合同与贸易合约的衔接。铁路运输是仅次于海洋运输的一种运输方式，分为国际铁路货物联运和国内铁路货物运输两种。航空运输具有运输速度快、货运质量高，且不受地面条件限制等优点。集装箱运输是一种现代化运输方式，适用于海洋运输、铁路运输及国际多式联运等。合同装运条款是对何时交货和如何交货等问题的规定，买卖双方应根据各自的实际情况，实事求是地做出安排。

思考练习

（1）什么是班轮运输？班轮运输有哪些特点？

（2）班轮运输的计费标准有哪些？试举例说明班轮运费的计算方法。

（3）试举例说明集装箱运输的交接方式。

（4）在选择进出口货物的运输方式时，应考虑哪些因素？

（5）装运时间在合同中的法律地位如何？规定装运时间的方法有哪些？

（6）什么叫分批装运和转运？为什么在买卖合同中会出现有关分批装运和转运的条款？

（7）何谓清洁提单与不清洁提单？为什么买方要求卖方提供清洁提单？

第 12 章
国际货物运输保险

本章提要

在人们的经济行为和日常生活中，保险是一种经济补偿。在国际贸易中，保险对交易双方非常重要。在不同的价格术语合同中，相应方都要承担保险的责任和义务。本章主要介绍了海运货物保险承保的范围、我国海运货物保险的险别、其他货运保险和进出口货物运输保险实务。

学习目标

（1）理解并掌握海运货物保险承保的范围；
（2）掌握我国海运货物保险的险别；
（3）掌握进出口货物运输保险的基本做法，保险费和保险金额的计算。

引导案例

2017 年 9 月 27 日，某技术进出口公司代理某通信公司，与阿尔卡特网络（亚洲）有限公司签订了一份数字数据网络设备国际货物买卖合同，约定的总价款为 851 108 美元，价格条件为 FOB 渥太华。合同签订后，技术进出口公司与某运输公司联系运输事宜，该运输公司委托海外运输商 Secure 公司负责海外运输。2017 年 11 月 15 日，技术进出口公司与某保险公司签订了一份《国际运输预约保险起运通知书》，载明：被保险人是技术进出口公司；保险货物项目是一套数字数据网络设备，包装及数量是纸箱 48 件；价格条件是 EX-Work；货价（原币）是 851 108 美元；运输路线自加拿大渥太华至中国湖北武汉；投保险种为一切险；保险金额为 978 774 美元；保险费为 3 915 美元；落款栏中盖有某保险公司业务专用章和技术进出口公司发票专用章；备注栏载明：（公路运输）阿尔卡特公司工厂所在地——渥太华机场；（空运）渥太华机场—北京机场—天河机场（货物离开机场及武汉市内通知保险公司）。2017 年 11 月 15 日，技术进出口公司向保险公司支付了保险费人民币 32 417 元，并收到保险公司出具的收据。渥太华时间 2017 年 11 月 15 日 19 时，即北京时间 2017 年 11 月 16 日 08 时，被保险货物在渥太华 Secure 公司仓库被盗。2017 年 12 月 7 日，技术进出口公司将出险情况告知了保险公司。同年 12 月 21 日，技术进出口公司向保险公司提出索赔，保险公司以技术进出口公司不具有保险利益而主张合同无效并拒赔，技术进出口公司遂向法院起诉。

12.1　保险概述

12.1.1　保险的历史

公元前 9 世纪，地中海一带已经有海上贸易活动。当时的船只都是木帆船，为了保持船只平衡，在遭到海上风暴时，往往要抛掉部分货物，抛货损失由受益各方共同分摊。这在商人中间形成了一条原则，即现在共同海损的分摊原则。17 世纪后期，英国的航海业和海外贸易相当发达，伦敦已是一个初具规模的商埠和港口，那里经常聚满了商人和船员。海上遇险是他们经常谈论的话题。开始时因为打赌，船东或货主提出一些书面的保证文件，愿意承保者就在下面签字，所以，英国将保险商称为"Underwriter"（下面签名者）。后来有一个叫爱德华·劳埃德的资本家，收集了船舶吨位、服务期限、制造商名、遇险情况、受损情况、各地港口设施变化及天气情况，编成小报，供给保险商和投保人，于是形成了一个保险市场。现在"劳埃德"（Loyds，又译"劳合士"）已经成为世界上最大的保险垄断组织之一。

12.1.2　保险的职能作用

1. 经济补偿作用

将运输过程中发生的事先难以预料的自然灾害所造成的损失，通过支付保险费的形式，把危险化成小额的固定支出，一旦货物遭受意外损失，由保险公司给予经济补偿，可以保证企业各方的贸易或经济活动正常进行。

2. 积累资金作用

企业通过对外贸易货物的国内保险，可以节约外汇开支，增加外汇收入，为国家积累资金。

3. 注重研究财产的防损作用

保险公司从承保货物的理赔案中找出致损原因、致损规律，开展防损工作，对于改进商品的质量、包装、装卸、运输、储运条件，促进国际贸易发展有很大作用。

12.1.3　保险的原则

1. 最大诚信原则

最大诚信原则也称最高诚信原则，是投保人与保险人在签订合同时及在保险合同有效期内，双方都必须遵循的原则。保险合同作为一种补偿性合同，所需要的诚信程度更甚于其他合同。最大诚信原则是指投保人在同保险人签订保险合同时，必须把其知道的有关保险标的的一切情况如实提供给保险人，以便保险人做出是否签订合同的决定。保险的最大诚信原则来源于海上保险。海上保险人在签订保险合同时，往往远离船、货所在地，对保

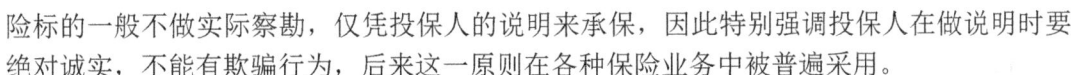

险标的一般不做实际察勘，仅凭投保人的说明来承保，因此特别强调投保人在做说明时要绝对诚实，不能有欺骗行为，后来这一原则在各种保险业务中被普遍采用。

2. 可保利益原则

保险利益（Insurable Interest）又称可保利益，是投保人（或被保险人）对保险标的物所拥有的某种合法的经济利益。只有对保险标的物具有保险利益的人才能投保，这是保险的基本原则之一。可保利益原则是判断保险合同是否有效及保险人履行损失赔偿的重要标准。因为保险不是保障保险标的物本身，而是保险标的物具有的利益，如人身、财产及其有关的利益。

3. 补偿原则

补偿原则是指当保险标的物发生保险责任范围内的损失时，保险人应按照保险合同条款的规定履行赔偿责任。但保险人的赔偿金额不能超过保单上的保险金额或被保险人遭受的实际损失，保险人的赔偿不应使被保险人因保险赔偿而获得额外利益。

4. 代位赔偿原则

代位赔偿是指当保险标的物发生了由第三者责任造成的风险责任范围的损失，保险人按照合同的规定向被保险人履行了损失赔偿的责任后，有权获得被保险人在该项损失中向第三者责任方要求索赔的权利。保险人取得该项权利后，即可站在被保险人的地位上，向责任方进行追偿。

12.1.4 国际货物运输保险概述

国际贸易离不开运输和保险，货物的转移必须通过运输（包括装卸和存储）过程，而运输期间遭受自然灾害和意外事故造成货损的可能性是无法避免的。为了保障货物一旦发生损失能取得经济上的补偿，通常要投保货物运输险。

国际货物运输保险是指被保险人（买方和卖方）对一批或若干批货物向保险人（保险公司）按一定金额投保一定的险别，缴纳保险费；保险人承保后，如果所保货物在运输过程中发生约定范围内的损失，应按照保险单的规定给予被保险人经济上的补偿。从法律角度看，它是一种补偿性契约行为，即被保险人向保险人提供一定的对价（保险费），保险人则对被保险人将来可能遭受的承保范围内的损失负赔偿责任。

由于国际货物采取的运输方式很多，包括海洋运输、陆上运输、航空运输和邮包运输等，因此国际货物运输保险也相应地分为海运货物保险、陆运货物保险、航空货运保险和邮包运输保险等。

12.2 海运货物保险承保的范围

海运货物保险承保的范围包括海上风险、海上损失与费用，以及由外来原因引起的风险损失。国际保险市场对上述各种风险与损失都有特定的解释。正确理解海运货物承保的范围和各种风险与损失的含义，对合理选择投保险别和正确处理保险索赔具有十分重要的现实意义。

12.2.1 承保的风险和损失

1．海上风险

海上风险一般包括自然灾害和海上意外事故两种。

（1）自然灾害。

自然灾害仅指恶劣气候、雷电、洪水、流冰、地震、海啸及其他人力不可抗拒的灾害，而非指一般自然力造成的灾害。

（2）海上意外事故。

海上意外事故不同于一般的意外事故，它主要指船舶搁浅、触礁、碰撞、爆炸、火灾、沉没、船舶失踪或其他类似事故。

2．海上损失

海上损失（简称"海损"）是指被保险货物在海运过程中，由于海上风险造成的损坏或灭失。根据国际保险市场的一般解释，与海陆连接的陆运过程中发生的损坏或灭失也属海损范围。就货物损失的程度而言，海损可分为全部损失和部分损失；就货物损失的性质而言，海损又可分为共同海损（General Average）和单独海损（Particular Average）。

（1）全部损失和部分损失。

全部损失有实际全损和推定全损两种。前者是指货物全部灭失或完全变质，或者不可能归还被保险人的损失；后者是指货物发生事故后，认为实际全损已不可避免，或者为避免实际全损所需要支付的费用与继续将货物运抵目的地的费用之和超过保险价值的损失。凡不属于实际全损和推定全损的损失为部分损失。

知识窗

实际全损与推定全损的区别

实际全损是保险标的物确实已经或不可避免地要完全丧失，被保险人可以要求保险人赔偿全部损失；推定全损是保险标的物并未完全丧失，是可以修复的或可以收回的，但所花费用将超过获救后保险标的物的价值，得不偿失。在发生推定全损的情况时，被保险人可以要求按照部分损失索赔，也可以要求按照全部损失索赔。保险人可以按全部损失赔偿，但被保险人必须将保险标的物的全部权利转移给保险人。

（2）共同海损和单独海损。

① 共同海损。在海洋运输途中，船舶、货物或其他财产遭遇共同危险，为了解除共同危险，有意采取合理的救难措施，所直接造成支付的特殊费用称为共同海损。在船舶发生共同海损后，凡属共同海损范围内的费用，均可通过共同海损理算，由有关获救受益方（船方、货方和运费收入方）根据获救价值按比例分摊。这种分摊称为共同海损分摊。

共同海损涉及各方的利害关系，因此构成共同海损是有条件的。共同海损必须具有下列特点：一是共同海损的危险必须是实际存在的，或者是不可避免产生的，而不是主观臆测的；二是共同海损牺牲必须是自动和有意采取的行动；三是采取共同海损的措施必须是为船货共同安全，并且是谨慎和合理的；四是共同海损所做的牺牲是特殊性质的，支出的

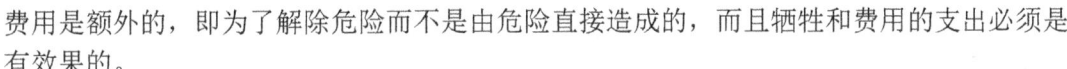

费用是额外的，即为了解除危险而不是由危险直接造成的，而且牺牲和费用的支出必须是有效果的。

② 单独海损。单独海损是指仅涉及船舶或货物所有人单方面的利益损失，它与共同海损的主要区别包括：a. 造成海损的原因不同，单独海损是承保风险直接导致的船、货损失，共同海损不是承保风险直接导致的损失，而是为了解除或减轻共同危险，人为地造成的一种损失；b. 承担损失的责任不同，单独海损的损失一般由受损方自行承担，而共同海损的损失则应由受益的各方按照受益大小的比例共同分摊。

3. 外来风险和损失

外来风险和损失是指由海上风险以外的其他各种外来原因造成的风险和损失，外来风险和损失包括下列两种类型。

一种是一般的外来原因造成的风险和损失。这类风险损失通常是指偷窃、短量、破碎、雨淋、受潮、受热、发霉、串味、沾污、渗漏、钩损和锈损等。

另一种是特殊的外来原因造成的风险和损失。这类风险损失主要是指由于军事、政治、国家政策法令和行政措施等原因所致的风险损失，如战争和罢工等。

除上述各种风险和损失外，保险货物在运输途中还可能发生其他损失，如运输途中的自然损耗及由于货物本身特点和内在缺陷造成的货损等，这些损失不属于保险公司承保的范围。

12.2.2　承保的费用

1. 施救费用

施救费用（Sue and Labor Expenses）是指被保险的货物在遭受承保责任范围内的灾害事故时，被保险人或其代理人与受让人为了避免或减少损失，采取了各种抢救或防护措施而支付的合理费用。

2. 救助费用

救助费用与施救费用有所不同，它是指被保险货物在遭受了承保责任范围内的灾害事故时，由保险人和被保险人以外的第三人采取了有效的救助措施，在救助成功后，由被救方付给救助人的一种报酬。

12.3　我国海运货物保险的险别

保险险别是指保险人对风险和损失的承保责任范围。保险险别是保险人与被保险人履行权利和义务的基础，也是保险人承保责任大小和被保险人缴付保险费多少的依据。在保险业务中，各种险别的承保责任是通过各种不同的保险条款规定的。为了适应国际货物海运保险的需要，中国人民保险公司根据我国保险实际情况并参照国际保险市场的习惯做法，分别制定了各种条款，总称"中国保险条款"（China Insurance Clauses, CIC），其中包括《海洋运输货物保险条款》《海洋运输货物战争险条款》及其他专门条款。投保人可根据货物特点、航线与港口实际情况自行选择投保适当的险别。按中国保险条款规定，我国海运货物保险的险别包括下列几种类型。

12.3.1 基本险

中国人民保险公司规定的基本险别包括平安险（Free from Particular Average，FPA）、水渍险（with Average or with Particular Average，WA or WPA）和一切险（All Risks）。

1. 平安险

投保了平安险，保险公司对下列损失负赔偿责任。

（1）在运输过程中，由于自然灾害和运输工具发生意外事故造成整批货物的实际全部损失或推定全损。

（2）由于运输工具遭到搁浅、触礁、沉没、互撞，与流冰或其他物体碰撞及失火、爆炸等意外事故造成的货物全部或部分损失。

（3）在运输工具已经发生搁浅、触礁、沉没、焚毁等意外事故的情况下，货物在此前后又在海上遭受恶劣气候、雷电、海啸等自然灾害所造成的部分损失。

（4）在装卸或转船时由于一件或数件甚至整批货物落海所造成的全部或部分损失。

（5）被保险人对遭受承保责任内的危险货物采取抢救、防止或减少货损的措施所支付的合理费用，但以不超过该批被毁货物的保险金额为限。

（6）运输工具遭遇海难后，在避难港由于卸货引起的损失，以及在中途港或避难港由于卸货、存仓和运送货物产生的特殊费用。

（7）发生共同海损所引起的牺牲、分摊和救助费用。

（8）运输契约中如订有"船舶互撞责任"条款，则根据该条款规定应由货方偿还船方的损失。

上述责任范围表明，在投保平安险的情况下，保险公司对由于自然灾害造成的单独海损不负赔偿责任，而对于因意外事故造成的单独海损则要负赔偿责任。此外，如果在运输过程中运输工具发生搁浅、触礁、沉没、焚毁等意外事故，则不论在事故发生之前或之后，由于自然灾害所造成的单独海损，保险公司也要负赔偿责任。

2. 水渍险

投保水渍险后，保险公司除担负上述平安险的各项责任外，还对被保险货物如由于恶劣气候、雷电、海啸、地震、洪水等自然灾害所造成的部分损失负赔偿责任。

3. 一切险

投保一切险后，保险公司除担负平安险和水渍险的各项责任外，还对被保险货物在运输途中由于外来原因而遭受的全部或部分损失负赔偿责任。

4. 3种基本险的区别

从上述3种基本险的责任范围来看，平安险的责任范围最小，它对自然灾害造成的全部损失和意外事故造成的全部和部分损失负赔偿责任，而对自然灾害造成的部分损失，一般不负赔偿责任。水渍险的责任范围比平安险的责任范围大，凡因自然灾害和意外事故所造成的全部和部分损失，保险公司均负责赔偿。一切险的责任范围是3种基本险中最大的一种，它除包括平安险、水渍险的责任范围外，还包括被保险货物在运输过程中，由于一般外来原因所造成的全部或部分损失，如货物被盗窃、钩损、碰损、受潮、发热、雨淋、短量、包装破裂和提货不着等。由此可见，一切险是平安险、水渍险加一般附加险的总和。在这里还需要特别指出的是，一切险并非保险公司对一切风险损失均负赔偿责任，它只对水渍险和一般外来原因引起的可能发生的风险损失负责，而对货物的内在缺陷、自然损耗及由于特殊外来原因（如战争、罢工等）所引起的风险损失，概不负赔偿责任。

5. 承保责任的起讫期限

我国的《海洋运输货物保险条款》除规定了上述各种基本险的责任外，对保险责任的起讫也做了具体规定，在海运保险中，保险责任的起讫主要采用"仓至仓"条款（Warehouse to Warehouse Clause），即保险责任自被保险货物运离保险单所载明的起运地仓库或储存处所开始，包括正常运输中的海上、陆上、内河和驳船运输在内，直至该项货物运抵保险单所载明的目的地收货人的最后仓库或储存处所或被保险人用做分配、分派或非正常运输的其他储存处所为止。但被保险的货物在最后到达卸载港卸离海轮后，保险责任以 60 天为限。

12.3.2　附加险

在海运保险业务中，进出口商除了投保货物的上述基本险外，还可根据货物的特点和实际需要，酌情再选择若干适当的附加险别。附加险别包括一般附加险和特殊附加险。

1. 一般附加险

一般附加险不能作为一个单独的项目投保，而只能在投保平安险或水渍险的基础上，根据货物的特性和需要，加保一种或若干种一般附加险。如果加保所有的一般附加险，这就叫作投保一切险。可见一般附加险被包括在一切险的承保范围内，故在投保一切险时，不存在再加保一般附加险的问题。

由于被保险货物的品种繁多，货物的性能和特点各异，而一般外来的风险又多种多样，所以一般附加险的种类也很多，主要包括偷窃提货不着险、淡水雨淋险、渗漏险、短量险、钩损险、污染险、破碎险、碰损险、生锈险、串味险和受潮受热险等。

2. 特殊附加险

（1）战争险和罢工险。

凡加保战争险时，保险公司则按加保战争险条款的责任范围，对由于战争和其他各种敌对行为造成的损失负赔偿责任。按中国人民保险公司的保险条款规定，战争险不能作为一个单独的项目投保，只能在投保上述 3 种基本险之一的基础上加保。战争险的保险责任起讫和货物运输不同，它不采取"仓至仓"条款，而是从货物装上海轮开始至货物运抵目的港卸离海轮为止，即只负责水面风险。

根据国际保险市场的习惯做法，一般将罢工险与战争险同时承保。如投保了战争险又需要加保罢工险时，仅需要在保单中附上罢工险条款即可，保险公司不再另行收费。

（2）其他特殊附加险。

为了适应对外贸易货运保险的需要，中国人民保险公司除承保上述各种附加险外，还承保交货不到险、进口关税险、舱面险、拒收险、黄曲霉素险及我国某些出口货物运至港澳存仓期间的火险等特殊附加险。

知识窗

黄曲霉素险（Aflatoxin）对被保险货物因所含黄曲霉素超过进口国的限制标准，被拒绝进口、没收或强制改变用途而遭受的损失负责赔偿。

交货不到险（Failure to Deliver）对任何原因造成的，从被保险货物装上船舶时开始，不能在预定抵达目的地的日期起6个月内交货的，负责按全损赔偿。

舱面险（On Deck）对被保险货物存放舱面时，除按保险单所载条款负责赔偿外，还包括被抛弃和被风浪冲击落水在内的损失。

进口关税险（Import Duty）。当被保险货物遭受保险责任范围以内的损失，而被保险人仍须按完好货物价值完税时，保险公司对损失部分货物的进口关税负责赔偿。

拒收险（Rejection）对被保险货物在进口港被进口国的政府或有关当局拒绝进口或没收，按货物的保险价值负责赔偿。

货物出口到中国香港（包括九龙）或中国澳门存仓火险责任扩展条款（Fire Risk Extension Clause，F.R.E.C.-For Storage of Cargo at Destination Hong Kong，including Kowloon，or Macao）。被保险货物运抵目的地中国香港（包括九龙在内）或中国澳门卸离运输工具后，如直接存放于保单载明的过户银行所指定的仓库，承保对存仓火灾的责任至银行收回押款、解除货物的权益为止，或者运输险责任中止时起，满30天为止。这一保险是为了保障过户银行的利益。货物通过银行办理押汇业务，在货主未向银行归还贷款前，货物的权益属于银行。因此，保险单上必须注明过户给放款银行。在此阶段，货物即使到达目的港，收货人也无权提货，货物一般存放在过户银行指定的仓库中。如果在存仓期间发生了火灾，保险人应负责赔偿。

12.4 其他货运保险

1. 陆运货物保险

陆运货物保险的责任范围与海运货物保险中的水渍险相似，包括被保险货物在运输途中遭受暴风、雷电、洪水、地震等自然灾害，或者由于陆上运输工具遭受碰撞、倾覆或出轨，或者在驳运过程中驳运工具触礁、搁浅、沉没，或者由于遭受隧道坍塌、崖崩或火灾、爆炸等意外事故，所造成的全部或部分损失。另外，被保险人对遭受承保责任内风险的货物采取抢救，防止或减少因货损而支付的合理费用，保险公司也负责赔偿。陆运货物保险的基本险别有陆运险和陆运一切险两种。除陆运基本险外，还有陆运附加险，如陆运战争险、陆运罢工险等。

陆运货物保险责任的起讫期限与海运货物保险的"仓至仓"条款基本相同，一般是被保险货物运离保险单所载明的起运地仓库或储存处时生效，直至该货物运至保险单所载明的目的地最后仓库或储存处时为止，包括正常运输过程中的水上驳运，但被保险货物到达最后货站后，未及时入库时，保险责任以卸货当晚24时起算满60天为止。

2. 航空运输保险

航空运输保险的承保责任范围与海运货物保险中水渍险大体相同，除包括航空运输险的责任外，还包括对被保险货物在运输途中由于外来原因所造成的包括偷窃、短少等全损或部分损失负赔偿责任。航空运输保险险别由被保险人根据货物的特点来选定。根据《航空运输货物保险条款》的规定，可以分航空运输险和航空运输一切险。

航空运输保险责任的起讫期限是自被保险货物运离保险单所载明的起运地仓库或储存处时开始生效，直至该项货物抵达目的地仓库或储存处时为止。如果被保险货物未及时入库，则以卸机当晚24时起算满30天为止。

3．邮包运输保险

邮包运输保险是指对货物在运输途中有可能发生的意外、灾害或事故所引起的损失进行的保险，造成风险的原因同样有自然灾害、意外事故、外来原因，根据《邮包保险条款》的规定，其基本险别有邮包险和邮包一切险。

保险责任的起讫期限是由被保险货物离开起运地点运往邮局，经邮局收讫并签发邮包收据时开始生效，直至该邮包运抵保单所载明目的地邮局，送交收件人为止。但保险责任最长期限以邮包到达目的地邮局后，该局发出通知书给收件人的当日午夜24时起，算满15天为止。

12.5　进出口货物运输保险实务

12.5.1　保险投保人的约定

每笔交易的货运保险究竟由买方还是卖方投保，完全取决于买卖双方约定的交货条件和使用的贸易术语。由于每笔交易的交货条件和使用的贸易术语不同，故对投保人的规定也有区别。例如，按FOB或CFR条件成交时，在买卖合同的保险条款中，一般只订明"保险由买方自理"，如买方要求卖方代办保险，则应在合同保险条款中订明："由买方委托卖方按发票金额×%代为投保××险，保险费由买方负担。"

12.5.2　保险公司和保险条款的约定

按CIF或CIP条件成交时，保险公司的资信情况与卖方关系不大，但与买方却有重大的利害关系。因此，买方一般要求在合同中限定保险公司和所采用的保险条款，以利于日后保险索赔工作的顺利进行。例如，我国按CIF或CIP条件出口时，买卖双方在合同中通常都订明："由卖方向中国人民保险公司投保，并按该公司的保险条款办理。"

按CIF或CIP条件成交时，运输途中的风险本应由买方承担，但一般保险费则约定由卖方负担，因为货价中包括保险费。买卖双方约定的险别通常为平安险、水渍险、一切险3种基本险别中的一种，但有时也可根据货物特性和实际情况，加保一种或若干种附加险。在双方未约定险别的情况下，按惯例卖方可按最低的险别予以投保。

在CIF或CIP货价中，一般不包括加保战争险等特殊附加险的费用，因此，如买方要求加保战争险等特殊附加险时，其费用应由买方承担，在买卖双方约定由卖方投保战争险并由其承担保险费时，卖方为了避免承担战争险的费率上涨的风险，往往要求在合同中规定："货物出运时，如保险公司增加战争险的费率，则其增加的部分应由买方承担。"

12.5.3 选择投保险别

选择投保险别的基本原则是既要使被保险货物得到充分的保障，又要尽量减少保险费用支出。以下因素在选择投保险别时应给予充分考虑。

1. 货物的特性及包装

通常价值较低的散装货物可选择投保平安险，价值较高的货物可选择投保水渍险或一切险。例如，铸铁块、自来水管等货物不宜投保一切险，一般投保平安险即可，但为防止发生短量，可加保短量险。对于放置在甲板上的货物，应考虑投保舱面险。

2. 货物的运输工具和路线

运输工具不同，选择的险别也不同。例如，采用空运的货物，应选择投保航空运输货物保险的有关险别。此外，运输路线不同，选择的险别也不同。例如，途经热带地区的货物，应考虑货物受潮受热因素；途经海盗经常出没的水域或战争热点地区，应考虑货物遭受意外袭击的因素等。

3. 货物的残损规律

根据货物以往的残损情况找出其残损规律，作为选择投保险别的重要参考。

12.5.4 计算保险金额

保险金额（Insured Amount）是保险人赔偿的最高金额，也是计算保险费的基础。保险金额是根据保险价值确定的。保险价值是指保险标的货币价值，可由保险人与投保人约定。若未约定保险价值，则通常以货物在起运地的发票价格为准。但是，无论如何，保险金额不得超过保险价值。

鉴于在由进口方负担保险费用的业务中，贸易合同中不必反映保险金额和保险费，故这里着重介绍如何计算出口货物的保险金额。按 CIF 或 CIP 条件成交时，因保险金额关系到卖方的费用负担和买方的切身利益，故买卖双方有必要将保险金额在合同中具体订明。根据保险市场的习惯做法，保险金额一般都是按 CIF 价或 CIP 价加成计算的，即按发票金额再加一定的百分比，此项保险加成率主要是作为买方的预期利润。按国际贸易惯例，预期利润一般按 CIF 价的 10%估算，因此，当买卖合同中未规定保险金额时，习惯上是按 CIF 价或 CIP 价的 110%投保。中国人民保险公司承保出口货物的保险金额，一般也是按国际保险市场上通常的加成率，即按 CIF 或 CIP 发票金额的 110%计算。由于不同货物、不同地区、不同时期的预期利润不同，因此，在洽商交易时，若买方要求保险加成超过 10%，卖方也可酌情接受，但如果买方要求保险加成率过高，则卖方应同有关保险公司商妥后方可接受。

出口货物的单位保险金额与保险金额的计算公式分别为

单位保险金额=CIF（或 CIP）价×（1+投保加成率）

保险金额=单位保险金额×保险标的数量

其中，投保加成率由贸易双方在贸易合同中事先约定。若无此约定，投保加成率为10%。

由于实际业务中保险金额的计算基础是 CIF 或 CIP 价,这就要求首先计算出 CIF 或 CIP 价,然后再计算保险金额。CIF 或 CIP 价的计算公式如下:

$$CIF(或CIP)价=\frac{CFR(或CPT)价}{1-保险费率\times(1+投保加成率)}$$

为了方便计算,中国人民保险公司制定了一份保险费率常用表,只需要将 CFR(或 CPT)价乘以表内所列常数,即可计算出 CIF(或 CIP)价。

12.5.5 办理保险的手续

1. 申请投保

投保人对货物进行投保时,通常先填制一张投保申请单(Application for Insurance),若保险人接受投保,则保险单将以投保人的填写内容为准。因此,投保人必须按合同或信用证的规定填写各项内容。投保单中的主要内容包括:被保险人名称、标记或发票号码、件数、货物名称、保险金额、运输工具及名称、起运日期、运输路线、转载地点、赔款偿付地点、投保险别和投保日期等。

实际业务中,进出口业务量较大的外贸企业在征得中国人民保险公司的同意后,可以改用有关出运货物的单据副本,如商业发票、出口货物明细单、报关单等,加注保险金额、保险险别等内容,作为代用投保单。

必须指出,投保的日期应该早于装运日期,即保险单的出单日期不得迟于装运日期。这是因为保险人承保的是今后可能发生的风险,而对以往发生的风险不予承保。因此,被保险人应在运离起运地仓库之前办理投保。以 FOB、CFR 条件成交或以 FCA 投保,卖方应自行办理从起运地仓库至风险转移给买方时这一段运输的保险。

2. 缴纳保险费

保险费(Premium)是保险人经营业务的基本收入,也是被保险人获得损失赔偿权利的依据,其计算公式为

保险费=保险金额×保险费率

其中,保险费率(Premium Rate)是由保险人根据一定时期不同种类的货物损失率、赔付率及不同险别和不同目的地等因素制定的。保险费率分为一般货物费率和指明货物加费费率两大类。凡未列入指明货物加费费率的货物,都属一般货物费率范围。

计算保险费时,若属指明货物加费费率范围的货物,则在计算保险费率时,应先查出一般货物费率,然后再加上指明货物加费费率。例如,从上海海运到某港的某指明货物加费费率范围的货物以一切险投保,其一般货物费率为 0.6%,指明货物加费费率为 1.5%,则应收保险费率为 2.1%。

进口货物保险费率有进口货物保险费率和特约费率两大类。特约费率是保险人在进口货物保险费率的基础上给予被保险人的一种优惠费率,常用于预约保险合同项下的进口货物保险之中。

在国际货物买卖合同中,为了明确交易双方在货运保险方面的责任,通常都订有保险条款,其内容主要包括保险投保人、保险公司、保险险别、保险费率和保险金额的约定等事项。

本章小结

在国际货物买卖中，选用不同的价格术语，导致合同中的保险条款也有所区别。当由卖方办理保险时，买卖合同的保险条款主要包括投保人、保险公司、保险条款、保险险别、保险费率及保险金额等事项。

思考练习

（1）在海运货物保险中，保险公司承保哪些风险、损失和费用？

（2）什么是共同海损？它与单独海损有何区别？

（3）在国际保险业务中所使用的"仓至仓"条款是什么意思？

第13章
国际货款支付

■ 本章提要

国际贸易中，进出口货款如何支付是一个非常复杂的问题，也是买卖双方密切关注的问题。货物从出口国到进口国需要有一定的运转过程和交接手续；买卖双方身处两地，很难做到交货和付款同时进行。由于双方国家在金融管理和外汇管制等方面都存在差别，在货款结算方面，往往需要银行或其他金融机构的介入。为了保证交易的顺利进行，买卖双方必须根据实际情况选择合理的支付工具和方法。本章就国际贸易汇总常用的 3 种主要支付工具的含义、基本内容及使用，各种支付方式含义，涉及的基本当事人，每种支付方式的种类、性质、基本程序及有关的国际惯例进行介绍。

□ 学习目标

（1）理解并掌握国际贸易支付工具中汇票的基本方法；
（2）掌握国际贸易各种支付方式的基本内容、流程及类型；
（3）能正确使用信用证支付方式。

引导案例

中方某外贸公司与加拿大商人在 2017 年 1 月按 CIF 条件签订了一份出口 10 万码法兰绒合同，支付方式为不可撤销即期信用证。加拿大商人于 2017 年 5 月通过银行开立信用证，经审核与合同相符，其中保险金额为发票金额加成 10%。我方在备货期间，加拿大商人通过银行传递给我方一份信用证修改书，内容为将保险金额改为按发票金额加成 15%。我方未理睬，按原证规定投保、发货，并于货物装运后在信用证有效期内向议付银行提交全套装运单据，议付行议付后将全套单据寄给开证行，开证行以保险单与信用证不符为由拒付。开证行拒付的理由是否合理？为什么？

13.1 支付工具

国际货物贸易货款的收付可以使用货币或票据。货币结算是极个别的，仅限于少量的购买，如购买样品、预付订金、少量赔款、清欠尾款等。绝大多数的货款收付是通过票据进行的。票据是国际通行的结算和信贷工具，是可以流通转让的债权凭证。国际货物贸易中使用的票据主要有汇票、本票和支票，尤以汇票为主。

13.1.1 汇票

1．汇票的含义和基本内容

（1）汇票的含义。

汇票（Bill of Exchange，Draft）是指一个人向另一个人签发的，要求见票时或在将来的固定时间或可以确定的时间，对某人或其指定的人或持票人支付一定金额的无条件的书面支付命令。

（2）汇票的基本内容。

各国《票据法》对汇票内容的规定不同，一般认为应包括下列基本内容：①应载明"汇票"字样；②无条件支付命令；③一定金额；④付款期限；⑤出票依据；⑥受票人（Drawee）又称付款人（Payer），即接受支付命令付款的人，在进出口业务中，通常是进口人或其指定的银行；⑦收款人（Payee），即受领汇票所规定金额的人，在进出口业务中，通常是出口人或其指定的银行；⑧出票日期；⑨出票地点；⑩出票人签字。

除了上述必备项目外，汇票还可以有一些《票据法》允许的其他内容的记载，例如，利息和利率、"付一不付二"、禁止转让、汇票编码、出票条款等。按照各国《票据法》的要项规定，汇票的各项内容必须齐全，否则付款人有权拒付。汇票不仅是一种支付命令，而且是一种可转让的流通证券。

（3）汇票的当事人。

① 出票人：开汇票的人、出口人。

② 受票人：汇票付款人、进口人或其指定银行。

③ 受款人：受领汇票所规定金额的人、出口人及其指定人。

汇票当事人中有时还涉及背书人、被背书人、正当持票人等。

2．汇票的种类

（1）按照汇票出票人的不同，汇票可分为银行汇票和商业汇票。

① 银行汇票（Banker's Draft）是指出票人是银行的汇票。

② 商业汇票（Commercial Draft）是指出票人是商号或个人的汇票。

（2）按照有无随附商业单据，汇票可分为光票和跟单汇票。

① 光票（Clean Bill）是指不附带商业单据的汇票。银行汇票多是光票。

② 跟单汇票（Documentary Bill）是指附带有商业单据的汇票。商业汇票一般为跟单汇票。

（3）按照付款时间的不同，汇票可分为即期汇票和远期汇票。

① 即期汇票（Sight Draft）是指在提示或见票时立即付款的汇票。

② 远期汇票（Time Bill or Usance Bill）是指在一定期限或特定日期付款的汇票。关于远期汇票的付款时间，有以下几种规定办法：a. 见票后若干天付款（At ×× sight）；b. 出票后若干天付款（At ×× days after date）；c. 提单签发日后若干天付款（At ×× days after of bill of lading）；d. 指定日期付款（Fixed date）。

值得注意的是，一张汇票往往可以同时具备几种性质，例如，一张商业汇票同时又可以是即期的跟单汇票。

3. 汇票的使用

汇票的使用有出票、提示、承兑、付款等，如需要转让，通常经过背书行为转让。汇票遭到拒付时，还要涉及做成拒绝证书和行使追索等法律权利。

（1）出票（Issue）。

出票是指出票人在汇票上填写付款人、付款金额、付款日期和地点及收款人等项目，经签字交给收款人的行为。因此，出票行为包括两个动作：①写成汇票；②将汇票交给收款人。

出票是票据的基本行为。在出票时，对收款人通常有 3 种写法。

① 限制性抬头。例如，"仅付 A 公司"（Pay A Co. only）或"付×× 公司，不准流通（Pay ×× Co. not negotiable）。这种抬头的汇票不能流通转让，只限××公司收取货款。

② 指示性抬头。例如，"付××公司或其指定人"（×× Co. or order 或 Pay to the order of ×× Co.）。这种抬头的汇票，除××公司可以收取票款外，也可以经过背书转让给第三者。

③ 持票人或来人抬头。例如，"付给来人"（Pay Bearer），这种抬头的汇票，无须由持票人背书，仅凭交付汇票即可转让。

（2）提示（Presentation）。

提示是指持票人将汇票提交付款人要求承兑或付款的行为。付款人见到汇票叫作见票（Sight）。提示可分为在即期汇票项下的付款提示和在远期汇票项下的承兑提示。

（3）承兑（Acceptance）。

承兑是指付款人对远期汇票表示承担到期付款责任的行为。承兑也包括两个动作：①写成，汇票付款人写明"承兑"字样并签名，同时注明承兑日期；②交付，付款人将承兑的汇票交给持票人。付款人对汇票做出承兑，即成为承兑人，承兑人有在远期汇票到期时付款的责任。

（4）付款（Payment）。

付款是指即期汇票或经过承兑的远期汇票到期时，持票人提示汇票，由付款人或承兑人履行付款。付款后，汇票上的一切债务即告终止。

（5）背书（Endorsement）。

在国际市场上，汇票可以在票据市场上流通转让。背书是转让汇票权利的一种手续，是指汇票抬头人在汇票背面签上自己的名字，或者再加上受让人（被背书人）的名字，并把汇票交给受让人的行为。经背书后，汇票的收款权利便转移给受让人。汇票可以经过背书不断转让下去。对于受让人来说，所有在他以前的背书人（Endorser）及原出票人都是他的"前手"；而对出让人及出票人来说，所有在他让与或交付以后的受让人都是他的"后手"，前手对后手负有担保汇票必然会被承兑或付款的责任。

在国际市场上，一张远期汇票的持有人如想在付款人付款前取得票款，可以经过背书将汇票转让给贴现的银行或金融公司，由它们将扣除一定贴现利息后的票款付给持有人，这就叫贴现（Discount）。

（6）拒付（Dishonor）。

拒付也称退票，是指持票人提示汇票要求承兑时，遭到拒绝承兑或持票人提示汇票要求付款时遭到拒绝付款。

除了拒绝承兑和拒绝付款外，付款人拒而不见、死亡或宣告破产，以致付款事实上已不可能时，也称拒付。

当汇票被拒付时，最后的持票人有权向所有的"前手"直到出票人追索。为此，持票人应及时做成拒付证书，以作为向其"前手"进行追索的法律依据。

13.1.2 本票

1．本票的含义及主要内容

本票（Promissory Note）是指一个人向另一个人签发的，保证于见票时或定期或在可以确定的将来的时间，对某人或其指定人或持票人无条件支付一定金额的书面承诺。简言之，本票是出票人对收款人承诺无条件支付一定金额的票据。

《日内瓦统一汇票、本票公约》规定，本票应包含以下几项内容：①写明"本票"字样；②无条件支付承诺；③收款人或其指定人；④出票人签字；⑤出票日期和地点；⑥付款期限；⑦一定金额；⑧付款地点。

2．本票的种类

本票可分商业本票和银行本票两种。由工商企业或个人签发的称为商业本票或一般本票，商业本票有即期和远期之分。由银行签发的称为银行本票，银行本票都是即期的。

在国际贸易结算中使用的本票大都是银行本票，有的银行发行见票即付、不记载收款人的本票或是来人抬头的本票，它的流通性与纸币相似。为了稳定货币市场，各国对此都有一定的限制，本票如同经过承兑的汇票，因此只出一份。

3．本票与汇票的区别

（1）汇票是委付式票据。它是出票人签发的，委托付款人于规定时间无条件向收款人支付一定金额的票据。所以，汇票有 3 个基本当事人，即出票人、收款人和付款人。而本票是允诺式票据，它是由出票人允诺于持票人提示付款时无条件地由他本人向收款人支付一定金额的票据。所以，本票的基本当事人只有两个，即出票人和收款人。本票的付款人就是出票人自己。

（2）远期汇票必须经过承兑才能确定付款人对汇票的付款责任。而本票的付款人即出票人本身。出票人签发本票就等于承诺在持票人提示付款时付款，因此无须承兑。但见票后定期付款的本票应由持票人向出票人提示见票，以确定本票的付款到期日。

（3）汇票在承兑前，出票人就是主债务人；在承兑后，承兑人是主债务人。而本票在任何情况下，出票人都是主债务人。

13.1.3 支票

1. 支票的含义及主要内容

支票（Cheque 或 Check）是以银行为付款人的即期汇票，即存款人对银行的无条件支付一定金额的命令。出票人在支票上签发一定的金额，要求受票的银行于见票时立即支付一定金额给收款人或持票人。

支票的出票人必定是在付款银行有存款的客户，出票人在签发支票后，应负票据上的责任和法律上的责任。前者是指出票人对收款人担保支票的付款；后者是指出票人签发支票时，应在付款银行存有不低于票面金额的存款。如存款不足，支票持有人在向付款银行提示支票要求付款时，就会遭到拒付。这种支票叫作空头支票。开出空头支票的出票人要负法律上的责任。

《日内瓦统一支票法》规定，支票应具备下列必要项目：①写明"支票"字样；②无条件支付一定金额的命令；③付款人名称；④付款人；⑤出票日期和地点；⑥出票人签字。

2. 支票的种类

（1）记名支票。

记名支票即为限制性抬头支票，在收款人一栏中注明收款人姓名，取款时须经收款人签名。

（2）不记名支票。

不记名支票的收款人可以是任意持票人，银行对持票人获得支票是否合法不负责任。

（3）划线支票。

划线支票是指在支票正面印有两条横向平行线的支票。划线支票不得由持票人提取现款，只能由银行转账收款。划线支票可以起到防止遗失后被人冒领，保障收款人利益的作用。在国际上，支票一般既可以支取现金，也可以通过银行转账，由收款人或持票人自行选择收款方式。但支票一经画线就只能通过银行转账。

（4）保付支票（Certified Check）。

保付支票指加盖"保付"（To Certify）戳记的支票。为避免出票人开空头支票，保证在支票提示时付款，支票收款人或持票人可要求银行在支票上加盖"保付"戳记，表明在支票提示时一定付款。付款银行对支票保付后，即承担付款责任，一般是将票款从出票人的账户转入另一专户，以备付款，所以不会出现退票情形。对于保付支票出票人和背书人可免受追索。

（5）银行支票（Banker's Check）。

银行支票指由银行签发，并由银行付款的支票，即银行即期汇票。

3. 支票与汇票的区别

付款人的身份不同。汇票的付款人可以是银行，也可以是个人或工商企业。支票的付款人限于具有一定资格的银行或其他金融机构。

付款期限不同。汇票有即期和远期之分，其中远期汇票需要承兑；而支票则只能是即期的。支票一经提示，付款人就应按照票面金额支付票款，因此支票无须承兑。

13.2 支付方式

支付方式是指收付货款的方式。按资金的流向与支付工具的传递方向划分，支付方式可分顺汇和逆汇两种。顺汇是指资金的流动方向与支付工具的传递方向相同；逆汇是指二者的方向相反。我国对外贸易业务中使用的支付方式主要有汇付、托收和信用证。汇付采用的是顺汇方法，托收和信用证采用的是逆汇方法。这3种支付方式都通过银行办理，但银行的作用并不相同。汇付和托收方式下，银行不承担进口人付款和出口人提供货运单据的任务，而是由买卖双方根据贸易合同相互提供信用，所以属商业信用；而信用证是银行有条件的保证付款凭证，属银行信用。除此之外，还可采用银行保函、备用信用证和保理业务等支付方式。

13.2.1 汇付

1. 汇付方式的含义及其当事人

（1）汇付的含义。

汇付（Remittance）又称汇款，是指付款人主动通过银行或其他途径将款项汇交收款人。对外贸易的货款如采用汇付，一般是由买方按合同约定的条件（如收到单据或货物）和时间，将货款通过银行汇交给卖方。这是国际货物贸易中最简单的货款结算方式。

（2）汇付的当事人。

汇付方式涉及4个基本当事人，即汇款人、汇出行、汇入行和收款人。

汇款人（Remitter）即付款人，在国际货物贸易结算中，通常是指进口人（买方）或其他经贸往来中的债务人。

汇出行（Remitting Bank）是接受汇款人委托或申请，汇出款项的银行，通常是进口人或其他经贸往来中的债务人所在地的银行。

汇入行（Receiving Bank）又称解付行（Paying Bank），即接受汇出行的委托，解付汇款的银行。汇入行通常是汇出行的代理行，出口人（卖方）或其他经贸往来中的债权人所在地的银行。

收款人（Payee）在国际货物贸易中，通常是出口人（卖方）或其他经贸往来中的债权人。

汇款人在委托汇出行办理汇款时，要出具汇款申请书。汇出行一经接受申请就有义务按照汇款申请书的指示通知汇入行。汇出行与汇入行之间事先订有代理合同，在代理合同规定的范围内，汇入行对汇出行承担解付汇款的义务。

2. 汇付的种类

（1）信汇。

信汇（Mail Transfer，M/T）是指汇出行应汇款人的申请，将信汇委托书寄给汇入行，授权解付一定金额给收款人的一种汇款方式。信汇方式的优点是费用较为低廉，但收款人收到汇款的时间较迟。

信汇收付程序如图 13.1 所示。

① 汇款人或债务人填写信汇申请书，连同汇款一起交给汇出行。

② 汇出行接受客户申请，并给予客户一张信汇回执。

③ 汇出行航邮信汇委托书通知国外代理行（汇入行），委托书上记载汇款人、收款人、金额等内容。汇出行与汇入行如事前没有约定，委托书上还要交代清楚资金是如何转移给国外代理行的，这种说明称为"偿付指示"。

④ 汇入行接到信汇委托书后，向收款人发出汇款通知书，通知其前来取款。

⑤ 收款人凭有效证件前来取款，汇入行核对无误后付款。

⑥ 收款人收款并在收据上签字。

⑦ 汇入行向汇出行发出付讫借记通知书。

（2）电汇。

电汇（Telegraphic Transfer，T/T）是指汇出行应汇款人的申请，拍发加押电报或电传给在另一国家的分行或代理行（汇入行），指示解付一定金额给收款人的一种汇款方式。电汇方式的优点在于收款人可迅速收到汇款，但费用较高。

电汇收付程序如图 13.2 所示。

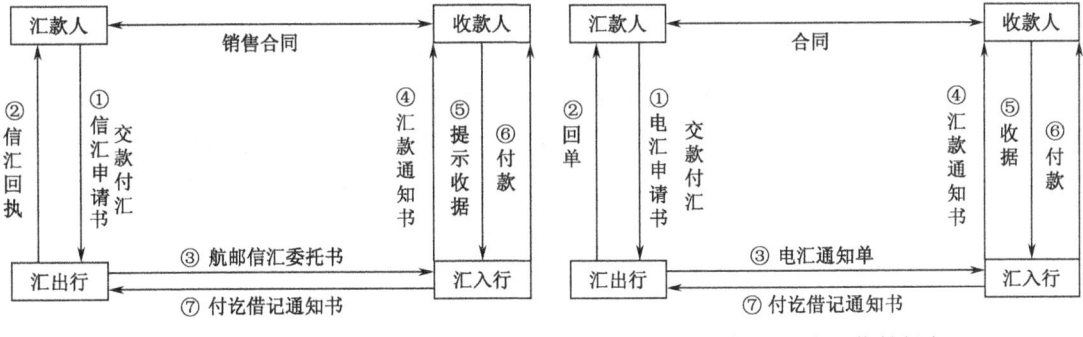

图 13.1　信汇收付程序　　　　　　图 13.2　电汇收付程序

① 汇款人填写电汇申请书，委托汇出行使用电汇方式汇款，同时向汇出行交付金额款项并支付一定的汇费和使用国际电信工具的费用。

② 汇出行交汇款人回单。

③ 汇出行根据电汇申请书的指示，向汇入行发出电汇通知单，委托汇入行向收款人解付汇款。汇出行在使用电报电传时要注意加注与汇入行事先约定的密押（Text Key）。

④ 汇入行在收到电报电传并核对密押无误后，向收款人发出汇款通知书。

⑤ 收款人出示收据和适当证明文件向汇入行取款。

⑥ 汇入行付款。

⑦ 汇入行向汇出行收回款项或邮寄付讫借记通知书进行转账，此外还要将收据交汇出行或转交汇款人，作为款项已付的凭证。

（3）票汇。

票汇（Remittance by Banker's demand draft，D/D）是指以银行即期汇票作为支付工具的一种汇付方式，是汇出行应汇款人的申请，代汇款人开立以其分行或代理行为解付行的银行即期汇票，支付一定金额给收款人的一种汇款方式。

票汇收付程序如图 13.3 所示。

① 汇款人向汇出行提交票汇申请书，并交付金额款项及支付一定费用。

② 汇出行向汇款人开出以其分行或代理行为付款人的银行即期汇票，列明收款人名称、汇款金额。

③ 汇款人自行将银行即期汇票寄给收款人。

④ 汇出行向付款行发出票汇通知书。

⑤ 收款人持银行即期汇票向付款行取款。

⑥ 付款行付款。

⑦ 付款行向汇出行邮寄付讫借记通知书进行转账。

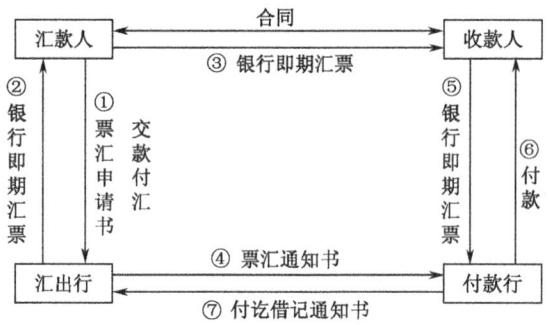

图 13.3　票汇收付程序

无论采用信汇、电汇还是票汇，其所使用的结算工具（委托通知或汇票）的传递方向与资金的流动方向相同，所以均是顺汇。但它们的不同点在于票汇的汇入行无须通知收款人取款，而由收款人持票登门取款；这种汇票除有限制转让和流通的规定外，经收款人背书，可以转让流通，而电汇、信汇的收款人则不能将收款权转让。

13.2.2　托收

1. 托收的含义及其当事人

（1）托收的含义。

托收（Collection）是指出口人出具汇票委托银行向进口人收取货款的一种支付方式。按照《托收统一规则》的规定，托收是指由接到委托指示的银行办理金融单据和/或商业单据以便取得承兑或付款，或者凭承兑或付款交出商业单据，或者凭其他条件交出单据。

（2）托收的当事人。

托收方式的基本当事人有 4 个，即委托人、托收银行、代收银行和付款人。

① 委托人（Principal）是指委托银行办理托收业务的客户，通常是出口人。

② 托收银行（Remitting Bank）是指接受委托人的委托，办理托收业务的银行，通常是出口人所在地银行。

③ 代收银行（Collecting Bank）是指接受托收行的委托向付款人收取票款的银行，通常是进口人所在地银行。

④ 付款人（Drawee）通常是进口人。

2. 托收的性质和种类

（1）托收的性质。

托收的性质可以通过托收业务各有关当事人之间的关系来说明：①委托人与托收银行之间是委托代理关系，按委托申请书办事，托收银行收取手续费；②托收银行与代收银行之间很可能没有任何关系，如付款人不付款，代收银行无能为力，只能如实转达付款人拒付或拒绝承兑，由出口人根据国际货物买卖合同的规定找进口人交涉，提起仲裁或司法诉讼。

从以上可看出，在托收方式下，委托银行代收货款，能否收到货款完全取决于进口人的信誉，代收银行替买方收取货款，因此，托收的性质属商业信用。

（2）托收的种类。

根据使用的汇票不同，托收分为光票托收和跟单托收。国际货物贸易中货款的收取大多采用跟单托收。在跟单托收情况下，采用付款交单。

付款交单（Documents against Payment，D/P），是指出口人的交单是以进口人的付款为条件。即出口人发货后，取得装运单据，委托银行办理托收，并在托收委托书中指示银行，只有在进口人付清货款后，才能把装运单据交给进口人。

按付款时间的不同，付款交单又可分为即期付款交单和远期付款交单两种。下面主要介绍即期付款交单。

即期付款交单（Documents against Payment at sight，D/P sight）是指出口人发货后开具即期汇票连同货运单据，通过银行向进口人提示，进口人见票后立即付款，进口人在付清货款后向银行领取货运单据。其业务程序如图 13.4 所示。

① 进出口人在贸易合同中，规定采用即期付款单方式支付。

② 出口人按照合同规定装货并取得货运单据后，填写托收委托书，开出即期汇票，连同全套货运单据送交托收行代收货款。

③ 托收行将即期汇票及货运单据，根据托收委托书上各项指示，寄交进口地代收行或提示行。

④ 提示行收到汇票及货运单据，即向进口人做出付款提示。

⑤ 进口人付清货款。

⑥ 代收行将全套货运单据交进口人。

⑦ 代收行电告（或邮告）托收行，款已收妥，办理转账。

⑧ 托收行将货款交给出口人。

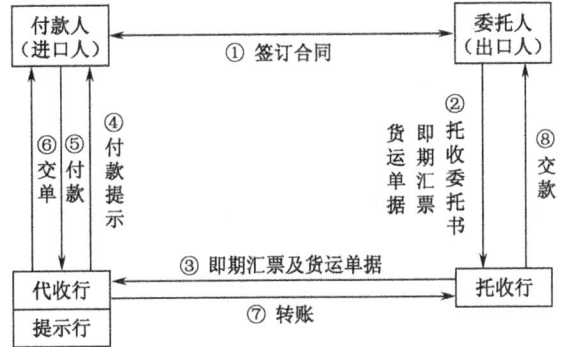

图 13.4 即期付款交单程序

3. 使用托收应注意的问题

在国际货物贸易中采用托收方式结算货款，实质上是出口人利用对进口人的资金融通以促进成交，扩大出口，提高其出口商品在国外市场上的竞争能力。所以，在我国的出口业务中，也可有选择、适当地运用托收支付方式。但是，由于托收方式纯属商业信用，出口人需要承担较大风险，因此必须谨慎从事。在出口贸易中采用托收方式时，为确保收汇安全，应注意以下问题。

（1）调查和考虑进口人的资信情况和经营作用，成交金额应妥善掌握，不宜超过其信用程度。

（2）了解进口国家的贸易管制和外汇管制条例，以免货到目的地后，由于不准进口或收不到外汇而造成损失。

（3）了解进口国家的商业惯例，以免由于当地习惯做法，影响安全、迅速收汇。

（4）出口合同应争取 CIF 条件成交，由出口人办理货运保险，或者投保出口信用险。在不采取 CIF 条件时，应投保卖方利益险。

（5）对托收方式的交易，要建立健全管理制度，定期检查，及时催收清理，发现问题应迅速采取措施，以避免或减少可能发生的损失。

⦿ 13.2.3 信用证

信用证是随着经济的增长和国际贸易的发展，在银行参与国际贸易结算时从仅提供服务逐步演变到既提供服务，又提供信用和融资的过程中形成的。目前，信用证已成为国际贸易结算中被广泛使用的最为重要的一种结算方式。

1. 信用证的含义

信用证（Letter of Credit，L/C）是一种银行开立的有条件的承诺付款的书面文件。根据《跟单信用证统一惯例》（UCP600）的解释，信用证是指由银行（开证行）依照客户（申请人）的要求和指示，或自己主动在符合信用证条款的条件下，凭规定单据向第三者（受益人）或其指定的人进行付款的书面文件。

2. 信用证的当事人

（1）开证申请人（Applicant）。

开证申请人是指向银行申请开立信用证的人，即进口商或实际买方，在信用证中又称开证人（Opener）。开证申请人为信用证交易的发起人。

（2）开证银行（Opening Bank，Issuing Bank）。

开证银行是指接受开证申请人的委托，开立信用证的银行，它承担保证付款的责任。开证银行一般为进口地银行。

（3）通知银行（Advising Bank，Notifying Bank）。

通知银行是指受开证行的委托，将信用证转交出口商的银行。它只证明信用证的真实性，并不承担其他义务。通知银行是出口地银行。

（4）受益人（Beneficiary）。

受益人是指信用证上指定的有权使用该证的人，即出口商或实际供货人。

（5）议付银行（Negotiating Bank）。

议付银行是指愿意买入受益人交来的跟单汇票的银行。议付银行可以是指定的银行，也可以是非指定的银行，由信用证的条款来规定。

（6）付款银行（Paying Bank，Drawee Bank）。

付款银行是指信用证上指定的付款银行。它一般是开证行，也可是它指定的另一家银行，根据信用证的条款的规定来决定。付款银行一经付款，对受益人不得追索。

（7）偿付银行（Reimbursing Bank）。

偿付银行又称信用证清算银行，是指信用证中指定的代开证行偿付议付行（或付款银行）票款的银行。偿付行通常是开证行的存款银行或开证银行的分行、支行。

（8）保兑银行（Confirming Bank）。

保兑银行是指根据开证行请求在信用证上加具保兑的银行。保兑银行在信用证上加具保兑后，即对信用证独立负责，承担必须付款或议付的责任。

3．信用证收付的一般程序

采用信用证方式结算货款，大体要经过申请、开证、通知、议付、索偿、付款、赎单等环节。现以最为常见的即期不可撤销跟单议付信用证为例，简要说明收付程序，其收付程序如图 13.5 所示。

① 进出口人在贸易合同中，规定使用信用证方式支付。

② 进口人向当地银行提出申请，填写开证申请书，依照合同填写各项规定和要求，并缴纳若干押金或其他担保，要求开证行向受益人开出信用证。

③ 开证行根据申请书内容，向受益人开出信用证，并寄交出口人所在地的通知行。

④ 通知行核对印鉴无误后，将信用证交与受益人。

⑤ 受益人审核信用证与合同相符后，按信用证规定装运货物，并备齐各项货运单据，开出汇票，在信用证有效期内，送当地的议付行议付。

⑥ 议付行按信用证条款审核单据无误后，按照汇票金额扣除利息，将货款垫付给受益人。

⑦ 议付行将汇票和货运单据寄付款行索偿。

⑧ 付款行经审核单据无误后，付款给议付行；同时，通知开证人付款。

⑨ 开证人付款赎单。

⑩ 付款行交单，开证人凭单向承运人在进口地的机构或代理人提货。

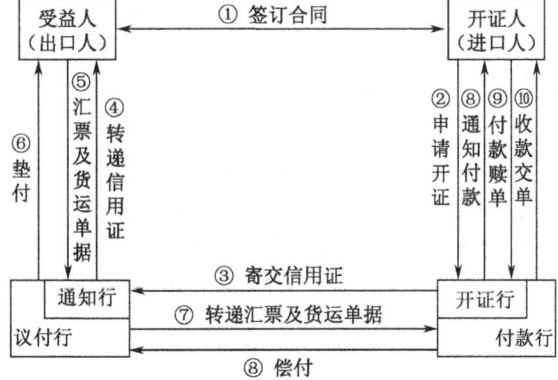

图 13.5　信用证收付程序

4．信用证的主要内容

信用证的主要内容是国际货物买卖合同的有关条款与要求受益人提交的单据，再加上银行保证。

（1）信用证本身的说明，如信用证的编号、开证日期、到期日和到期地点、交单期限等。

（2）信用证的种类，分为即期付款、延期付款、承兑、议付，以及可否撤销、可否转让等信用证。

（3）信用证的当事人，包括开证人、开证行、受益人、通知行等。此外，有的信用证还有指定付款行、偿付行、指定议付行等。

（4）汇票条款，包括汇票的种类、出票人、受票人、付款期限、出票条款及出票日期等。凡不需汇票的信用证无此内容。

（5）货物条款，包括货物的名称、规格、数量、包装、价格等。

（6）支付货币和信用证金额，包括币别和总额，币别通常应包括货币的缩写与大写，总额一般分别用大写文字与阿拉伯数字书写。信用证金额是开证行付款责任的最高限额，有的信用证还规定有一定比率的上下浮动幅度。

（7）装运与保险条款，包括装运地或起运地、卸货港或目的地、装运期限、可否分批装运、可否转运及如何分批装运、转运的规定，以 CIF 或 CIP 贸易术语达成的交易项下的保险要求，所需投保的金额和险别等。

（8）单据条款，通常要求提交商业发票、运输单据和保险单据，此外，还有包装单据、产地证、检验证书等。

（9）特殊条款，视具体交易的需要各异。常见的特殊条款有要求通知行加保兑，限制由某银行议付，限装某船或不许装某船，不准在某港停靠或不准采取某条航线等。

除此以外，信用证通常还有开证银行的责任条款，根据《跟单信用证统一惯例》开立的文句，以及开证行签字和密押等。

5．信用证的作用与特点

（1）信用证的作用。

① 保证作用。对进口人来说，通过信用证条款的规定，可保证取得代表货物的单据。从而可保证货物的品质、数量和交货期。对出口人来说，只要严格执行信用证条款，就可由银行信誉做保证，凭单据取得货款。

② 融资作用。在信用证方式下，进口人开证时只付少量的押金甚至不付；仅凭信誉付款赎单后即可得到货权，可用少量的资金做较大的买卖。出口人收到信用证后可向银行做打包贷款，用于装运前的费用，装运后向议付行做押汇取得贷款，还清贷款后净得利润，也可用少量的资金做较大的买卖。

当然，信用证结算方式并不是完全没有风险的。例如，出口人可能遇到开证行资信不好或倒闭的风险；进口人可能遭到出口人伪造单据进行诈骗的风险，开证行可能遭到进口人倒闭或无理拒受单据的风险；议付行可能遭到开证行倒闭或拒付的风险。因此，使用信用证结算方式时，仍应加强对国外银行和国外客户的资信调查，在出口业务中保证安全及时收汇，在进口业务中如期收到所购货物。

（2）信用证的特点。

① 开证行负首要付款责任。信用证支付方式是由开证行以自己的信用做保证，所以，

作为一种银行保证文件的信用证，开证行应付首要的即第一性的付款责任。《跟单信用证统一惯例》明确指出：信用证是一项约定，按此约定，凭规定的单据在符合信用证条款的情况下，或者承兑并支付受益人开立的汇票，或者授权另一银行议付。因而，信用证开证行的付款责任不仅是首要的而且是独立的，即使进口人在开证后失去偿付能力，只要出口人提交的单据符合信用证条款，开证行也要负责付款。

② 信用证是一项自足文件。信用证虽然是根据国际货物买卖合同开立的，但信用证一经开立，它就成为独立于国际货物买卖合同以外的约定。信用证的各当事人的权利和责任完全以信用证中所列条款为依据，不受国际货物买卖合同的约束，出口人提交的单据即使符合国际货物买卖合同的要求，但若与信用证条款不一致，仍会遭银行拒付。对此，《跟单信用证统一惯例》中明确规定：信用证按其性质与凭以开立信用证的销售合同或其他合同，均属不同的业务。即使信用证中援引这些合同，银行也与之毫无关系并不受其约束。同时，银行的付款、承兑并支付汇票或议付履行信用证下任何其他义务的保证，不受申请人提出的因其与开证行之间或与受益人之间的关系所产生的索赔或抗辩的约束。

③ 信用证方式是纯单据业务。银行处理信用证业务时，只凭单据，不问货物，它只审查受益人所提交的单据是否与信用证条款相符，以决定其是否履行付款责任。《跟单信用证统一惯例》明确规定：在信用证业务中，有关各方所处理的是单据，而不是与单据有关的货物或其他履约行为。在信用证业务中，只要受益人提交符合信用证条款的单据，开证行就应承担付款责任，进口人也应接受单据并向开证行付款赎单。如果进口人付款后发现货物有缺陷，则可凭单据向有关责任方提出损害赔偿要求，而与银行无关。但是，值得注意的是，根据《跟单信用证统一惯例》规定：银行虽有义务合理审慎地审核信用证规定的一切单据，但这种审核只是用以确定单据表面上是否符合信用证条款，开证行只凭表面上符合信用证条款的单据付款、承担延期付款责任、承兑汇票或议付。同样，开证人也根据表面上符合信用证条款的单据承担接受单据并对履行以上责任的银行进行偿付的义务。

此外，还须强调指出，银行虽只根据表面上符合信用证条款的单据承担付款责任，但这种符合的要求却十分严格，在表面上绝不能有任何差异。也就是说，银行在信用证业务中是按"严格符合的原则"办事的。"严格符合的原则"不仅要求"单证一致"，而且还要求各种单据之间的一致，即所谓的"单单一致"。《跟单信用证统一惯例》规定：单据之间出现的表面上的彼此不一致，将被视为单据表面上与信用证条款不符。

6. 信用证的种类

（1）跟单信用证和光票信用证。

① 跟单信用证（Documentary Credit）。跟单信用证是指开证行凭跟单汇票或仅凭单据付款的信用证。单据是指代表货物或证明货物已交运的单据而言。前者指海运提单，后者指铁路运单、航空运单、邮包收据等。国际贸易中使用的信用证绝大部分是跟单信用证。依照《跟单信用证统一惯例》，跟单信用证的适用范围包括备用信用证，备用信用证项下的"单据"泛指任何依据信用证规定提供的用以记录或证明某一事实的书面文件。

② 光票信用证（Clean Credit）。光票信用证是指开证行仅凭不附单据的汇票付款的信用证。有的信用证要求汇票附有非货运单据，如垫款清单等，也属光票信用证。在采用信用证方式预付货款时，通常是用光票信用证。

（2）不可撤销信用证和可撤销信用证。

① 不可撤销信用证（Irrevocable Letter of Credit）。不可撤销信用证是指信用证一经开出，在有效期内，未经受益人及有关当事人的同意，开证行不得单方修改和撤销，只要受益人提供的单据符合信用证规定，开证行必须履行付款义务。这种信用证对受益人较有保障，因而在国际贸易中使用最为广泛。凡是不可撤销信用证，在信用证中应注明"不可撤销"字样，并载有开证行保证付款的文句。

② 可撤销信用证（Revocable Credit）。可撤销信用证是指开证行对所开信用证不必征得受益人或有关当事人的同意，有权随时撤销的信用证。凡是可撤销信用证，应在信用证上注明"可撤销"字样，以资识别。这种信用证对出口人极为不利，因此，出口人一般不接受这种信用证。

一份信用证开立以后是否可以撤销对当事人来说事关重大，因而在信用证中均应清楚地表明是可撤销的或不可撤销的。根据《跟单信用证统一惯例》规定：信用证中如未写明该信用证是否为可撤销的，应视为不可撤销的信用证。

（3）保兑信用证和不保兑信用证。

在不可撤销信用证中，按其是否有另一家银行参加保证兑付，可分为保兑信用证与不保兑信用证两种。

① 保兑信用证（Confirmed L/C）。保兑信用证是指开证行开出的信用证，由另一银行保证对符合信用证条款规定的单据履行付款义务，这样的信用证即为保兑信用证。对信用证加保兑的银行即为保兑行。信用证的"不可撤销"是指开证行对信用证的付款责任。"保兑"则是指开证行以外的银行对信用证的付款责任。不可撤销的保兑信用证意味着该信用证不但有开证行不可撤销的付款保证，而且有保兑行的保证兑付保证。两者的付款人都是负第一性的付款责任，所以这种有双重保证的信用证对出口商最为有利。

② 不保兑信用证（Unconfirmed L/C）。不保兑信用证是指开证银行开出的信用证没有经另一家银行保兑。当开证银行资信好和成交金额不大时，一般都使用这种不保兑的信用证。

（4）即期信用证和远期信用证。

① 即期信用证（Sight Credit）。即期信用证是指开证行或付款行收到符合信用证条款的跟单汇票或装运单据后，立即履行付款义务的信用证。这种信用证的特点是出口人收汇迅速安全，有利于资金周转。在即期信用证中，有时还加列电汇索偿条款，它是指开证行允许议付行用电报或电传通知开证行或指定付款行，说明各种单据与信用证要求相符。开证行或指定付款行接到电报或电传通知后，有义务立即用电汇将货款拨交议付行。由于电报、电传较邮寄快，因此，信用证带列电汇索偿条款的，出口商可加快收回货款，但进口商则要提前付出资金。付款后如发现收到的单据与信用证规定不符，开证行或付款行对议付行有行使追索的权利。这是因为此项付款是在未审单的情况下进行的。

② 远期信用证（Usance Letter of Credit）。远期信用证是指信用证规定受益人凭远期汇票取款。使用远期信用证时，开证银行或付款银行收到符合信用证条款的单据后，并不立即付款，而是根据汇票的期限，等到汇票到期时付款。这种信用证的主要作用是便于进口商融通资金。

（5）可转让信用证和不可转让信用证。

根据受益人对信用证的权利可否转让，分为可转让信用证（Transferable Credit）和不可转让信用证（Non-transferable Credit）。

①可转让信用证。可转让信用证是指开证行授权通知行在受益人的要求下可将信用证的全部或部分权利转让给第三者即第二受益人的信用证。信用证经转让后，即由第二受益人办理交货，但第一受益人仍须承担国际货物买卖合同上的卖方责任。《跟单信用证统一惯例》规定，只有明确注明"可转让"的信用证方能转让。可转让信用证只能转让一次，但允许第二受益人将信用证重新转让给第一受益人。

另外，开证行在信用证中明确注明可转让的信用证方可转让。如果信用证注明"可分割""可分开""可让渡""可转移"等词，银行可以不予理会。

② 不可转让信用证。不可转让信用证是指受益人不能将信用证的权利转让给他人的信用证。凡信用证中未注明"可转让"者，就是不可转让信用证。

（6）循环信用证。

循环信用证（Revolving Credit）是指信用证被全部或部分使用后，其金额又恢复到原金额，可再次使用，直至达到规定的次数或规定的总金额为止。循环信用证一般适用于定期分批均衡供应、分批支款的长期合同。对进口人来说，可节省逐笔开证的手续和费用，减少押金，有利资金周转；对出口人来说，可减少逐批催证和审证的手续，又可获得收回全部货款的保障。

循环信用证可分为按时间循环信用证和按金额循环信用证。

① 按时间循环的信用证是受益人在一定的时间内可多次支取信用证规定的金额。

② 按金额循环的信用证是信用证金额议付后，仍恢复到原金额可再使用，直至用完规定的总额为止。具体的循环方式通常有以下 3 种：a. 自动式循环，即每期用完一定金额后，不需要等待开证行的通知，即可自动恢复到原金额；b. 非自动循环，即每期用完一定金额后，必须等待开证行通知到达，信用证才恢复到原金额继续使用；c. 半自动循环，即每次支款后若干天内，开证行未提出停止循环使用的通知，自第×天起即可自动恢复至原金额。

循环信用证与一般信用证的不同之处就在于：一般信用证在使用后即告失效；而循环信用证则可多次循环使用。

（7）对开信用证。

对开信用证（Reciprocal Credit）是指两张信用证的开证申请人互以对方为受益人而开立的信用证。其特点是第一张信用证的受益人（出口商）和开证申请人（进口商）就是第二张信用证的开证申请人和受益人，第一张信用证的通知行通常就是第二张信用证的开证行。两张信用证的金额相等或大体相等，两证可同时互开，也可先后开立。对开信用证多用于易货贸易、来料加工和补偿贸易业务，交易的双方都担心对方凭第一张信用证出口或进口后，另外一方不履行进口或出口的义务，于是采用这种互相联系、互为条件的开证办法，彼此得以约束。

（8）对背信用证。

对背信用证（Bake to Bake Credit）又称转开信用证，是指受益人要求原证的通知行或其他银行以原证为基础，另开一张内容相似的新信用证。对背信用证通常是由中间商为转售他人货物，从中图利，或者两国不能直接进行交易需通过第三国商人以此种办法沟通贸易而开立的。对背信用证的受益人可以是国外的，也可以是国内的，其装运期、到期日、金额和单价等可较原证规定提前或减少，但货物的质量、数量必须与原证一致。对背信用证的开证人（原证受益人）通常是以原证项下收得的款项来偿付对背信用证开证行（通常为原证通知行）已垫付的资金。所以，对背信用证的开证行除了要以原证用做开新证的抵押外，为防止原证发生意外收不到款，一般还要求开证人缴纳一定数额的押金或担保品。由于对背信用证的条款修改时，新证开证人需得到原证开证人的同意，所以，修改比较困难，而且所需时间也较长。

（9）预支信用证。

预支信用证（Anticipatory L/C）是指开证行授权代付行（通常是通知行）向受益人预付信用证金额的全部或一部分，由开证行保证偿还并负担利息。预支信用证与远期信用证相反，开证人付款在先，受益人交单在后。预支信用证可分为全部预支或部分预支两种。在预支信用证项下，受益人预支的方式有两种：一种是向开证行预支，出口人在货物装运前开具以开证行为付款人的光票汇票，由议付行买下向开证行索偿；另一种是向议付行预支，即由出口地的议付行垫付货款，待货物装运后交单议付时，扣除垫款本息将余额支付给出口商。如货未装运，由开证行负责偿还议付行的垫款和利息。为引人注目，这种预支货款的条款常用红字，故称"红条款信用证"。现今信用证的预支条款并非都用红字表示，但效力相同。目前，我国在补偿贸易中有时采用这种信用证。同时，与此相似的尚有"绿条款信用证"，这种信用证的开证行要求受益人必须将预支货款项下的货物以开证行名义存放在出口地海关仓库，受益人凭"栈单"和以后补办装运单据的声明书及汇票预支部分货款。

（10）付款信用证、承兑信用证与议付信用证。

① 付款信用证（Payment Credit）。凡是指定由某一银行付款的信用证，称为付款信用证。付款信用证一般不要求受益人开具汇票，而仅凭受益人提交的单据付款。在付款信用证中通常有类似的保证文句："我们凭提交符合信用证条款的单据付款。"

② 承兑信用证（Acceptance Credit）。凡是指定由某一银行承兑的信用证，称为承兑信用证，即当受益人向指定银行开具远期汇票并提示时，指定银行即行承兑，并于汇票到期日履行付款。在承兑信用证中通常有类似的保证文句："我们保证凡符合信用证条款的汇票被提示时及时承兑，并于到期日及时付款。"

③ 议付信用证（Negotiation Credit）。凡是开证行允许受益人向某一指定银行或任何银行交单议付的信用证，称为议付信用证。

公开议付信用证和限制议付信用证的到期地点都在议付行所在地。这种信用证经议付后，如因故不能向开证行索取票款，议付行有权对受益人行使追索权。

13.2.4 其他支付方式

1. 银行保函

（1）银行保函的含义及分类。

保函（Letter of Guarantee，L/G）是指银行、保险公司、担保公司或个人（保证人）应申请人的请求，向第三方（受益人）开立的一种书面信用担保凭证，保证在申请人未能按双方协议履行其责任或义务时，由担保人代其履行一定金额、一定期限范围内的某种支付责任或经济赔偿责任。银行保函（Banker's Letter of Guarantee）又称银行保证书，是由银行开立的承担付款责任的一种担保凭证。银行根据保函的规定承担绝对付款责任。

银行保函根据不同的用途可分为许多种，但概括起来，主要有投标保函和履约保函两种。投标保函（Tender Guarantee）是银行根据投标人的申请向招标人开立的保证书。履约保函（Performance Guarantee）是银行应货物买卖、劳务合作或其他经济合同当事人的申请向合同的另一方当事人开出的保证书，保证如果委托人不履行其与受益人之间订立的合同义务，银行将对受益人支付一定金额的款项。

（2）银行保函的当事人。

银行保函的当事人有委托人（要求银行开立保证书的一方）、受益人（收到保证书并凭以向银行索偿的一方）、保证人（保函的开立人）。

2．国际保理

（1）国际保理的含义。

国际保理（International Factoring）在实际业务中又称为承购应收账款，是指在以商业信用出口货物时，出口商交货后把应收账款的发票和装运单据转让给保理商，日后一旦发生进口商不付或逾期付款的情况，由保理商承担付款责任，在保理业务中，保理商承担第一付款责任。

（2）国际保理的当事人。

国际保理业务的当事人有出口商、进口商、出口保理商及进口保理商（出口保理商在进口地的代理人）。

13.2.5　各种支付方式的结合使用

1．汇付与托收相结合

汇付与托收相结合是一种以即期跟单托收为主、汇付为辅的收付方式，采用这种方法时，先是进口商以预付货款的方式支付少量货款作为卖方出运货物的条件，其余大部分金额采用即期跟单托收方式收款。这样，即使货物发运后，进口商不履行付款责任，出口商仍拥有货物所有权，所受损失可用预收的汇款来弥补。

2．汇付与信用证相结合

汇付与信用证相结合的方式适宜用在成交数量较大的初级商品或成套设备的交易中。在这些交易中，先由进口商以汇付形式支付订金；货物运抵目的地并经过检验后，以汇付的形式支付货款余额，其主要货款采用信用证方式支付。

3．托收与信用证相结合

采用托收与信用证相结合的做法，主要是为了减轻进口商资金周转的压力，减少开证的押金。通常要求信用证上规定受益人凭光票支取信用证款项，凭跟单汇票采用委托方式支取余额。出口商出运货物后，在议付信用证款项的同时委托议付行收取余款。为保证托收货款的安全收汇，要求信用证内注明"待付清全部发票金额后方可交单"的条款，全套单据附于托收项下，买方付清全部发票金额后交单。若买方不能付清全部发票金额，则货运单据由开证行掌握，凭卖方指示处理。

4. 汇付、信用证、银行保函相结合

汇付、信用证、银行保函相结合的支付方式一般用在大型成套设备、船舱、飞机等金额大、交货期长的交易中。这类交易大多使工程的进度分期付款或延期付款。分期付款是指买方预交部分订金，其余货款根据所订购商品的制造进度或交货进度分若干期支付，在货物交付完毕时付清或基本付清。延期付款是指买方预付一部分订金后，大部分货款在交货后一段相当长的时间内分期摊付。

分期付款与延期付款虽然都是在规定的期限内付清货款，但是两者有很大区别，主要表现在以下两个方面。

一是在分期付款情况下，买方按照约定的方法，分若干期付款，但在卖方完成交货义务时，买方已付清或基本付清货款，所以是付现的即期交易。而在延期付款情况下，大部分货款于交货之后较长期限内分期摊付，所以是卖方给买方的信贷，对买方来说是赊购，利用了出口商的资金，因此要承担延期付款的利息，在国际货物买卖合同中要规定包括利率在内的利息条款，而分期付款交易则不存在利息问题。

二是在分期付款情况下，买方在付清最后一期货款后，才取得货物的所有权。而延期付款的交易在一般情况下，卖方履行交货后，买方即取得货物的所有权。如卖方交货之后，买方不履行付款义务，卖方只能依法要求偿付货款，而不能恢复货物的所有权。

本章小结

在国际贸易中，支付工具主要是票据，包括汇票、本票和支票，其中汇票是国际结算的核心票据。在国际贸易结算中主要使用信用证结算工具，因此，正确使用结算方式最为重要，特别是对各类结算方式的流程及适应范围应该熟练掌握。

思考练习

（1）票据具有哪些法律特点？

（2）各国《票据法》对汇票内容的规定有所不同，一般应包括哪些基本内容？

（3）汇票的使用一般要经过哪些环节？

（4）汇票的背书人应承担什么义务？汇票与本票有何不同？

（5）在行使票据追索权时应当注意哪些问题？

第14章
商品检验、索赔、不可抗力和仲裁

📖 本章提要

国际贸易中买卖双方交易的商品一般都要进行检验，任何一方发现对方有违约的情况，受害方都有权提出索赔。合同签订后，若发生人力不可抗拒事件，致使合同不能履行或不能全部履行，可按合同中不可抗力条款的规定免除合同当事人的责任。买卖双方对履约过程中产生的争议，如难以和解，可采取仲裁方式解决。因此买卖双方商订合同时，要在合同中订立商品检验、索赔、不可抗力和仲裁条款。本章主要介绍了商品检验的意义、商品检验机构和商品检验证明、出入境检验检疫程序、检验时间和地点及合同中的检验条款的规定；索赔的概念、合同中的索赔条款、索赔应注意的问题；不可抗力的含义、不可抗力的原因及认定条件、不可抗力事件的处理及不可抗力条款的规定方法；仲裁的含义、仲裁协议的形式和作用、仲裁机构和仲裁程序及仲裁条款的规定方法。

📖 学习目标

（1）理解并掌握商品检验条款的内容、订立方法；
（2）了解进出口业务中的报验业务和国际贸易中涉及索赔、不可抗力和仲裁的相关知识；
（3）明确如何在国际贸易中拟订索赔、不可抗力和仲裁条款。

引导案例

2017年2月，我国某公司与美国某公司签订了一项向美国公司购买一台4000MT压机的合同。按合同规定，卖方提供的保质期为货物离港之日起18个月。但在合同保质期届满之后33个月，该压机发生了一次大的事故，经专家分析论证，事故的原因是传动装置中的一块防松板因金属疲劳而破裂，使动力不能传递所致。按美国公司随机器提供的使用手册来看，原设计的防松装置应是一个方块状的防松板，美国公司在制造过程中将其更换为一块较薄的防松板。事故发生后，美国公司以合同规定的保质期已过，不再负有义务为由，拒绝来中国确定事故的原因与修复压机。中国公司只好自行将压机修复，因此发生数百万元人民币的费用，并且压机的工作寿命也受到影响。于是，中国公司向美国公司提出了索赔，但美国公司却以合同保质期已过及压机质量无问题，事故是中国公司使用维护不当而致为由拒绝谈判，于是中国公司将争议提交仲裁机构进行仲裁。请问：在合同规定的保质期已过的情况下，中国公司是否有权获得赔偿？

14.1　商品检验

进出口商品检验检疫是成交商品由检验检疫机构对质量、数量、重量、包装、安全、卫生及装运条件等进行检验并对涉及人、动物、植物的传染病、病虫害、疫情等进行检疫的工作，在国际贸易中通常称为商品检验。

14.1.1　商品检验的意义

在国际贸易中，由于买卖双方处于不同的国家或地区，因而一般不当面交接货物，再加上经过长途运输或多次装卸，这样在货物到达后，很容易出现品质、数量、包装等与合同规定不符的情况，从而引发争议。为保障买卖双方的利益，避免争议的发生或发生争议后便于分清责任，就需要由一个权威、公正、专业的检验鉴定机构对卖方交付的货物的品质、数量、重量、包装等进行检验，或者对装运技术、货物残损短缺等情况进行检验鉴定，并出具商检证书，作为买卖双方交接货物、支付货款和进行索赔的依据。

对进出口商品进行检验，是对外贸易业务中不可缺少的一个环节，它通常是国际货物买卖合同中的一个重要内容。因此，许多国家的法律或行政法规都有规定。《中华人民共和国进出口商品检验法》（以下简称"商检法"）规定：进口商品未经检验的，不准销售、使用；出口商品未经检验合格的，不准出口。《联合国国际货物销售合同公约》（以下简称"公约"）第38条规定：买方必须在按实际情况可行的最短时间内检验货物或由他人检验货物；如果合同涉及货物的运输，检验可推迟到货物到达目的地进行。英国《货物买卖法》第34条规定：除另有约定外，当卖方向买方交货时，根据买方的请求，卖方应向其提供一个检验货物的合理机会，以便能确定其是否符合合同的规定。

14.1.2　商品检验机构和商品检验证明

1. 商品检验机构

商品检验机构是指接受委托进行商品检验与公证鉴定工作的专门机构。在国际上，商品检验机构有官方的，也有私人的或同业行会经营的，还有工厂企业、用货单位设立的化验室、检测室等。其中，比较著名的商品检验机构有英国劳氏公证行（Lloyd's Surveyor）、瑞士日内瓦通用鉴定公司（Societe General De Surveillance，SGS）、日本海事鉴定协会（Marine Surveyors & Sworn Measure's Association）、美国担保人实验室（Underwriter's Laboratory，UL）、国际羊毛局（International Wool Secretariat，IWS）、美国食品药物管理局（Food and Drugs Administration，FDA）等。我国的商检机构主要有：①中华人民共和国国家出入境检验检疫局，以及该局在各地设立的分支机构；②有关部门设立的专门的商检机构，如动植物检疫局（所）、食品卫生检疫局（所）、药物检验局（所）等；③中国进出口商品检验总公司（China Import and Export Commodity Inspection Corporation，CCIC），该公司在各地设有分公司，代表国家商检机构从事进出口商品的检验工作；④外国在中国境内设立的进出口商品检验鉴定机构，在指定的范围内从事公证鉴定义务，并接受中国商检机构的监督管理。

根据"商检法"和《中华人民共和国进出口商品检验法实施条例》（以下简称"商检法实施条例"）的规定，国家商检部门及其设在各地的检验机构的职责有下述 3 项。

（1）法定检验。

法定检验（Legal Inspection）是指商检机构和其他检验机构根据国家的法律、行政法规的规定，对规定的进出口商品或有关的检验事项执行强制性的检验或检疫。属于法定检验的出口商品，未经检验合格者，不准出口；属于法定检验的进口商品，未经检验者，不得销售、使用。

法定检验是为了严格把好质量关，确保出口商品的质量、安全、卫生符合国家法律、法规的规定，符合出口合同和外销的要求，以及国际上的有关规定，提高出口商品在国际市场上的信誉，扩大出口，提高经济效益；保证进口商品的质量，防止低劣商品和有病虫害及其他有害因素的商品进口，维护国家的经济利益，保障人民的身体健康。

实施法定检验的范围包括：①对列入《商检机构实施检验的进出口商品种类表》（以下简称"种类表"）中的进出口商品的检验；②根据《中华人民共和国食品卫生法》对进出口食品的卫生检验；③根据《进出口动植物检疫法》对进出口商品的动植物检疫；④对装运出口易腐烂变质食品、冷冻品的船舱、集装箱等运输工具的适载检验；⑤对出口危险品的包装容器的性能鉴定和使用鉴定；⑥对国际条约规定须经商检机构检验的进出口商品的检验；⑦对其他法律、行政法规规定须经商检机构检验的进出口商品的检验。

（2）公证鉴定。

商检机构及经国家商检机构批准的其他检验机构，可以接受对外贸易当事人的申请或外国检验机构的委托，办理规定范围内的进出口商品鉴定业务，签发各种检验证书，作为对外贸易当事人办理进出口货物的交接、结算、计费、计税、索赔、仲裁等的有效凭证。

公证鉴定和法定检验不同，它不具有强制性。如果不是法定检验的商品，对外贸易当事人可以向商检机构申请检验，也可以不向商检机构申请检验。

（3）监督管理。

国家商检机构通过行政管理手段，对进出口商品的收货人、发货人及生产、经营、储运单位及国家商检机构指定或认可的检验机构和认可的检验人员的检验工作进行监督管理，以推动和组织有关部门对进出口商品按规定要求进行检验。监督管理是商检机构对进出口商品执行检验把关的一种重要形式。其内容包括：向法定检验商品的出口生产企业派出检验人员，参与监督出口商品出厂的检验工作；对检验合格的进出口商品加施商检标志或封标；开展进出口商品质量认证工作，实行出口质量许可制度和进口安全质量许可制度；认可符合条件的检验机构，并开展对检验机构的评审工作。

2．商检证明

商检证明是商检机构依据有关法规对进出口商品进行检验或鉴定后出具的检验证明文件。我国商检机构对进出口商品出具的检验证明文件一律称为"检验证书"（Inspection Certificate）。

（1）检验证书的种类。

① 品质检验证书（Inspection Certificate of Quality），即证明进出口商品品质、规格的证书。

② 数量检验证书（Inspection Certificate of Quantity），即证明进出口商品数量的证书。

③ 重量检验证书（Inspection Certificate of Weight），即证明进出口商品重量的证书。

④ 包装检验证书（Inspection Certificate of Packing），即证明进出口商品包装情况的证书。

⑤ 兽医检验证书（Veterinary Inspection Certificate），即证明出口动物产品在出口前已经过兽医检验，符合检疫要求的证书。

⑥ 卫生检验证书（Sanitary Inspection Certificate），又称为健康检验证书（Inspection Certificate of Health），即证明食用动物产品、食品在出口前已经过卫生检验、可供食用的证书。

⑦ 消毒检验证书（Disinfection Inspection Certificate），即证明出口动物产品经过消毒处理，保证卫生安全的证书。

⑧ 熏蒸证书（Inspection Certificate of Fumigation），即证明出口粮谷、油籽、豆类、皮张等商品，以及包装用木材与植物性填充物等，已经经过熏蒸灭虫的证书。

⑨ 价值检验证书（Certificate of Value），即证明发票所列商品的价格真实正确的证书。

⑩ 产地检验证书，即用于证明出口商品原生产地的证书，通常包括一般产地证、普惠制产地证、野生动物产地证等。

⑪ 残损检验证书（Inspection Certificate on Damaged Cargo），即证明商品残损情况的证书。

⑫ 船舱检验证书（Inspection Certificate on Tank/Hold），即证明承运出口商品的船舱清洁、牢固、冷藏效能及其他装运条件是否符合保护承载商品的质量和数量完整与安全的要求的证书。

⑬ 货载衡量检验证书，即证明进出口商品的重量、体积吨位的证书（Inspection Certificate on Cargo Weight & Measurement）。

（2）检验证书的作用。

商品检验机构签发的检验证书的作用：作为证明卖方所交货物的品质、数量、包装等符合买卖合同规定的依据；作为买方对品质、数量、包装等提出异议、索赔、拒收货物或卖方理赔的凭证；有时是货物通关的有效证件之一；作为卖方银行议付货款的单据之一；作为明确货物损失的责任究竟属谁（发货人、承运人或保险人）的依据。

在我国，法定检验商品的检验证书由国家出入境检验检疫局及其设在各地的分支机构签发；法定检验以外的商品，如合同或信用证中无相反规定，也可由中国对外贸易促进委员会或中国进出口商品检验总公司或生产企业出具。在填制检验证书时，应注意证书的名称和具体内容必须与合同及信用证的规定一致，另外，检验证书的签发日期不得迟于提单签发日期，但也不宜比提单日期提前过长。

3. 出入境检验检疫程序

凡属法定检验检疫商品或合同规定需要检验检疫机构进行检验检疫，并出具检验检疫证书的商品，对外贸易关系人均应及时提请检验检疫机构进行检验。我国进出口商品的检验检疫程序主要包括以下几个环节。

（1）报验。

报验是指对外贸易关系人向检验检疫机构申请检验，凡属检验检疫范围内的进出口商品，都必须报验。

① 出口报验手续。首先，填写出境货物报验单。报验人必须按报验单的内容详细填写，每份出境货物报验单仅限填一个合同、一份信用证的商品。对同一合同、同一信用证，但标记号码不同者，应分别填写。报验一般在发运前 7 天提出。

其次，应提供的单证和资料。出口报验时应提供下列资料：对外贸易双方签订的贸易合同及合同附件；信用证；生产经营部门自验合格后出具的厂检单正本；法定检验出口商品报验时，提供检验检疫机构签发的运输包装容器性质检验合格单正本；实行卫生注册的商品，提供检验检疫机构签发的卫生注册证书；实行质量许可证的出口商品，必须提供检验检疫机构质量许可证书；凭样品成交的应提供双方确认的样品。

② 进口报验手续。进口商品的报验人应在一定期限内填写入境货物报验单，填明申请检验鉴定项目的要求，并附合同、发票、海运提单（或铁路、航空、邮包运单）、品质证书、装箱单、接货、用货部门已验收的应附验收记录等资料，向当地检验检疫部门申请检验。如果货物有残损、短缺，还须附理货公司与轮船大副共同签署的货物残损报告单、大副批注或铁路商务记录等有关证明材料。

报验后，如果发现报验单填写有误或客户修改信用证使货物数量、规格有变动时，可提出更改申请，填写更改申请单，说明更改事项和原因。

（2）抽样。

检验检疫机构接受报验后，需要及时派人到货物堆存地点进行现场检验鉴定。其内容包括货物的数量、重量、包装、外观等项目。现场检验一般采取国际贸易中普遍使用的抽样法。抽样时须按规定的抽样方法和一定的比例随机抽样，以便样品能代表整批商品的质量。

（3）检验。

检验检疫机构根据抽样和现场检验记录，仔细核对合同及信用证对品质、规格、包装的规定，弄清检验的依据、标准，采用合理的方法实施检验。

（4）签发证书。

对于出口商品，经检验检疫部门检验合格后，凭《出境货物通关单》进行通关。如合同、信用证规定由检验检疫部门检验出证，或者国外要求签发检验检疫证书的，应签发所需证书。

对于进口商品，经检验检疫后签发《入境货物通关单》进行通关。凡由收货、用货单位自行验收的进口商品，如发现问题，应及时向检验检疫部门申请复验。如复验不合格，检验检疫机构即签发检疫证书，以供对外索赔。

4．检验时间和地点

（1）在出口国检验。

在出口国检验包括产地（工厂）检验和装运港（地）检验两种。

① 产地（工厂）检验，即在货物离开生产地点（如工厂、农场或矿山等）之前，由卖方或其委托的检验机构人员或买方的验收人员或买方委托的检验机构人员对货物进行检验或验收。在货物离开产地之前进行检验或验收的责任，由卖方负担。

② 装运港（地）检验，即以离岸品质、离岸重量为准（Shipping Quality and Weight），货物在装运或装运地交货前，由买卖合同中规定的检验机构对货物的品质和重量或数量进行检验，并以该机构出具的检验证书作为最后依据。卖方对交货后货物发生的变化不承担责任。

采用上述两种方法时，即使买方在货物到达目的港或目的地后，自行委托检验机构对货物进行复验，也无权对商品的品质和重量向卖方提出异议，除非买方能证明，其收到的与合同规定不符的货物是由于卖方的违约或货物的固有瑕疵造成的。因此，这两种办法对买方极为不利。

（2）在进口国检验。

在进口国检验分为目的港（地）检验和买方营业处所（最终用户所在地）检验。

① 目的港（地）检验，也就是以到岸品质、重量（或数量）为准（Landing Quality, Weight or Quantity as Final），在货物运抵目的港（地）卸货后的一段时间内，由双方约定的目的港（地）的检验机构进行检验，并以该机构出具的检验证书作为决定交付货物的品质、重量或数量的依据。如果检验证书证明货物与合同规定不符，系卖方责任，卖方应予负责。

② 买方营业处所（最终用户所在地）检验。对于一些因使用前不便拆开包装，或者因不具备检验条件而不能在目的港地（或目的地）检验的货物，如密封包装货物、精密仪器等，通常都是在买方营业处所或最终用户所在地，由合同规定的检验机构在规定的时间内进行检验。货物的品质和重量（数量）等内容以该检验机构出具的检验证书为准。

采取上述两种做法时，卖方实际上须承担到货品质、重量（数量）的责任。如果货物在品质、重量（数量）等方面存在不符且属于卖方责任所致，买方则有权凭货物在目的港、目的地或买方营业处所或最终用户所在地经检验机构检验后出具的检验证书，向卖方提出索赔，卖方不得拒绝。因此，这两种方法对卖方不利。

（3）在出口国检验、在进口国复验。

这种方法即以出口国装运港（地）的检验机构验货后出具的检验证书，作为卖方收付货款的依据。货物运到目的港（地）后，由双方约定的检验机构在规定的时间内进行复验，如发现货物的品质、数量、包装等与合同规定不符而责任属于卖方时，买方可在规定的时间内凭复验证书向卖方提出异议和索赔。由于这种做法兼顾了买卖双方的利益，比较公平合理，因而它是国际货物买卖中最常见的一种规定检验时间和地点的方法。

（4）装运港（地）检验质量、目的港（地）检验品质。

这种方法是以装运港（地）检验机构检验后出具的重量证书为最后依据，以目的港（地）检验机构出具的品质证书为最后依据，也叫离岸重量、到岸品质（Shipping Weight and Landed Quality）。这种方法多应用于大宗商品交易的检验中，以调和买卖双方在检验问题上存在的矛盾。

5. 检验条款举例

进出口合同中的检验条款一般包括下列内容：有关检验权的规定；检验或复验的时间和地点；检验机构；检验检疫证书等。

"买卖双方同意以装运港（地）中国国家质量监督检验检疫总局签发的品质和重量（数量）检验检疫证书作为信用证下议付所提交的单据的一部分，买方有权对货物的品质和重量（数量）进行复验，复验费由买方负担。但若发现品质或重量（数量）与合同规定不符，买方有权向卖方索赔，并提供经卖方同意的公证机构出具的检验报告。索赔期限为货物到达目的港（地）后 45 天。"（It is mutually agreed that the General Administration of Quality Supervision，Inspection and Quarantine of the People's Republic of China at the port of shipment shall be part of the documents to be presented for negotiation under the relevant L/C. The Buyers shall have the right to inspect the quality and quantity (weight) of the cargo. The inspection fee shall be borne by the Buyers. Should the quality and /or quantity (weight) be found not in conformity with that of the contract，the Buyers are entitled to lodge with the Sellers a claim which should be supported by survey reports issued by a recognized survey or approved by the Sellers. The claim，if any，shall be lodged within 45 days after arrival of the cargo at the port of destination.）

6．订立检验条款应注意的问题

（1）检验条款应与合同其他条款一致，不能相互矛盾。在检验条款中，规定检验时间和地点时，不能与使用的贸易术语相矛盾。

（2）检验条款的规定要切合实际，不能接受国外商人提出的不合理的检验条件。

（3）要明确规定复验的期限、地点和机构。出口合同中买方如有复验权时，应对其复验的期限、地点做出明确规定。复验的期限实际就是买方索赔期限，买方只有在规定的期限内行使其权利，索赔才有效，否则无效。我们应根据货物性质、运输港口等情况决定适宜的复验期限和地点。至于复验机构的选择，必须是在业务上有能力的商检或公证机构。

（4）应在检验条款中明确规定检验的标准和方法。实际业务中出现的异议案件，有时是由于两地商检机构采用的检验标准不一致和采用的检验方法不同造成的。为了避免或减少这种现象出现，有的货物应该明确其检验标准和检验方法。

（5）进口合同检验条款应规定我方有复验权。进口货物到达目的港后应允许我方复验，经复验如发现所交货物与合同不符，有权向国外商人提出索赔或退货。

14.2　索赔

在国际货物买卖业务中，索赔包括 3 种情况：货物买卖索赔、运输索赔和保险索赔，本书主要介绍的是货物买卖索赔。

14.2.1　争议与索赔

1．争议的概念和产生争议的原因

（1）争议的概念。

争议（Disputes）也称异议，是指交易的一方认为对方未能部分或全部履行合同规定的责任与义务而引起的纠纷。

（2）产生争议的原因。

在国际贸易中产生争议的原因很多，大致可归纳为下列 3 种情况。

① 卖方违约。例如，卖方不按合同规定的交货期交货，或者所交货物的品质、规格、数量、包装等与合同（或信用证）规定不符，或者所提供的货单种类不齐、份数不足等。

② 买方违约。例如，买方在按信用证支付方式成交的条件下不按期开证，不按合同规定付款赎单，无理拒收货物，在 FOB 条件下，不按合同规定如期派船接货等。

③ 买卖双方均负有违约责任。例如，合同条款规定不明确，致使双方理解或解释不统一，造成一方违约，引起纠纷；或者在履约中，双方均有违约行为。

2．索赔和理赔的概念

索赔（Claim）是指遭受损害的一方在争议发生后，向违约方提出赔偿的要求。而理赔（Claim Settlement）是指违约方对受害方提出的赔偿要求的受理和处理。索赔和理赔是一个问题的两个方面，在受害方是索赔，在违约方是理赔。

14.2.2　法律对违约的法律后果的规定

违约（Breach of Contract）是指买卖双方之中，任何一方违反合同义务的行为。买卖合同是对缔约的双方具有约束力的法律性文件。一方违约，就应承担违约的法律责任。而受害方有权根据合同或有关法律规定提出损害赔偿要求。但违约的情况不同，其所引起的法律后果和承担的责任也不相同。现将几种有代表性的法律对违约的法律后果所做的规定做一个简单介绍。

1．英国法的规定

英国法按合同条款划分，把违约分为违反要件（Condition）和违反担保（Warranty）两类。违反要件是指违反合同的主要条款；违反担保指违反合同的次要条款。两者的法律后果是不同的。一般来说，违反要件，对方有权解除合同，并有权提出损害赔偿；违反担保，则对方只能要求损害赔偿，不能解除合同。至于在每个具体合同中，哪些条款属于要件，哪些条款属于担保，法律上并无明确界定，须视不同合同、不同情况而定。在买卖合同中，一般认为商品的品质、数量和交货期等条件都属于合同的要件。

2．《联合国国际货物销售合同公约》的规定

1980 年《联合国国际货物销售合同公约》（以下简称"公约"）把违约区分为根本性违约（Fundamental Breach）和非根本性违约（Non-fundamental Breach）两类，"公约"第 25 条指出："一方当事人违反合同的结果，如使另一方当事人蒙受损害，以至于实际上剥夺了其根据合同规定有权期待得到的东西，即为根本违反合同，除非违反合同一方并不预知，而且一个同等资格、通情达理的人处于相同情况中也没有理由预知会发生这种结果。"可见，一方当事人违反合同的结果，给另一方当事人造成实质性的损害，即根本性违约，而且这种损害须由当事人的主观行为所致；如果当事人并不预先知道，就不能构成根本性违约。造成根本性违约，受损害方不仅可以要求赔偿损失，而且可以宣布解除合同。相反，如果违约情况并未达到根本性违约的程度，则受害方只能要求赔偿损失，不能宣布解除合同。

3．《中华人民共和国涉外经济合同法》的规定

《中华人民共和国涉外经济合同法》（以下简称"涉外经济合同法"）第 29 条规定："另

一方违反合同，以致严重影响订立合同所期望的经济利益……当事人一方有权通知另一方解除合同。"第 34 条又规定："合同的变更、解除或终止，不影响当事人要求赔偿损失的权利。"

综上所述，世界各国的法律和国际惯例对违约的区分是不同的。为了防止争议发生后在利用法律时，可能引起不利于我方的后果，必须认真订好索赔条款，并严格履行合同。

14.2.3　合同中的索赔条款

进出口合同中的索赔条款有两种规定方式，一种是异议和索赔条款（Discrepancy and Claim Clause）；另一种则是罚金（Penalty）条款。在一般的商品买卖合同中，多数只签订异议和索赔条款，但在大宗商品和机械设备一类商品的合同中，除订明异议与索赔条款外，须再另订罚金条款。

1. 异议与索赔条款举例

异议和索赔条款的主要内容除了明确规定买卖双方在履约过程中，如一方违反合同时，另一方有权提出索赔外，还应订明索赔的依据、索赔的期限、赔偿损失的办法和金额等。

"品质异议须于货物到目的口岸之日起 30 天内提出，数量异议须于货物到目的口岸之日起 15 天内提出。但均须提供经卖方同意的公证行的检验证明。如果责任属于卖方，卖方收到异议 20 天内答复买方并提出处理意见。"（In case of quality discrepancy，claim should be filed by the buyers within 30 days after the arrival of the goods at port of destination，while for quantity discrepancy，claim should be filed by the buyer within 15 days after the arrival of the goods at port of destination. In all case，claims must be accompanied by survey reports of recognized public surveyors agreed to by the sellers. Should the responsibility of the subject under claim be found to rest on the part of the sellers，the sellers should，within 20 days after receipt of the claim，send his reply to the buyers together with suggestion for settlement.）

异议索赔条款主要适用于交货品质数量等方面的违约行为，这类赔偿的金额不是预先决定，而是根据货损、货差的实际情况确定的。

2. 罚金条款

罚金条款规定当一方未能履行合同义务时，应向对方支付一定数额的约定金额，以补偿对方的损失。罚金也称"违约金"。

罚金条款一般适用于卖方延期交货，或者买方延迟开立信用证或延期接货等情况。罚金数额大小是以违约时间的长短而确定的，同时还规定最高限额。例如，合同中规定，如卖方未能按期交货，其应向买方支付一定数额的约定罚金。延期交货的罚金以 7 天为计算标准，每过期 7 天（不足 7 天者按 7 天计）罚货价的 5‰，最多罚 10 周，即罚货价的 5%。延期超过 10 周者，买方除有权收取罚金外，还可解除合同和向卖方提出索赔。

由于不同国家的法律对于罚金条款的规定不同，因此在我国出口合同中，除少数特殊情况外，一般不订立罚金条款。

14.2.4　索赔和理赔应注意的问题

1. 索赔应注意的问题

（1）根据公平合理、实事求是的原则，查明对方是否违约。如果确属对方责任，则可向对方提出索赔，如果属于船公司或保险公司的责任，则不应向对方索赔。

（2）索赔要求必须在合同规定的限期内提出。如果合同中未规定索赔期限，则应按有关法律规定的期限办理。我国"涉外经济合同法"第 39 条规定："货物买卖合同争议提起诉讼或仲裁的期限为 4 年。""公约"第 39 条第 2 款规定："如果买方不在实际收到货物之日起两年内将货物不符合情形通知卖方，其就丧失声称货物不符合合同的权利。"

（3）正确确定索赔项目和金额，备齐有关单证。提出索赔金额一定要实事求是，要经得起对方辩驳。同时，索赔证据要齐全，且出证单位要符合要求，否则可能遭到对方拒赔。

2. 理赔应注意的问题

（1）认真研究对方所提的索赔是否属实，是否确因我方违约而使对方遭受损失，是否符合有关法律规定。如果是逾期才提出索赔的，我方可不予受理。

（2）仔细审核对方提出的索赔单证和有关文件。例如，出证机构是否符合要求，检验标准和检验方法是否符合双方规定，单据是否齐全充分，有无夸大损失等。

（3）如果我方确实应负赔偿责任，则应提出赔偿办法或赔偿金额，与对方协商确定。

14.3　不可抗力

14.3.1　不可抗力的含义

不可抗力（Force Majeure）是指买卖双方签约后，发生了不是由于任何一方当事人的过失或疏忽而造成的当事人既不能预见和预防，又无法避免和克服的意外事故，致使合同无法履行或不能如期履行，发生意外事故的一方可以因此免除履约或推迟履行合同的责任。

14.3.2　不可抗力事件的原因及认定条件

造成不可抗力事件的原因大体可分为自然原因和社会原因两类。自然原因如洪水、暴风、干旱、暴雪、地震、火灾等；社会原因如战争、罢工、政府封锁禁运、禁止进出口及国际航道封闭等。但应注意，并非所有自然原因和社会原因引起的事件都属于不可抗力事件。

构成不可抗力事件一般应当具备以下条件：①事件的发生是在签订合同后；②事件不是由于任何一方当事人故意或过失造成的；③事件的发生及其造成的后果是当事人无法预见、无法控制、无法避免和不可克服的。因此，对于不可抗力事件的认定必须慎重，要与商品价格波动、汇率变化、买方无力偿付货款等正常的贸易风险区分开来。

14.3.3　不可抗力事件的处理

根据有关的法律和国际贸易惯例，如果发生不可抗力事件，致使合同无法履行或无法如期履行，有关当事人可免除相应责任，即解除合同或变更合同。但发生不可抗力的一方应及时通知对方，提供必要的证明文件，并且在通知中应提出处理的意见。

1．通知及必要的证明文件

《联合国国际货物销售合同公约》第 79 条第 4 款规定，发生不可抗力后，不履行义务的一方必须将障碍及其对履行义务能力的影响通知另一方。如果该项通知在不履行义务的一方已知道或理应知道这一障碍后一段合理时间内，仍未通知另一方，则其应对由于另一方未收到通知而造成的损害，负赔偿责任。在实际业务中，有关当事人多以电报或电传方式通知另一方当事人，并在规定的期限内提供由规定机构出具的证明文件。在我国，出具证明的机构一般是中国国际贸易促进委员会（中国国际商会）；在国外，则大都由当地的商会或登记注册的公证行出具。

一方接到对方关于不可抗力事件的通知或证明文件后，无论同意与否都应及时答复，否则，按有些国家的法律（如《美国统一商法典》）将被视作默认。

2．解除或变更合同

发生不可抗力事件的后果是免除责任。在实际业务中，根据不可抗力事件对履行合同的影响的情况和程度，其后果可分为两种：一是解除合同，二是变更合同。一般情况下，如果不可抗力事件的发生使合同的履行成为不可能，例如，特定标的物灭失，或者事件的影响比较严重，非短时间内所能恢复，则可解除合同；如果不可抗力事件只是部分地或暂时地阻碍了合同的履行，则发生事件的另一方只能采用变更合同的方法，即对原订合同的条件或内容做适当的变更，如替代履行、减少履行或延迟履行合同，以减少另一方的损失。为明确起见，双方应在合同中具体订明什么情况下解除合同或变更合同。

14.3.4　不可抗力条款的规定方法

国际货物买卖合同中的不可抗力条款主要包括：不可抗力事故的范围，对不可抗力事件的处理原则和方法，不可抗力事件发生后通知对方的期限和方法，以及出具证明文件的机构等。

我国进出口合同中的不可抗力条款主要有 3 种规定方法：概括式、列举式和综合式。

1．概括式举例

"如由于不可抗力原因，致使卖方不能全部或部分装运或延迟装运合同货物，卖方对于这种不能装运或延迟装运本合同货物不负有责任。但卖方须用电报或电传通知买方，并须在 15 天内，以航空挂号信件向买方提交由中国国际贸易促进委员会出具的证明此类事件的证明书。"（If the shipment of the contracted goods is prevented or delayed in whole or in part due to Force Majeure, the Seller shall not be liable for non-shipment of late shipment of the goods of this contract. However, the Seller shall notify the Buyer by cable or telex and furnish the letter within 15 days by registered airmail with a certificate issued by the China Council for the Promotion of International Trade attesting such event or events.）

　　该方法由于对不可抗力事件的范围规定太笼统，难以作为解决问题的依据，因此使用较少。

2．列举式举例

　　"如由于战争、地震、水灾、暴风雨、雪灾等原因，致使卖方不能全部或部分装运或延迟装运合同货物，则卖方对于这种不能装运或延迟装运本合同货物不负有责任，但卖方须用电报或电传通知买方，并须在 15 天以内，以航空挂号信件向买方提交由中国国际贸易促进委员会出具的证明此类事件的证明书。"（If the shipment of the contracted goods is prevented or delayed in whole or in part by reason of war，earthquake，flood，storm，heavy snow，the Seller shall not be liable for non-shipment or late shipment of the goods of this contract. However，the Seller shall notify the Buyer by cable or telex and furnish the letter within 15 days by registered airmail with a certificate issued by the China Council for the Promotion of International Trade attesting such event or events.）

　　该方法的缺点在于对不可抗力范围定得过死，如发生的事故超过此范围，就没有更多的回旋余地。

3．综合式举例

　　"如由于战争、地震或其他不可抗力的原因致使卖方对本合同项下的货物不能装运或迟延装运，卖方对此不负任何责任。但卖方应立即通知买方并于 15 天内以航空挂号函件寄给买方由中国国际贸易促进委员会出具的证明发生此类事件的证明书。"（If the shipment of the contracted goods is prevented or delayed in whole or in part by reason of war，earthquake of other causes of Force Majeure，the Seller shall not be liable. However，the Seller shall notify the Buyer immediately and furnish the letter by registered airmail with a certificate issued by the China Council for the Promotion of International Trade attesting such event or events.）

　　该方法既明确具体，又有一定的灵活性，是一种较好的方法，我国在实际业务中多采用此法。

14.4　仲裁

● 14.4.1　仲裁的含义

　　在国际贸易中，解决争议的方式通常有协商、调解、仲裁、诉讼等。采用友好协商或通过第三者调解的方式，气氛比较友好，有利于贸易双方的长期交往，是买卖双方愿意采用的两种方法，但如果不能达成一致意见，则需要采用仲裁或诉讼的方式。

　　仲裁（Arbitration）是指买卖双方达成协议，自愿把双方之间的争议提交双方同意的仲裁机构进行裁决，裁决对双方均有约束力。

　　由于仲裁程序比较简单，仲裁时间短，费用较低廉，且裁决一般为终局性的，所以合同双方一般愿意采用这种方式解决纠纷。目前，包括我国在内的不少国家已通过立法，规定仲裁为解决争议的途径之一。

14.4.2 仲裁协议的形式和作用

《中华人民共和国仲裁法》（以下简称"仲裁法"）第4条规定：当事人采用仲裁方式解决纠纷，双方应当自愿达成仲裁协议。没有仲裁协议，一方申请仲裁的，仲裁机构不予受理。可见，发生争议的双方中任何一方申请仲裁时，必须提交双方当事人达成的仲裁协议。仲裁协议是双方当事人表示愿意将他们之间已经发生的或可能发生的争议交付仲裁解决的一种书面协议。

1．仲裁协议的形式

仲裁协议分两种：一种是由双方当事人在争议发生前订立的，表示将来一旦发生争议应提交仲裁解决。这种协议一般都包含在合同内，作为合同的一项条款即"仲裁条款"（Arbitration Clause）；另一种是由双方当事人在发生争议之后订立的，是双方同意把已经发生的争议交付仲裁机构裁决的书面协议，这种协议称为"提交仲裁协议"（Submission），以上两种形式具有同等的法律效力。但值得注意的是，发生争议之前双方容易达成仲裁协议，一旦发生争议后，双方要达成仲裁协议就比较困难。因此，仲裁作为一项合同条款，就显得十分重要。

2．仲裁协议的作用"

按照我国和多数国家"仲裁法"的规定，仲裁协议的作用主要有3个方面。

（1）表明双方当事人在发生争议时自愿提交仲裁。仲裁协议约束双方当事人在协商调解不成时，只能以仲裁方式解决争议，不能向法院起诉。

（2）排除法院对于争议案件的管辖权。世界上除少数国家外，一般都规定法院不受理争议双方订有仲裁协议的争议案件。

（3）使仲裁机构取得对争议案件的管辖权。任何仲裁机构都无权受理没有仲裁协议的案件。

上述3个方面的作用是互相联系、不可分割的，其中排除法院的管辖权是最重要的一个方面。

3．仲裁机构和仲裁程序

（1）仲裁机构。

国际贸易中的仲裁机构有两类：即临时仲裁机构和常设仲裁机构。临时仲裁机构是为了解决争议，由双方共同指定的仲裁员自行组成的临时仲裁庭。争议处理完毕，临时仲裁庭即解散。常设仲裁机构是根据一国的法律或有关规定设立的仲裁机构。我国的常设仲裁机构是中国国际经济贸易仲裁委员会，会址设在北京，深圳和上海分别设有分会。我国外贸企业在订立合同时，如双方同意在我国仲裁，应订立由中国国际经济贸易仲裁委员会仲裁的条款。国际上很多国家都常设仲裁机构，如瑞典斯德哥尔摩仲裁院、瑞士苏黎世商会仲裁院、英国伦敦国际仲裁院、美国仲裁协会、日本国际商事仲裁协会等，这些机构与我国仲裁机构已进行过多次合作。

（2）仲裁程序。

仲裁程序是指进行仲裁的程序和做法，一般包括提出仲裁申请、仲裁庭的组成、仲裁审理、仲裁裁决4个环节。

① 提出仲裁申请。仲裁申请是仲裁机构立案受理的前提。根据《中国国际经济贸易仲裁委员会仲裁规则》规定，当事人一方申请仲裁时，应向仲裁委员会提交包括下列内容的签名申请书：a.申诉人和被诉人的名称、地址；b.申诉人依据的仲裁协议；c.案情和争议要点；d.申诉人的请示及所依据的事实和证据。

申诉人提交仲裁申请书时，还应附合同、仲裁协议、往来函电等的原件或副本、抄本，并缴纳仲裁费预订金。

② 仲裁庭的组成。争议案件提交仲裁后，由争议双方指定的仲裁员组成仲裁庭进行审理并做出裁决。根据我国仲裁规则，仲裁庭可由3名仲裁员组成，其中双方当事人各指定一名，并由仲裁委员会主席指定一名为首席仲裁员。但当事人各自指定的仲裁员不代表当事人的利益，不偏袒任何一方。仲裁庭也可由一名由双方当事人共同指定或委托仲裁委员主席指定的独任仲裁员组成，单独审理案件。

被指定的仲裁员，如果与案件有利害关系，应当自行向仲裁委员会请求回避。仲裁员回避的决定由仲裁委员会主席做出。仲裁员因回避或其他原因不能履行职责时，则应按照原指定仲裁员的程序，重新指定。

③ 仲裁审理。仲裁庭审理案件有两种形式：开庭审理和不开庭审理。我国仲裁规则规定，除非双方当事人申请或征得双方当事人同意，仲裁庭应当开庭审理，但开庭审理一般不公开进行。仲裁庭对案件的审理过程一般包括：开庭、收集证据和调查取证，必要时，还须采取保全措施。

开庭日期由仲裁会同仲裁委员会秘书处决定，并在开庭前30天通知双方当事人，当事人如有正当理由，可以申请延期。开庭地点应是在仲裁委员会所在地，但经仲裁委员会主席批准，也可以在其他地方开庭。仲裁庭开庭时，如一方当事人或其代理人不出庭，仲裁庭可以进行缺席审理和做出缺席裁决。

仲裁和调解相结合解决争议是我国涉外仲裁一个重要特点。我国仲裁规则规定，如果双方当事人有调解愿望，或者一方当事人有调解愿望，并经仲裁庭征得另一方当事人同意，仲裁庭可以在仲裁程序进行过程中，对其审理的案件进行调解。经调解达成和解协议的案件，仲裁庭应当根据双方当事人和解协议的内容做出裁决书。如果双方当事人自行达成和解，申诉人应当及时撤销案件。另外，我国的仲裁机构在一定条件下也可以会同外国的有关仲裁机构，就争议案件共同对双方当事人进行联合调解。

审理案件时，当事人应对其申诉或答辩所依据的事实提出证据，仲裁庭认为必要时可以自行调查、收集证据；还可以向专家咨询，或者指定鉴定人进行鉴定，专家和鉴定人可以是中国或外国的机构或公民。

🌐 知识窗

保全措施又称临时性保护措施，是指在仲裁开始到做出裁决前对争议的标的物或有关当事人的财产采取临时性保护措施。例如，临时扣押财产，以防止转移或变卖；对有争议的易腐烂货物先行出售等。一般情况下，由有关国家的法院做出保全的决定。

④ 仲裁裁决。裁决是仲裁程序的最后一个环节。按规定，裁决必须以书面形式做出。裁决一般是终局性的，对双方当事人均有约束力。裁决做出后，任何一方当事人不得向法院起诉，也不准向其他任何机构提出变更仲裁裁决的请求。但如果当事人能证明该裁决不符合法律程序要求，如无仲裁协议或仲裁员的行为不当等，该当事人可以向法院提出申请，要求法院撤销裁决，宣布无效。

4. 仲裁裁决的执行

各国法律均规定，仲裁裁决应由败诉方自动执行，仲裁机构无强制执行裁决的权利和义务。如果败诉方不执行，胜诉方可以请求法院强制执行。如果仲裁地和败诉方在同一个国家，那么能够比较顺利地执行，否则，执行起来就比较困难。

为使仲裁裁决能够顺利执行，国际上曾签订了一些国际仲裁公约，其中最有影响力的是 1958 年联合国在纽约签订的《承认与执行外国仲裁裁决公约》。目前已有 100 多个国家参加了该公约，我国于 1987 年 4 月 22 日加入该公约。公约中规定，凡在缔约国领土内做出的仲裁裁决都可以运用本公约予以执行，在非缔约国领土内做出的仲裁裁决，只要执行地不认为这完全属于其本国仲裁，也可以运用本公约加以执行。

根据上述情况，在我国做出的仲裁裁决需要在外国执行时，若对方是与我国签有互相执行仲裁裁决协议的，或者对方是上述公约缔约国并同意执行我国仲裁裁决的，则可顺利执行；否则，我方只有到对方国家的法院去请求强制执行。

5. 仲裁条款的规定方法

仲裁条款主要包括仲裁地点、仲裁机构、仲裁程序和仲裁裁决的效力等内容。其中仲裁地点的选择是一个关键问题，因为在一般情况下，在何国仲裁即采用何国的仲裁规则或相关法律。在我国的国际贸易实践中，仲裁地点在合同中大致有 3 种定法：①在我国仲裁；②在被告所在国仲裁；③在双方同意的第三国仲裁。关于裁决的效力，一般应在合同中明确声明：仲裁裁决是终局的，对双方当事人均有约束力。

（1）规定在我国仲裁的条款举例。

"凡因执行本公司所发生的与本合同有关的一切争议，双方应通过友好协商解决；如果协商不能解决，应提交北京中国国际经济贸易仲裁委员会，根据该会的仲裁规则进行仲裁。仲裁裁决是终局的，对双方都有约束力。仲裁费用除仲裁庭另有规定外，均由败诉方负担。"（All disputes in connection with this contract or arising from the execution of there，shall be amicably settled through negotiation in case no settlement can be reached between the two parties，the case under disputes shall be submitted to China International Economic and Trade Arbitration Commission，Beijing，for arbitration in accordance with its Rules of Arbitration. The arbitral award is final and binding upon both parties. The arbitration fee shall be borne by the losing party unless otherwise awarded by the arbitration court.）

（2）规定在被告所在国仲裁的条款举例。

"凡因执行本合同所发生的或与本合同有关的一切争议，双方应通过友好协商解决。如果协商不能解决，应提交仲裁。仲裁在被诉人所在国进行。在中国，由中国国际经济贸易仲裁委员会根据该会仲裁规则进行仲裁。在×××（被诉人所在国名称）由××××（被诉人所在国仲裁机构名称）根据该会的仲裁规则进行仲裁。仲裁裁决是终局的，对双方都有约束力。仲裁费用除仲裁庭另有规定外，均由败诉方负担。"（All disputes arising from the execution of, or in connection with this contract shall be settled amicably through friendly negotiation. In case no settlement can be reached through negotiation, the case shall be submitted for arbitration. The location of arbitration shall be in the country of the domicile of the defendant. If in China, the arbitration shall be conducted by the China International Economic and Trade Arbitration Commission, Beijing in accordance with its Rules of Arbitration. If in … the arbitration shall be conducted by … in accordance with its arbitral rules. The arbitral award is final and binding upon both parties. The arbitration fee shall be borne by the losing party unless otherwise awarded by the arbitration court.）

（3）规定在第三国仲裁的条款举例。

"凡因执行本合同所发生的或与本合同有关的一切争议，双方应通过友好协商解决。如果协商不能解决，应提交×××（第三国及其仲裁机构名称），根据该会的仲裁规则进行仲裁。仲裁裁决是终局的，对双方都有约束力。仲裁费用除仲裁庭另有规定外，均由败诉方负担。"（All disputes arising from the execution or in connection with this contract, shall be settled amicably through friendly negotiation. In case no settlement can be reached through negotiation, the case shall then be submitted to … for arbitration in accordance with its arbitral rules of procedure. The arbitral award is final and binding upon both parties. The arbitration fee shall be borne by the losing party unless otherwise awarded by the arbitration court.）

本章小结

商品检验是国际贸易中不可或缺的一个环节。商品检验机构的主要职责分为法定检验、公证鉴定和监督管理3项。出入境检验检疫程序包括报验、抽样、检验和签发证书。索赔是指遭受损害的一方在争议发生后，向违约方提出赔偿的要求。不可抗力事件发生的原因可分为自然原因和社会原因，在处理不可抗力事件时，应及时通知对方，提供必要的证明文件。在国际贸易中解决争议最常用的方式是仲裁。

思考练习

（1）检验、索赔、不可抗力、仲裁等条款有何共性？

（2）检验、索赔、不可抗力、仲裁等条款各有何作用？

（3）买方行使检验权时应注意什么？

（4）构成不可抗力事件有哪些条件？

（5）与法律诉讼相比，仲裁有何特点？

第15章
国际贸易交易程序

📖 本章提要

国际贸易合同的达成需要经过一定的程序，交易的磋商必不可少。交易磋商前要做大量的准备工作，交易磋商有许多环节，并且要遵守国际惯例，磋商成功是合同能最终签订的重要基础。本章就交易磋商前的准备工作、交易磋商的程序及合同的签订进行了介绍。

📖 学习目标

（1）了解国际贸易交易磋商前应该做的准备工作；

（2）掌握交易磋商程序和具体做法，能够对磋商中的询盘、发盘、还盘和接受4个环节的有效性进行准确把握；

（3）了解国际货物买卖合同订立的具体内容和形式。

引导案例

2018年2月5日，加拿大休顿电子有限公司（以下简称"休顿公司"）向我国H电子集团公司（以下简称"H公司"）提出"出售集成电路板20万块，每块FOB维多利亚港25美元"的发盘。我方收到发盘后于2月7日发电还盘，请求把集成电路板的数量减少至10万块，价格降至20美元，并要求对方即期装运。

2月10日，休顿公司电传告知H公司，同意把集成电路板的数量减少至10万块，保证即期装运，但集成电路板的价格只能降至每块22美元，同时规定新发盘的有效期为10天。

接到新发盘后，H公司经研究决定同意休顿公司的新发盘，并于2月15日向休顿公司发出电传表示接受新的发盘。

2月18日休顿公司再次发来电传，告知H公司，集成电路板事宜已与其他公司签约，现已无货可供，要求取消2月10日的发盘。2月19日H公司复电："我公司已按10万块集成电路板制订生产计划，不同意撤销2月10日的发盘，请贵公司执行合同。"休顿公司则称："不执行合同。"双方对合同是否成立发生纠纷。

经过双方多次协商，休顿公司同意赔偿因不履行合同给H公司造成的损失，使争议得到了解决。

15.1　交易磋商前的准备工作

在国际贸易买卖行为中，买卖双方通过直接洽谈或函电的形式，就买卖商品的有关条件进行协商以期达成交易的过程，称为交易磋商。为顺利达成交易，在交易磋商之前，应认真做好交易前的各项准备工作。

15.1.1　组织交易洽谈人员

交易磋商前，应组织精明能干的洽谈人员，组成强大的谈判班子。首先，参加磋商的人员要有认真的工作态度和广博的外贸业务知识；其次，从事该项工作的人员还应具备合同法方面的基本知识，以应对谈判中涉及的法律问题；最后，磋商人员还应掌握谈判技巧，善于应变。选用高素质的洽谈人员，是确保交易磋商成功的关键。

15.1.2　选择目标市场和交易对象

1．对国外市场的调研

在交易磋商前，应加强对国外市场的调查研究，广泛了解市场中供需及价格动态，各国的贸易政策、法规和习惯做法等，以便准确选择目标市场，进行合理布局。

对国外市场的调研包括商品调研、供求调研、价格调研、法规调研及外汇管制调研等几个方面。对出口商而言，应着重研究对方市场畅销品种的特点、对方的进口价格结构及折扣、对方是否有进口配额等市场准入条件，并结合我国商品供应的可能性选择适当的销售市场；对进口商而言，则应注重国外产品技术的先进程度、工艺程度和使用效能，货比三家，并结合我国的实际需要，确定合适的采购市场。

2．对客户背景的了解

客户背景主要是指相关客户的政治经济背景和对进出口商的态度。我们应积极主动争取遵守平等互利原则的客户，与他们进行友好往来和贸易合作。

3．对客户资信情况的了解

客户资信主要指客户的支付能力和财务状况。它包括客户的资产额、营业额、潜在资本、资产负债和借贷能力等。

4．对客户经营范围的了解

客户经营范围是指对方经营的性质、品种及经营业务的范围。对经营范围做调研，要特别注意调查对方是否同我国做过交易。

5．对客户经营能力的了解

客户的经营能力包括客户的活动能力、购销渠道、贸易关系、联系网络、经营做法及维系商业信誉的能力等。

6．对客户经营作风的了解

客户的经营作风是指企业的经营作风及客户的商业道德、商业信誉、服务态度和公共关系等。

15.1.3 制定进出口商品经营方案

1．出口商品经营方案

出口商品经营方案是在对市场及客户进行深入调研基础之上，筛选、分析目标市场，并结合本企业的特点和经营目标而制定的交易洽商和安排出口业务的行动方案。出口商品经营方案的主要内容包括以下几个方面。

（1）计划概要。

计划概要是整个经营方案的概要，简明扼要地描述出口经营的目标及计划，使主管部门能迅速了解计划的主要内容。

（2）市场情况。

市场情况主要是分析国外市场的规模、供求情况及增长情况、价格变动的趋势。

（3）目标市场分析。

目标市场分析包括机会和问题两方面，分析企业即将进入的海外目标企业给其带来的具体利益和面临的困难及障碍。企业应从目标市场的有利条件和不利条件两方面入手，确定本企业存在的机会和面临的主要问题，从而有的放矢地制订营销计划和控制措施。

（4）出口经营目标。

出口经营目标是指确定企业在一定时期内要完成出口的财务目标和市场占有率目标，包括对出口成本、创汇率、盈亏率及市场覆盖率等做出具体的计划和安排。

（5）营销策略和措施。

营销策略和措施是指将产品、价格、渠道和促销等方面组合起来，形成有机的整体营销战术，主要包括按照不同目标市场的国别和地区，按不同的品种、数量或配额列明营销计划，以及依据计划采取的控制、促销措施等。

2．进口商品经营方案

进口商品经营方案是在对对方市场进行深入调研之后，货比三家，并结合本企业的进口需要而制定的交易磋商和安排进口业务的行动方案。

（1）数量确定。

依据国内的需要和海外市场的具体情况，适当确定订货数量和进度。具体要求是在保证满足国内需要的前提下，选择有利的时机成交，杜绝盲目订购的情况出现。

（2）采购市场的安排。

根据国别和地区的政策及海外市场的具体条件，合理安排进口的国别及地区。要避免市场的过分集中，力争采购市场的合理布局。

（3）客户选择。

在对客户的严格调研基上，选择资信高、经营能力强、作风优良、与我们友好的客户作为企业的交易对象。由于各厂家的产品质量和成交条件不尽相同，在选择成交对象时，一定要反复比较，从而选择对企业最有利的成交对象。特别需要注意的是，为节约外汇和减少环节，除非确有困难，企业应尽量向厂家直接采购。

（4）价格和交易条件的掌握。

根据国际上近期的价格，结合商品的特点和企业的采购意图，拟订价格幅度和交易条件，作为交易磋商的依据。在价格的掌握上，要避免价格过高或过低。一般而言，中小商品不需要制定经营方案时，都要制定价格方案，以便掌握价格幅度。

（5）贸易方式选择。

根据采购的数量、品种、贸易习惯等选择合适的贸易方式组织进口。进口中，通常多采用一般的单边进口方式订购，当然也可通过招标方式采购或按补偿贸易方式进口等。

15.2　交易磋商的形式、内容和程序

● 15.2.1　交易磋商的形式

1. 口头磋商

口头磋商是指在谈判桌上进行面对面的谈判，以便就交易达成协议，如参加交易会、贸易小组出访、邀请客户来访及通过国际长途电话磋商等。口头磋商作为一种直接交流方式，利于了解对方的诚意和态度，便于企业根据谈判进展及时调整对策，比较适合谈判内容复杂、涉及问题多的交易。

2. 书面磋商

书面磋商是指通过信件、电报、电传等通信手段洽谈交易。撰写外贸信函时应注意根据目的不同采用不同的语气，如说服、辩解、道歉等，要注意用词准确、自然，达到预期目的。随着通信技术的发展，传真也已得到了广泛的运用。书面磋商简便易行、费用低廉，是日常外贸业务中的通常做法。

● 15.2.2　交易磋商的内容

交易磋商的内容，即买卖合同的各项主要条款，包括品名与品质、数量、包装、价格、装运、保险、支付手段及商检、索赔、仲裁和不可抗力等。其中品名和品质、数量、包装、价格、装运、支付手段 6 项条款，一般被认为是交易的主要条件，必须在每笔交易中逐条商讨确定。而其他条款则通常作为一般交易条件，事先就印在合同中，除非对方有异议，否则直接成为双方进行交易的共同基础，不必逐条协商。一般交易条件协议对于缩短洽商时间和节约开支等都非常有益。

● 15.2.3　交易磋商的程序

在国际货物买卖合同的商订过程中，交易磋商程序一般可概括为 4 个环节，即邀请发

盘、发盘、还盘和接受，其中发盘和接受是达成交易必不可少的两个基本环节。

1．邀请发盘（Invitation to Offer）

邀请发盘是指交易的一方为了购买或出售某种商品，向对方询问买卖该商品的有关条件，或者就该项交易条件提出带有保留条件的建议。

邀请发盘有多种形式，其中最常见的形式是询盘（Enquiry）。询盘可由买方提出，也可由卖方提出。询盘的主要目的是试探对方对此次交易的诚意和对交易条件的意见，内容涉及交易商品的价格、规格、品质、数量、包装、交货期及商品目录等，主要是询问价格，所以也称为询价。交易一方向对方发出询盘时，可采取口头形式，也可采取书面形式。书面形式除包括书信、电报、电传外，还常采用询价单（Enquiry Sheet）进行询盘。

邀请发盘的另一种常见做法是提出内容不肯定或附有保留条件的建议。在实际业务中，通常是卖方的货源尚未落实，提出的条件带有不确定性；或者为了争取较高价格而将同一批货向两个以上的客户邀请发盘，择优成交；或者买方为探询市场情况和比价，同时向两个以上的供货商提出发盘邀请。

邀请发盘对发盘人和受盘人均无法律约束力，而且也不是每笔交易磋商时都必经的步骤，有时也可未经对方邀请发盘而直接向对方发盘。但在通常情况下，邀请发盘往往被看做交易的起点，且是进行调研和试探市场动态的一种手段，故不应忽视。

2．发盘（Offer）

发盘是指国际货物买卖的一方（发盘人）向对方（受盘人）提出购买或出售某种商品的各项交易条件，并愿意按这些条件和对方达成协议，与对方订立交易合同的行为。可以是应对方的询盘做出的答复，也可以是在没有邀请发盘的情况下直接发出。由卖方发盘，称作售货发盘（Selling Offer）；由买方发盘，称作购货发盘（Buying Offer）或递盘（Bid）。

完整准确地拟写发盘函，可以避免争议，利于尽快达成协议。根据《联合国国际货物销售合同公约》的解释，发盘的相关要领包括以下几个方面。

（1）发盘的构成条件。

① 必须有特定的受盘人。受盘人可以是一个或一个以上，可以是自然人也可以是法人，但必须特定化，而不能泛指公众。

② 内容必须十分确定。发盘中要明确货物、规定数量和价格。在我国外贸实务中，通常要求在发盘中列明以下几项主要条款，如品名、品质、数量、包装、价格、交货和支付等。

③ 表明发盘人受其约束。发盘人须向对方表示，在得到有效接受时，即可按发盘的内容订立合同。

发盘中通常要规定有效期，作为发盘人受约束的期限和受盘人接受的有效时限，但它不是构成发盘的必要条件。若发盘函中没有规定有效期，受盘人应在合理时间内接受。发盘人在规定有效期时要根据商品的特点和采用的通信方式来合理确定。发盘有效期最好明确具体，以免在执行中发生争执。在实际业务中，规定有效期多采用明确截止日期的做法。

（2）发盘的生效和撤回。

发盘在送达受盘人时生效，在到达受盘人之前对发盘人无约束力，因此，在发盘发出直至到达受盘人之前的时间内，发盘人可以将其撤回。撤回的前提是，发盘人要以更快的通信方式在发盘到达受盘人之前将撤回的通知送达受盘人，或者与发盘同时到达。

（3）发盘的撤销。

发盘的撤销是发盘在送达受盘人，即已生效的情况下，发盘人取消发盘，解除其效力的行为。如果撤销的通知在受盘人发出接受通知之前送达受盘人，在未订立合同之前，发盘可以撤销。

在下列情况下，发盘不得撤销：

① 发盘中写明了发盘的有效期或以其他方式表明发盘是不可撤销的；

② 受盘人有理由信赖该发盘是不可撤销的，而且已本着对该发盘的信赖采取行事。

（4）发盘的失效。

发盘失效是指当受盘人不接受发盘提出的条件，并将拒绝接受的通知送达发盘人时，原发盘就失去了效力，发盘人不再受其约束。此外，发盘如遇以下情况之一，同样失效：①受盘人做出还盘；②发盘人撤销发盘；③发盘中规定的有效期届满；④人力不可抗的意外事故造成发盘的失效，如政府的限制措施等；⑤在发盘被接受之前，当事人丧失行为能力或死亡或法人破产等。

3. 还盘（Counter Offer）

还盘是指受盘人对发盘内容不同意或不完全同意而向发盘人提出修改或变更意见。

还盘行为可以在买卖双方之间反复进行。原发盘人对受盘人的还盘内容不满意，可以进行还盘，这种做法称为再还盘。还盘一般采用与发盘相符的方式。

还盘是具有法律效力的。一方面，还盘是对发盘的拒绝，还盘一经发出，原发盘即失去效力，发盘人也不再受其约束；另一方面，还盘等于是受盘人向原发盘人提出的一项新的发盘。还盘提出后，还盘者由原来的受盘人变成新的发盘人，而原发盘人则变成新发盘的受盘人。新受盘人有权针对还盘的内容决定接受、拒绝或再还盘。

4. 接受（Acceptance）

接受是指受盘人接到对方的发盘或还盘之后，同意对方提出的条件，愿意与对方达成协议并订立合同的表示。《联合国国际货物销售合同公约》中对接受的要领有明确的规定。

（1）构成接受的条件。

① 接受必须由受盘人做出。只有特定的人，即受盘人才能对发盘做出接受。由第三者做出的接受，实际上是一项新的发盘，除非原发盘人同意，否则合同不能成立。

② 接受的内容必须与发盘相符。一项有效的接受，其内容必须与发盘中提出的所有条件完全一致，这样才能促使合同成立。如果受盘人只接受其中的部分内容，或者对发盘提出了实质性的变更，或者提出有条件地接受发盘，则均不构成接受，只视为还盘。如果受盘人在表示接受时，提出了非实质性的添加、限制或更改，能否构成有效的接受则取决于发盘人是否反对。如果发盘人不表示反对，合同的条件就既包含了发盘的内容，也包括了接受中所做的变更，合同成立。需要强调的是，实质性变更是指对有关货物价格、付款、质量和数量、交货地点和时间、赔偿责任或解决争端等的添加或提出不同条件。

③ 在有效期内接受。发盘中通常都规定有效期，其作用一方面是约束发盘人，另一方面也是约束受盘人，规定其只有在有效期内做出接受才具有法律效力。如果发盘中未规定有效期，则应在合理时间内接受才视为有效。对于迟到的接受，发盘人不受其约束，但

以下情况例外：a.发盘人毫不迟延地口头或书面通知受盘人，确认接受有效；b.如果逾期接受的信件在传递正常的情况下能够及时送达发盘人，此逾期接受仍被视为有效接受，除非发盘人毫不迟延地口头或书面通知受盘人该发盘已失效。可见，在接受迟到的情况下，无论受盘人有无责任，决定该接受是否有效的主动权在发盘人。

（2）接受的方式。

接受必须由受盘人以声明或行为的方式向发盘人表示出来。声明方式包括口头和书面两种。一般来说，发盘人以何种方式发盘，受盘人也以何种方式接受。除了以声明接受外，还可以以行为表示接受。

（3）接受的生效和撤回。

接受的生效采纳"到达生效"的原则，即接受的函电必须在规定时间内送达发盘人，接受方为生效，函电在途中遗失，合同不能成立。如果双方以口头方式进行磋商，对口头发盘必须立即接受，双方另有约定者不在此限；如果以行为表示接受，则接受在该项行为做出时生效，但该项行为必须在规定的期限内做出。

根据《联合国国际货物销售合同公约》规定，接受发出后可以撤回，但必须保证撤回的通知在接受到达之前送达发盘人或二者同时达到。

15.3 合同的签订

◉ 15.3.1 合同有效成立的条件

合同对当事人构成的约束力是建立在法律基础上的，因此，合同必须符合法律规范才能得到法律的承认和保护。对于合同有效成立应具备的条件，各国法律的要求不尽相同。综合来看，主要的要求有以下几项。

1. 当事人的意思表示要一致

这种意思表示一致是通过要约和承诺达成的。一方向另一方提出要约（发盘），另一方对该项要约表示承诺（接受），双方的意思表示达成了一致，合同即告成立，对双方产生了法律约束力。如果只有要约，没有承诺，即使双方互相要约（Cross Offer），意思表示正好一致，也不能构成合同的成立。

2. 当事人必须在自愿和真实的基础上订立合同

签订合同必须是双方自愿的，任何一方不得把自己的意志强加给对方，不得采取欺诈或胁迫的手段。我国《涉外经济合同法》第 10 条明确规定："采取欺诈或胁迫手段订立的合同无效。"对此，英美法系和大陆法系的国家都有类似规定。

3. 当事人必须具有订立合同的行为能力

各国法律对于哪些人具有订立合同的行为能力，哪些人没有订立合同的行为能力，都有具体规定。一般来说，未成年人和精神病患者没有订立合同的行为能力，其所签订的合同无效。

国际货物买卖合同一般是在法人之间签订的。我国的《涉外经济合同法》规定，我国的涉外经济合同当事人必须是企业或其他经济组织。但法人是自然人组织起来的，它必须通过自然人才能进行活动，因此，代表法人的自然人必须具备订立合同的行为能力。同时，法人本身也必须具备一定的行为能力。例如，有关业务应当属于其法定经营范围之内，负责交易磋商与签订合同者应当是法人的法定代表人或其授权人。

4. 合同必须有对价和合法的约因

对价（Consideration）是英美法系中有关合同成立所必须具备的一个要素，是指合同当事人之间提供的相互给付（Counterpart），即双方互为有偿。例如，在货物买卖合同中，买方付款是为了获得卖方的货物；而卖方交货是为了取得买方的货款。买方付款和卖方交货是买卖双方的相互给付，是买卖合同的对价。

约因（Cause）是大陆法系中有关合同成立所必须具备的一个要素，是指当事人签订合同时追求的直接目的。例如，在货物买卖合同中，买方的约因是获得货物；卖方的约因是获得货款。买卖合同只有在有对价或约因的情况下，才是有效的，否则合同得不到法律的保障。

5. 合同的标的和内容必须合法

合同的标的是指双方交易行为的客体，即双方买卖的商品。买卖违禁品，如毒品、走私品等签订的合同是不合法的。同时，合同的内容也必须合法。我国《涉外经济合同法》规定："订立合同必须遵守中华人民共和国法律，并不得损害中华人民共和国社会公共利益。"否则，合同无效。

6. 合同的形式必须符合法律规定的要求

《联合国国际货物销售合同公约》第11条规定："销售合同无须以书面订立或书面证明，在形式方面也不受任何其他条件的限制。销售合同可以用包括人证在内的任何方式证明。"该公约对国际货物买卖合同的形式，原则上不加以限制，无论采用书面形式、口头形式或电子信息形式，只要能证明这种形式的存在，均不影响合同效力。这一规定既是参照西方国家的习惯做法，也是为了适应国际贸易发展的特点，因为越来越多的国际货物销售合同是以现代通信方式订立的，不一定存在书面合同，但该公约允许缔约国对该条规定提出声明并予以保留。

我国在核准《联合国国际货物销售合同公约》时，对这条规定提出保留，坚持必须采用书面方式作为合同生效的条件，书面方式包括电报、电传和传真。我国《涉外经济合同法》第7条规定："当事人就合同条款以书面形式达成协议并签字，即合同成立。通过信件、电报、电传达成协议，一方当事人要求签订确认书的，签订确认书时，方为合同成立。"第32条规定："变更或解除合同的通知或协议，应当采用书面形式。"

● 15.3.2 书面合同的签订

1. 签订书面合同的意义

《联合国国际货物销售合同公约》及西方大多数国家的法律对买卖合同的形式，虽然原则上不加以限制，但在实际业务中，买卖双方的习惯做法依然是在达成协议后，再签订一份书面合同，将各自的权利和义务用书面方式加以明确。而按照我国法律规定，国际货物

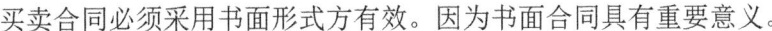

买卖合同必须采用书面形式方有效。因为书面合同具有重要意义。

（1）书面合同是合同成立的依据。

尽管许多国家的合同法并不否认口头合同的效力，但仅是口头协议，"空口无凭"，一旦双方发生争议提交仲裁或诉讼，当事人又不能提供充足的证据，以证明合同关系的存在，则很难得到法律的保护。签订书面合同可以起到"立字为据"的作用。

（2）书面合同是履行合同的依据。

国际货物买卖合同的履行环节复杂，涉及的部门多，若仅有口头协议，或者凭分散于往来函电中的协议条款履行合同，将会给履行工作带来麻烦，容易使履行工作出错。因此，为了给履行合同提供方便，使履行合同准确及时地进行，无论通过什么方式达成的协议，最好把双方协商一致的条件用文字归纳记录，并由双方签字确认，作为履行合同的依据。

（3）书面合同有时是合同生效的条件。

《联合国国际货物销售合同公约》和大多数国家的合同法规定，只要接受生效，合同即告成立。但有些国家，例如，我国就在《经济合同法》和《涉外经济合同法》中规定，签订书面合同是合同生效的条件。因此，在我国签订书面合同是进行国际货物买卖活动的一个必不可少的环节。

2．书面合同的形式

在国际贸易中，对书面合同的形式没有具体的限制，买卖双方既可以采用正式的合同、确认书、协议，也可以采用备忘录、订单等多种形式。

（1）合同（Contract）。

合同的特点在于内容比较全面，对双方的权利、义务及发生争议后如何处理均有较详细的规定。大宗商品或成交金额较大的交易，多采用此种形式的合同。

我国在对外贸易中使用的合同分为销售合同（Sales Contract）和购买合同（Purchase Contract）。这两种合同的格式和主要内容基本一致，其中包括商品的名称、品质、数量、包装、价格、装运、保险、支付、商检、索赔、仲裁、不可抗力等条款。

合同有正本和副本之分。在我国的对外贸易业务中，通常由我方填制合同正本一式两份，经双方签字后，买卖双方各自保存一份。合同副本与正本同时制作，无须签字，也无法律效力，仅供交易双方内部留作参考资料，其份数视双方需要而定。

（2）确认书（Confirmation）。

确认书属于一种简式合同，它包括的条款比合同简单，一般只就主要的交易条件做出规定，对买卖双方的义务描述得不是很详细。这种形式的合同适用于金额不大、批数较多的商品，或者已订有代理、包销等长期协议的交易。

我国在外贸业务中使用的确认书分为销售确认书（Sales Confirmation）和购买确认书（Purchase Confirmation）。这两种确认书的格式基本一致。当达成交易时，通常也由我方填制一式两份，经双方签字后，各自保存一份。它无正本和副本之分。

正式的合同和确认书虽然在格式、条款项目和内容繁简上有所不同，但在法律上具有同等效力，对买卖双方均有约束力。在我国对外贸易业务中，书面合同主要采用这两种形式。

（3）协议（Agreement）。

在法律上，协议与合同具有相同的含义。书面文件冠以"协议"或"协议书"的名称，只要其内容对买卖双方的权利和义务都做了明确、具体和肯定的规定，它就与合同一样对买卖双方有法律约束力。但是，如果交易磋商的内容比较复杂，双方商定了一部分条件，还有一部分条件有待进一步磋商，于是先签订了一个"初步协议"，在协议书中也做了协议初步性质的说明，这种协议就不具有合同的性质。

（4）备忘录（Memorandum）。

备忘录是在进行交易磋商时用来记录磋商的内容，以备今后核查的文件。如果当事双方把磋商的交易条件完整、明确、具体地记入备忘录，并经双方签字，那么这种备忘录的性质和作用与合同无异。如果双方磋商的只是对某些事项达成一致或一定程度的理解，并记入备忘录，甚至冠以"理解备忘录"（Memorandum of Understanding）的名称，则这种备忘录不具有法律约束力。

（5）订单（Order）。

订单是指进口商或实际买家拟制的货物订购单。在我国外贸实践中，有的客户往往发出订单，要求我方签回。这种经磋商成交后发出的订单，实际上是国外客户的购买合同或购买确认书。

3．书面合同的内容

（1）约首。

约首即合同的序言部分，包括合同的名称、编号、订约双方当事人的名称（要求写明全称）和详细地址。此外，还常常写明双方订立合同的意愿和执行合同的保证。

（2）本文。

本文是合同的主体部分，具体列明各项交易条款，如品名和品质条款、数量条款、包装条款、价格条款、交货条款、支付条款，以及商检、索赔、仲裁和不可抗力条款等，用以明确双方当事人的权利和义务。有的合同把这些条款全部列在正面，也有的合同将大部分条款列在正面，而将商检、索赔、仲裁和不可抗力等条款印在背面，即所谓"一般交易条件"。

（3）约尾。

约尾是合同的结尾部分，一般列明合同的份数、使用的文字及其效力、订约的时间和地点及生效时间。有的合同将订约时间和地点写在约首部分。订约的地点往往要涉及合同依据法的问题，因此要慎重对待。我国的出口合同的订约地点一般都写在中国。

15.3.3　合同的修改和终止

合同一经成立，就具有法律约束力，当事人应当履行合同规定的义务，任何一方不得擅自变更或解除合同。但在实际业务中，有时合同签订后，一方或双方当事人可能会发现需要对合同的某些内容加以修改或补充。在这种情况下，必须经过双方协商同意，才能对合同进行修改。《联合国国际货物销售合同公约》第 29 条规定："合同只需双方当事人协议，就可更改或终止。规定任何更改或根据协议终止，都必须以书面形式做出，不得以任何其他方式更改或根据协议终止。但是，一方当事人的行为如经另一方当事人寄以信赖，就不得坚持此项规定。"对此问题，我国的《涉外经济合同法》中也有类似规定。

本章小结

在国际货物买卖中，交易双方存在着较多的信息不对称，交易双方在交易磋商前必须做好相关的准备工作，主要包括组织交易洽谈人员、选择目标市场和交易对象、制定进出口商品经营方案 3 方面。进出口业务买卖双方在交易磋商、谈判合同的过程中，一般要经过邀请发盘、发盘、还盘、接受 4 个步骤。其中，发盘和接受是交易磋商中不可缺少的两个基本环节，要注意构成有效发盘和有效接受的条件。

思考练习

（1）交易磋商环节有哪些？哪些环节是必不可少的？

（2）构成一项法律上有效的发盘必须具备哪些条件？

（3）构成一项法律上有效的接受必须具备哪些条件？

（4）既然接受生效意味着双方已达成合同，为什么买卖双方还要签订书面合同？

第16章
合同的履行

📖 本章提要

　　履行合同是指合同当事人按照合同规定履行各自义务的行为。合同订立只表明当事人双方的经济目的达到了一致，只有履行合同，才能使这种目的得以实现。货物买卖合同的有效履行取决于买卖双方和信用。本章以 CIF 价格术语下的出口合同和 FOB 价格术语下的进口合同为例，介绍了进口合同履行过程中的每个步骤的具体内容。出口合同履行步骤包括备货、催证、审证、改证、租船订舱、报验、报关、投保（若以 CFR 价格成交则无须投保）、装运和制单结汇等环节。其中以货（备货）、证（催证、审证和改证）、船（租船订舱）、款（制单结汇）4 个环节的工作最为重要。进口合同履行步骤包括申请开证、办理运输手续、办理保险手续、审单付款、进口报关、验收货物、接受货物、进口索赔等环节。

📖 学习目标

　　（1）理解并掌握出口合同履行程序；
　　（2）理解并掌握进口合同履行程序；
　　（3）开立信用证的重要性。

引导案例

　　浙江某出口公司 A 与国外某公司 B 签订了出口 10 000 码丝绸的合同，价格术语为 FOB 上海，总价格为 25 000 美元，付款方式为即期付款。在出口公司支付了相关的订舱、内装和报关等费用后委托承运公司 C 出运货物。但涉案货物到达目的港后，与进口商勾结的承运公司 C 在没有收到正本提单的情况下，将货物交给了收货人。于是公司 A 对公司 C 的无单放货向法院提起诉讼，请求判处承运公司 C 赔偿损失。

16.1　出口合同的履行

出口合同的履行涉及的工作环节很多，手续也较繁杂，为了保证出口合同的顺利履行，要加强对合同的科学管理，建立能反映合同执行情况的进程管理制度，并采取相应措施，做好以合同和信用证为中心的"四排""三平衡"工作。

"四排"是指以合同为中心，对信用证和货源情况进行排队，并采取相应措施。对于"有证有货"的合同，应抓紧租船订舱，装运货物后及时制单结汇；对于"有证无货"的合同，应抓紧落实货源；对于"无证有货"的合同，应抓紧催促对方开出信用证，必要时可请驻国外机构人员代催；对于"无证无货"的合同，应一边催促对方开立信用证，一边抓紧落实货源。

"三平衡"是指以信用证为中心，根据信用证规定的货物装运期和信用证有效期，结合货源和运输情况，力求做到证、货、船三方面衔接和平衡，避免三缺一的现象出现。

在我国的出口业务中，多数以 CIF 或 CFR 价格条件成交，以即期不可撤销信用证方式付款。履行这类合同的工作包括备货、催证、审证、改证、托运、报关、投保（若以 CFR 价格成交则无须投保）、制单结汇等环节。其中以货（备货）、证（催证、审证和改证）、船（租船订舱）、款（制单结汇）4 个环节的工作最为重要。

16.1.1　备货

交付货物、移交一切与货物有关的单据和转移货物的所有权是卖方的 3 项基本义务。其中，交付货物是卖方最基本的义务，而备货则是为交货准备物质基础，因此必须做好出口备货工作。

备货是指卖方根据出口合同的规定，按时、按质、按量地准备好应交的货物，并做好申请报验和领证工作。《联合国国际货物销售合同公约》第 35 条规定："卖方交付的货物必须与合同规定的数量、质量和规格相符，并按照合同规定的方式装箱或包装。"据此，在备货工作中，应注意以下问题。

1. 货物的品质必须符合合同的规定

凡凭规格、等级等文字说明表示品质的合同，交货品质应与该文字说明完全相符；凡凭样品表示品质的合同，交货品质应与样品完全相符；若既凭文字说明又凭样品或样式表示品质，则交货品质与两者均应相符。此外，货物的品质还须适应同一规格货物的通常用途及在订立合同时买方通知卖方的特定用途。

2. 货物的数量必须符合合同的规定

交货数量原则上应与合同规定完全一致。但在信用证支付方式下，按《跟单信用证统一惯例》的规定："除非信用证规定的货物数量不得增减，在支取金额不超过信用证金额的条件下，即使不准分批装运，货物数量也允许有 5% 的增减幅度，但信用证规定货物数量按包装单位或个数计数时，此项增减幅度则不适用。"如果交货数量用"约"表示，应按双方约定的惯例处理。而按《跟单信用证统一惯例》的解释，所交货物的数量允许有 10%的增减幅度，但以不超过信用证允许的金额为限。凡按重量计量而在合同或信用证中未规定按毛重还是净重计量者，按惯例应以净重计。

3. 货物的包装和唛头必须符合合同的规定

对货物的包装应进行认真的检查和核对，使其与合同或信用证的规定相符，并能达到保护商品、适应运输的要求。如果合同采用"习惯包装""适合海运包装"等笼统规定，应按买卖双方形成的习惯、海运的要求和共同的理解办理；如果合同对包装未做具体规定，则依据《联合国国际货物销售合同公约》规定，按同类货物通用的方式包装，若无通用方式，则按足以保全和保护货物的方式包装。如果发现包装不良或破损，应及时进行修整或更换，以免在装运后无法取得清洁运输单据而造成收汇困难。唛头也应严格按合同或信用证的规定刷制。

4. 备货的时间安排应便于按时交货

为了按照合同或信用证规定的时间交货，备货的时间安排应考虑运输条件，并留有适当的余地，以防止意外情况发生。

5. 凡合同规定收到信用证后若干时间内交货的，应督促对方按合同规定期限开立信用证

如果商品规格、花色特殊，不易另行出售的，应在收到信用证并审核无误后，再安排生产或加工。

6. 货物必须是第三方不能提出任何权利或请求的

卖方应保证对所售货物享有合法的完全的所有权。卖方应有权出售该项货物，并保证买方能安稳地占有和支配该货物而不受任何第三方的侵扰。如果卖方把非法侵占他人权利得来的货物卖给了买方，而买方在不知情的情况下购买了该货物，一旦这批货物的合法权利人向买方提出权利请求时，该责任就应由卖方承担。准备交付的货物还必须以第三方不能根据工业产权或其他知识产权主张任何权利或合同时已经知道或不可能不知道的权利或要求为限。如果此项权利或要求的发生，是由于卖方按照买方所提供的技术图样、图案、程式或其他规格生产供应的，则卖方可以不承担责任。

此外，在货物备齐后，凡属国家规定或合同规定必须经中国进出口商品检验局检验出证的商品，应向商检局申请检验。只有取得商检局发出的合格的检验证书，海关才予放行；而经检验不合格的商品，一律不准出口。

申请报验的手续是：凡需要法定检验出口的商品，应填制《出口报验申请单》，向商检局办理申请报验手续。《出口报验申请单》的内容一般包括品名、规格、数量（或重量）、包装、产地等。如需有外文译文时，应注意中、外文内容的一致。在提交《出口报验申请单》时，还应附上合同和信用证副本等有关凭据，供商检局检验和发证时参考。

申请报验后，如发现《出口报验申请单》内容填写有误，或者因进出口商要求修改以致货物情况有变动时，应提出更改申请，并填写《更改出口报验申请单》，说明更改事项和更改原因。

商检局检验合格的出口商品，出口商应在检验证书规定的有效期内将货物发运。若超过有效期，应向商检局申请展期，并由商检局复验合格后才能出口。

16.1.2　催证、审证和改证

在履行以信用证方式付款的出口合同时，对信用证的管理和使用直接关系卖方的收汇安全，因此必须认真做好催证、审证和改证的工作。

1. 催证

催证即催促买方迅速办理开立信用证的手续。按合同规定及时开立信用证是买方应尽的义务，但在实际业务中，有时国外进口商遇市场发生变化或资金短缺的情况，往往会拖延开证。因此，在合同规定的开证期将到或已到时，就应催促买方开证；若合同未规定开证期，则应在装运期前的合理时间内催证。特别是对大宗商品交易或按买方要求特制的商品交易，更应结合备货情况及时进行催证。如果经再三催促仍不来证，说明对方可能有毁约意图，我方应及时研究对策。

2. 审证

审证是在信用证开来后，根据买卖双方已签订的合同和有关国际惯例，特别是《跟单信用证统一惯例》的规定对信用证内容进行逐项审核。信用证是根据合同开立的，其内容理应与合同条款一致。但在实际业务中，由于种种原因，如工作的疏忽或差错，贸易习惯的不同，市场行情的变化，或者买方有意利用开证加列对其有利的条款等，往往会出现开来的信用证条款与合同条款不符的情况。因此，审证是保证履行合同和安全收汇的重要前提。

审证是银行和出口企业的共同责任，但审核内容各有侧重。银行负责审核信用证的真伪，开证行的资信能力、付款责任及索汇路线等；出口企业则主要审核信用证内容与合同条款是否一致，是否能够接受。审证的要点一般包括以下几个方面。

（1）对开证行的审查。

要审查开证行的资信情况和经营作风。对资信较差的银行，应酌情采取适当措施，例如，要求可靠银行加以保兑；要求加列电报索偿条款，以加快结汇，减少风险；要求分批装运，分批结汇等。

（2）是否符合我国有关政策。

凡国家规定不得与之进行经济往来的国家或地区的银行开来的信用证，不能接受；来证各项内容必须符合我国方针政策，不得有歧视性内容等。

（3）对信用证的性质和开证行付款责任的审查。

信用证必须是不可撤销的，对列有"可撤销"字样的信用证绝不能接受，同时，信用证内应无"由开证行保证付款"的字句。值得注意的是，有的来证虽然注明"不可撤销"字样，却增加了一些限制性或保留性条件，如"待获得有关当局签发的进口许可证后方能生效""信用证项下的款项要在货物清关后才支付"，或者电报来证注明"另函详"等类似文句。这些条件改变了信用证的性质和开证行的付款责任，受益人对此必须考虑清楚。

（4）对信用证金额与货币的审查。

信用证的金额和货币名称应与合同一致。若合同中订有溢短装条款，信用证的金额也应订有相应的增减幅度。信用证金额中的单价和总值要填写正确，大小写并用。

（5）对信用证有关货物情况的审查。

信用证中有关商品的品名、规格、数量、包装等项内容应与合同规定相符。特别要注意有无增加特殊的条款，若有，则考虑清楚能否接受、是否修改。

（6）对信用证的有效期、到期地点、交单期和装运期的审查。

《跟单信用证统一惯例》规定，一切信用证均须规定一个到期日和一个交单付款、承兑的地点，或者除了自由议付信用证外的一个交单议付的地点。规定的付款、承兑或议付到期日，将被解释为交单到期日。据此，未注明到期日（有效期）的信用证是无效的。信用证的有效期还涉及到期地点的问题，出口企业应要求规定在受益人所在地到期。如果信用证将到期地点规定在国外，由于寄单费时，有延误风险，一般不宜轻易接受。

信用证还应规定一个交单期，即从运输单据签发日起算，必须向银行提交符合信用证条款的单据的期限。若无此规定，银行将不接受迟于运输单据日期21天后提交的单据。在任何情况下，单据必须不迟于信用证到期日提交。装运期应与合同规定一致，如果对方来证延迟，无法按期装运，应及时要求对方延展装运期。一般情况下，装运期与信用证的有效期应有一定的间隔，以便交付货物后能有足够时间办理制单、交单议付等工作。在我国的出口业务中，通常要求将信用证的到期日规定在装运期后15天。若信用证未规定装运期，最迟应在信用证到期日前几天装运。这种信用证与把最后装运期和到期日规定在同一天的信用证一样，被称为"双到期"。

（7）对信用证的运输条款和保险条款的审查。

信用证运输条款中的起运地和目的地应与合同相符，交货地点应与价格条款中的一致。若来证指定运输路线、船公司或船籍、船龄、船级等，应尽快与承运人联系，落实情况后，再决定能否接受。此外，对信用证中有关分批装运和转船的规定，也要结合实际情况，审核清楚。

信用证保险条款的规定也应与合同相符，投保险别和投保金额都不得超出合同规定，除非信用证上表明由此产生的超保费由买方负担并允许在信用证项下支取。

（8）对单据的审查。

对来证中要求提供的单据种类和份数及填制方法等，要进行仔细审核，如发现有特殊的规定，例如，要求商业发票或产地证明须由国外第三者签证，或者提单上的目的港后面加上指定码头等，都应慎重对待。

（9）对信用证当事人的审核。

要审核当事人的名称和地址是否正确，避免出现错误，导致制单和寄单发生困难，影响收汇。

3．改证

改证是对已开立的信用证进行修改的行为。改证既可由开证申请人提出，也可由受益人提出，但都必须征得有关当事人的同意。若由受益人提出修改，应首先征得开证申请人的同意，再由开证申请人向开证行提出申请，开证行同意后，由开证行电告通知行，通知行负责将修改内容转告受益人。以下是改证应掌握的原则和注意的事项。

（1）区别问题的性质。非改不可的内容坚决要改，并坚持在收到银行修改信用证的通知书后才发货，以免造成我方的工作上的被动和损失；对可改可不改的内容，则酌情处理。

（2）在同一信用证上，若有多处需要修改，应做到一次性向国外客户提出，尽量避免由于我方考虑不周而多次提出修改要求。否则，不仅增加双方的手续和费用，而且还可能造成不良影响。

（3）受益人提出修改信用证，应用传真、电传或电报通知开证申请人，同时应规定一个修改书到达的时限。

（4）不可撤销信用证的修改必须被各有关当事人全部同意后，方能有效。

（5）自发出修改书之日起，开证行即受所修改的内容的约束并不可撤销。保兑行则可对此修改书加以保兑，且同样从通知修改之日起受修改内容的约束并不可撤销，也可仅将修改通知受益人而不加以保兑，但必须立即如实告知开证行和受益人。

（6）直至受益人将同意修改书内容的意见告知修改书的通知行止，原信用证的条款（包括早先已接受的修改书）对受益人继续有效。受益人应对修改书表示接受或拒绝的意见。

（7）对同一次修改的内容要么全部接受，要么全部拒绝，只接受一部分而拒绝另一部分是无效的。

（8）已接受的信用证修改书，应立即将其与原信用证保管在一起，并注明修改次数，以防止使用时与原信用证脱节，造成信用证条款不全。

16.1.3　托运、报关和投保

1. 托运

托运是指出口企业委托外运公司向承运单位或其代理办理货物的运输业务。如果出口货物数量较大，需要整船装运的，则要对外办理租船手续；出口数量不大，不需要整船装运的，则洽订班轮舱位或租订非班轮的部分舱位。

（1）托运人根据合同和信用证的规定，结合船期表，填写出口托运单（Booking Note，B/N），列明出口货物的名称、件数、包装、唛头、毛重、尺码、目的港、最后装运日期等内容，作为订舱依据。承运人根据托运单内容，结合船舶的航线、挂靠港、船期和舱位等条件考虑，认为合适的，即可接受托运，并在托运单上签章，留存一份，退回托运人一份，至此，订舱手续完成，运输合同成立。

（2）承运人或其代理人安排船只和舱位后，向托运人签发装货单（Shipping Order，S/O）。装货单又名关单。其作用有三：一是通知托运人船名、航次和装货日期，让其备货装船；二是海关对出口货物进行监管的单证，托运人凭此单连同出口货物报关单及其他单证，向海关办理出口货物报关手续，海关查验无误后，即在装货单上加盖海关放行章；三是通知装运船舶接货装船的命令。

（3）货物装船后，由船长或大副签发收货单，即"大副收据"（Mate's Receipt），作为表明货物已装船的临时收据。托运人凭收货单向外运公司交付运费，并换取正式提单。此外，货物装船后，出口企业还应向进口方发出装运通知，以便双方做好接货准备。

2. 报关

出口货物装运前，须向海关进行申报，办理报关手续。按《中华人民共和国海关法》（以下简称"海关法"）规定，货物必须完成报关手续后，才可装运出口。

出口企业在向海关申报出口时，须缴验报关单、发票、装箱单，有时还须提供出口许可证、法定商品检验证书、合同、产地证、出口收汇核销单等海关认为必要时应缴验的其他有关单据。海关根据国家有关政策规定，对上述单据进行审核，并且还要对出口货物进行查验，以确定实际货物与报关单据所列是否一致，查验货物须在海关规定的时间和场所进行。经海关审核单证、查验货物、办理纳税手续后，海关即在装货单上盖章放行。

3. 投保

凡以 CIF 价格条件出口的货物，卖方在装船前，须按合同或信用证规定向保险公司办理投保手续，填制投保单，将货物名称、运输路线、运输工具、开航日期、投保金额、投保险别等一一列明，保险公司接受投保后，即签发保险单或保险凭证。

16.1.4 制单结汇

出口货物装运后，出口公司应立即按信用证规定，备齐各种单据，并在信用证规定的有效期和交单期内，填写《出口结汇申请书》，连同全套正本单据，递交银行办理议付结汇手续。

1. 我国出口结汇的常见做法

（1）买单结汇。

买单结汇又称"出口押汇"，是国际银行界通常采用的议付做法，即议付行在审单无误的情况下，按信用证条款买入受益人的汇票的单据，从票面金额中扣除从议付日到估计收到票款之日的利息，将净额按议付日外汇牌价折成人民币，收入受益人账户。议付行向受益人垫付资金买入跟单汇票后，即成为汇票持有人，可凭汇票向付款行索取票款。如果汇票遭拒付，议付行有权处理单据或向受益人索回票款。买单结汇的做法是出口地银行对外贸公司的资金融通，有利于外贸公司的资金周转。

（2）收妥结汇。

收妥结汇又称"先收后结"，是指议付行收到外贸公司的出口单据，经审核无误后，将单据寄交国外付款行索取货款，待收到付款行将货款转入议付行账户的贷记通知书（Credit note）时，即按当日外汇牌价，折成人民币收入受益人账户。

（3）定期结汇。

定期结汇是指议付行根据向国外付款行索汇所需时间，预先确定一个固定的结汇期限，到期后主动将票款金额折成人民币，收入受益人账户。

2. 办理出口结汇手续的要求

（1）出口单据应做到"正确、完整、及时、简明、整洁"。

"正确"是出口单据的前提与核心，在信用证支付方式下，开证行只有在审单无误的情况下，才承担付款责任。因此，出口企业必须严格做到"单证相符"和"单单相符"，即单据与信用证一致，单据与单据一致，此外，还应注意单据与货物一致。

单据的"完整"包括两方面的内容：一是必须按照信用证的规定提供各种单据，不能短少；二是每种单据的份数和单据本身的内容必须完备。

"及时"是指应在信用证的有效期和交单期内，将单据送交议付行办理结汇手续。此外，在货物出运前，最好先将有关单据送交银行预审，以便早日发现问题，及时予以修正，避免在货物出口后，因单据不符而被拒付。

"简明"是指单据的内容应按信用证规定和国际惯例填写，切勿加列不必要的内容。例如，《跟单信用证统一惯例》规定，除商业发票外，在其他所有单据中，对货物的描述可使用与信用证中对货物的描述无矛盾的统称。

"整洁"是指单据的布局要美观大方，其格式设计应标准化，缮制的字迹要清楚，对更改的地方要加盖校对图章。有些单据，如提单、汇票等的金额、数量、重量、件数等内容，一般不宜更改。

在实际业务中，出口企业向银行办理议付结汇手续时，若因单据不符而遭拒付，制单人员应在信用证规定的交单议付期内，尽快更正单据。如果单据已无法更正，可考虑采用"凭保议付""跟证托收"的办法加以处理。

凭保议付是指由外贸公司对单据中的"不符点"出具保函，请求议付行给予融通议付，并保证自己承担可能遭到的开证行拒付的责任和损失。

如果单据不符情况严重，"凭保议付"无法采用时，只有改用托收方式，委托银行代收货款，这叫做跟证托收。在这种情况下，开证行已不再承担保证付款的责任。

无论是凭保议付，还是跟证托收，实际上都已经失去了信用证的银行保证付款的作用，出口收汇已从银行信用转变为商业信用，风险增大，是不得已而为之的办法，应尽量避免这种情况的出现。

（2）必须办理出口收汇核销手续。

出口收汇核销是国家为了加强出口收汇管理，保证国家的外汇收入，防止外汇流失，指定外汇管理部门对出口企业的贸易项下的外汇收入情况进行事后监督检查的一项制度。世界上许多国家都实行这项制度。

我国从 1991 年 1 月 1 日起，开始对出口企业的收汇进行跟踪核销。根据《出口收汇核销管理办法及其实施细则》的规定，出口货物报关时，出口企业必须向海关出示有关外汇核销单。海关将逐票核对报关单和出口收汇核销单的内容是否一致，及报关单上的核销单编号与所附核销单编号是否一致，经审核无误后，海关在专为出口收汇核销用的报关单和核销单上盖"验讫"章。出口企业在货物出口后，将海关退交的核销单、报关单及有关单据送银行收汇，银行收汇后，出口企业将银行确认的核销单交外汇管理局，由其核销该笔收汇。外汇管理局按规定办理核销后，将在核销单上加盖"已核销"章，并将其中的出口退税专用联退交出口企业，作为出口企业退税的凭据。

国务院批准，自 1997 年 10 月 15 日起，逐步允许中资企业开立外汇账户，保留一定限额的外汇收入。由国家外汇管理局或分支局（简称"外汇局"）根据企业提交的资产负债表和上年进出口额，核定其外汇结算账户可保留外汇的最高金额。企业凭外汇局核发的《开立外汇账户批准书》和《外汇结算账户核定限额申请表》到所在地中资外汇指定银行开立外汇账户。

3. 主要的出口单据

出口单据的种类很多，要制备哪些单据，应严格依据信用证的规定。以下是几种主要的出口单据。

（1）汇票（Draft，Bill of Exchange）。

汇票的作用和内容，前面有关章节已做了介绍，此处仅介绍缮制汇票时应注意的几个问题。

① 付款人。采用信用证方式支付时，汇票的付款人应按信用证规定填写，若来证未规定付款人名称，可理解为付款人是开证行。若采用托收方式支付，付款人应填写国外进口商。

② 受款人。除信用证另做规定外，汇票的受款人一般填写议付行名称或"凭议付行指定"。而托收项下的受款人，一般应填写托收行名称。

③ 开具汇票的依据。在信用证支付方式下，应按来证规定填写，若信用证未做具体规定，可在汇票上注明开证行名称、地点、信用证号码及开证日期。在托收支付方式下，汇票上可注明有关合同号码。

④ 汇票的份数。汇票一般开具一式两份，两份具有同等效力，其中一份付讫，另一份自动失效。

（2）发票（Invoice）。

① 商业发票（Commercial Invoice）。通常意义上的发票是指商业发票，它是卖方开立的凭以向买方收款的详细的发货价目清单，也是卖方对一笔交易的全面说明。其主要作用是供买方凭以收货、支付货款和作为进出口双方记账、报关、纳税的依据。商业发票是各种单据的核心，其他单据都是以其为根据来缮制的。在制单时，一般先缮制商业发票，然后再缮制其他单据，以便向商业发票看齐。商业发票没有统一格式，但其内容大致相同，主要包括：签发人名称和地址，发票字样，发票抬头，发票号码，开票日期，合同号码，信用证号码，货物运输起讫地点、唛头，货物名称、规格、数量、包装方式、单价、总值，贸易术语，其他说明，签发人的签字或盖章等。在缮制商业发票时要注意，各项内容都必须与信用证要求完全相符，不能有任何遗漏或改动。对于来证未详细规定之处，可按合同规定加注一些说明，但不能与信用证的内容有任何抵触。此外，商业发票的总值不能超过信用证规定的最高金额，按照银行惯例，开证行可拒绝接受超过信用证金额的商业发票。如果来证规定有额外费用，如选港费（Optional Charges）、港口拥挤费（Port Congestion Charges）、超额港费（Additional Premium）等由买方负担的，并允许凭本信用证支取，制作发票时应将其列明并加在总金额内，一并向开证行收款。但若信用证未做上述说明，即使合同中有此约定，也不能凭信用证支取，而只能在商业发票上注明，额外费用采用托收方式收取。

另外，商业发票的末端有时印有"E&OE"字样，它是"Errors & Omission Excepted"的省略，即"有错当查"或"错误遗漏不在此限"的意思。然而有些国家的进口商按照该国的法令规定或商业习惯，要求在商业发票上加注"证实所列内容真实无误"["证实发票"（Certified Invoice）]，或者在发票上加注有关出口商的国籍、原产地等证明文句，只要不是出于对我方的歧视，一般可予照办。出具"证实发票"应将发票下端的"E&OE"字样删除。

② 海关发票（Customs Invoice）。有些国家如美国、加拿大、新西兰等国的海关制定了一种固定的发票格式，要求国外出口商填写。这类发票有 3 种不同称法：海关发票，估价和原产地联合证明书（Combined Certificate of Value and Origin，CCVO），根据×国海关法令的证实发票（Certified Invoice in Accordance with ×× Customs）。在习惯上，我们把它们统称为海关发票。进口要求提供海关发票，一是为了便于进行海关统计；二是为了便于核定进口货物的原产地，以根据进口国对不同国家的差别待遇政策，征收差别待遇关税；三是为了便于核查进口商品价格，并据此估价完税或确定是否征收反倾销税或反补贴税等。在缮制海关发票时，一般应注意以下问题。

第一，各国（地区）使用的海关发票，都有其固定格式，不得混用。海关发票的格式经常变化，应随时向有关部门了解其正在使用的格式。

第二，凡是商业发票和海关发票上共有的项目和内容，必须与商业发票保持一致，不得互相矛盾。

第三，海关发票上"出口国国内市场价格"一栏，其价格的高低是进口国海关作为是否征收反倾销税的重要依据，因此，应根据有关规定慎重处理。该栏目应以本币表示，应比 FOB 价低。

第四，以 CIF 价格条件达成的交易，应分别列明 FOB 价、运费和保险费，且三者的总和应与 CIF 货值相等。

第五，应以收货人或提单的被通知人为海关发票的抬头人。

第六，海关发票上的签字必须以个人名义，若要求有证明人，也须以个人名义签字，且证明人不得与商业发票、汇票及其他单据的签字人同属一人。

③ 领事发票（Consular Invoice）。有些国家，如菲律宾、一些拉丁美洲国家规定，凡输往该国的货物，国外出口商必须向该国海关提供经该国领事签证的发票。有些国家制定了固定格式的领事发票，也有些国家则规定可在出口商的商业发票上由该国领事签证。领事发票的作用和海关发票基本相似。在实际业务中，若对方国家在我国未设立领事机构，应争取对方同意由我国贸促会签证代替，否则，应要求修改信用证，取消领事发票。

④ 厂商发票（Manufacturer's Invoice）。厂商发票是由出口货物的制造厂商出具的以本国货币计算价格、用来证明出口国国内市场的出厂价格的发票。其目的也是供进口国海关估价、核税及确定是否征收反倾销税之用。若来证有此项要求，应参照海关发票有关国内价格的填制办法处理。

（3）提单（Bill of Lading）。

提单是各种单据中最重要的单据。在缮制提单时一般应注意以下事项。

① 提单的种类。提单的种类很多，应按国外来证要求的类别提供。一般信用证均要求提供"清洁、已装船提单"。

② 提单的收货人。提单的收货人（Consignee）习惯上称为抬头人。在信用证或托收支付方式下，绝大多数的提单抬头都写成"凭指定"（To Order）或"凭交货人指定"（To Order of Shipper）。这种提单必须经发货人背书，才可流通转让。也有的要求写成"凭××银行指定"（To Order of ×× Bank），此处的银行一般指开证行。

③ 提单的货物名称。提单上有关货物的名称可以用概括性的商品统称，不必列出详细规格，但应注意不能与来证规定的货物特征相抵触。

④ 提单的运费项目。若以 CIF 或 CFR 价格成交，在提单上应注明"运费已付"（Freight Prepaid）；若以 FOB 价格成交，提单上则注明"运费到付"（Freight to Collect）。除信用证另有规定外，提单上不必列出运费的具体金额。

⑤ 提单上的目的港和件数。提单上的目的港和件数，原则上应和运输标志所列内容一致。对于包装货物在装船过程中，如发现漏装少量件数，可在提单上运输标志件号前加上"EX"字样，以表示其中有缺件，如"EXNOS.1-100"。

⑥ 提单的签发份数。收货人是凭提单正本提货的，承运人签发的正本提单一般为两份，也可应托运人的要求签发两份以上，签发的份数应在提单上加以注明。每份正本提单的效力是相同的，但只要其中一份凭以提货，其余各份立即失效。因此，合同或信用证中要求的"全套提单"（Full Set or Complete Set B/L）的份数，是指承运人在签发的提单上注明的全部正本份数。

（4）保险单（Insurance Policy）。

缮制保险单一般应注意以下事项。

① 被保险人。被保险人应是信用证的受益人，并加空白背书，以便办理保险单的转让。

② 保险险别和保险金额。承保险别栏目的填写分为正本和副本。正本的内容由保险公司填写，副本的内容由出口商按信用证的规定缮制。保险金额应按货物发票金额总值加成计算。对于发票金额扣除佣金者，应按未扣佣金投保；而对于发票金额扣除折扣者，则按净值投保。保险金额不要辅币，其货币单位以下的辅币采取进位制。保险单表明的货币应与信用证规定的相符。

③ 保险单的签发时间。保险单签发日期应早于或同时于提单日期，除非保险单注明承担自货物装船日起的风险，否则开证行可拒绝接受。此外，保险单上的货名、运输标志、包装及数量、船名、大约开航日期、装运港和目的港等内容均应与提单一致。若提单注明了转船地点，在保险单上也应做相同注明。

（5）原产地证明书（Certificate of Origin）。

原产地证明书是证明货物原产地或制造地的证件，也是进口国减免关税的依据。我国商品出口的原产地证明书主要有以下几种。

① 普通产地证。通常不使用海关发票或领事发票的国家，要求提供该种证件，以便确定对进口货物应征收的税率。有的国家限制从某个国家或地区进口货物，也要求以产地证来证明货物的来源，从而控制进口额度。这种产地证的签发机构应视信用证的具体规定而定，一般由出口地的公证行或工商团体签发。在我国，可根据进口商的要求，由中国进出口商品检验局或贸促会签发。

② 普惠制产地证（GSP Certificate of Origin Form A）。普惠制是普通优惠制（Generalized System of Preferences，GSP）的简称，是发达国家对来自发展中国家的某些产品，特别是工业制成品和半制成品，在最惠国关税的基础上进一步减免关税的一种普遍的、非歧视的、大量互惠的关税优惠制度。目前，给予我国普惠制待遇的国家有澳大利亚、新西兰、日本、加拿大、挪威、瑞士及欧盟十五国、波兰、俄罗斯、乌克兰、白俄罗斯共 25 个国家。对这些国家出口货物时，必须提供 GSP 产地证，作为进口国海关减免关税的依据。GSP 产地证又称 From A 产地证，适用于一般商品，在我国由出口公司填制，经中国进出口商品检验局签发。该证书中"原产地标准"栏是进口国海关审核的重点栏目，要特别慎重对待。如果出口商品完全是本国产品，填代号"P"；而在出口国加工或部分进口的商品，要参照该证书的背面解释并按有关规定填制，或者与当地商检局联系填制。

③ EEC 产地证（European Economic Community Certificate of Origin）。EEC 产地证专门用于有配额的产品，是进口国海关控制配额的依据。它与对欧盟国家使用的 GSP 产地证的区别在于，后者是得到关税优惠而不是取得配额的证明。EEC 产地证对手工艺品和纺织品等各有专用格式，由地方外贸厅（委、局）签发。

④ 对美国出口的原产地声明书。凡对美国出口的配额商品，如纺织品等，应由出口单位出具原产地声明书，供进口国凭以审核执行差别关税。对美国出口商品的原产地声明书有 3 种格式。

a. 格式 A：单一国家声明书（Single Country Declaration），声明商品原产地为一个国家。

b. 格式 B：多国家产地声明书（Multiple Countries Declaration），声明商品的原材料由

两个或两个以上的国家生产。

  c. 格式 C：非多种纤维纺织物声明书，又称否定式声明（Negative Declaration），凡纺织物主要价值或主要重量属于麻丝的原料或含羊毛量不超过 17%，则可填用此格式的声明书。

（6）包装单据。

包装单据是指一切记载或描述商品包装情况的单据，是商业发票的补充。不同的商品有不同的包装单据。常见的有装箱单（Packing List）、重量单（Weight List）、尺码单（Measurement List）等。

有些商品由于规格、等级、型号等比较简单，出口企业将包装单据的内容加列在商业发票的下端，而不再另制包装单据。也有的出口企业把包装单据与商业发票结合起来出具联合凭证，以简化制单手续。但应注意，除非信用证表明接受这种联合凭证，否则不可使用，而必须将商业发票与包装单据分开缮制。

（7）商检证书（Inspection Certificate）。

国际贸易中的商检证书种类很多，它们分别用以证明货物的品质、数量、重量、卫生等方面的情况。商检证书的名称、出证机构、检验的货物名称、品质、规格、数量、重量及包装等内容都应与信用证规定相符。

● 16.1.5 索赔和理赔

在履行出口合同的过程中，若因买方未按合同规定履行义务，致使我方遭受损失，可根据不同对象、不同原因及损失程度，向对方提出索赔。索赔时，应做到理由充分、证据确凿、索赔金额适当。

在实际业务中，因索赔案多发生在商品品质和数量等方面，故以买方向卖方提出索赔的情况居多。在买方享有复验权的情况下，即使已支付货款，买方仍可向卖方提出索赔。卖方在进行理赔时一般应注意以下问题。

（1）要认真审核对方提供的单证和出证机构是否合法及检验方法和检验标准是否符合规定，以防买方串通检验机构弄虚作假或国外的检验机构检验有误。

（2）要认真进行调查研究，弄清事实，查清货物发生损失的环节、原因，并确定其责任属于何方。对于买方不合理的要求，必须以理拒绝；如属运输或保险范围内的事故，应交船公司或保险公司处理；若确系我方责任，则应实事求是地予以赔偿。

（3）要合理确定损失程度和赔偿办法。

16.2 进口合同的履行

进口合同依法成立后，对进、出口双方都具有法律约束力，双方都必须履行合同规定的义务。作为进口商，应信守合同的规定，履行《联合国国际货物销售合同公约》赋予买方的义务，即支付货款和收取货物。同时，还要督促对方按合同规定履行其交货、交单和转移货物所有权的义务。

我国的进口合同通常按 FOB 或 FCA 术语成交，以信用证方式结算，在履行该类进口合同时，进口人应主要做好以下工作。

1．申请开证

在信用证支付方式下，进口合同成立后，进口商应按合同规定时间向银行办理开证手续。办理开证手续需要按合同填写《开证申请书》，《开证申请书》的内容必须完整、明确，其中对商品的名称、规格、数量、包装、价格、交货期限、装运条件、付款期限等内容，均应以合同为依据，详细列明。另外，开证申请书还必须明确说明据以付款、承兑或议付的单据的种类、文字内容及出具单据的机构等。但是，为了防止混淆和误解，开证申请书中不应罗列过多的细节，也不要采用套证（参照前证）的做法，以免造成误解。进口商申请开证时还要向银行交押金和手续费，以保证进口商日后能向银行付款赎单。

信用证开出后，如发现内容与申请书不符，应立即通知开证行修改；如出口商收到信用证后要求修改某些条款，则应区别情况不同对待。如同意修改，应由进口商及时通知开证行修改信用证；如不同意修改，也应及时通知出口商，并敦促其按原证条款履行。

2．办理运输手续

按 FOB 或 FCA 术语签订的进口合同，办理运输手续是进口商的义务，进口商应按合同规定的时间租订好运输工具，并派往装运港（地）接运货物。为了便于船、货的衔接，出口商应在交货前一定时期内将预计装运日期通知进口商，进口商在接到通知后，应及时办理租船、订舱手续，并按规定期限将船名和船期通知出口商，以便出口商准备装货。同时，进口商还应随时了解和掌握出口商的备货和装船前的准备工作情况，及时进行检查督促，必要时还要去催促出口商按时装运。对于大宗货物或重要货物的进口，还可以委托进口商驻外机构就近了解、督促出口方按时、按质、按量履行其交货义务，或者派员前往装运地点检验货物并督促装运。

3．办理保险手续

按 FOB、FCA 等术语进口，需要由进口商办理货运保险手续。办理进口货运保险手续一般有两种方式：预约保险和逐笔投保。

许多外贸企业和保险公司签订了预约保险合同（Open Policy），在预约保险合同中，对外贸企业进口货物应投保的险别、保险费率、使用的保险条款及赔偿的支付办法等都做了规定，外贸企业每次有货物进口，需要由进口商保险的，进口商要将出口商发来的装船通知的内容提供给保险公司，由保险公司负自动的承保责任。

在没有签订预约保险合同的情况下，进口商需要对进口货物办理逐笔投保的手续。进口商在收到出口商的装船通知后，须立即向保险公司办理货物保险手续，否则，货物在投保前在运输途中受损，保险公司不负责赔偿。

4．审单付款

出口商履行交货义务后，将汇票和全套货运单据经出口地议付银行寄交开证银行或付款行收取货款。开证银行或付款行收到国外银行寄来的全套单据后，必须合理谨慎地根据单单相符、单证相符的原则审核信用证规定的所有单据，以确定单据是否表面上与信用证条款相符。如属相符，即由开证银行或付款行对外进行即期付款，承担延期付款责任，承兑受益人开立的汇票或议付，开证银行或付款银行经审单后付款即无追索权。如经开证银行审核出口商交来的单据，发现单单不符或单证不符，应根据情况分别对待：如市场情况对进口商不利，进口商可通过银行对外拒付；如市场情况对进口商有利，进口商还想要这批货，也可通过银行通知出口商更正单据或由国外银行书面担保后付款，还可以等货到检验合格后付款。

5. 进口报关

进口报关是指进口货物的收货人或其代理人向海关交验有关单证，办理进口货物申报手续的法律行为。根据我国《海关法》的规定，进出境的货物必须通过设有海关的地方进境或出境，接受海关的监管。

进口货物至目的港（地）后，进口货物的收货人或其代理人需要填制《进口货物报关单》，并随附商业发票、装箱单或重量单、提单、许可证及审批文件（如需要）、进口合同等在运输工具中自进境之日起 14 日内向海关申报进口；超过 14 日期限未向海关申报的，由海关按日征收进口货物 CIF（或 CIP）价值的 0.5‰的滞纳金；超过 3 个月未向海关申报的，由海关提取变卖。海关核验单单相符、单货相符，即予放行。

海关放行前还要按照《中华人民共和国海关进口税则》的规定，对进口货物计征进口税。

6. 验收货物

进口货物卸货时港务局要进行卸货核对。如发现货物短缺，应及时填制《短卸报告》交船方签字确认，并根据短缺情况向船方提出保留索赔权的书面声明；如发现货物残损，应将货物存放于海关指定仓库，由保险公司会同检验检疫机构进行检验，明确残损原因和程度，并由检验检疫机构出具证明，以便向责任方提出索赔。

根据国家"商检法"的规定，凡属法定检验检疫的进口商品都必须在合同规定的期限内向检验检疫机构报检。未经检验的，不准销售、使用。

7. 接受货物

在办理完上述各项手续后，进口商即可接受货物，然后由自己使用或在国内进行销售。

8. 进口索赔

在进口业务中，如果进口货物经过检验检疫机构的检验，发现货物与合同规定不符，进口商还须根据违约的情况向有关的责任方提出索赔。如果出口商未按合同的品名、品质、数量、包装、时间、地点交货，除不可抗力原因外，进口商均可向其提出索赔；如果进口商收到的货物数量少于运输单据所载的数量，或者运输单据是清洁的而由于承运人的过失造成的货物残损、遗失，应向承运人提出索赔；凡属于自然灾害、意外事故、外来原因造成的货物损失，并且在保险公司的承保责任范围内，应及时向保险公司提出索赔。进口索赔应注意以下几个问题。

（1）备齐索赔证据。

对外提出索赔要提供足够的证据，其中以检验检疫证书最为重要，此外，还要根据不同情况提供其他依据，如商业发票、装箱单和重量单、运输单据副本及港务局的理货报告、承运人的短卸、残损证明等。索赔时如果证据不足，会遭到对方的拒赔。

（2）正确确定索赔金额。

按照国际贸易惯例，进口商向出口商索赔的金额应与出口商违约造成的实际损失相符，即按照商品的价值和损失程度计算，此外，还应包括商检费、装卸费、清关费用、税捐、仓租、银行手续费、利息、合理的预期利润等；进口商向承运人和保险公司的索赔金额应按运输合同和保险合同规定的方法计算。

（3）索赔须在规定的索赔期限内提出。

进口商对外提出索赔必须在规定的索赔期限内提出，这是很重要的，否则，对方可以不予受理。向出口商的索赔期限应按买卖合同规定的索赔期限提出，按《联合国国际货物销售合同公约》规定，如果买卖合同中未规定索赔期限，到货检验中又不易发现货物缺陷的，则进口方行使索赔权的最长期限是自实际收到货物起不超过两年；向承运人索赔的期限为货物到达目的港卸离海轮后一年之内；向保险公司索赔的期限，为被保险的货物在目的港全部卸离海轮后两年内。

本章小结

本章主要介绍合同履行过程中每个环节应注意的问题，信用证项下制单结汇提交单证应遵循的原则，正确掌握进出口合同履行的程序，以及索赔时的正确处理。

思考练习

（1）履行出口合同包括哪些基本程序？

（2）对信用证的审查主要包括哪些项目？修改信用证应该注意哪些问题？

（3）在履行 CIF 出口合同时，应如何办理货物装运？

（4）履行进口合同包括哪些基本程序？

（5）审单付款时要注意哪些问题？

（6）买方在办理进口索赔时，应注意的事项有哪些？

第17章
国际贸易方式

本章提要

国际贸易方式是指国际货物买卖中采取的各种具体的交易做法。在进出口贸易中，每笔贸易都要通过一定的方式来进行。随着国际经济贸易的发展，贸易方式日趋多样化。每种贸易方式都反映特有的销售渠道、货款支付或抵偿方式、交易双方的特定权利与义务等，因而各有其特点和利弊。本章介绍了包销和代理、寄售和展卖、招标和投标、易货贸易和补偿贸易、期货交易的含义、特点和利弊。

学习目标

（1）理解并掌握各种贸易方式的特点；
（2）在国际贸易活动中能够根据具体情况选择适当的贸易方式。

引导案例

2016 年 10 月，中国甲公司与比利时乙公司签订了补偿贸易合同，合同规定由乙公司向甲公司提供一种生产成套设备，设备金额 150 万法郎，甲公司以其使用乙公司提供的设备生产的产品分 3 年偿还全部设备款，合同还规定了返销产品的价格与违约金。该合同经政府主管部门批准生效。合同生效后，乙公司按照合同规定交付了设备，甲公司依照合同规定用该设备生产的产品向乙公司偿还了第一年的设备款 50 万法郎。到了 2017 年，国际市场发生剧烈变化，该产品价格上涨幅度达 30%。甲公司认为，原合同对返销产品的作价不合理，要求修改合同或签订补充协议，提高返销产品的价格，乙公司不同意。于是，甲公司擅自将产品直接出口，在国际市场销售，并用所得外汇向乙公司偿还设备款 50 万法郎。为此，双方发生争议，经协商不能解决，2017 年 12 月 2 日，乙公司遂根据合同中的仲裁条款提起仲裁，要求甲公司交付产品或按 130%支付设备款，并按合同规定支付 5%的违约金。在仲裁庭辩论中，甲公司认为，其已如数支付了设备价款，就履行了合同。而乙公司则认为，合同规定用产品偿还，该产品国际市场价格上涨 30%，其转售产品应得的利益被剥夺，故甲公司应补偿 30%，并支付违约金。

17.1 包销和代理

17.1.1 包销

1. 包销的含义

包销（Exclusive Sales）是出口商通过与国外包销商（Exclusive Distributor）签订包销协议，给予包销商在一定时期内和一定地区内销售某种或某类商品的独家专营权，由包销商承购商品后自行推销的一种贸易方式。独家专营权是指在包销协议规定的期限和地区内，出口商出口指定的商品只能向包销商发盘成交，不得将指定商品出售给该地区内的其他客户，而包销商在包销协议规定的期限和地区内，也不得从其他渠道购买该指定商品，同时包销商对出口商承担一定数额的购货义务且只能在指定地区销售。在包销方式下，出口商和包销商之间的关系是买卖关系，商品由包销商以自己的资金购入，并自行销售，自负盈亏。

2. 包销协议

采用包销方式，出口商与包销商之间的权利与义务是通过包销协议确定的。包销协议有两种确定方法：一种是仅规定出口商与包销商的一般权利和义务，具体的包销货物数量、金额、价格、交货等内容尚须订立买卖合同；另一种是包销协议即为买卖合同，即在买卖合同中规定给予国外客户独家专营权，这种形式多为成交金额较大、合同期限较长的业务。包销协议的主要内容包括以下几个方面。

（1）包销协议的名称、签约时间和地点。

（2）包销协议双方的关系。在包销协议中，要明确规定双方当事人之间的关系是本人与本人（Principal to Principal）的关系，即买卖关系。例如，"双方同意卖方与包销商之间的关系是买卖关系，包销商并非卖方的代理或代表，无权以卖方的名义签订合同及为卖方创设义务"。

（3）包销商品的范围。在包销协议中，应将包销商品的种类、名称、规格等做明确、具体的规定，以免以后发生争议。包销商品的范围应根据出口商的经营意图、包销商的规模、经营能力及资信情况等决定。一般情况下，包销商品的范围不宜太大，但为了提高包销商的积极性，可在协议中规定，出口商可根据包销实绩增加或减少包销品种。

（4）包销地区。包销地区是指包销商有独家专营权的地域范围。包销地区的范围可大可小，可以是一个城市，也可以是一个国家，甚至是几个国家。确定包销地区的大小，应综合考虑出口商的经营意图、包销商的规模及经营能力、包销商所能控制的销售渠道、包销商品的性质及种类、市场的差异程度等因素。包销地区不能太小，否则无法充分调动包销商的积极性；包销地区也不能太大，否则对卖方限制太大。因此，合理确定包销地区是保证双方利益的关键。通常是，先就较小范围地区授予包销权，再根据包销实绩逐步扩大范围。

（5）包销期限。包销期限的长短应在协议中明确规定。一般情况下，包销期限长，有利于稳定包销商的经营信心，更好地发挥其推销的积极性，但若包销商业绩欠佳时，出口商就会陷入被动局面。相反，包销期限太短，又难以调动包销商的推销积极性，起不到包销应有的作用。在我国的出口业务中，通常将包销期限规定为 1 年。也有些国家习惯不规定包销期限，只是在协议中规定中止条款或续约条款等。

（6）包销专营权。包销专营权包括专卖权和专买权。专卖权是指出口商承诺将指定的包销商品在规定地区和期限内给予包销商独家销售的权利；专买权是指包销商承诺只向出口商购买指定的商品，而不得向第三者购买同样的商品。

（7）包销数量或金额。包销的数量或金额对协议双方均有约束力。一般是在协议中规定最低数量或金额，既是包销商最少应承购的数量或金额，也是出口商至少应供货的数量或金额。一些包销协议在规定包销数量或金额时，往往将其与卖方的权利挂钩。例如，"在协议有效期内，包销商至少 1 年应购买××美元，以卖方装运的 FOB 中国港口计。如包销商不能达到每年购买的最低金额，卖方保留无条件取消本协议的权利"。

（8）作价办法。包销商品的作价办法有两种：一种是在规定的期限内一次作价，即无论包销商品价格升降与否，均以协议规定价格为准；另一种是在规定的包销期内分批作价。由于国际商品市场的价格变化多端，因此采用分批作价的办法较为普遍。

（9）关于广告、宣传、市场报道和商标保护等方面的规定。出口商虽然不实际涉足包销商地区的销售业务，却依然关心海外市场的拓展，因此，包销协议特别是较长期的协议，通常规定包销商有提供市场信息、促进销售和宣传推广的义务。

3．包销方式的利弊

（1）有利方面。

① 包销商享有包销商品的独家专营权，可增强其经营信心，充分调动其推销积极性。遇有同类商品的竞争时，包销商为了切身利益，会采取措施，设法巩固和发展已有的市场占有率，从而有利于出口商利用包销商的销售渠道，稳定并扩大销售。

② 避免了出口商在同一地区内因多头出口销售而可能产生的削价竞争，有利于稳定出口商品的价格。

③ 由于包销商有提供市场信息的义务，有利于出口商随时了解消费者的反应，从而不断完善商品的质量和性能，生产出适销对路的商品。此外，还可通过包销商或要求包销商向消费者提供售前服务和售后服务，来提高消费者购买出口商品的信心。

④ 有利于出口商有计划地安排生产、组织货源和办理出运工作，做到按市场需求均衡供货。

（2）不利方面。

① 包销方式对出口商约束性较大，如果包销商经营能力差，可能出现"包而不销"或销售不利的情况，从而使出口商遭受损失。

② 包销商可能利用专营权垄断市场，压价进货或任意抬高售价。同时，由于出口商失去了与其他客户的业务联系，对全面了解和掌握市场信息不利，因此，必须慎重选择包销商。

4．采用包销方式应注意的问题

（1）选择包销商时，要考察其资信情况、经营能力及其在有关地区的商业地位。为了慎重起见，最好经过一个试行阶段，经过一段时间的观察后，再做决定。

（2）要适当规定包销商品的范围及包销地区、包销数量或金额。为了扩大商品销售，可鼓励包销商超额承购，对超额承购的部分给予包销商一定比例的奖金或折扣，或者以增加包销商品的品种、扩大包销地区的范围等办法给包销商以鼓励。

（3）为了防止"包而不销"或销售不利的情况出现，应在包销协议中规定中止条款或索赔条款。

17.1.2　代理

1. 代理的含义

代理（Agency）是许多国家商人在从事进出口业务中习惯采用的一种贸易做法。代理是指代理人（Agent）按照本人（Principal）的授权，代表本人与第三人订立合同或其他法律行为，而由本人直接享有由此而产生的权利与承担相应的义务。

2. 代理的种类

在国际贸易中，代理业务是以委托人为一方，独立的代理人为另一方，在约定的时间和地区内，以委托人的名义与资金从事业务活动。国际货物买卖中的代理可以从不同角度分类，按委托人授权的大小可分为以下 3 种形式。

（1）总代理。

总代理（General Agent）是委托人在指定地区的全权代表，他有权代表委托人从事一般商务活动和某些非商务性的事务。

（2）独家代理。

独家代理（Sole Agent or Exclusive Agent）是在指定地区和期限内单独代表委托人行事，从事代理协议中规定的有关业务的代理人。委托人在该地区内，不得委托其他代理人。在出口业务中采用独家代理的方式，委托人须给予代理人在特定地区和一定期限内代销指定商品的独家专营权。

（3）一般代理。

一般代理（Agent）又称佣金代理（Commission Agent），是指在同一地区和期限内委托人可同时委派几个代理人代表委托人行为，代理人不享有独家专营权。佣金代理完成授权范围内的事务后按协议规定的办法向委托人计收佣金。

代理按行业性质和职责分类，又可分为销售代理、购货代理、货运代理、保险代理、广告代理、投标代理、诉讼代理等多种类型。

3. 代理的性质

代理人在代理业务中，只是代表委托人行为，代理人与委托人通过代理协议建立的契约关系属于委托代理关系，不同于经销中的买卖关系。在出口业务中，销售代理与包销有相似之处，但从当事人之间的关系来看，两者却有根本的区别。包销商与供货人之间是买卖关系，包销商完全为了自己的利益购进货物后转售，自筹资金，自负盈亏，自担风险。而在代理方式下，代理人作为委托人的代表，其行为不能超过授权范围。代理人一般不以自己的名义与第三者订立合同，只居间介绍，收取佣金，并不承担履行合同的责任，履行合同义务的双方是委托人和当地客户。

4. 代理协议

代理协议是明确委托人和代理人之间权利与义务的法律文件。协议内容由双方当事人按照契约自由的原则，根据双方的意愿加以规定。代理协议主要包括以下内容。

（1）代理的商品和地区。

协议中要明确规定代理商品的品名、规格及代理权行使的地理范围。在独家代理的情况下，其规定方法与包销协议大体相同。

（2）代理人的权利与义务。

这是代理协议的核心部分。一般应包括下述内容：①明确代理人的权利范围，是否有权代表委托人订立合同，或者从事其他事务，另外，还应规定代理人有无专营权；②规定代理人在一定时期内应推销商品的最低销售额，并明确是按 FOB 价还是按 CIF 价计算；③代理人应在代理权行使的范围内，保护委托人的合法权益，代理人在协议有效期内无权代理与委托人商品相竞争的商品，也无权代表协议地区内的其他相竞争的企业，对于在代理区域内发生的侵犯委托人的工业产权等不法行为，代理人有义务通知委托人，以便采取必要措施；④代理人应承担市场调研和广告宣传义务。代理人应定期或不定期地向委托人汇报有关代销商品的市场情况，组织广告宣传工作，并与委托人磋商广告内容及广告形式。

（3）委托人的权利与义务。

委托人的权利主要体现在对客户的订单有权接受，也有权拒绝，对于拒绝订单的理由，可以不做解释，代理人也不能要求佣金。但对于代理人在授权范围内按委托人规定的条件与客户订立的合同，委托人应保证执行。

委托人有义务维护代理人的合法权益，保证按协议规定的条件向代理人支付佣金。在独家代理的情况下，委托人要尽力维护代理人的专营权。如果由于委托人的责任给代理人造成损失，委托人应予补偿。许多代理协议还规定委托人有义务向代理人提供推销产品所需的材料。对于代理人代表委托人对当地客户进行诉讼所支付的费用，委托人应给予补偿。

（4）佣金的支付。

佣金是代理人为委托人提供服务获得的报酬。代理协议要规定在什么情况下代理人可以获得佣金，有的协议规定，对直接由代理人在规定的区域内获得的订单而达成的交易，代理人有权得到佣金。在独家代理的协议中，常常规定：如果委托人直接与代理区域的客户签订买卖合同，代理人仍可获取佣金。协议中还要规定佣金率、佣金的计算基础、佣金的支付时间和方法。佣金率的高低一般视商品特点、市场情况、成交金额及竞争程度等因素而定。佣金的计算基础有不同的规定方法，通常以发票净售价为基础，对发票净售价的构成或贸易术语也应予以明确。佣金的支付可在交易达成后逐笔结算支付，也可定期结算累计支付，支付佣金多采用汇付方式。

5. 采用代理方式应注意的问题

（1）选择代理商时，要考察其资信情况、经营能力及其在代理地区的商业地位。为了防止独家代理垄断市场或经营不利等情况出现，最好在代理协议中规定中止条款或索赔条款。

（2）要掌握各种代理方式的特点，明确代理商的义务。对于销售代理商的义务，国际上一般的解释是：代理商非经委托人的授权，对销售的货物不得给顾客以保证或其他允诺；代理商必须向委托人公开一切重要过程和事实，如向委托人公开买主的有关资料，以供委托人决定是否接受其订单；代理商未经委托人许可，不得充当买主的代理人，谋取双方佣金。

（3）对于代理商品的种类、代理期限、代理地区的范围，要综合考虑市场情况、代理商的活动范围和经营能力及出口商自身的经营意图等因素来决定。一般情况下，独家代理的商品种类不宜过多；对市场情况不大了解时，代理期限往往要长一些，并以一般代理为主。

17.2　寄售和展卖

17.2.1　寄售

1. 寄售的含义

寄售（Consignment）是一种委托代售的贸易方式。它是指出口商作为寄售人（Consignor）与国外代销人（Consignee）签订寄售协议后，由寄售人先将货物运往国外，交给代销人在其当地市场上代为销售，待货物售出后，代销人将所得货款扣除其应得佣金及其他费用后交付寄售人的一种贸易方式。

在寄售方式下，出口商与代销人之间不是买卖关系，而是委托和受托的关系。货物的所有权在寄售地售出之前仍属出口商。若货物销售不出，出口商有权收回货物，代销人只能根据出口商的指示处置货物。同时，寄售货物售出前的一切风险和费用，均由出口商承担。代销人在出口商委托授权的范围内，可以自己的名义与买主订立合同、出售货物和收取货款；若买主不履行合同，代销人也有权以自己的名义起诉，但所需费用由出口商偿付。由于代销人不承担风险，因而只能获得佣金作为报酬。

2. 寄售协议

寄售协议是明确寄售人和代销人之间权利与义务的法律文件，其主要内容如下。

（1）寄售协议的名称、当事人的名称和地址、协议签订的时间和地点。

（2）协议双方的关系。寄售协议中要明确双方之间委托与代销的关系，代销人是以代理人的身份办理寄售业务，委托人有权监督代销人执行寄售协议中的各项条款。

（3）寄售商品的种类和地区。

（4）寄售商品的作价办法。实际业务中，对寄售商品普遍使用的作价办法是：在代销人出售货物前征求寄售人的同意；也有的寄售协议明确规定一个最低价格，要求代销人出售的货物不得低于此价格；还有的协议在价格上不做具体限制，规定代销人可随行就市，自定价格出售货物，但其售价不得低于当地市价。

（5）代销人的佣金。协议中要明确规定代销人的佣金率、佣金的计算办法和支付办法。

（6）货款的交付。寄售货物的货款，一般由代销人扣除佣金及代垫费用后付给寄售人。为保证及时收汇，以利资金周转，在寄售协议中应规定汇付货款的方式和时间。在实际业务中，为减轻寄售人的资金负担，代销人往往允许寄售人将寄售货物的一部分先行押汇，即由寄售人开出跟单汇票进行托收（多以 D/A 方式），托收期限的长短应在协议中规定。

（7）协议双方当事人的义务。寄售协议应明确规定双方当事人的义务。代销人的义务主要包括：①提供储存寄售商品的仓库，雇用工作人员，取得进口商品的许可证；②努力保证货物在存仓期间，品质和数量完好无损，如货物发生损失、灭失等情况，代销人应负责赔偿；③代垫寄售商品在经营、仓储期内产生的有关费用；④代垫费用为寄售商品办理保险；⑤宣传展示商品或提供售后服务；⑥及时向寄售人提供市场情况报告等。

寄售人的义务主要包括：①按质、按量、按期提供寄售商品；②偿付代销人在寄售货物作为担保或抵押。此外，在寄售协议中，还应规定收受寄售商品的程序等内容。

3. 寄售方式的利弊

（1）有利方面。

① 采用寄售方式可以在当地市场出售现货，而且在货物售出前，寄售人仍持有货物的所有权，有利于寄售人根据市场的供求情况，随行就市，掌握销售时机和销售价格。

② 货物与买主直接见面，买主可看货成交，随时采购，对开辟新市场、推销新产品有一定作用。

③ 代销人不负担风险和费用，占用资金少，而多销售可多得佣金，有利于调动其经营积极性。

（2）不利方面。

① 寄售人资金周转期长，费用增加。

② 收汇不安全，风险较大，若代销人有意压低价格或不守协议时，寄售人会陷入被动局面，甚至有货款两空的危险，因此必须谨慎选择代销人。

4. 采用寄售方式应注意的问题

（1）进行市场调研，选好寄售地点。要了解国外销售市场各方面的情况，包括市场动态、供求情况、销售渠道、消费习惯、当地政府对外贸的管理制度、外汇管制、收税办法和市场管理等。一般来说，选择商品进入比较自由、外汇转移比较方便和税收及费用较低的地区作为寄售地点比较合适，如自由港、自由贸易区等。

（2）慎重选择代销人。鉴于寄售是先出运、后成交及售货后收回货款，故代销人合适与否，与寄售人有切身的利益关系。为了确保寄售达到预期效果，应选择资信好、有经营推销能力的客户作为代销人。

（3）要选择适销对路的商品作为寄售商品。一般应选择当地市场有销路而又难以凭样成交的商品，或者将一些名优产品及新、小商品作为寄售商品；而品质、规格、包装不适当的商品或滞销商品，则不适于寄售。

（4）适当掌握寄售商品的数量。寄售商品数量的多少应根据销售情况和市场容量的大小决定。一般来说，寄售数量不宜太多，以免由于销售不出去而被迫削价处理，或者转移到其他市场而增加费用和风险。

（5）订好寄售协议。寄售协议关系双方当事人的权利和义务，因此，在寄售协议中，对货物的价格、货款的交付、佣金的给付及费用的负担等事项，均应做出明确合理的规定，同时，应要求代销人提供银行保函，以减少寄售人的风险。

17.2.2 展卖

1. 展卖的含义

展卖（Fairs and Sales）是利用商品展览会和博览会及其他交易会的形式，在展示商品的同时推销商品、进行交易，即展销结合的一种贸易方式。

展卖是最古老的交易方式之一，其雏形是区域性的集市。随着生产和现代科技、交通、通信的迅速发展，展卖日趋国际化、大型化和综合化，并成为当前国际贸易中的一种重要方式。

2. 展卖的特点

展卖的基本特点是把出口商品的展览、推销和市场调研有机地结合起来，边展边销，以销为主。在出口业务中，展卖作为一种贸易方式有以下优势：①有利于宣传和介绍出口国的商品和科技成就，扩大影响，促成交易；②有利于广交朋友，建立和发展客户关系，扩大销售地区和范围，实现市场多元化；③有利于收集市场信息，开展市场调研，以便更有效地掌握市场动态；④有利于开阔眼界，听取国外客户的意见，并通过与同类货物的对比发现自身问题，找出差距，从而不断提高出口商品质量，增强出口竞争能力。

展卖所带来的经济效益，往往不能仅仅通过一次展卖会的销售额来衡量。一次成功的展卖会结束后，可能会在相当长的一段时间内，给参加展卖的出口商带来数量可观的订单。

3. 展卖的形式

（1）参加或举办国际博览会。

国际博览会（International Fair）又称国际集市，是指在一定地点定期举办的由一国或多国联合组办、邀请各国客商参加交易的贸易形式。国际博览会展示举办国及其他众多国家的科技成就、商品样品。它不仅为买卖双方提供了交易方便，而且越来越多地成为产品介绍、广告宣传、介绍新工艺、进行技术交流的重要方式。参加国际博览会的各国客商除进行现场交易外，还可以通过样品展览、广告宣传，同世界各地建立更广泛的商业关系。国际博览会有综合性与专业性之分。综合性的国际博览会又称水平型博览会，各种商品均可参展并进行交易磋商。世界著名的国际博览会多属综合性的，如米兰、莱比锡、巴黎等地的国际博览会即属于此种类型。这种博览会的规模较大，产品齐全，且会期较长。

专业性的国际博览会又称垂直型博览会，其展出的仅限于某类专业性产品，且规模较小，会期较短。例如，世界上比较有名的科隆博览会，每年举办两次，一次展销纺织品，一次展销五金制品。

知识窗

我国曾多次参加各国举办的国际博览会，为介绍我国产品，学习国外先进技术，促进我国外贸发展及增进同世界各国人民的相互了解及友谊起到了积极作用。此外，我国于1985年在北京建成了中国国际展览中心，亚洲及太平洋地区第四届国际贸易博览会即在此举行。此后，在该中心又举办过多次大型国际博览会，为加强我国与世界各国的贸易联系和经济交往起到了重要作用。

（2）举办出口商品交易会。

① 中国出口商品交易会（Chinese Export Commodities Fair）又称广州商品交易会（Guangzhou Trade Fair），是我国在广州定期举办的，邀请国外客户参加的一种集展览与交易于一体、以出口为主、进出口相结合的商品展览会。因其会址设在广州，故习惯上简称"广交会"。首届"广交会"于1957年举办，以后每年春秋两季各举办一次，分别称为"春交会"和"秋交会"。凡享有外贸经营权并加入有关商会的各外贸公司和生产企业，以及加入中国外商投资企业协会的外商投资企业，均可参加。我国利用广交会邀请国外客户前来

我国集中进行交易磋商，不仅加强了同各国客户的广泛联系，增进了相互了解，同时还可了解国外市场动向，直接听取国外客户对我国产品的要求和反映，为扩大我国对外贸易，加强与世界各国的经济联系起到了重要作用。

② 其他各种交易会。除了"广交会"以外，近年来，我国的外贸企业还经常利用广交会闭会期间，在各种商品的产地、出口口岸或其他适当地方，举办一些规模较小的各种类型的交易会，如工艺品交易会、服装交易会等。这些小型交易会专业性强、成交高度集中、交易方式机动灵活，因而颇受客户欢迎。此外，由于小型交易会的展出及推销工作都在国内进行，因此与出国展销相比，不仅可节省大笔的运费和出入境费，国内的展览场地费及其他杂费也比国外低，而且还可以减少展品在长途运输过程中可能产生的各种风险及在装卸、搬运、存放期间可能造成的损失，并避免展品在展览结束后无法销出、滞留国外而产生的各种麻烦，因此比较适合资力不够雄厚的中小企业试销其新产品。同时，这种小型交易会展出品种的范围更广泛，这对于客户更加全面地了解我国商品的花色品种，扩大其选购范围，方便交易的进行，都起到了有力的促进作用。但是，这种小型交易会也有其不足之处，主要是影响不够大，邀请的客户有限，而且多数是过去已经有一定业务联系的老客户，因此，难以收到扩大宣传，开辟新市场、新渠道的明显效果。

（3）在国外举办展卖会。

除了参加国际博览会和在本国举办出口商品交易会以外，我国还自行或与外商合作在国外举办各种展卖会。

① 自行举办展卖会。自行举办展卖会即自行负责办理租用场地、广告宣传、运输和保险等事项及费用，在国外举办展卖会，展卖结束后的剩余展品，也由我们自行处理。由于承担的责任、费用和风险较大，且有诸多不便之处，所以一般很少采用这种做法。

② 支持外商或与外商联合举办展卖会。支持外商在国外举办我国出口商品展卖会，或者与外商联合举办我国出口商品展卖会，是我国出口商品在国外展卖采取的两种主要方式。前一种方式是我方将货物通过签约的方式卖断给外商，由外商在国外举办或参加展览会；后一种方式是由我方同外商合作，我方提供展品，在展卖时展品所有权属我方，展品的运输、保险、劳务等费用，以及展台租赁、设计、施工和展出期间的广告宣传费用一般由外商承担，展卖的商品售出后，提供合作的外商可以从售出所得款项中得到一定的手续费作为报酬。

上述两种展卖在性质上存在很大差别。在展品卖断的情况下，我方与外商之间是买卖关系，外商可以在价格和付款条件方面得到一定好处，但要因此承担展卖过程中发生亏损的风险。在合办展卖的情况下，双方是合作关系而不是买卖关系，外商不具有展品所有权，不能决定展品出售的价格，只负责展出和展品保管，因而只能享有从售价中提取一定百分比的金额作为补偿的权利。

4．采用展卖方式应注意的问题

（1）展卖商品的选择。由于展卖方式具有边展边销的特点，因此它比较适合于一些品种规模复杂，性能多变，用户对造型、设计、花色、图案要求严格，通常需要看货成交的商品，如电子产品、手工艺品、儿童玩具及一些日用消费品等。另外，应选择质量较好、在市场上有竞争力的商品参展，特别是参加国际性专业展览会时，这一点尤为重要。同时，还应注意展品的多样化，以适应各类不同层次消费者的需求。

（2）展卖地点的选择。一般来说，应选择交易比较集中、市场潜力较大的商品集散地或交易中心地带进行展卖活动，同时还应考虑当地的各项设计，如展出场地、旅馆、通信、交通等基础设施条件和有关服务的收费水平。

（3）展卖时机的选择。选择展卖时机，除了要考虑商品的销售季节外，还应了解世界各地举办展卖会的情况。目前，世界各地的专业展览会数量很多，其中有不少是具有一定国际影响的定期展览会，吸引着各国的重要厂商和贸易界人士前往参加，如果此时在其他地方举行类似的展览会，效果必然不理想。

（4）合作客户的选择。应当选择具有较强的经营能力，在当地市场有一定的地位和影响力，比较熟悉展出地点的市场情况并有一定的业务联系网或销售渠道的客户进行合作，才有利于取得展卖会的成功。

（5）做好宣传组织工作。展卖本身不仅仅是销售活动，而且是一种宣传工作，因此，做好宣传组织工作，力求扩大影响是极为重要的。

17.3 招标和投标

招标和投标是国际贸易中常见的一种贸易方式。它常用在国家政府机构、国有企业或公用事业单位采购物资、器材或设备的交易中，更多地用于国际承包工程，这里主要介绍货物买卖中的招标和投标。

1. 招标和投标的含义

招标（Invitation to Tender or Call for Tender）是指买方按事先发出通知或公布的交易条件，公开邀请卖方发盘的行为。投标（Submission of Tender）是指由卖方根据招标条件应邀发盘的行为。招标和投标是一种贸易方式的两个方面。举办招标的一方称为招标人，参加投标的一方称为投标人。这种贸易方式对买方比较有利。

2. 招标的特点

（1）招标是由参加投标的企业按照招标人提出的条件，一次性报价成交的贸易方式，双方无须进行反复磋商。

（2）招标是一种竞争的贸易方式。招标人通过向多家企业发出邀请投标，投标企业为争取中标，展开激烈的幕后竞争，而招标人则处于比较主动的地位。

（3）招标是在指定的时间和指定的地点进行的，并事先规定了一些具体的条件，因此，投标必须根据其规定的条件进行，如不符合其条件，则难以中标。

3. 招标方式

（1）国际竞争性招标。

国际竞争性招标（International Competitive Bidding，ICB）是指招标人邀请几个乃至几十个投标人参加投标，通过多数投标竞争，选择其中对招标人最有利的投标达成交易。

① 公开招标。公开招标（Open Bidding）是指招标活动处于公开监督之下进行，通常要公开发表招标通告，凡愿意参加投标的公司，都可以按通告中的地址领取（或购买）较详细的介绍资料和资格预审表格，而参加了预审资格并经审查采纳的公司便可购买招标文

件和参加投标。

②选择性招标。选择性招标（Selected Bidding）又称邀请招标，招标人不在报刊上刊登广告，而是根据自己具体的业务关系和情报资料由招标人对客商进行邀请，通过资格预审后，再由他们进行投标。

（2）谈判招标。

谈判招标（Negotiated Bidding）又叫议标，它是非公开的，是一种非竞争性的招标。这种招标由招标人物色几家客商直接进行合同谈判，谈判成功，交易即达成。它不属于严格意义上的招标方式。

（3）两段招标。

两段招标（Two-Stage Bidding）是指无限竞争招标和有限竞争招标的综合方式。采用此类方式时，先用公开招标，再用选择性招标分两段进行。政府采购物资，利用国际金融组织的贷款采购物资等，大部分采用竞争性的公开招标办法。

4．招投标业务的基本程序

招投标业务的基本程序包括公布招标条件、投标、开标、中标和签订合同几个环节。

（1）公布招标条件。

由招标人将准备采购的物资或拟修建的工程项目在报刊、电台或其他公开场所发布招标通告，或者有选择地向一些有能力的供货商或承包商发出邀请通知，邀请有意者参加投标。

有时招标人还需要对投标人进行资格预审，以对投标人的信用和能力预先进行审查，审查合格者方有资格参加投标。经过预审后有资格参加投标的企业即可向招标人购买投标所需的各种文件，按照规定填写。招标文件的主要内容包括投标人须知、合同条件、招标书、有关技术要求和图纸、银行担保书等。

（2）投标。

投标人在决定参加投标后，应根据招标书的规定和要求，认真填写投标书，并将投标书递交招标人。递交投标书的办法一般多采用"密封递价"（Sealed Bid）方式，即由投标人按规定的时间用密封挂号信直接寄交招标人，如时间紧迫，也可以派专人递送。投标书必须在规定的投标期限内寄送到指定地址，逾期无效。同时，投标人还必须按规定向招标人缴纳保证金或递交银行保证书，其作用是防止其中标后反悔，拒绝签订合同。如果中标人同意签订合同，则所缴保证金或递交的银行保证书便由招标人退还中标人。

（3）开标。

开标（Opening of Tender）有公开开标和不公开开标两种。公开开标时，招标人应在规定的日期和地点，当众拆开所有密封的投标书，公开宣读投标书内容，从中选择最优者中标。凡是投标人都可以派出代表监视开标。开标后，投标人不得更改投标内容。如是不公开开标方式，则招标人在没有投标人参加的条件下，自行选定中标人。在此情况下，能否中标，除了投标条件优越外，往往还取决于招标人与投标人之间的政治、经济关系和其他因素。采用哪种开标方式，应由招标人事先在招标文件中做出规定。

（4）中标和签订合同。

开标后，招标人根据众多投标人所提出的交易条件进行比较，当场决定中标人，有时还可以通过评标等程序选定中标人，但应在决定后向中标人发出中标通知。无论采用何种形式，被选中的中标人都应根据投标条件与招标人签订合同，并按规定缴纳履约保证金或开具银行履约保证书等。

在开标评标过程中，招标人也可因所有投标书都不合适而宣布招标失败，重新招标。

我国出口企业参加国际投标时，可以直接向国外招标人投标，或者委托我方在招标国的代理商出面投标，也可以委托驻外商务机构代理投标，有时还可以由几个有关企业联系进行投标。

17.4 易货贸易和补偿贸易

17.4.1 易货贸易

1. 易货贸易的概念与分类

易货贸易（Barter）在国际贸易中是指买卖双方将进出口结合起来，相互交换商品或服务，无须采用现汇结算的一种贸易方式。易货贸易分为以下几种。

直接易货贸易是贸易双方各以一种能被对方接受的货物进行一次性的等价物交换，两种货物的交货时间相同。在这种贸易方式下，通常不发生现金结算，也不用记账、转账。有时两种货物的价值出现小量差额，也常用提供货物的方式抵补，很少有现汇支付。在易货贸易过程中，交易双方既要满足对方的要求，又要使两种货物价值大致相等，所以在国际贸易中并不多用，仅常见于小额边境贸易。

综合易货贸易也称一揽子易货贸易，是指国际贸易中的交易双方都承诺购买对方等值的商品，从而将出口相结合的贸易方式。这种方式不像直接易货，通常只以一种商品交换另一种商品，可能涉及多种商品，多个买方和卖方。既可逐笔平衡，也可在确定的时期内分别结算，综合平衡。综合易货贸易大致有两种做法：一种是记账贸易，另一种是对开信用证贸易。

记账贸易是指政府间订有记账协定或支付清算协定的国家间易货贸易。具体做法是两国政府签订易货协议，并在双方认可的指定银行互相开立专门账户，进口与出口都要以在账户上记账、相互冲抵的方式结算。双方政府会在协议上预先规定一个"摆动额"，即顺差或逆差浮动范围，只要不超过摆动额，顺差方式就不能要求现汇补偿。

对开信用证贸易是指当交易双方签订易货合同，规定各自的出口商品均按约定价格以信用证方式结算。然后双方互相以对方为受益人开立金额大体相等的信用证，结汇后，银行不将款项划入受益人的账户，而是将其留作押金，信用证金额只是双方结算和进行账面处理的依据。在对货款进行逐笔平衡的交易时常采用对开信用证贸易。

2. 易货贸易的作用和局限性

（1）易货贸易的作用。

① 采用易货贸易有利于节约外汇，有利于外汇紧缺的国家和企业开展对外贸易。

② 易货贸易的特点是进出口结合，贸易平衡，有利于以进带出，开拓新市场。

③ 易货贸易不受外汇管制和贸易壁垒的约束，可以扩大成交量。

④ 易货贸易可以避免外汇价格波动带来的负面影响。

（2）易货贸易的局限性。

① 易货贸易不利于协调进出口业务。因为易货贸易必须是双方都能保证提供对方所需的商品，但在实际当中很难找到合适的商品。

② 易货采取记账方式时，不可能双方同时出口，这样先出口方不能得到现汇，只是对方对未来交货的承诺，这样逆差方就无偿占有了顺差方的资金，因此会出现双方都不愿意先交货的情况而影响履约速度。

③ 易货贸易受买卖双方国家互补性的制约。产业结构差别不大的国家可以进行易货贸易。

17.4.2　补偿贸易

1. 补偿贸易的含义

补偿贸易（Compensation Trade）是一方在对方提供信贷的基础上，进口技术或设备，然后以该设备技术生产的产品偿还进口技术设备的价款和利息。这种贸易方式也称产品返销或产品回购。

知识窗

早期补偿贸易的出现主要是在 20 世纪 60 年代，许多国家如苏联和东欧各国，面临着严重的国际支付能力不足的问题，但为了进行国内经济建设，尤其是兴建大型工业企业，它们从西欧和日本进口了大量设备，为了缓解外债压力，减少外贸逆差的消极影响，它们提出以相关产品偿还设备款，这就是补偿贸易的雏形。例如，苏联当时从日本引进价值 8.6 亿美元的采矿设备，以 1 亿吨煤返销抵偿。后来随着国际经济和国际贸易的不断发展，补偿贸易趋于多样化，不但有大型成套设备，也有中小型项目。据统计，20 世纪 80 年代，波兰向西方出口的电子和机械产品中，补偿贸易就占 40%～50%。

1978 年以来，中国实行了经济体制改革，一度曾采用补偿贸易方式引进了国外的先进技术和设备。虽然数量不大，但也为我国利用外资、更新技术、增加就业、扩大出口起到了重要作用。

2. 补偿贸易的形式

（1）直接补偿。

直接补偿又称产品返销，即设备进口方用该设备生产出来的产品或相关产品支付设备的价款和利息。

（2）间接补偿。

间接补偿是将信贷与产品回购相结合的一种方法。有时补偿贸易双方交易的设备并不生产物质产品或生产出的产品对方不接受，因此双方在合同中规定其他产品即间接产品或无关产品可用来偿还设备价款和利息，这在西方有人称为"商业补偿"。

（3）劳务补偿。

劳务补偿是将补偿贸易与来料加工和来件装配相结合的一种方式。这种补偿贸易是进口方从国外进口生产设备、相关技术和原材料，进口方按要求进行生产并以加工费抵偿欠款。

随着补偿贸易的发展，上述 3 种形式也可结合使用，以综合补偿的形式开展业务。

3．补偿贸易的特点

（1）补偿贸易是以信贷为基础的贸易方式。这是补偿贸易的一大特色。典型的补偿贸易就是以远期的产品偿付技术设备的价款本息，不涉及外汇支付，实际上就是一种商业信贷。

（2）补偿贸易是进口设备与出口产品相结合的贸易方式，实际上是一种双向贸易。

（3）补偿贸易中的设备进口方对该设备具有完全所有权，实行自主经营、自负盈亏。对合资合作引进的设备是双方共同管、共担风险、共享利益，双方共同拥有企业所有权。

（4）补偿贸易基本不动用外汇，而用商品和劳务作为支付手段。

（5）补偿贸易的偿还期都比较长。

补偿贸易的整个过程涉及生产、销售、信贷等领域，操作程序比较复杂，可以说是一种集商品贸易、技术贸易、银行信贷为一体的综合型贸易方式。

17.5　期货交易

商品的价格总是随着供求关系而千变万化，科学技术的发展，生产经营管理水平及政治经济等多种因素，又使商品的价格不断地涨跌起伏。在国际市场上，商品的价格更是变化多端，无论买主还是卖主都面临着因商品价格的不利变动而遭受损失的风险。期货交易恰恰使交易者（包括生产商、经营商、进出口商）可以利用期货市场转移实际现货交易价格波动的风险，避免或减少因商品价格波动而带来的损失。

17.5.1　期货交易的相关基本概念

1．现货交易和期货交易

按成交方式、成交地点及交割性质来划分，商品交易可分为现货交易和期货交易两种。现货交易是指买卖双方可以用任何方式，在任何地点进行的，只要能交割的商品的交易，具体包括即期交易、现货的即期合约交易和现货的远期合约交易。

期货交易（Futures Trading）则是在特定类型的固定市场——期货市场（Futures Market）或称商品交易所（Commodity Exchange）按照一定的规则和程序，通过公开喊价的方式，买进或卖出某种商品期货合同的交易方式。买卖双方交易只是一纸统一的"标准合同"，即期货合同。

2．期货合同

期货合同是由交易所拟定的标准化的受法律约束，规定在将来的某一特定地点和时间内收付货款、交付某一指定商品的合同。每份期货合同的商品数量、品质规格、包装要求、交货地点等都是统一的，只有交货时间和价格是不确定的、变化的。

在期货合同中，虽然写明某指定的商品将在规定的未来月份中交货，但一般并不真正移交货物的所有权；而且无须任何人同意，期货合同就可以自动买卖。可见，不论是否拥有某种商品或真正需要某种商品，都可以进行这种商品的期货交易。

期货交易的商品基本上是供求量大、价格波动频繁的初级产品，以金属及农产品为主，如金、铝、铜、锡、谷物、棉花、食糖、橡胶、咖啡、可可、原油、木材等。

3. 期货交易所

现代期货交易是在期货交易所进行的。如今世界各地有许许多多的期货交易所，其中美国、英国、日本、新加坡、中国香港等国家和地区的期货交易所在国际期货市场上占据着非常重要的地位。伦敦金属交易所、伦敦和新加坡的橡胶交易所、伦敦和纽约的食糖交易所、芝加哥商品交易所、东京工业交易所、香港期货交易所等，都是世界上著名的交易所。这些交易所的商品成交价，对该商品的国际市场价格有重大的影响。

17.5.2　期货交易的方法和流程

期货交易所是一种有组织的市场，只限正式会员在交易所进行场内交易。若非会员欲在交易所内进行交易，则必须通过正式会员或委托经纪人来办理。

涉足期货市场首先要选择好代理交易的经纪公司，应该选择那些信誉好、精通法律条例和规章制度，经验丰富，财务状况好，拥有现代化通信设备的经纪公司。

选定经纪人之后就可以在经纪人处开立账户，签署客户保证金协议书，约定交易过程中愿意承受的损失等，再缴纳保证金，这时就可以随时开始进行期货交易了。

17.5.3　期货交易的种类和功能

1. 期货交易的种类

期货交易的种类即期货交易的内容。根据交易者交易的目的不同，期货交易可分为买空卖空和套期保值两类。

（1）买空卖空。

买空卖空即利用纸合同交易进行投机（由于期货交易不是实际买卖货物，而是买卖品质、规格、数量、包装等都已标准化的期货合同，因此，人们又将期货交易称作纸合同交易）。

买空又称多头期货（Long Futures），是指投机商在行市看涨时，买进期货，待行市实际上涨后再将期货回抛出售。

卖空又称空头期货（Short Futures），是指投机商在行市看跌时，先抛出期货，而在行市实际下跌时再补进期货。

买空卖空就是这样从两次交易的价格涨落中来追逐利润的，从中足以见其投机性。投机的盈亏取决于投机商对行市的判断和交易部位的选择。

（2）套期保值。

① 套期保值又称"海琴"（Hedging）或对冲交易，是指交易者在运用期货交易临时替代正常商业活动中，转移一定数量商品所有权的现货交易的做法。它依据的是实际货物价

格与期货价格的变动趋势基本一致的原理。在卖出（或买入）实际商品的同时，在商品交易所买入（或卖出）同等数量的期货，这样使实货市场的亏（盈）可从期货市场的盈（亏）得到弥补或抵消，从而达到通过期货交易转移现货交易价格风险，并获得两种交易相配合的最大利润的目的。

② 套期保值的具体做法分为两种：a. 卖期保值（Selling Hedge），是指套期保值者在期货市场上卖出期货合同（或称建立空头交易部位），再以多头进行平仓的做法，若到期时价格下跌，就可以用期货合同的盈利来弥补实货交易中的损失；b. 买期保值（Buying Hedge）与卖期保值相反，买期保值是指套期保值者根据现货交易情况，先在期货市场上买入期货合同（或称建立多头交易部位），然后再以卖出期货合同来进行平仓的做法。

2．期货交易的功能

期货交易能够产生和发展并国际化的原因在于它具有一些重要的功能。

（1）转移价格风险。

如前所述，在商品交易所进行期货交易的客户一类是套期保值者，另一类是投机者。

套期保值正体现了期货交易的转移价格风险的功能。套期保值把期货市场当做转移价格风险的场所，利用期货合同作为将来在现货市场买卖商品的临时替代物，对其现在拥有或将要拥有的商品的价格进行保险，转移价格风险。

在期货市场上，承担价格风险的就是投机者（Speculator），而那些认为可以正确预测商品价格未来趋势，甘愿利用自己的资金冒险，不断买进卖出期货合约，希望从价格的经常变动中获取利润的个人或企业，他们从事交易的宗旨是快进快出，从商品价格的短期变动中谋利。

（2）发现市场价格。

发现市场价格是指期货市场上供需双方通过公开讨价还价的激烈竞争，使商品价格水平不断更新，并且向全世界传播，从而使该商品价格成为世界价格的过程。

在市场经济条件下，商品价格主要是由供需变化而决定的。期货市场作为世界性的贸易中心，通过经纪人把众多的买家和卖家聚集到一起，众多购销者根据来自四面八方的信息，不断地评估商品本身的供需变化情况，影响供需的外围因素和价格的未来走向，通过公开激烈竞争，最后洽定价格，达成交易。达成的交易价格尽管含有主观成分，但在一定程度上反映了当时的供求状况。这样，国际期货交易所公布的成交价格是公认的国际市场价格，是现货交易的重要参考。

本章小结

本章主要介绍了国际贸易中经常采用的包销和代理、寄售和展卖、招标和投标、易货贸易和补偿贸易、期货交易等贸易方式的含义、特点及运作程序，以及采用这些方式时应该注意的问题。随着科学技术的发展，各式各样的贸易方式不断涌现，在今后的学习与工作中应加以注意。

思考练习

（1）比较直接补偿与间接补偿的利弊。

（2）何为"买空"与"卖空"？

参 考 文 献

[1] 黎孝先，石玉川，王健. 国际贸易实务（第 6 版）[M]. 北京：对外经济贸易大学出版社，2017.
[2] 武晋军，唐俏. 报关实务（第 3 版）[M]. 北京：电子工业出版社，2016.
[3] 希尔. 国际商务（第 9 版）[M]. 北京：中国人民大学出版社，2014.
[4] 张兵. 进出口报关实务（第 3 版）[M]. 北京：清华大学出版社，2016.
[5] 陈春燕. 国际贸易实务（第 2 版）[M]. 北京：电子工业出版社，2015.
[6] 胡丹婷，成蓉. 国际贸易实务（第 3 版）[M]. 北京：机械工业出版社，2018.
[7] 张东海. 世界贸易组织概论 [M]. 上海：上海财经大学出版社，2015.
[8] 王文先，王孝松. WTO 规则与案例 [M]. 北京：清华大学出版社，2007.
[9] 韩斌，韦昌鑫. 报关与报检实务 [M]. 北京：中国人民大学出版社，2016.
[10] 刘耀威. 进出口商品的检验与检疫（第 4 版）[M]. 北京：对外经济贸易大学出版社，2017.
[11] 闫国庆. 国际市场营销学（第 3 版）[M]. 北京：清华大学出版社，2012.
[12] 周树玲，郝冠军. 外贸单证实务 [M]. 北京：对外经济贸易大学出版社，2015.
[13] 全国国际商务单证专业培训考试办公室. 国际商务单证理论与实务 [M]. 北京：中国商务出版社，2011.
[14] 中华人民共和国海关进出口税则编委会. 2018 中华人民共和国海关进出口税则 [M]. 北京：经济日报出版社，2018.
[15] 胡昭玲. 国际贸易：理论与政策 [M]. 北京：清华大学出版社，2010.
[16] 薛荣久. 世界贸易组织概论（第 2 版）[M]. 北京：高等教育出版社，2010.
[17] 夏合群. 国际贸易实务模拟操作教程 [M]. 北京：对外经济贸易大学出版社，2015.
[18] 傅龙海，石少雄. 国际贸易地理（第 2 版）[M]. 北京：对外经济贸易大学出版社，2017.
[19] 陈岩. 国际贸易单证教程（第 2 版）[M]. 北京：高等教育出版社，2014.
[20] [美] Philip R.Cateora. 国际市场营销学（第 17 版）[M]. 北京：机械工业出版社，2017.
[21] 顾永才，王斌义，侯玉翠，等. 国际物流实务（第 3 版）[M]. 北京：首都经济贸易大学出版社，2018.
[22] 林珏. 国际贸易实务案例集 [M]. 北京：北京大学出版社，2018.
[23] 程祖伟，韩玉军，娄钰. 国际贸易结算与融资 [M]. 北京：中国人民大学出版社，2018.
[24] 傅龙海. 国际贸易理论与实务（第 4 版）[M]. 北京：对外经济贸易大学出版社，2015.
[25] 苏科五. 国际贸易 [M]. 北京：人民教育出版社，2015.
[26] 董瑾. 国际贸易理论与实务（第 5 版）[M]. 北京：北京理工大学出版社，2014.
[27] 薛荣久. 国际贸易 [M]. 北京：对外经济贸易大学出版社，2016.